울고 넘던 배찌고개(배울령)

《鲁迅的青年时代》

울고 넘던 배찌고개(배울령)

김복현 지음

새벽길의 축복

좋은땅

머리말

나는 20세기 중반(1945년), 열 살 터울의 51세, 41세의 노부모에게 태어난 늦둥이로, 일찍 온갖 풍상을 겪으며 세파를 경험할 때 얻어진 지혜만으로 살아가야 했으므로 조금은 민감한 慧眼으로 판단하려 노력한 체험이 남다를 수 있었다.

해방의 해에 태어나 민족상잔의 6.25를 겪었으며, 자유당 정권의 3.15 부정 선거로 인한 학생 항거, 즉 4.19 학생운동을 거쳐 민주당 정권이 들어섰으나 곧장 군사政變인 5.16 쿠데타가 일어났다. 60~70년대에는 베트남 전선에 파병되어 참전 경험을 할 수 있었고, 박정희 정권은 장기 집권 후 1979년 10.26 대통령 시해 사건을 맞이했다. 이후 전두O 장군에 의해 광주 민주화 항쟁 시민운동인 5.18이 터졌으니, 내가 본 한국 역사는 대부분 軍이 만든 黑역사가 대종을 이루었고, 국민은 불안한 亂世의 암담한 시기를 견뎌야 했다.

그럼에도 다행히 우리 민족은 역동적이어서 끈질기게도 생존력이 강한 조상의 후예들답게 오늘에 이르게 된 것이다. 이렇듯 어지러운 시대에는 가장의 역할이 가족의 삶에 있어 중요할 수밖에 없었기에 책임감이 무거울 수밖에 없었다. 더욱이 경제력 조건이 최악이었던 필자는 성실과 신용이 전부였는데, 다행히 천사표 아내가 수많은 역경과 필자의 불같은 성정을 잘 견뎌 내며 인내해 주었기에 극도의 소자본으로 무작정 상경한 지 5년 만에 서울에서 보통의 삶을 영위할 수 있었다.

기댈 곳이 전무한 것 같았으나, 연로하신 장모님께서 그나마 아이들(3남매)을 알뜰히 돌보아 주셨으므로 무엇보다 큰 힘이 되었다. 그러나 장모님께서 作故하신 후에야 뒤늦게 그 은혜를 깨달았으나, 사죄를 드릴 길이 없었으므로 한없이 회개할 수밖에 없음이 매우 큰 아쉬움으로 남게 되었다.

 그러나 갓 태어난 첫딸의 눈동자와 마주쳤던 새벽과 늦은 밤중, 눈에 넣어도 아프지 않을 천사 미소가 필자에겐 유일한 위로의 힘이 되었다. 오직 그 사랑의 힘만으로 약속을 지킬 수 있었음은 숨 막힐 듯한 그 시대 속에서 필자의 꿈이 보통의 삶일 뿐, 그 이상이 아니었기 때문이었다. 배짱 없던 필자는 오직 가족들이 보통의 삶을 누리길 기원했던 벅찬 시절을 보냈으며, 하루라도 빨리 아이들이 안정된 삶을 살 수 있도록 지혜를 모았다.

 그러다 보니 가정교육을 자립심 위주의 신념으로 일관했으나, 그 점이 훗날 장점이 된 듯하다. 고맙게도 우리 삼 남매 가정 모두 남부럽지 않은 모습으로 살아가고 있어 감사가 넘친다. 역시 스스로 돕는 자를 도우심이 하나님의 뜻임을 확신할 수 있게 되었다.

 팔순의 삶 뒤안길에는 보은의 손길들이 많으나, 지금은 송구스러움이 가득한 채 한시름 덜었다.

 그리운 님들에게 한량없는 감사를 올리며, 이 글을 읽는 이들에게는 희망의 샘을 팔 수 있길 기원한다.

2023년 12월 4일 낮 11시

南風 金福炫

등잔불 밑 마누라

아내의 위상이

어미인 줄 모르고
친구인 줄 모르고
동지인 줄 모르고
은인인 줄 모르고 해는 뜨고 지고

아내의 존재가

사랑인 걸 모르고
천사인 걸 모르고
스승인 걸 모르고
보배인 걸 모르고 달은 가고 오고

오호라,
등잔불 밑에 마누라가 있었네!

1995년 5월 10일 南風 김복현

1. 출생의 환경

1945년 음력 9월 5일에 내가 뜬금수로 출생하므로 그때까지 獨子로 알고 체념했었던 9세의 형은 자신에게도 동생이 생겼다면서 뛸 듯이 소릴 치면서 기뻐했다고 한다.

내 부모님은 그때 滿婚의 늦은 나이에 십 년 되도록 출산이 없던 열 살 차이의 老부부가 만 10년 만의 첫딸 출산 후 5년 만에 장남을, 그리고 5년 만에야 둘째 딸을, 그런 후 5년 만에야 뜬금수로 본인을 출산한 그 해가 바로 일본의 압제에서 해방된 감격의 해였으며 어지러운 시절이었던 것인데, 친조부님은 사업가이며 외조부님은 서당 훈장이니 두 분 조부님의 학문 수준을 짐작할 수가 있을 것 같다.

그 시대에는 양가가 제법 시골의 名門家였으나 우여곡절을 겪어 가면서 친가는 사업 실패를 한 후 급속도로 가세가 기울었으나 두 조부님의 우정은 돈독하셨으므로 양가 어른들 친분에 의한 우리 부모님 혼인은 성사된 것이었고, 그럼으로써 나의 어머님 人苦는 예상되는데 졸필로 표현 못함이 매우 안타까울 뿐. 모든 家門史는 전설의 고향처럼 흘러간 옛이야기가 되고 말았던 것이었다.

본인이 철이 들었을 때는 이미 세월이 흘러 버린 까마득한 지난 역사를 내 형님에게 전설로 전해 들을 정도였으니 家門의 역사나 환경은 그야말로 소용돌이라 아니할 수 없을 것 같은 變遷史로 이해될 수밖에 없을 것 같았었다.

누구보다도 어머님의 波瀾萬丈한 삶의 인내와 사랑과 소망의 노력은 가히 超人的이며, 孝道와 도리에 삶의 本分을 지키셨으며 어떤 경우도 한 점 기울임 없었던 賢明한 母性 때문에 우리 형제는 올바르게 성장할 수가 있었으리라 짐작된다.

그토록 절박했었다는 보릿고개의 배고픈 설움까지도 남다르셨던 내 어머님의 가족 사랑으로 嚴冬雪寒도 바다에서의 山海珍味를 채취하여 요리를 가족들에게 제공함으로 五年이었던 본인은 전혀 배고픈 설움을 기억할 수가 없었다.

그 시절은 누구나 매우 고달픈 삶이었으나 매사에 열중하셨던 母親上의 溫情의 꽃인 어머님 言行一致를 나는 지금도 잊을 수가 없으므로 無限한 感謝와 尊敬心에 젖어 볼 수가 있음에 지금도 가슴이 따뜻해짐은 늦둥이의 出生環境이 惡條件임에도 오직 母性의 힘으로 보호해 주셨던 내 어머님의 아들임이 자랑스럽고 우쭐해진다.

아~ 어머니! 우리 어머님!
南風.

2. 친조부님

대가댁 4형제 중의 둘째였으며, 인물이 좋은 집안인데도 그중에 뛰어나셨기에 장남을 제쳐 두시고 차남을 공부시키셨다는 족장님들의 자자한 출생 때부터 기골이 장대하셨으며, 총명과 인성이 각별하신 남다른 분으로 주변 관심과 기대가 쏠리셨던 인물인데, 각설하고 활달하고 인정미가 넘쳐 사업 번창 때는 어려운 자들이 보이면 집에 데려와서 먹이고 재워 보내심이 다반사였고, 商船 무역을 하실 때는 포구 정박 時 下手人들을 남겨 두고 하선할 경우 그것도 인간 차별이라며 망설일 정도였다니, 지금 생각해도 대단한 好人이셨음이 짐작이 되며, 조모님도 미모 출중의 일화가 많은 그런 어른들을 媤부모로 모셨던 정갈하신 내 어머니의 媤부모님에 대한 존경심과 효심을 이해할 것 같으며, 지금도 양가 조부님과 모친 생각에 어깨가 으쓱해지며 긍지를 느낀다.

내 어릴 적 어머니상은 참 고귀하신 인품으로, 비록 열두 살 때까지밖에 함께하지 못했지만 보고 듣는 게 알찬 교육이 되었음을 확신하면서도, 그러나 백분의 일도 닮지 못함에 송구스럽다.

그래도 훌륭하신 선조의 좋은 영향을 받은 덕인지 군생활부터 장년까지 이웃들과 여러분들의 과분할 정도의 넘친 관심과 사랑을 받았음을 하나님만은 충분히 알고 계시리라~

그러나 자칫 중년 후부터 교만과 게으름이 내 인생을 잠식시킴을 느끼게 되었으나 방향 전환은 어려웠던 것이니, "세상사 넘침은 부족함만 못함이니라!" 하셨던 선인 말씀이 아련할 뿐이며, 그래도 친조부모님 향기의 자취엔 긍지를 강하게 느낀다.

3. 외조부님

내 외조부는 조실부모한 하늘 아래 단 한 명인 어린 여동생을 위한 부모 대역을 해야 했음에 온갖 풍상을 다 겪다 보니 백두산을 두세 번씩 왕래하실 정도였다고 한다. 오빠로서 여동생을 위해 모진 고난을 극복하시고 여동생을 오씨 집안과 혼인을 성사시켰는데, 공교롭게도 그 집안이 크리스찬 가문이었고, 훗날 그의 아들과 사위가 목사 황보O과 오석O며, 우리 어머니의 고종오빠와 형부다. 오석O 목사는 제헌 의원이며 삼일 운동의 선도인 중 한 분이셨으며, 황보O 목사도 애국자며 도서 지방과 벽촌에 교회를 많이 세우시고 농어촌민들의 계몽과 전도의 선구자였으며, 아들인 황성O 박사는 이승O 대통령 자문이었고, 국회 부의장에 4선이며 전남 도지사, 일제 때는 애국지사였다고 한다. 외조부는 여동생 출가시킨 후 뜻한 바대로 속세를 떠나 불도의 길로 전념하시고 승승장구 하시어 최고 승의 절차 의례인 백일 참선차 고흥 천등산 금탑사에서 수행하였으나 실패하신 후 거금 도명촌에 서당을 열고 후학에 여생을 보내셨으며, 필자 출생 전 이미 외조부에 대한 전설 같은 일화가 수없이 많았는데 신비로울 정도였다. 외조부님 모습이 산신령님과 흡사해서 석양에 처음 본 젊은이들은 혼절할 정도였다는 일화가 전설처럼 존재했으며, 본인도 형께 전해 들을 수 있었다.

역시 큰 학자 밑에서 큰 인물 나는지 고흥에 인물 배출을 선도하신 분으로 흔적과 일화가 많으셨다고 한다.

(* 오석O 삼촌과 황보O 이숙은 전설로 들었지만 황성O 형은 내가 보문동 살 때 형은 서소문 살며 변호사하면서 이모를 모신 효자였는데, 이모는 90세가 훨 넘고 노망이 심하다는 소식에 안타깝고 서글펐으며, 방문을 포기할 수밖에 없었는데, 이번에 인터넷에 들어가서 세 분(오석O 삼촌, 황보O 목사 이숙, 황성O 형)의 활약상을 확실히 알게 되었음.)

4. 나의 부모님

　세상에 모든 어머니들은 거의가 숙명적으로 목숨 걸고라도 자식 낳아서 정성을 다해 손발이 닳도록 기른다.
　불도의 길을 접고 속세로 돌아와 가정을 꾸리시고 뜻한 바대로 학당을 설립해 후학을 배출하신 분의 2남 4녀 중 장녀로 태어나신 내 어머님은 그중에서도 자식 욕심이 별난 분으로, 줄기찬 십 년 기도의 공으로 기적적으로 신이 내려 준 첫딸을 선물을 받은 주인공이셨다.

　성장해서 과년한데, 그 당시 풍습대로 금산면의 학자와 풍양면의 학자며 친구였던 祖父들이 의기투합으로 본인들의 사는 무시한 혼인으로 맺어졌고, 결혼식 할 때 처음으로 신랑의 안면 눈썹에 작은 흰점을 볼 수 있었으나, 훗날에서야 백납증으로 한창 혈기 발랄한 젊은 장사의 미래를 뭉그러뜨릴 줄 상상도 못했으며, 그때 상선으로 대만 일본으로 무역을 하신 친조부님은 본가에는 富를 이루나, 정작 分家를 한 후부터는 점점 불운이 겹쳐 바닥일 때 큰며느리를 맞이했으니, 大家댁 항아린 웅장했으나 독마다 비어 곡식 한 톨 없는 허당 도구들뿐이었다.
　육척 장신에 훤칠한 인물과 높은 학식에 한량이시며 절세 미인 조모를 시부모로 모시게 되었으나, 남편은 세상을 등진 백새별명의 희귀병 외모 때문에 비관과 신세 한탄으로 세상을 등진 패인이 되어, 가뜩이나 힘겨웠던 어머니를 괴롭혔으니, 말로 다 할 수 없는 처참한 비극이었던 것이다.
　백반증은 전염성과 유전성이 전무하고 깨끗하지만 외모적으로 거북스러운 모습의 멜라닌 색소 파괴병이라 한다. (마이클 잭슨은 얼굴 부위가 아니어서 감출 수가 있었다고 한다.)

고흥 씨름판의 장사였고 음성이 우렁찼으며 인물이 출중했건만 백색 피부 때문에 안방지킴이로 전락하고 말았던 불행한 가장이셨다.

우리 어머니

부르고 부르고 또 부르고
일천만번 부르고 다시 불러도
아! 어머니, 우리 어머니

솜털보다 하이얀 마음
바다보다 넓은 사랑
하늘처럼 높은 은혜
아낌없이 가득히
품어 주시며
그래도 아쉬움에
눈시울 적시던
어머니! 어머니! 나의 어머니

소리쳐 소리쳐 또 소리쳐
일천만번 소리쳐 다시 외쳐도
아! 어머니, 우리 어머니

햇살보다 눈부신 희생

무지개보다 찬란한 미소

은하수 보다 영롱한 기도

하염없는 정성으로 감아 주시며

그래도 부족해 서러워 하신

어머니 어머니 나의 어머니

아! 어머니, 우리 어머니!

1995년 5월 8일 南風 김복현

5. 참선행의 遺傳

영원한 소망

삼라만상에 우뚝 선

믿음의 빛이여!

狂亂으로 가득한 험난

한 世波 속에 푸른 소나무

아스라이 움켜잡고

生命같은 지조 뿌리

지성으로 다진 세월
구리빛 주름헤쳐
더듬어 본 사연마다
믿음의 향기로 가득한 소망!
진리의 빛이여!

칠흑같은 어둠의 유혹이
천둥으로 넘실거리고
아담을 삼키려 드는
이브로 위장한
뱀들의 미혹에
잠깐 눈 어두워
허우적거린 영혼일지라도
자비의 탑 부둥켜안고
눈물 뿌려 가꾼 낙원
아들딸 씨앗 감미로운 열매마다
소망으로 가득한 영원한 염원

오 사랑의 열매
참 사랑의 빛이여!

2000년 7월 1일 南風 김복현

뜬금 수필자는 누가 뭐래도 인생이 허름하진 않았음에 감사드린다. 특히 진실이 처절하게 歪曲되어 버린 현실 세계를 혜안으로 볼 수 있도록 선처해 주신 우리 주님께 무한 감사드리면서 두리범벅인 나의 조국이 위태롭기가 그지없음은 나서선 안 될 우상 숭배자 족속들이여! 하나님을 두려워하라! 선한 듯한 가면 탈을 쓴 자들이여! 한계의 권력으로 인하여 부린 교만은 이제 멈추라! 주님께서 내려보시므로..

6. 한 줄기의 빛

그렇게 희망의 등불이 환하게 어둠을 비추기 시작했고 우리 가문에 비로소 웃음꽃이 피었다.

그때부터 어머니의 발걸음은 초인적일 수밖에 없었는데 전답이 빈약하니 가족을 부양하려면 노동력을 발휘할 수밖에 없었기에 논밭으로 바다로 땔감하러 산으로 뛰어다닐 수밖에 없었는데 첫딸을 본 후부터는 어선에서 생선을 받아 들통을 머리에 이고 집을 나서면 다 팔릴 때까지 줄달음질이었는데 어느 때는 고흥장에 서벌교장까지 보고 올 때는 밤 열두시를 넘길 때도 있었다.

자식 사랑의 에너지가 초인적이었던지 외조부께 축지법을 터득하셨던지 깜짝 놀랄 일들이 한두 가지가 아니었다. 말할 수 없게 추운 엄동설한에 해녀 구경도 안 해 본 분이 바다에서 생선과 문어를 잡아 조부모와 가족들 식단을 풍요롭게 차렸으니 가족 사랑이 가히 초인적이었다.

어머니의 치성이 하늘에 잠복되었던지 첫딸 본 지 5년 만에 장남을 출산했는데 우리 문중의 경사였음은 그만큼 모든 친족어른들의 어머니에 대한 관심과 존중심이 지대했던 것이다. 얼마나 큰 광영이며 축복이었겠는가. 그때부터 어머니의 삶은 승리의 탄탄대로였으리라 믿어 의심치 않는다.

그 시절에 맏딸은 글 공부 대신 가사 수업을 엄중히 숙련시켰다는데, 그래서인지 우리 모친의 언행은 일반인들과 남다른 모습을 보이셨으며, 힘겨운 인생 여정 속에서도 문중의 효부상을 받았고, 그 당시의 의료 시설이 전무했던 해변 벽촌 마을에서 지압으로 적잖은 환자들에게 열성으로 봉사 선행을 하시며 무지의 갈등을 화평으로 다독여 주심을 오래도록 실천하셨던 내 기억에 선명할 정도며, 비록 2남 4여 중 맏딸로 유일한 무학 문자이지만 외조부님 사랑을 듬뿍 받았으며, 학문 대신 구술 실학에 공력을 들여 주신 혜택인 듯 내가 태어나 철들면서 보았던 기억은 아침밥상 머리에 급체 환자들이 지압으로 풀리면서 심한 트림을 하면 비위가 약한 필자는 고문 같았으나 어머니는 단 한 번도 짜증내시지 않고 모두 풀어 보냈다. 골절과 체중 환자가 대부분인데 완전 무보수였으며, 거의 조석으로 찾아왔는데 쉴 틈 없었던 어머니께서 어떻게 그런 힘이 났는지? 그때는 도무지 이해할 수 없었으나 얼마 전 농촌 교회 전도 행사차 삼척과 정선에서 지압 봉사를 하게 되었고, 대부분 고령의 노인들이었는데 몇십 명을 지압해도 힘이 샘솟듯하며 어릴 적에 어머니에게 지압받는 허약한 노인 환자들의 힘겨운 모습에 뜨거운 눈물이 쏟아져서 그때는 한 분이라도 많이 지압을 해 드리고 싶었을 뿐 조금도 피곤치 않았고, 하나님 사랑이 충만해서 참으로 잊을 수 없는 추억으로 간직되었으며, 큰 보람의 어머님 모습을 그리며 뭉클한 따뜻함에 눈시울을 적시었으니 무한 감사함을 느낀다.

내 어머님은 며느리와 아내와 어머니로 모진 고난의 일생을 하늘 우러러 부끄럼 없게 일생을 마무리하셨음을 확신한다.

7. 모정의 세월

어머님은 엄한 가풍의 장녀였으므로 모든 운명적 현실을 숙명으로 받으셨다. 큰댁이다 보니 시동생과 다섯 시누이의 대가족이었는데, 우선 식생활을 위해 친정의 도움부터 마다하지 않았으며 바닷가로 들녘으로 불철주야 피눈물을 삼키며 몸을 움직여서 조개와 해초를 따고 논밭으로 달려 가서 이삭도 줍고 품팔이도 하면서, 시부모님과 병든 남편을 봉양해야 했다.

결혼 초기에는 외가댁 도움을 많이 받았으나 영원할 수는 없는 것이었다.

다행인 것은 고모님들이 미인들이어서 좋은 혼처들이 줄을 서게 되었고 출가 후에는 시누 올케 사이가 워낙 돈독했으므로 친정 지원에 혼신을 다하셨다.

우리 형제들은 고모님들 사랑을 참으로 진하게 느끼며 자랄 수가 있었다.

아니, 문중의 총체적 사랑을 아낌없이 받았음을 뭉클하게 기억한다.

농사가 주업이던 시절에 논은 전무였고 시양답이라고 손바닥만 한 것이 한사골이란 산속에 천수답으로 골병들기 좋았고 밭떼기가 세 두렁인데 동네에서 가장 높은 다금멀 봉우리와 배시께 봉우리 그리고 한사골 봉

우리로 위치하고 있다 보니 지금까지도 팔지 못해 소유하고 있을 정도다.

가까운 전답은 힘도 덜 들고 수확도 많은데 세상 등지다시피 하신 우리 아버지를 살살 달래서 소출해 보려는 어머니의 심정이었으랴.

피눈물 난 빈털터리 시집살이일망정 소망이 있다면 살아갈 수 있는데 몇 년이 지나도 태몽조차 없었다.

설상가상으로 할아버지까지 화병에 지병으로 운신을 못 하셔서 추운 겨울에도 문어와 낙지를 잡아 고아 드리고 시부모님을 위해 얼마나 눈물 겨운 효도를 하셨던지 문중회에서 효부상을 내리셨겠는가.

보따리 챙겨 친정으로 도망쳐 버릴 것으로 생각했던 가문의 어른들이었기에 입이 닳도록 칭찬과 격려를 아끼지 않으신 터였다.

지성이면 감천이라고 드디어 뒤꼍에 정화수 떠놓고 정성을 다해 기도 드린 지 십 년 되던 해에 태몽을 꾸었고 그토록 몽매가 내 바라던 예쁜 첫딸을 순산했으니 그가 바로 나의 큰누나다. 결혼도 늦은 데다 십 년 동안 태기가 없었으니 그 당시엔 거의 기적이나 같았으리라.

8. 하늘의 축복 첫딸과 아들

어머니는 그야말로 효도의 표상이었으며, 모든 친척들에게나 이웃 남녀노소 누구에게나 성심껏 최선을 다하며, 힘겨운 가장 역할도 지치고 짜증날 만도 하련만 단 한 번도 푸념한 적이 없으셨던 어머니는 과묵형으로 언제나 외면당했던 어려운 분들과 막가파식 인생들을 따뜻하고 진실하게 안으시면서 눈물을 함께 하신 분이셨는데, 15년 전의 혼인 때부터 암흑의 터널은 시작되었고 칠흑 같았던 어둠의 끝을 상상도 할 수 없는 막막한 세상을 오직 도리와 열정의 성실로 한 걸음씩 옮겨 가는 삶 가운데서 십여 년 만에 첫딸을 얻고, 그 후 5년 만에 장남을 얻으니 비로소 두 줄기의 빛이 보였으니, 어머니보다 10년 연상인 병중이셨던 아버지도 그때만은 온갖 서러움이 감소되었던 기적 같았던 축복이 되었으리라.

9. 둘째 놈 잃은 슬픔

그토록 허탈한 세상길을 뛰고 또 달려도 오직 눈에는 뚜렷하게 잘났던 작은 아들 모습으로 가득했는데 주변 사람들 이구동성으로 잘난 놈 한번 안아 보자고 할 정도였다니 안타까움의 정도가 잘 짐작된다 아무리 열정의 삶을 꽃피우는 모성이였지만 깊숙한 내면에 슬픈 감당이 어려운 고난들이 흐른 일 년 반 만에 네 번째 태몽을 꾸게 되므로 그 당시 분위기는 영락없이 죽은 아이가 되돌아오는 것이라 믿고 싶었던 것일까?

그래서 문중 친척 거의가 격려의 성원 속에서 산모에게는 좋다는 보양식품들을 아낌없이 지원했으니 그토록 어려웠던 시절인데도 모처럼의 호강을 받은 임산부와 태아의 양분이 충분했으니 물론 아들임을 염원한 분위기였다.

10. 누나와 형

큰누나

고목에 움트듯
석양노을 꼬리거러
어머니 백일정성
아스라이 매단천륜
뜬금수 막내동이
모유고갈 애간장에
이삭줍듯 동량젖
사릿문 들랑 달랑
허기진 울음소리
애닳고 서러웠던
큰누나 우리누님
만수무강 누리시고
어버이날 어머니 대신
막내정을 감싸주오

1994년 5월 8일 어머니날에 南風 김복현

필자와 큰누나는 연령 차이가 컸으므로 어머니 같아 군제대 후엔 누나 친구들 딸이 신붓감 대상으로 이야기들이 될 정도였으나 첫사랑 관계를 속속들이 잘 알고 있던 큰누나는 선뜻 말 못 할 처지였기에 간섭은 없이 첫사랑이 너무 부잣집 딸로 콧대가 높을 것임을 미리 염려했으며 내 자신도 결혼 상대는 부담이 없고 순진무구한 여인형으로 내 그림을 마음껏 표현해 볼 수 있는 백지를 원한 바였었다. 그러나 내 뜻보다는 큰누나 뜻에 의한 대로 추대되어서 오늘에 이른 무한한 인생 여정을 가정의 탑으로 세워지게 된 모든 공적이 내 큰누나의 은덕이라 생각하면서 감사를 드린다.

그러나 꿈을 접을 수밖에 없었던 것이 운명이라고 하기엔 너무 허망했으며 암울했음은 오직 자신만 가슴 앓이로 덮을 수밖에 없었던 사연인데 학비 마련을 위한 목숨 건 전쟁터 도전이었으며 신의 도우심으로 인한 두 번째 지원이 성사되어서 그토록 염원했던 학비 마련은 충족되었으나 필자 의지가 약했으므로 첫눈에 반한 사랑에 빠져 정글 같았던 여수항에서 헤어나지를 못한 채 꿈을 외면한 역방향으로 숨이 가쁘게 줄달음을 치고 말았으니, 삶의 결정은 순간적인 것, 허망한 것. 눈 뜨고 보면 그냥 가게 된 주어진 삶의 길이 바로 숙명인 것이었음을 뒤늦게 알 수 있었는데 회상해 보니 이 모든 삶이 오직 하나님 은혜였음이 확실하며 모든 운명은 정해져 있는 것이다.

지금은 이미 고인이신 큰누님께서 생전에 필자의 아내를 무척 아끼며 신뢰했으며 끝내 우리를 부부 연 맺게 일조해 주신 나의 큰누님은 살아생전의 삶을 힘겹게 하시면서도 성실히 열심으로 고된 생활을 참아 내신 내 큰누님을 조금도 돕지 못하고 홀로 남은 채 그리움에 사무쳐서 고인이 되어 버린 형제 생각에 목이 멜 뿐이다.

나의 兄

십 년 기원 백일 기도
어머니 정성으로
속이 텅 빈 고목에 싹이 트듯
절망의 늪 헤치고 태어났습니다
고난의 터널 헤맨 일가에
소망의 등불이었고
사하라 사막처럼 메마르고
막막해도 지팡이 삼을 자식
몽매가 내 갈구하던 부모에겐
찬란한 빛이었습니다
각별한 효성 다정다감은
하늘이 내린 귀감의 복이요,
근면 성실함은 빈곤에 지친
이웃들에게 모범의 본보기였습니다
동생을 독자로 만들 뻔 했던
청년기의 군 복무 시절
가족 생계 걱정으로
특별 휴가, 쉴 틈 없이
논밭 가리, 나무 벼늘
바리바리 쌓아 두고
헐레벌떡 귀대길이

생사의 행방 불명
백방으로 수소문해
아슬하게 구한 소식
과로에 열병으로 육군 병원
헤매이다 피골이 상접된
의식 불명, 식물 인간, 시체실
대기 상태, 모진 숨결 끈질기다
초인적 모정으로 목숨 걸어
기원하니 하늘의 감복인가
의사 박사 모여들어 실력 능력
가다듬고 최선을 다했구나
이름도 모른 청주 시민들과
목사님이 기도하고 고향 이웃
친지들 모두가 기원하니
저승사자 기가 막혀 포기하고 돌아갔네
오그라든 깡마른 사지를
필사의 마사지로 석 달 동안
풀어 주던 어여쁜 간호원이
본 모습을 찾은 우리 兄의 잘생긴
코에 반해 님 삼을까 헤아린 정
두고두고 갸륵하다

그렇게 죽음에서 회귀한 兄이 귀향하던 날 사하라 태풍이 천지를 강타

했으나 우리에겐 환희의 축제였습니다.

　가진 것 없어도 중매쟁이 문전성시, 잘난 것 없어도 큰 애기들 줄을 서니, 짝꿍은 부창부수 얼싸둥게. 우리 형수 지극 정성, 몸 바쳐 꺼져 간 생명 구해 준 청주 육군 병원 간호원 아가씨는 추억 속의 연인인가, 기억 속의 은인인가? 우리 兄 여자 비밀, 이것밖에 모르겠네.

　지성이면 감천인지 그림 같은 삼남이녀, 부모를 닮았구나. 모두가 효자 효녀, 꽃망울 같은 손자 손녀, 터질 듯 재롱 떨고, 버선발치, 정겨운 인심, 숨털처럼 감싸 주니 복이로세, 복이로세, 우리 형님 내외 복이로세.

　兄 육순 잔치 때 동생 南風 올림.

형과의 友愛

　우리 형제는 독특한 면의 운명이었는데, 꿈에도 생각할 수 없었던 뜬금없이 동생을 얻게 되었던 兄은 필자를 평생토록 우대했기에 언제나 형을 대할 때마다 난 철부지로 기세등등해 오히려 형을 수월했으나 아랑곳 않고 너그러워서 난 버릇없이
　일방적이었는데 그날은 운명적 대화, 잊지 못할 대화로써 존경하고 사랑한 그리운 내 兄의 명복을 빌며 이 사연을 기록해 본다.

　모처럼 만난 우리 형제는 산아 제한의 내용으로서 진지했는데, 그때도 내가 일방적으로 대책도 없이 5남매를 출산함으로 인한 힘겨운 큰댁 형편을 신랄히 비난했으며 그러므로 어머니께서 육아 때문에 골병이 드신 실정을 가감 없이 지적해 버린 논쟁을 했으며 우린 절대로 남매 이상은 단산한다고 큰소리치며 단언해 버렸었다. 틀린 말은 아니었으나 필자로선 감히 형님께 지나친 언사였음을 감지했기에 마음 무거운 불편한 대화였던 것이다. 그러나 兄

은 조금도 변함없는 온화하신 모습으로 조심스럽게 우리 형제의 운명적인 연이 얼마나 복되고 소중한가에 대하여 깊이 설득하기에 이르렀으나 필자는 끝까지 시큰둥해 버렸었다. 지금 생각해도 한심하기가 짝이 없다. 그리고 난 후 묘의 진심 어린 출산 권고에 말씀이 계속 내 귓전에 맴돌았으며 몇 년이 흘러 경제적 여유를 가진 삶이 되어 우리 부부는 숙고 끝에 단산을 풀고 5년여 만에 우리 세 번째 귀한 막둥이 아들을 보게 되었으니, 우리 형제의 진한 友愛를 보신 하늘이 내려 주신 축복임을 믿어 의심치 않는 바이다.

 (* 집필 중, 동생을 큰 자랑으로 삼으셨던 내 형님 생각에 하염없는 뜨거운 눈물을 흘려야 했다.) 南風.

11. 열정의 삶

 어머니는 불꽃 같은 삶 속에서도 자식이라고 치우침 없이 가족 모두를 사랑하셨다고 한다.
 일단 출가 후부터 친정으로 은거를 잊고 살 수밖에 없었고, 그 길이 본분에 충실한 삶이었다.
 무디고 무거운 발자국의 세월은 어느새 3년 되던 해, 세 번째의 태몽으로 둘째 아들의 출산이었다.
 잘생기고 영특한 차남을 얻고 용기 백 배의 삶을 살아갈 수 있었다.
 깃털 같은 걸음걸이로 활동 분야를 확장했다.
 그런데 호사다마라 했던가, 차남 3세 되던 해에 이질이란 전염병으로 마을 어린이들 거의를 잃어버렸다. 그때의 어머니의 비통한 심정을 표현할 수가 없다.

넋이 나간 모습으로 미친 듯이 가족 부양 때문에 슬픔도 삼켜야 했다.

오직 태중의 아들임을 믿는 것인데, 회귀 출생을 간절히 바랐기에 가족들 실망의 탄성이 대단했다.

12. 작은 누나의 출생

그토록 목숨처럼 사랑하던 둘째 아들을 잃은 기막힌 슬픔에 위안은 오직 태중의 아들임을 믿는 것인데, 모두가 기대하였고 막상 받아 보니 딸이었다. 아들 선호 사상이 강한 때였으며, 더구나 죽었던 아들의 회귀 출생을 간절히 바랐기에 가족들의 실망의 탄성이 대단했다. 그때부터 둘째 딸은 가족들에게 미운 오리 새끼 신세가 되고 말았으니, 운명의 장난이라 생각된다. 태중에서는 귀한 아들 대접 이상으로 호강을 누렸으니, 우리 형제 중에서 제일 건강하고 피부도 좋았는데, 그 점이 오히려 어른들께는 더욱 마땅치 않으셨던지, 흡족한 사랑을 베풀지 않으셨다. 그런 줄도 모른 어머니는 새벽에 출타해 저녁에 귀가하면 그때나 예쁜 딸을 안을 수 있었으니, 오직 세상에 모정만은 자식에 대한 차별이 없었으리라. 미운 오리 새끼 같은 작은 누나는 커 가면서 고집도 부리고 점점 역행의 모습으로, 그러나 건강하게 성장했다. 겉보기엔 누가 봐도 건강하고 예쁜 딸이었다. 역시 사람은 부잣집에 태어나서 호강받는 것보다, 좀 가난한 집에서 태어나도 사랑받고 자란 자의 운명이 복된 자인 것이다. 그래서 태어날 때의 적절한 시기가 성격과 운명에 큰 편차를 이르게 되는 것이다.

13. 뜬금없는 막둥이 출생

그런 우여곡절 속에서도 세월은 한 치의 변함도 없이 흘러서, 둘째 딸이 다섯 살 되던 해에 뜬금없는 태몽을 꾸었고, 그 당시 있을 수 없는 노산으로 기적처럼 막내 아들인 본인이 출산되었으니, 누구보다도 우리 형님이 뛸 듯이 기뻤다. 자신이 독자인 줄 체념하고 살았는데, 뒤늦게 아우를 보게 되니 감동적이었다. 그러므로 가족, 친지들과 이웃들의 사랑을 듬뿍 받았으나, 모유 부족에 동냥 젖으로 연명했기에 항상 병약해서 바람 속의 촛불 같았으니 어머니의 심정은 애간장이 녹는 듯했다. 그래도 가족의 부양을 위해 새벽부터 늦은 밤까지 뛰고 또 달려야만 했고, 큰누나는 막내둥이를 둘러업고 동냥 젖 얻어 먹이려고 이웃집 싸리문들을 들락거렸는데, 흉년에 못 먹은 엄마 젖들이 메말라 빈약한데도 한 방울이라도 먹여 주시면서 울었다고 하니 이 글을 쓰면서 그때의 은혜에 목이 멘다. 감사합니다! 감사합니다! 지금까지 은혜를 잊고 살았습니다! 하염없는 눈물로 사죄드리옵니다!

특히 나의 할머님은 나의 육아를 맡으셨는데, 그 일화가 수없이 많은데 요약해서 당신의 입으로 막둥이 손자를 빨아서 키우셨다고 한다. 내가 3세 때 돌아가셔서 지금 내 기억엔 할머님 모습이 가물거릴 정도로 미약해 아쉽다. 그 시절에 미인이셨다고 했는데, 우리 고모님 다섯 분 중 두 분을 오래도록 볼 수 있었기에 할머님 모습을 형상화해 볼 수 있었다. 할머님 사별 후 내 모습이 너무나 처량하고 풀이 죽어 있어서 어른들이 더욱 슬펐다. 그때부터 나는 홀로 사색을 즐기게 된 것 같다.

큰누나 등에 업혀 앞집 무당 굿을 구경했는데, 집중해서 들었던지 무당의 긴 주문을 외워 버려서 누나들이 깜짝 놀란 모습들이었는데, 내 기억에 생생했다. 어릴 때 영양 부족이었는지 깊이 생각하면 머리가 터질 듯했으나, 무엇이든 잘 외워져서 편함으로 신경 쓰는 공부는 싫었다. 그러나 사색으로 올바른 생각의 눈이 조금씩 밝아짐을 느낄 수 있었기에, 소년기부터 나만의 세계가 차곡차곡 영글어 감에 감사할 수 있었다.

14. 유아기의 굶주림

흉년에 동냥 젖이 풍부할 수는 없었던지, 할머님 생전 나의 별명은 울보였다. 얼마나 할머니를 괴롭혔던지 "괴보"라 했다고, 사촌 형님이 평생을 놀려 먹어서 입막음하려고 막걸리 값 좀 쓴 편이었는데, 지금은 그리운 형님들이 되고 말았다.

대가족의 생계를 짊어진 어머님의 삶 속에 시간적, 물질적 여유가 있을 수 없었기에, 말씀의 틈도 없었던지 과묵한 모습으로 내 기억에 각인되어 애처롭다. 유아기의 젖 배고픔 때문에 겨우 목숨만 연명했던지, 내가 말할 수 있을 때부터 "빼차구"라고 불렸는데, 피골이 상접한 상태의 깡마른 아이에게 붙인 별명이니 그 소리를 우리 어머니 마음에 새겼으므로 결심하고, 엄동설한도 바다를 뒤져서 조개, 문어, 낙지, 꽃게로 나는 그토록 어려웠다는 보릿고개를 잊고 살 수가 있었다.

어머니는 비록 보리 가루로 풋대죽을 끓일 때, 아무리 혹독한 추위 때도 반드시 바다로 달려가서 그 시절에 널려 있던 조개와 굴을 따와 죽에 넣었으므로 지금의 최고급 수프였으며 요리였다. 그 시절의 보통 사람들은 우리 어머니처럼 응용할 줄을 전혀 몰랐던 것 같다. 살얼음을 뚫고 바다로 달려갈 수 있음은 오직 특별한 사랑의 힘이었다.

나의 어머님은 정신이 확고하셨으며 신념이 뚜렷한 5대 정성으로 삶을 유감없이 누리셨음을 내가 한참 후에야 알게 되었다. 기도, 봉사, 희생, 부양, 요리였는데, 조부님들, 특히 외조부님의 맏딸에 대한 교육의 산물에 결정으로 생각된다. 내가 어렸을 때 두 손 모아 기도하는 모습을 자주 보았는데, 언제나 정성을 다한 모습이었다.

어차피 불교다, 유교다, 회교다 하는 것은 사람들이 말할 뿐으로, 우리 어머니의 기도는 정성이 넘치는 숭고함으로 가장 높은 곳으로 전달되었음을 나는 확신한다. 방법, 형식은 사람들이 만든 것으로 어느 것도 절대적이라 할 수 없다. 어머니의 끊임없는 봉사를 어렸을 때 많이 보았는데, 나는 지겨울 정도였다. 그 시절에 제법 큰 편인 마을인데 도약국 하나 없다 보니 지압을 받기 위해 우리 집에는 급체 환자, 골절 환자 등이 아침 식사만 하려면 어머니 만나려고 달려들어서 비위가 약한 나는 고통이었으나, 어머니는 단 한 번도 얼굴을 찌푸린 적이 없었다.

아침 식사 때 급체 환자의 풀리는 트림 소리와 오바이트 장면에 나의 인내력은 바닥이었다. 단 한 푼의 수입도 없는 지압 봉사를 즐기는 어머니께 짜증을 부릴 때마다 미안해하셨던 우리 어머니를 이해 못 해 드렸던 철부지가 뒤늦게 지압 봉사하면서 흐느꼈으니, 격세지감으로 어머니 그리움을 진하게 느끼게 되었다.

아, 어머니! 우리 어머니!

나의 어머니는 지탱하기 힘겨울 정도로 가난했음에도 어려운 친척들을 위해 정성을 다한 모습을 볼 수 있었는데, 8촌, 6촌 형님들이 한동안 잊지 않고 제사 때마다 찾아오실 정도였다. 내 형님 살아생전에 조부님들과 어머님의 선행으로 복을 받은 우리 자손들의 번영을 확신하신다며 즐거워하셨다.

또한 어머니의 요리는 가난한 식솔들을 먹이려고 온갖 지혜를 모아서 자신의 희생을 무릅쓰고 바다와 산을 활용해 계절을 뛰어넘었기에, 소량의 곡식으로도 맛 좋은 음식을 제공했기에 우리 가족들은 거의 보릿고개의 설움을 잊을 수가 없었다. 한마디로 요약하면, 우리 가족은 어머니의 특별한 사랑의 보호를 누렸으니 복된 자들이라 자부한다.

특히 어머니에겐 막내둥이와의 사랑이 폭풍 속의 연줄 같았는데, 그토록 간질간질했던 모자의 세월은 간당 13년 정도에서 헤어져서 살아야만 했으니, 당신의 욕망 같다면 옆에 끼고 평생을 보아도 부족하련만 자식의 미래를 위해 도시로 내몰아야만 할 수밖에 없었다. 그러나 맨손으로 보낼 수밖에 없었기에 중학교는 엄두도 못 내고 여수에서 소규모 구둣방을 하는 큰 매형댁에 더부살이로 보내야만 했으니, 아무리 정신력 강하신 모정이라도 찢어질 듯한 심정을 감당할 수 없었다.

15. 잊을 수 없는 아버지의 선물

　막내둥이 손자를 달아질 듯 녹아질 듯 애틋하게 사랑해 주시던 할머니가 돌아가신 후부터 기가 죽은 내가 네댓 살 지나 큰누나도 출가해 버려서 그때부터 홀로 지내는 시간이 많아졌는데, 다섯 살 위의 누나와 세상 포기한 아버지는 나에게 위안이 되지 못했다. 형님은 기술이라도 배운다고 여수 큰누나 댁으로 가 버렸으니, 우리 집은 늙으신 부모와 내가, 덕보라고 부른 작은 누나와 4가족이 살아가야 했는데, 어린 나를 두 분께서 일찍 철들게 해 주셨던 것 같다.
　그때 나의 머릿속에는 온통 "왜 저럴까? 저럼 안 되는데. 나라도 정신 차려 힘든 노모를 도와 드려야지" 하는 생각으로 가득했다. 늙고 병든 부모님께 누나와 나뿐인데, 식량과 땔감 해결을 위해 따질 것이 없으므로 엄동설한 첫새벽부터 바다로 나가서 김을 채취해야 했고, 생김을 떠서 건장에 널어 말려 벗겨서 밤늦도록 작업해서 상품을 만들어야 팔 수가 있었다. 그 마당에 남녀노소가 모두 일을 해야 했는데, 언제나 두 분이 말썽이었다. 그처럼 상황 분석조차 못하시니, 얼마나 가여우신 분들이었나.
　그 시절에는 땔감 해결도 힘겨웠는데, 내가 초등학교 입학 때 아버지께서 선물로 지게를 구해 주셨으므로 그때부터 땔감 나무하러 다녔다. 나무가 너무 귀해서 빼차구가 머슴들 따라 다니면서 산을 헤맸다. 각박했던 어린 시절은 더디기만 해서, 야속하기가 그지없었다.

16. 벌목산판의 목재 절도

　내가 1학년, 8살 되던 해 여름방학 때, 그날도 어김없이 새벽에 일어나서 나무하러 가려고 어머니가 구워 준 군고구마로 요기하고, 앞집 3세 위인 상O 형과 아랫집 1살 위의 영O이 친구와 만나 여느 때와 다름없이 풀나무를 하려고 산으로 향하던 중에, 귀남이네 벌목해 놓은 산판으로 가자는 의견 일치를 보았다. 강동 부락 뒷산 장안골 깊숙한 먼 곳까지 가서 기껏해야 거풀 한 짐씩 힘들게 해 올 것 없이 소나무 가지 쳐놓은 것을 슬쩍 한 지게씩 져다 놓으면 며칠 이상 땔감은 너끈히 할 수 있으니 최상의 묘안이었다.
　산판은 백석 부락 바다 윗산인데, 견물생심이라고 소나무 옆 가지를 한 지게씩 짊어질 생각을 버리고, 형들이 먼저 큰 돗말들을 하나씩 끌고 어두운 새벽 속으로 사라져 갔다. 나는 그보다 갑절 이상 대형인 원목 둥치를 들기가 힘겨워 바다 쪽으로 냅다 굴렸는데, 운 좋게 물 위로 둥실 뜨었으므로 3~4km는 너끈히 될 만한 동네 뒤편 길을 향해 빼차구인 내가 초인적 능력을 발휘하여 길로 간 것보다 세 곱은 먼 바닷길을 헤엄치다 보니 새벽에 출발했는데 송산 목적지에 도착하니 점심때가 되어 버렸다.
　밝은 대명천지가 야속하고 난감했다. 순식간에 발생해 버린 운명적인 행사였는데, 내가 얼마나 신출귀몰했던지 어른들도 혀를 내두를 대형 목재 둥치를 쥐도 새도 모르게 가파른 송산 언덕을 극복, 점령하여 우리 집 뒤켠에다 턱!~ 소리 요란하게 부려 놓고 홀로 의기양양해서 장작용으로 빠개면 제법 많은 양이 되겠지 하고 기쁨에 빠진 것도 한순간뿐이었다.
　쿵 소리에 놀란 어머니가 뛰어와서 이 장면을 보시고 놀라서 혼이 나가신 것 같더니, 급기야 내 뺨에서 불이 난 것 같았다. 어머니 속도 모른 내가 기뻐하실 줄 알고 자랑하다가 처음 맞아 본 뺨인데, 어처구니가 없고 도저히 이해할 수 없었다. 내가 더욱 당황한 것은 어머니의 대성통곡이었다. 그때 딱 한 번의 어머니의 우는 모습을 보게 되었는데, 아! 어머니! 우리 어머니! 그립습니다, 목이 메도록..

그런데 먼저 큰 돗말 들고 내달았던 두 형 중 한 명이 지서주임인 방순경 순찰에 덜컥 걸려 버려서 얼떨결에 한 명만 불어서 나는 모면할 수 있었으나, 야속한 우리 어머니가 방순경에게 고발해 버렸으니 나는 꼼짝 못하고 방순경에게 끌려가 지서 유치장에 들어가니 두 형들은 먼저 잡혀와 있고 나는 들어가면서부터 대성통곡하니 좁은 유치장이 들썩거렸다. 마을 유지들은 일부러 우리를 혼내 주시기로 의견을 보았던 것이었다.

그런데 의문인 점은 빼차구인 어린 내가 어른도 움직이기 어려울 대형 통나무를, 그것도 위험한 바다의 파도와 살벌하고 날카로운 바위를 헤치고 거의 4km를 헤엄쳐서 송산에 가파른 언덕 바지를 기어 올랐음을 믿을 수가 없었다. 정작 나 자신도 꿈속을 헤맨 듯 아련했으며, 도대체 나에게서 어떻게 그런 힘이 솟아났을까? 영원한 수수께끼로 남고 말았다. 그 당시에 방순경과 동네 유지분들의 신통한 놈에 대한 화젯거리가 오래도록 논의되었던 것 같다.

골목대장
(동자군 영웅)

섬으로 병풍 치듯 한

땅끝머리 마을 골목
그때 우리는 열한 명이었다.
반딧불 같은 등잔불에
어둠을 이기려 안달했던
보릿고개 설움의 삶을 엿보던
빈곤의 시절이었다.
그래도 우리는 불행하거나
외롭지 않았는데
그것은 순전히 신출귀몰했던
재간둥이 골목대장 덕분이었다.
천지분간 어림없고 배고픔 잊을
신이 난 놀이에만 여념이 없었던
우리 골목대장은 영웅이었다.
타고난 재주와 재치로 우리는
단합되었고 풍성한 사연과
정서의 상록수를 가꾸게 되었으며
동심의 아름다운 추억을 간직한
행운아들이 되었음을 감사한다.

1998년 7월 10일 南風 김복현

17. 초대 골목대장 영O이

우리 골목에 초등생이 열한 명이었는데, 나보다 한 살 위며 학교는 2년 선배였고, 유명한 개구쟁이로 타고난 재능이 많아서 모든 놀이의 달인이었다. 나무를 탈 때는 원숭이요, 수영을 할 때는 물개였으며, 싸움질할 땐 2~3년 큰 형들도 거뜬히 이길 정도로 재간둥이 친구가 바로 귀남이네 산판 절도 동지였던 김영O이다.

축구, 배구, 육상, 수영 만능에 개그맨 기질은 천부적이어서 우리 소년 시절은 그 친구 때문에 풍요로운 놀이로 즐길 수 있었는데, 한 번도 폭력은 없었으므로 당연스럽게 우리의 리더 격으로 골목대장 격인 셈이었다.

열한 명의 동자군들은 산야와 바다를 휘젓고 다니면서 시간만 나면 고상 놀이(레슬링형), 병정 놀이, 기마전 등 헤아릴 수 없을 정도의 놀이가 많았는데, 인접한 송산(송 씨 문중 산소)이 뭉그러지지 않은 게 없을 정도였다(늦었지만 송 씨 조상님들께 곤수백배 사죄드리면서).

안타깝게도 부족한 일손 때문에 어울리지 못할 때가 많았으나 틈만 나면 우리들 아지트로 달려가서 합류하다 보면 해 지기 전에는 거의 모일 때가 많았었다.

비가 올 때는 일제 때 쓰던 대형 비어 있는 창고에서 야구와 공 던져 맞추기를 했는데, 말이야 굳이 각구목에 일반 고무공으로 치고 받고 던지며 시간 가는 줄 모르고 어두워진 밤까지 놀다가 식구들께 잡혀갈 때가 다반사였다.

초등생 입학 전에는 이웃집들의 소를 산으로 끌고 가서 풀을 먹이는 일이 내가 하는 일 중에서 최고로 신난 일이었는데, 귀가 때는 망골 해수욕장에서 소를 타고 수영하며 진드기도 잡아 주고, 소 등에 올라서서 진두지휘할 때는 천하를 얻은 듯한 기분이었다.

우리 골목 동자군 열한 명을 기술해 본다면 김영O, 신유O, 박재O, 한대O, 신선O, 김세O, 박종O, 황상O, 김복O, 김봉O, 김세O 등이 우리 멤버들이었다.

비록 먹고 입는 것은 빈곤했지만 일도 많이 했고 장난도 신났으며, 영O이 대장의 코미디는 우리를 하루 종일 배꼽을 잡게 해 주었는데, 어떤 프로들보다도 월등했다.

나는 지금도 영O이 친구의 재능을 생각하면 가슴이 먹먹해진다.

뭐니 뭐니 해도 어린 시절의 놀이 중에선 육해공 병정 놀이가 최고였는데, 바다와 섬을 끼고 할 수 있었기에 스릴 만점, 실감 만점이었다. 휘영청 달 밝은 보름밤에 보리밭에서 동서풍으로 갈려서 경쟁했던 기마전 놀이는 오래도록 여운으로 남았었으며, 그 당시에 초등학교 6년 동안은 거의 매일 만났어도 다투거나 싸워 본 기억이 없다.

산과 바다와 들판으로, 모래밭으로 자갈밭으로 황토밭으로 달려가서 일하다가 틈만 나면 만나서 부둥켜 놀았으니 배고픈 것조차도 잊을 수가 있었으리라…

모두 다 어디 갔나, 모두 다 어디 갔나. 일흔여섯에 나 홀로 이 순간에 회상해 보니 그리움이 샘솟듯 하면서 까마득한 어린 시절이 그리워질 뿐이다.

18. 진도견 백구와 소년 나무꾼

백구는 내가 아홉 살인 2학년 때, 여수 큰누님이 친지에게서 선물로 받은 진돗개 갓난이를 비좁은 구둣방에서 키우다 보니 사람도 힘겹고 강아지도 시달려서 우리 집으로 오게 되었는데, 지저분하고 초라해서 흑구인지 백구인지 구분 못 할 정도였으나 동물들을 무조건 좋아했던 내겐 둘도 없는 동반자였다.

땔감 하러 산에 갈 때나 밭으로, 바다로 언제나 동행하고 서로 챙겨 주다 보니 백구도 흰빛이 선명해지며 튼튼해졌는데, 망골 해수욕장 등에서 우리 동자군들과 백구와 내가 얼마나 즐겁게 놀았던지, 회상해 보니 그 시절로 돌아간 듯한 환상에 젖어 행복하다.

백구와 나의 사연만 기록해도 책 한 권은 되고도 남을 것이다. 우리 백구는 진돗개 중에서도 으뜸으로 영리하고 힘이 장사였는데, 강아지 때 귀가 서지 않아 똥개 같아 창피스러워 귀 끝을 잘라 버렸는데, 크면서 귀 끝이 흉하고 보니 나의 성급한 오해와 실수여서 백구에게 너무 미안하고 안쓰러웠다.

귀 끝이 잘렸으니 잘난 진도견 백구에겐 해소 못할 흠이어서 나의 잘못으로 후회스러웠으나, 덩치도 좋고 힘도 장사여서 장사 집안 견공다웠다. 고흥군에서 어떤 개도 백구에게 상대가 안 되었다. 그 시절 강아지 귀를 잘라 주면 쫑긋하게 일어선다는 유행 때문이었다.

그러나 귀는 억울하게 잘렸지만, 어떤 대형견과의 싸움에서도 영리하고 힘센 용맹스러운 백구가 승전하면 참으로 통쾌했는데, 백구는 내가 없으면 절대로 싸우지 않았고, 아무리 상대견이 부당하게 달려들어도 말려들지 않고 자리를 피해 버리곤 했다.

그런데 동풍 마을에 검둥이(흑구) 진도견이 도전하기 시작했고, 우리 백구는 상대도 안 해 버렸는데, 어느 날 백구와 내가 동풍 부락 부근을 지나는데 검둥이가 귀찮게 도전하므로 백구는 나를 한 번 힐끗 보기에 내가 큰 소리로 "물어라!" 외쳤으므로 진도견 백구와 흑구의 결전은 시작되었고, 한 치의 틈도 보이지 않았다.

구경꾼들 거의 흑구를 응원했다. 그만큼 우리 백구는 고흥군 내에서 상대가 없는 강자였기 때문이다. 사람들 심리가 약자 편이며 강자를 무너뜨렸을 때 환호성이 커지며 통쾌한 자극이 발생된다.

그러나 역시 우리 백구의 승리였는데, 검둥이 주인을 알고 보니 동풍 부락의 장O이 형네 견공이었다. 그때부터 서풍의 백구와 동풍의 흑구가 숙명적 앙숙이 되었다.

그런데 검둥이도 진도명견이었는데, 집에 매달아서 생활했기에 내가 처음 보게 되었고, 가두었으니 성질만 괴팍하고 실력은 우리 백구의 상대가 아닌데, 귀가 축 처진 똥개들만 득실거리던 마을에 수컷 진도견에 그것도 백구와 흑구여서 대촌의 구경거리로 충분했다.

그때까지 나만 모르고 있었는데, 동네 개구장이들이 몇 번이고 대결을 부쳤으나, 우리 백구가 내가 없어서 응하지 않았던 것이다. 백구는 강아지 때부터 한 번도 가두거나 묶여 본 적 없는 그야말로 자유분방하게 나와 둘이서 뛰어다녔으며, 워낙 영리하고 똑똑해서 묶을 필요가 없었던 순돌이지만 힘이 장사요, 날렵하고 영리해서 어떤 황소 같은 맹견도 굴복시켜 버렸는데, 상대가 먼저 덤벼들지 않으면 싸우지 않은 신사다운 견공이었다.

19. 대장 영O이네 이사 가다

　내가 철이 좀 들어 또래들과 어울려 놀기 시작할 때부터 영O이는 나와 가장 가까운 소꿉친구였다.
　다섯 살 때부터로 짐작되는데, 집 밖에서 만나면 거의 만나게 되었고 어울려 놀면 마냥 즐거웠는데, 부모님들 간이나 누나들도 모두 친했기 때문에 그토록 심하고 위험할 정도의 놀이였지만 다투어 본 적이 없었다.
　영O이가 얼마나 심한 개구쟁이였으면 여섯 살에 자기 형이 입학을 시켜 버렸을까? 물론 본교 선생님이었으니까 가능했다. 나의 그 당시의 기억으로 영O이가 공부를 잘한다는 소문은 듣지 못했지만, 달음박질, 씨름 등 모든 운동의 명수였으며, 특히 싸움질은 한번도 코피 터진 적이 없었고, 얼마나 재간둥이였던지 가는 곳마다 웃음판을 벌였고, 훗날 노년이 되도록 우리 집 행사에 진행을 걸러 본 적이 없었는데 현역 어느 코미디보다 월등했다.
　그토록 다정한 친구네 식구가 동풍으로 이사를 가게 되어 우리들 동자군 대장은 내가 할 수밖에 없었다. 9세에 2학년 말경인데, 비록 빼차구였지만 씨름, 닭싸움, 고상묵기, 깨금직기(닭싸움) 놀이에 나를 당할 자가 없는 소리 없는 실력자였는데도 불구하고 내가 워낙 왜소하고 순둥이다 보니 진가를 모른 채 폄하되었던 것이다.
　그러나 어쨌든 자동적으로 나를 중심으로 제2대 골목 동자군이 유지되고, 골목 대장의 역할도 그때부터 본격적으로 시작되었던 것이다.
　영O이가 용장이라면 나는 지장인 셈이다.

우리 마을은 고흥 반도 끝자락 포구인 만큼 특징적이다. 농사지으며 틈틈이 고기도 잡는 소형 어선들이 있었고, 외부에서 들어온 대형 어선들이 정박하면 우리 어머니들이 생선을 받아서 팔았는데, 대부분 곡식과 맞교환 방식이었다.

그러다 보니 생선은 많은 양에도 헐값이고 곡식은 극히 소량에도 금값이어서 들통을 머리에 이고 다녔으니, 목에 골병만 들었으나 한 톨이라도 곡식이 절실했다.

영O이가 동풍으로 떠났어도 같은 마을이라 거의 매일은 아니지만 자주 어울려 놀았으나, 동자군 주도권은 내가 감당하게 되었다.

20. 이웃에 이사 온 부잣집

3학년, 열 살 되던 해에 우리 윗집에 그 당시에는 보기 어려운 화려한 가족들이 이사를 오게 되었는데, 부모들은 젊었고 아이들, 과식솔들이 많았으며 황소들과 돼지들도 보였고 친척들도 북적거렸으며, 가족들 모두가 웃는 모습이었다. 첫눈에 봐도 부러운 가정이어서 내 기분도 좋아질 정도였다. 내 또래들도 있었는데, 한 살 차 남매 동급생이라 나보다는 1년 차 후배들이었다. 그 집 맏딸에게 내가 첫눈에 반해 버렸는데, 그때까지 내가 속으로 좋아했던 우연O, 유선O, 김미O보다도 더 예뻤다. 우연애는 윗동네 방앗간집 무남독녀 외동딸이었고, 선O는 농협 이사의 막내딸이며, 미O이는 어협 이사 딸인데, (미O이는 높은 곳에 위치한 우리 밭에도 곧잘 나를 따라다녔음) 그들보다 예쁜 여학생을 보니 가슴이 두근거렸으나 기분은 벅찬 기쁨으로 가득 찬 기분이었다.

그의 남동생도 처음부터 나를 무척 따르며 친해져서 너무나 기뻤으며, 바로 우리 동자군이 되었다. 그때부터 종O이와 나의 우정은 하느님만 알고 계실 깊숙한 진실의 탑을 쌓아 갈 수 있었던 것이다. 종O이 아버지는 일본 동경대 부설인 농전 출신으로 우리 마을 농협장으로서 이미 상당한 부자였으며, 그의 부인은 착하고 어진 분으로 소문난 양가댁이었다.

아랫집 나무꾼 소년인 나의 부모님은 늙고 병든, 찌들어지게 옹색한 가난뱅이에, 깡마른 빼차구가 걸친 무명옷마저 덕지덕지 꾸며 초라한 모습이었으나, 그 집 가족들은 처음부터 하나같이 나를 감싸 주고 따뜻함을 느끼게 해서 고마웠고 편안했다.

그때부터 위축되어 있던 나에게 큰 도움이 되었고, 그때 국민학생들의 유행이었던 모여서 자취할 수 있는 방까지 제공해 주었다. 아무리 큰 집이라 해도 대가족에 머슴 2명, 식모 1명이면 방이 남아돌 리가 없을 것 같았는데도, 철부지 개구쟁이들을 위해 자취방을 허락해 주셨으니, 우리 동자군들은 감동할 수밖에 없었다.

그것도 호랑이처럼 엄하던 종O 부친께서 무슨 사고를 쳐 버릴 수도 있는 개구쟁이들을 그토록 이해할 수 있었을까? 지금 생각해도 의문이다. 그때부터 우리는 함께 밤을 보내며 공부보다는 놀이와 장난질에 시간 가는 줄도 몰랐으나, 새벽에 기상해서 골목 전체를 깨끗이 청소하기 시작했다.

그러면서 어른들의 칭찬을 받았고, 되도록 망나니 철부지 행위를 삼가면서 착한 일을 하기로 뜻을 모아서 행동해 나아갔다. 그 당시는 어린 동생들이 많아서 돌보아 주다 보면 어른들이 흐뭇해하셨고, 애들은 우리들을 찾았으며 울다가도 특히 내 이름을 불렀는데, 1, 2학년생들 중에도 학교 안 가려고 때를 쓰면 내가 달려가서 동행해 주면 즐거운 등굣길이 되었고, 보무도 당당하게 구령을 부쳐서 교가를 부르며 열한 명이 줄지어서 동네 신작로를 활보하면 어깨가 으쓱해지며 신이 났었다.

그런 장면 때문에 어른들이 나에게 별명으로 붙여 준 골목대장 칭호였던 것이며, 영O이 때는 더 어릴 때였고 항상 붙어서 놀이를 하니까, 상급생 형들이 골목대장이라고 비아냥거린 듯한 것이 나중에는 명칭화돼 버렸던 것이다. 내가 다섯 살 때부터이니 영O이 대장 노릇, 4년 만에 내가 골목대장으로서 졸업 때까지 흔치 않은 동자군의 발자취를 남겼던 것이다.

내 평생 학력의 전부라 할 수 있는 국민학교 6년 과정이지만 허술하지는 않았음을 자부할 수 있다. 거의 매일의 일정이 알찬 하루로, 새벽에 기상해서 열한 명이 거의 모여서 골목 청소하고, 집안일을 하다가 동자군 모두 챙겨 등교해 수업 마치고 하교는 각자, 하지만 집안일 돕다가 틈 나면 모여서 잠깐 놀이하고, 저녁식사 후에 시간 되면 자취방으로 모이곤 했다.

나에겐 참으로 소중한 보석 같은 소년기였는데, 나의 반려견 백구가 수호신처럼 내 곁을 지켰음에 (듬직한 경호 덕에) 두려움이 없었다. 3학년 때부터 상머슴들 따라서 천등산 완장 바위 밑에까지 나무하러 다닐 때 본인은 여유만만인데, 어른들이 너무 불안 불편한 눈치로 해 난감했으나, 더욱 강한 모습으로 꼿꼿이 열심을 다 했더니 혀를 내두르며 안심했다.

나에겐 하나님은 어릴 때부터 내 곁에 함께하셨음을 확신한다.

그날도 여느 때와 다름없게 백구와 완장 바위 부근서 나무를 할 때, 대형 노루가 내 옆을 휙 하고 지나갔고, 어디서 보았는지 백구가 쏜살같이 뛰어 쫓았으며, 우리 나무꾼들도 낫질을 멈추고 백구를 응원했는데, 워낙에 높은 위치여서 광야처럼 드넓은 산 아래 모습이 훤하게 내려다보여서 마치 영화를 본 듯했는데, 쫓고 쫓기를 하는 동안 올라칠 때는 백구가 밀렸고, 밑으로 달릴 때는 노루가 밀리며 구경꾼들 손에 땀이 젖을 정도로 스릴 만점이었다.

역시 백구는 명견답게 상단을 장악해 버려서 노루가 위로 튀어오르지 못하고 계속 평으로 뛰어가는 추격전이 너무 길어져 점심 먹을 때쯤에는 시야에서 사라져 버려 애가 탔는데, 두어 시간 만에 나에게 돌아온 백구 주둥이에 피가 묻어 있었다. 나는 사냥물 취득엔 관심이 없었고, 우리 백구가 무사함에 만족했었다.

오후에는 어제 베어 둔 바싹 마른 땔감을 묶어 지게에 지고 집을 향해 하산할 때, 백구가 앞장서서 내게 힘이 솟게 했는데, 그토록 험한 산길을 상머슴들과 대등하게 동행할 수 있었으니 어른들의 화젯거리가 당연했다.

그 시절 땔감 나무가 얼마나 귀했던지 바다 건너 섬으로 어머니와 다닐 때는 동네서 제일 작은 꼬막배와 초등생 빼차구와 할머니급 어머니가 노를 저어서 바다를 건너는 장면을 상상해 보라! 목적지는 거금도, 배낭기미, 말 찡게, 작지게 등 3곳이나, 아니면 나로도 쪽에 구들리 섬으로, 위험하고 아슬아슬한 뱃길을 노 젓기는 지금은 아득한 추억으로 가물거린다.

그때 우리 모자의 손바닥은 상상을 불허하겠다.

노 저어 가는 도중에 파도 칠 때는 고마운 분들의 도움이 눈물겨웠는데, 여러분들의 보살핌과 사랑을 넘치도록 받으며 자랄 수 있었음은 오직 우리 하나님이 나와 함께 하셨음이라 확신한다.

물론 불교 집안 정서의 소년기를 보냈지만 어릴 때부터 걱정거리가 생기면 조용한 곳을 찾아서 두 손 모아 하늘에 기도드렸던 기억이 또렷한데, 절에 가서 불상을 보면 섬찟한 기분이 들곤 했다.

  내가 어리석어 깨닫지 못했을 뿐, 보이지 않는 손길이 항상 나를 보호하심을 문득 느낄 때가 많았다.

  월남 참전 때 헐크 같은 해병대 부산 출신 이희O 중사를 실력으로 물리쳤고, 207 보충대 주먹왕 대구 출신 우현O를 납작하게 잡아서 의리의 지기가 되었고, 안양시장에서 몇 명의 깡패들을 약자들을 위해 통쾌하게 물리쳐서 환호가 터졌음은 부처님밖에 모르신 우리 어머니께서 자나깨나 두 손 모아 드리신 기도 정신이 하늘에 전달되었음을 믿는다.

  그토록 수많은 기적 같은 사연들이 주마등처럼 아련히 떠오를 뿐이다.

  어머니! 어머니! 우리 어머니!

  아! 어머니! 우리 어머니

골목각하

섬으로 병풍 치듯한
땅끝머리 마을 골목
그때 우리는 열한 명이었소
반딧불 같은 등잔 불빛에
어둠을 이기려 안간힘 쓰며
보릿고개 설움의 삶을 엮어 가던
빈곤의 시절이었소
그래도 우리는 불행하거나
외롭지 않았는데

그건 순전히 재간동이
골목대장 덕분이었소
천지분간 어림없고
배고픔도 잊고 오직
놀이에만 여념이 없었소
우리에 자랑스런 골목대장은
의리와 인정과 재치로
열명의 동자군들을 압도했소
언제나 앞장서고 감싸 주며
어린시절의 사연과 정서로
추억의 상록수를 심을 수 있었소
동심의 아름다운 기억을 간직한
자부심으로 벅찬 가슴 열어
나는 이렇게 외칠 것이오
당신은 영원한 나의 골목각하
골목대장님!

21. 유지들의 사랑과 관심

나는 가난한 가정에서 빈곤하게 성장했지만, 여러 분의 사랑과 관심을 많이 받았는데, 3~4학년 때 담임 신방O 교감 선생님은 나에 대한 관심이 남달랐다. 내성적인 데다 많이 위축된 내 모습을 안타까워하시고, 관심을 보여 주실 때마다 따뜻한 격려에 용기가 샘솟는 듯했다. 사색을 즐기는 게 나의 일상이었는데, 선생님은 깊은 혜안으로 보셨던 것이다. 참으로 고마우신 신방O 선생님을 살아생전에 단 한 번도 찾아뵙지 않은 不肖 제자가 무슨 변명을 할 수 있겠는가.

중학교도 못 간 입장으로 볼 때, 얼마나 귀하신 스승님인데, 파월 귀국의 기회나 여러 번의 귀향 때에도 생각마저 못 해 버렸다가 바람결에 고인이란 소식을 듣고서야 비로소 悔眼에 눈물을 흘렸으며, 송구스러움에 고개를 떨어뜨릴 뿐이었다.

그 당시 우리 학교 육성회장이신 고종형님(최상O)은 조회 마치면 나를 번쩍 안아서 목 등에 걸고 돌아다닐 정도였고, 그 위의 큰형님(상O)은 고흥의 '호랑이' 별호인데도 나를 너무나 사랑해서 첫째 고모님이 작고하신 후부터는 나와 함께 당신의 방에서 하루만이라도 동숙하게 했다. 이처럼 연만한 친척 형님들과 어른들의 아낌없는 사랑을 넘치도록 받았으며, 우리 마을의 유지분들의 관심과 사랑은 과분할 정도였다.

그뿐이랴. 한국은행 부총재 출신, 여수 국회의원 김상O 의원 보좌관 정혜O 형님과, 고흥 이대O 장관 보좌관 유화O 형님의 사랑을 그토록 진하게 받았으면서도 까마득하게 잊어버린 무심하고 무정한 동생이 되어 버렸는데, 공교롭게도 두 분 형님은 고교 선생 출신들이었다.

서울 성북구 국회의원으로 문화공보부 장관이던 김정O 님과의 인연은 비록 짧았지만 의미가 큰, 자랑스럽고 뜻깊은 사연을 간직했으며, 평양 기생 출신인 呂會長(여배우 문정O, 여수 출신 체신부 장관 이은O 부인 등 친구)과의 인연, 그리고 이화여대 영문과 2학년생 王은O(내무부 차관 딸)와의 첫새벽 5

시 만남 1년간은 보람찬 추억으로 간직되어 나 자신이 대견하다.

(사회학과 전공 희망을 적극 반대한 가족 갈등사에 확실하게 일조했음을, 10년 새벽 개운산 同行知己 최경O 형께서 이상의 인연 참관자였음.)

이양O 박사(키스트 원장) 부친(개성고 교장 출신)의 간곡한 양자 맺기 요청은 파격적 인연이었고, 백영O 작곡가의 전국 순회 인재 발굴차 여수 방송국에서의 530대 1의 특차로 나를 지명해 사랑이 메아리칠 때, 저녁 한때의 목장 풍경을 1~2절씩 부르게 한 후 명함을 준 인연도 있었다.

그때 530명은 첫 소절만 듣고 전원 "땅! 땅! 땡!" 했음에도, 겁쟁이였던 나는 엄두도 못 내고 대가의 뜻도 읽지 못한 채 말았다. 내 일생에 운명을 바꿀 뻔했던 귀한 사건들을 날려 버린 셈이다.

22. 금탑사 탐방 조난과 백구

나의 황금기 같은 학창 시절, 4학년 여름방학 때 우리는 골목 청소를 새벽에 마치고 아침 식사를 먹는 둥 마는 둥 3총사(복O, 상O, 봉O)는 길을 나섰다. 목적지는 천등산 속의 금탑사였는데, 지난밤 자취방에서 급조된 나의 탐사 제안에 두 명이 동조하여 3총사가 용감하게 도전한 것이다.

해발 550m 높이지만 광범한 편이며, 수십 갈래의 협소한 길이 있어서 어린이들에겐 만만치 않은 산행이었다. 출발할 때는 청명하던 날씨가 중턱쯤 넘어서자 천둥번개가 요란하게 치면서 굵은 빗줄기가 쏟아지기 시작했다. 그때 우리의 위치가 집보다는 절 쪽에 가까웠기에 무조건 금탑사로 돌진했는데, 도착하자마자 강한 소나기도 거짓말처럼 그쳤다.

소형 대바구니에 담아 온 보리밥덩이와 오이, 풋고추, 통마늘에 묶은 된장으로 점심을 먹었는데, 내 칠십 평생 중에 아직껏 그보다 더 맛있는 점심은 없었다. 또한, 스님께서 주신 산나물국은 환상적이어서 3총사의 뱃속을 가득 채워 버렸던 것이다.

그런데 그것이 문제였던가. 잠깐씩 졸았을 뿐인데 시간이 흘러 버렸다. 한사코 귀갓길을 간곡히 막는 스님을 뒤로하고 나섰는데, 산고개 너머 가기 전 그쳤던 비가 다시 내리면서 안개가 자욱해 도저히 방향을 분간할 수가 없었다. 급히 헤매는 중에 3총사 중 한 명이 울기 시작했고, 너무 당황하다 보니 길을 잃어버렸다. 덤벙대다 정상에 덩그러니 서고 말았는데, 완전히 방향을 분간할 수 없었고 어두워지기 시작했다.

그런데 이미 동네에서는 철부지 아이들을 구하려고 우리 백구를 앞세워 햇불과 손전등을 들고 천등산을 올라오면서 함성을 질렀다. 우리 백구는 컹컹거리며 온 산을 헤치고 다녔으며, 우리는 절규에 가까운 지친 목소리로 탈진 상태였다. 칠흑 같은 어둠 속, 높은 산에서 발을 헛디딘다면 주변은 거의 절벽이니 위험천만했다. 결국 3총사는 소리 내어 울 수밖에 없었다.

그때 천등산을 미친 듯이 탐색하던 백구가 내 음성을 알아듣고 쏜살같이 뛰어와 부둥켜안고 감격의 눈물을 흘릴 수 있었다.

지금 생각해 보면 참으로 황당한 철부지들 때문에 온 동네가 소동이 일어났던 사건이며, 백구와 3총사의 관계가 더욱 돈독해졌다. 그 시절이 사무치도록 그립다. 또한, 5학년 때 가족들 간의 갈등 때문에 집을 나간 후 지금까지 행방불명된 3총사 김봉O 친구가 더욱 궁금해진다.

23. 소년기 체험의 지혜

하나님의 은혜로 노부부에게 태어났으며, 병든 부친과 지혜로운 모친을 바라보면서 느끼고 깨달았다. 또한, 수많은 분들의 사랑과 관심 속에 인정이 풍요로운 삶을 영위할 수 있었음은 나만의 하나님이 함께하셨음이라 확신한다.

다섯 살 때부터 일할 수 있는 환경이 가능했는데, 고흥반도 바닷가 갯마을은 일제 때부터 김 생산 지역이어서 집집마다 가을 바다에 김발을 설치했다. 추운 겨울에 생산하여 상품을 만든 소득으로 생계에 보탬이 되기는 했으나, 얼마나 푼돈인지 봄철이 지나기도 전에 다음 김발 설치 준비금도 바닥나 버려 어협 물자 대금은 거의 외상으로 해결해야 했다.

요즘은 해물이 금값이라 양은 적어도 수입은 크지만, 그때는 흔한 수산물이 헐값이니 일감만 많아 골병들 정도였다. 김 생산을 위해 발장을 만들려면 한여름 더위를 무릅쓰고 띠풀을 구하려고 넓은 산을 찾아 헤맸다. 큰 나무숲 속에서는 띠풀이 자생할 수 없으니, 햇볕이 잘 드는 땡볕에서만 삘기 군락지가 형성되었기에 그것을 찾기 위해 온종일 땀을 흘리다 보면 현기증으로 쓰러질 때도 있었다.

그러나 어린아이가 어른들과 생활 전선에서 극한 상황을 경험해 본다는 점은 대단한 긍지며, 잠재적 능력이 될 수 있다. 그 귀한 띠풀을 말려서 일정하게 자른 다음에 발장을 치는 일을 다섯 살 때부터 체험했으니 미래형 행운아라 할 수 있었다. 왜냐하면 힘든 체험을 겪어 본 자는 그만큼 강해져서 웬만한 일은 가볍게 즐길 수 있는 법이기 때문이다.

그때부터 발장 치기, 건장에서 발장 고르기, 김 널기, 김 베끼기, 밤에는 김 결속하기, 새벽에 김 뜨기 등으로 빼짝이답지 않게 제법 의지의 소년 일꾼으로 일조했으니, 그때부터 나는 복의 징조자였다. 가족 구성원은 아버지, 어머니, 작은누나와 나뿐이었는데, 어리다고 일을 안 할 수 없는 점도 "젊어서 고생은 사서라도 하라"는 말처럼 행운이었다.

돈 한 푼 안 들이고 세상사 온갖 체험을 할 수 있었으니 운 좋은 소년이었다. 언제나 노동은 신선하고 소중한 것인데, 소년기의 노동 교육 가치는 감히 비교 대상을 찾을 수 없다. 청년기의 군생활을 성실히 수행하는 것 또한 절호의 알찬 교육 방법인데, 고생시킨다며 방해하는 어리석은 부모들이 결국 방해꾼이 되고 만다.

나의 벅찬 소년기 중에 겨울철 김 수확기는 새벽부터 밤늦도록 쉴 틈이 없었다. 그러다 보니 동자군들의 자취방도 2~3명이 모여 잠들기 바빴고, 새벽같이 일어나 각자 집으로 달려갔다. 그러다 봄이 되면 우선 따뜻해서, 새벽에 지게를 양어깨에 걸쳐 메고 땔감을 하러 강동산을 향해 달리듯 걸어가면 신나고 즐거웠다. 거의 어른들과 길동무였기에 나 홀로 많은 사랑을 받을 수 있었던 것 같다.

사계절 중 여름은 우리 동자군들의 최상의 계절이었다. 바다로, 산으로, 들판으로 헤치고 다니면서 잔심부름을 하고, 틈틈이 수영하며 조개를 잡고 낚시하면서 힘겨운 줄 모르고 즐거웠다.

그러던 어느 날, 방학 숙제인 퇴비용 풀 한 다발씩 마련하려고 다섯 명이 다금멀골 높은 언덕에서 풀을 베고 있었다. 그때 내 옆의 산호가 저 위에 있는 새○이에게 낫을 달라고 하자, 새○이가 아래로 힘껏 던졌는데 아이코! 맙소사! 날카로운 낫이 나를 정면으로 향해 날아왔다.

얼떨결에 간신히 얼굴은 피했으나, 내 좌측 팔꿈치에 깊숙하게 박히고 말았다. 청천벽력 같아서 모두가 허둥대며 우선 낫을 빼야 했는데, 다행히 울음소리가 크게 들렸던지 어른이 달려와서 흉기를 처리하고, 누군가의 러닝셔츠로 응급 처치를 해 주었다.

병원까지 갔으나 의사 선생님도 당황하여 일단 몇 바늘이라도 꿰매야 한다며 치료를 해 주었다. 의사 선생님의 비관적 전망 때문에 불안했다. 벌써 온 동네에 소문이 날개를 달았고, 모두가 걱정해 주었다. 특히 윗집 종O 어머니께서 얼마나 마음 아파하셨는지, 그때 장면이 눈에 선하다.

한참 후에 알았지만, 그 정도의 상처면 20~30바늘을 꿰매야 하는 상황이었다. 그러나 열 바늘 미만으로 마무리되었고, 하나님의 도우심으로 기적처럼 별 탈 없이 치료가 잘 되었던 것 같다. (*지금도 왼쪽 팔꿈치에 흉터가 선명한데, 여덟 바늘 꿰맨 자국임.*)

24. 이웃집의 은혜

우리 집은 정남향이었는데, 좌측은 작은댁이고 우측은 갑부댁, 그리고 그 사이에 순O이와 종O이네 집이 있었다. 문간방이 우리들의 자취방이었기 때문에 매일같이 어울려 지냈다.

종O이는 지게가 없었기 때문에 내 지게를 지고 우리 일을 도와주기를 즐겼고, 그의 어머니는 그 당시 일손이 부족한 우리 집에 끊임없이 도움을 주셨다. 나에게는 작은어머니 이상으로 사랑을 베풀어 주셨는데, 특히 내가 낫에 찍혀 많은 출혈을 하고 힘이 없어 빼짝 마른 몰골이 애처로워 보였는지, 어느 날 애돈치를 삶아 놓고 김이 모락모락 나는 것을 내게 주시려 나를 조용히 부르셨다. 달려가 보니 나를 앉혀 놓고 혼자 먹게 하셨고, 정작 자기 자식들은 얼씬도 못 하게 하셨다.

그뿐이랴. 몸에 좋은 것이 있으면 아낌없이 먹여 주셨고, 진심으로 나를 위해 주셨던 그분은 내게 천사였다. 그 집 셋째 아들 꼬맹이는 울 때마다 내 이름을 부르며 찾을 정도로 나를 무척 잘 따랐고, 3남 5녀가 모두 나의 가족처럼 느껴졌다.

이사 온 후부터 헤아릴 수 없을 만큼 수많은 사연들이 주마등처럼 아름답게 엮여 갔다. 장녀 순O이는 처음 만난 순간부터 내 편이 되어 주었고, 장남 종O이는 학년으로는 1년 차, 나이로는 2년 차였기 때문에 나는 그를 형으로 깍듯이 모셨다. 지금까지도 변함이 없으며, 현재는 풍남교회의 장로님이자 진실한 교직자로서 살아가고 있다.

2남 종O, 2녀 애O, 3녀 애O, 3남 종O, 4녀 정O, 5녀 복O 등 8남매의 모습은 지금도 잊을 수 없는 그리움으로 남아 있다. 그리고 그들의 부모님께 받은 은혜를 송구한 마음 가득히 담아 영원토록 간직하리라.

25. 나의 작은아버지 댁

우리 작은아버지는 인물이 잘났으며, 여간 똑똑한 분이 아니셨다. 별호가 '몽글이'였는데, 급한 성격에 배짱도 두둑했고, 김 생산에도 일가견이 있어 어촌협동조합에서 의견을 개진할 때면 앞장서서 모실 정도로 신망이 두터우셨다.

결혼하고 분가하실 때 우리 집의 행랑칸에서 신접살림을 시작하셨는데, 돌담만 막지 않았으면 한집이나 다름없었다. 두 분이 작고하신 후에도 사촌 형제들이 오랫동안 함께 생활했기에, 우리 사촌 간의 우애는 남달랐다. 같은 마을에서도 동풍에서는 친형제처럼 보였고, 모두가 부러워할 정도였다.

우리 집은 2남 2녀, 작은아버지 댁은 2남 1녀였기에, 그 당시 기준으로 보면 한 집안의 형제 수밖에 안 되었다. 사촌 간에 다툰 기억이 없을 정도였으니, 동네분들이 착각하실 만도 했다.

내가 유아기 때 나를 가장 많이 업어 준 분은 작은어머니셨다. 철이 들었을 때도 업힌 기억이 선명할 정도로 나를 각별히 돌봐 주셨다. 어머니는 생선 장사로 집을 비우는 날이 많았기 때문이다.

누나가 셋이었는데, 큰누나는 내가 어릴 때 출가하셔서 기억이 희미했다. 둘째 순O 누님이 시집갈 때는 당시 풍습에 따라 내가 이불을 짊어지고 갔고, 새색시 방에서 첫날밤을 셋이서 보냈다. 그날의 기억은 희미하지만, 매형이 얼마나 미남이었던지는 지금도 생생하다. 나는 우리 남봉O 매형이 너무 멋있어서 자랑을 많이 하고 다녔고, 매형도 나를 엄청나게 예뻐해 주셨다. 나 역시 그를 무척 따르고 좋아했다.

김 생산 철이 되면 매형이 자주 내려와서 만날 수 있었지만, 내가 도시 생활을 하면서도 우리 매형만큼 잘생긴 사람은 보지 못했다. 그러나 '미인박명'이라는 말처럼, 그는 젊은 나이에 단명하고 말았다.

선량하고 성실한 남편을 잃은 순O 누님은 엄청난 충격에서 헤어나오지 못하셨고, 결국 삼 남매를 두고 상경하고 말았다. 그 무렵 나는 여수에서 하던 사업이 망해 정리하고 맨손으로 상경했는데, 앞길이 막막하던 시기였다. 누님과 몇 차례 만났으나, 우리 남매의 심정은 찢어질 듯한 안타까움뿐이었다. 그리고 끝내 누님은 행방불명이 되었고, 그 일은 우리 집안의 슬픈 사연으로 남고 말았다.

26. 큰형님의 사랑

앞서 말했듯이 나에게는 형이 셋 있었다. 새O, 정O, 우O 형님들이고, 누나도 셋으로 옥O, 순O, 금O였다.

나는 '미운 오리 새끼'처럼 태어나, 형님들과 다섯 살 터울이 있었는데, 마치 고목에 기적처럼 새싹이 돋듯 막둥이 동생이 생긴 것이니 형과 누나들에게 얼마나 소중한 존재였겠는가. 덕분에 큰댁과 작은댁에서 사랑을 듬뿍 받았고, 특히 작은집 큰형님에 대한 기억은 아직도 잊을 수 없다.

틈만 나면 내 곁을 지키고, 무릎에 앉히고 싶어 하셨던 형님. 외관상 어눌해 보였지만, 속은 곧고 깊은 분이었으며, 타고난 지혜를 가진 인재였다. 하지만 작은아버지의 심한 윽박지름에 늘 주눅이 들어 계셨음을 나는 어린 시절에도 느낄 수 있었다.

넓은 바다에서 김발을 설치할 때, 형님은 위치 설정, 수위 측정, 각도 및 시간 조절 등을 뛰어난 직감력으로 해내셨다. 작은아버지는 처음엔 항상 형님의 판단을 무조건 반대하셨지만, 결국 형님의 방법대로 실행될 때가 많았고, 그 결과 김 생산에서 항상 최고의 자리를 차지할 수 있었다.

우리 작은형님도 머리가 뛰어났지만, 큰형님 앞에서는 역시 아우였다. 그럼에도 불구하고 작은집의 김 생산량은 마을에서 으뜸이었고, 품질도 늘 최고였다. 이는 다름 아닌 큰형님의 뛰어난 두뇌 덕분이었다. 다만, 외모가 영리해 보이지 않아서 사람들은 그의 진가를 쉽게 알아보지 못했다.

형님을 닮은 조카들 역시 뛰어난 머리를 가졌지만, 발표력은 마치 장애가 있는 듯하여 안타까웠다. 그러나 내게 있어 큰형님은 그 무엇과도 바꿀 수 없는 천사 같은 존재였고, 나는 그분을 무척 따랐다. 시간이 나면 늘 큰형님과 함께했으며, 아마도 내 생애에서 가장 많이 베고 잔 팔베개는 형님의 팔이었을 것이다.

많은 세월이 흘렀지만, 큰형님과 순O 누님을 떠올릴 때마다 애달픈 눈물이 앞을 가린다. 모래알처럼 수많은 추억이 떠오르지만, 더 이상 들추어 보기엔 가슴이 저려와 이쯤에서 글을 접으려 한다.

27. 난생 처음의 만취 체험(* 도화면 주조장에서)

열한 살 5학년 가을 운동회 때 그날은 옆면 소재지 도화 국민학교의 운동회 날이었는데, 윗집 종O이가 자기 술도가(주조장) 집으로 간곡히 초대해서 20리 거리를 버스 타고 타 동네 학교 운동회에 앞집 상현과 들떴던 기분을 제대로 표현하기가 어렵다. 마침 그날은 도화면 5일 장날이어서 북적거리니 도시 구경 못 해 본 촌놈들이 딴 세상을 본 듯했다. 운동회는 한창 진행 중이었고, 구경꾼들과 학생들이 어우러져서 온통 시끌벅적한데 반가운 우리 동네 분을 만나기만 하면 먹거리를 제공해 주니 모처럼 뱃속의 위가 호강하는 날이었다.

  동행한 친구와 시간 가는 줄 모른 채 이것저것 보고 다니는데, 종O이가 찾아와서 주조장으로 따라갔더니 술 바가지에다 놀미한 색깔의 단밥 같은 것을 떠 주며 맛 좋은 것이니 빨리 먹어라 했다. 때마침 점심시간이라 직원 어른들이 빈틈을 타 잽싸게 우리를 먹이려고 계획했던 것이다. 나중에 알았지만 그것은 단밥 아닌(모주) 원주로서 막걸리 만들 때 필요한 강도 높은 술 씨였다. 종O이가 심부름하다가 어른들 모르게 한 모금씩 마셔 보면 달콤한 것이 알싸하게 죽여주니 친구들 생각이 간절할 수밖에 없었던 것 같다.

  그 맛이 부드럽고 달짝지근하며 왜 그렇게 당기는지 그야말로 술술 넘어갔는데, 성분도 모른 채 기분 좋게 마신 후 버스가 왔기에 바쁘게 탑승했는데 그 후 모든 기억이 일사불성으로 나중에 전해 듣고 알았으므로 얼굴을 들 수가 없을 정도였으니 더 이상의 언급을 회피함이 좋겠다.

  (* 그 경험 때문이었는지 그 후부터 술에 대한 경계심이 생겼던 것 같다. 그러나 종O이는 한참 동안 애주가였으나 지금은 우리 마을에 우뚝 선 장로교회의 독실한 크리스천으로 거듭난 장로님이시다.)

  종O이와 나는 골목 동자군 중에서도 가장 많은 시간을 함께했는데, 머슴들이 모든 일을 처리하므로 자기 집일에 매달릴 필요가 없으니 항상 나를 따라다녔으며, 우리 집일을 앞장서 할 때마다 즐거워하는 모습이었다.

  내가 일터로 나설 때마다 종O이와 백구가 나란히 섰으며 내 지게를 거의 종O이가 사용했을 정도였는데, 골목 대장의 위풍당당함을 누릴 수 있게 해 준 대목이다.

　어려서부터 보기 드문 겸손의 아이콘이었고 두 살 차이의 형을 깍듯이 우대했음을 부인할 수 없다. 친형에게도 그런 우대는 어려운 것인데, 이 모든 현상은 종안 부모님 덕이었음을 한참 만에 깨달을 수 있었다. 그 두 분께서는 나를 깊이 이해하며 아껴 주셨음을 확신할 수 있는 사건들이 비일비재했는데, 오히려 부친께서 더 진했다.

　보잘것없는 노부부 뜬금수 빼차구를 애정의 눈으로 관찰하시고 이해하신 그분들의 모습을 그리면서 그지없는 행복한 마음으로 아련한 추억을 더듬어 보는데 양심의 자책을 깨달으면서 사죄 회고담 한 건이 문득 선명히 떠오른다.

　그날은 종안 부모님이 출타해서 안방이 비었으니 형과 둘이 차지하자는 제안을 기쁘게 받아들여 동생들은 얼씬도 못하게 하고 평소처럼 놀이하면서 숨바꼭질을 하던 중에 장롱문을 열었는데 돈다발이 한 묶음 빛나고 있었다.

　요즘처럼 그때도 새 지폐는 깔깔했는데, 나도 모르게 어렵사리 한 장을 빼내는 것은 성공했으나 그 후가 문제였다. 이래선 안 된다는 생각이 지배적이었는데 되돌려놓기는 더욱 불가능했다. 어린 마음에 뜬눈으로 새벽을 향해 일상으로 달렸으나 형용할 수 없는 괴로움으로 고통을 느껴야만 했던 기억은 생생한데, 그 지폐를 어떻게 처리했는지 도무지 감감하다. 어차피 사용은 불가능했고, 귀가한 어른들이 백 프로 나의 소행인 줄 알았을 텐데 단 한 번도 문제를 삼았거나 의심치 않았고, 나에 대한 관심과 사랑에 전혀 변함이 없었다.

　그리고 얼마 후에 우리 자취방을 비워 드려야 할 사항이 발생하고 말았는데, 종O 부친의 여자 친구와 함께 집 살림을 하기로 결정된 것이다.

그 시절엔 종종 있던 장면인 것 같은데도 어린 내 마음엔 부당하게 보였으며 천사 같은 모친 모습이 초라하고 가여워서 눈물이 고였다. 매우 안타까운 심정으로 자취방에서 각자의 집으로 분산될 동자군들이 함께 밤을 지낼 수 있는 대책을 강구해 본 것이 벽에 대형 평상을 비스듬히 세운 틈새 공간이 제법 넓어서 바닥에다 옥수숫대를 깔았으며 열 명이 겨우 쭈그려 앉을 수 있었는데, 자취방에서보다 출석률이 더 좋아서 종O이가 만들어 가서 자기로 하고 우리들은 며칠을 지탱했는데, 밤새도록 쭈구리다 보니 다음 날 운신하기가 어려웠고 무엇보다도 밤에 이상한 소리가 난다고 종O네 식구들의 소곤댐이 불안했는데 종O이가 가더 불안한 점을 내가 알았으므로 아쉽지만 일부의 반대를 무릅쓰고 각자 본인들 집으로 복귀하기로 했다.

야간에 평상 틈새에서 들키지 않으려고 십여 명이 소리를 죽여 가며 군사 작전처럼 암호를 사용하며 헤어지지 않으려 버둥거렸는데, 바닥에 깔았던 옥수숫대는 왜 그렇게 바삭 소리가 심했으며 밤에 뒤꼍에서 무슨 소리가 난 듯하니 둘러보라는 지시에 머슴 아저씨가 우리 거처인 평상 틈을 그냥 지나칠 때의 아찔했던 쾌감을 칠십육 세의 지금 강하게 느끼며 이 글을 쓰고 있는 나는 행복하다!

또한 친구 모친의 선행이 부친의 여자 친구의 악행을 아름답게 대처해 승화시켜 버림을 나는 똑똑히 보았고 마음에 쾌재를 느낄 수 있었는데, 모친의 숭고한 사랑 앞에 그 여자는 양심의 가책으로 불과 몇 개월 만에 조용히 떠나 버렸던 것이다. 역시 하늘은 선한 자 편에 서 주심을 믿어야 할 증거이기도 했다.

28. 눈물의 6학년 말 졸업식장

빛나는 졸업장을 타신 언니께 꽃다발을 한 아름 선사합니다. 잘 있거라 아우들아! 정든 교실아! 선생님! 저희들은 물러갑니다~ 그때 그날 졸업식장은 온통 눈물바다였다. (* 해방둥이 6학년 말인데 어지러운 시대에 출산율이 낮아선지 대촌인데도 숫자가 미달이므로 인위적으로 충당하다 보니 나이 차가 많아서 서너 살 격차도 있었음.) 아우들의 졸업가 시작부터 울음보가 터져서 우리가 부른 2절은 통곡에 가까웠다. 국민학교 6년간의 진한 세월에 만감이 교차했으며, 졸업생 35명 중에 중학 진학자는 우현O(복O) 단 한 명뿐이었다. (* 64년간의 세월이 흘러갔으나 그때를 떠올려서 이 글을 쓰면서 졸업가를 불러 보니 뜨거운 눈물이 쏟아지며 그날이 사무치게 그리워진다. 모래알처럼 셀 수 없는 나름대로의 독특한 사연들이 주마등처럼 뇌리를 감아 돌던 졸업식장이었던 것이다.) 전설 같은 시절의 잊지 못할 35명을 기록해 보면 유춘O, 이정O, 유채O, 유평O, 이윤O, 유기O, 이정O, 김상O, 신육O, 김복현, 김상O, 김금O, 황백O, 최기O, 신왕O, 황종O, 정남O, 공치O, 박상O, 박삼O, 김형O, 김성O, 박효O, 유일O, 김판O, 오복O, 손재O, 이채O, 황애O, 차신O, 양은O, 김봉O, 김순O, 우복O(현O), 김인O 등인데 2명은 6학년 때 타지로 이사를 했고 몇 명은 젊었을 때 幽明을 달리했다. 참으로 그리운 모습들이 떠올라서 눈을 감고 한동안 동심의 세계로 추억의 뒤안길을 더듬어 보았다.

졸업 후부터는 본격적으로 새벽부터 밤늦도록 노동량을 확대해서 어머니의 벅찬 노고를 덜어 드려야 했다. 새벽에 골목 청소, 동자군 모여 행진

등교, 밤에 학습방의 아기자기했던 추억들이 나를 서글프게 한없는 아쉬움과 지금까지의 일상을 유지할 수 없다는 현실에 허전함과 허탈에서 한동안 벗어날 수가 없었다. 그러나 6년간의 알찬 체험과 구김 없는 동심의 정서는 하늘이 내려 주신 축복이었음을 믿어 의심치 않는다.

그때 우리 집의 노동력은 늙은 부모님과 누나와 나뿐이었으니 한가한 생각할 틈이 없었다. 땔감 준비와 김 생산에 매달려야만 했다. 큰일은 그나마 다행으로 작은댁 큰형과 윗집 부자댁에서 굽이굽이 꾸준히 도와준 은덕으로 지탱이 가능했음을 잊을 수가 없다.

또한 종O이는 거의 매일 나와 함께 행동했고, 순O이도 틈만 나면 우리 집에 도움을 아끼지 않았음을 생생하게 기억하고 있다. 무엇보다도 그들 남매가 어릴 때인데도 나의 중학 진학 문제를 고심했던지, 내년에 순천으로 유학하면 자신들의 뒷바라지를 할머니가 하게 되니 순O이가 대신하고 자신의 학비로 내가 중학교 진학을 하라는 파격적 제안에 꿈을 꾼 듯했다. 정작 나 자신은 아예 중학은 포기해 버렸기에 황당했으나 그토록 나를 위해 준 마음들이 눈물 나게 고마웠었다.

내가 중학 진학도 못하고 매일 힘겨운 생활 속에서 허덕이는 모습으로 보였으니 안타까웠으리라. 성경 말씀에 "가난한 자, 서러운 자, 핍박받는 자는 복이 있나니." 하신 말씀이 진리임을 확신할 수 있는 대목이었던 것이라 회상하면서, 그들은 나에게 천사들이며 영원한 내 마음의 동지들이었음을 느꼈다.

29. 사라태풍과 兄의 귀향

나의 형님

백일 기도 십년 기원
어머니 정성으로
속이 텅 빈 고목에 싹트듯이
절망의 늪 헤치고 태어났습니다.
고난의 터널 헤맨 일가에
소망의 등불이었고
사하라 사막처럼 한스럽고 막막해도
지팡이 삼을 자식 몽매간에
갈구하든 부모님에겐
찬란한 빛이었습니다.
각별한 효성, 다정다감은
하늘이 내리신 천성의 복이요
근면 성실함은 빈곤에 지친
이웃들에 모범의 본보기였습니다.
동생을 독자로 만들 뻔했던 군복무 생활
가족 생계 걱정으로
특별 휴가 쉴 틈 없이
논밭가리, 나무벼늘

바리바리 쌓아 두고
헐레벌떡 귀대 길이
생사의 행방불명
백방으로 수소문해
아스라이 구한 소식
과로의 열병으로 육군 병원
헤매이다 피골이 상접되고
의식불명, 식물인간, 시체실 대기 상태
모진 숨결 끈질기다
초인적 모정으로 목숨 걸어
투쟁하니 하늘의 감복인가
의사 박사 모여들고 실력 능력 가다듬어
최선을 다했구나
이름도 모르는 청주시민들과
목사님이 기도하며 고향 이웃
친지들 모두가 기원하니
저승사자 기가 막혀 포기하고 돌아갔네
오그라든 깡마른 사지를
필사의 마사지로 석 달 동안
풀어 주던 어여쁜 간호원이
제 모습을 찾은 우리 형님
잘생긴 코에 반해 님 삼을까
쏟은 애정 두고두고 갸륵하다

1959년 졸업하고 사회의 일원으로 눈코 뜰 새 없는 바쁜 나날을 보내야 했는데 죽다가 살아난 형이 병원에서 의가사 제대하고 돌아온다는 희소식에 태풍 뉴스 정도는 안중에도 없었는데 사라 태풍과 해일이 남해안을 덮쳤다. 남쪽 바닷가 마을에서 자랐지만 사라 태풍 같은 초대형은 첫 경험이었다. 선착장에 배들이 동네 복판으로, 집 안마당으로 떠다녔으며 상점 물건들과 수박, 참외, 사과 할 것 없이 모든 것들이 동동 떠돌았으며 집채보다 큰 파도가 밀고 오면 마을을 덮어 버릴 것 같았다. 과연 천재지변이 무서운 재앙임을 몸소 겪으면서도 우리 집은 형의 귀가 기대 때문에 기쁨이 충만했다.

　우리 형님의 귀환을 하늘이 대형 태풍으로 축복해 주셨음을 십수 년이 지나 버린 지금은 알 것 같다. 그러나 그때는 정신이 없었다.

　가랑잎 같은 중선배 종선 꼬막배를 찾아서 골목으로 끌고 들어오기까지 얼마나 많은 고난의 사투였던지 겨우 밧줄로 앞마당 감나무에 묶기까지가 아득했으며 남들은 하찮게 보는 조개 껍질 같은 종선일지 몰라도 우리에겐 재산 목록 1호였기에 내 마음은 뿌듯할 수밖에 없었던 것이다.

　하루 종일 태풍 해일을 헤치고 다녔으나 피곤치가 않았는데 드디어 꿈에도 그리던 나의 형이 보무도 당당하게 마을에 들어서니 여기저기서 환성이 터졌던 것이다. 그러나 인사도 하는 둥 마는 둥 하고 앞장서서 재난 극복을 위해 여러분들과 합류해서 최선을 다했던 모습이 지금도 눈에 선하다. 그때부터 객지 생활을 접어 버리고 생을 마감하실 때까지 고향 지킴이가 되고 말았던 나의 형님은 효자였고 모범 청년이었다. 내가 국민학교 입학 전에 형은 여수로 진출해 큰누나댁서 양화점 기술을 배워 본다고 했던 것 같다. 50년대에 한국 국민들의 생활은 거의 암흑기였다. 48년 대한민국 수립 후 2년 만에 6.25 동란 전쟁이 터졌고 3년 만에 휴전이 된 신생 국가로서 모든 게 어설프고 어지러운 혼란기였다.

휴전이 된 후 조금은 안정되었고 나는 7세로 입학 전이며 형은 16세가 되었는데 어머니의 꿈이 자식들을 도시로 보내는 것이었기에 집요하게 설득해서 결국 여수 큰누나댁으로 가게 되었다. 그리고 군대 생활을 거쳐 죽음의 문턱을 천신만고 끝에 넘어왔으니 사라 태풍만큼 대단한 감격이었다. 재앙 때문에 천지가 어지러웠으나 대촌 마을이 온통 축제 분위기였는데 그때의 고마움을 우리 형제는 평생을 잊지 않고 살았던 것 같다. (* 나의 형님 시 참조)

형님 육순 잔칫날 본인의 우렁찬 낭송으로 이 글을 바친 바 울지 않은 분이 없었다.

30. 난생 처음 도시 생활

큰누나 출가 후 부모님과 형, 작은누나와 나 3남매였으며, 다섯 식구가 비록 소농(小農)이지만 남들처럼 농사짓고 해태 김발 막아서 김 생산도 소량이나마 할 수 있었기에 조금은 생활이 안정되어 가던 중인데, 그러나 어머니 심중엔 자식들 장래를 위해 선 벽촌서 밀어내 형을 도시로 진출시켜야겠다는 일념으로 고심 중에 여수 큰누나와 상의를 했는데, 워낙 빈곤한 구둣방 하는 처지여서 망설임 끝에 구두 기술이라도 시켜 보기로 결정했던 것이다. 그때 형은 16세였고 나는 7세였는데, 빼차구 어린 동생에게 늙고 병든 부모를 맡기고 황량한 도시로 떠났었던 나의 형이 78년 만에 24세의 나이로 모진 세월을 이겨 내고 우여곡절 끝에 군복무 중 사경(死境)을 헤매다가 의가사 제대해 귀환했으니, 이번에는 막둥이 미래를 위해서 변화가 절실했기에 내가 태어나서 145년 만에 집을 떠나보내야 함을 어머니는 작심하셨던 것 같다. 자신의 눈에 넣어도 아프지 않을 막둥이의 장래를 위해 너무나 큰 서글픈 이별을 마다하지 않으실 현명한 분이셨기에 찢어질 듯한 아쉬움을 삼키며 밀어내듯 큰누나가 살고 있는 여수로 보낼 뜻을 세웠던 것이다. 그 대신 집에 돌아온 형은 이 모든 자신의 꿈을 접고 집안 대소사를 감당할 찜질각오를 했던 것 같았다. 그때 골목 동자군은 이미 해체 상태였고 부잣집 종O이와 순O이는 순천중학교와 여중으로 합격해서 입학 준비 중이므로 만날 수가 없었기에 참으로 허전했었다. 무엇보다도 포근하고 따뜻한 어머니의 품을 떠나야 했으며, 하루 종일 취침 전까지 함께 보내며 즐거웠던 백구와 이별은 더욱 견딜 수가 없어서 한없이 울고 또 울었다. 어머니와 백구와 나의 사연은 매우 깊은 숲 속 같았기 때문이었다.

드디어 윗집에 남매는 순천중학교로, 아랫집 막내둥이는 여수 큰누나 내 구둣방으로 미래를 향해 각자의 길을 달려가야만 했다. 정든 고향 골목, 부모 형제와 다정한 친구들, 호수처럼 잔잔한 남쪽 바다와 산야를 다 두고 그렇게 서럽게 떠나야만 했던 것이다. 그 후부터 어머니와 나는 사별 때까지 사랑방 손님과 어머니 관계로 지낼 수밖에 없었던 것이다. 아~ 어머니! 우리 어머니!~…

1960년 초부터 본격적으로 도회지 생활을 난생 처음 하게 된 것인데, 초롱불에 익숙한 나에게 여수항은 번쩍거리는 전등불에 눈이 부실 정도였다. 해방되고 6.25 동란 중에 겨우 휴전이 된 터여서 나라가 어렵고 빈약해 생활들이 어려울 때였는데, 거기에다 나는 완전히 촌닭이었다. 3백여 호의 벽촌 마을 소년이 10여만 명이 북적거리는 여수항 생활을 하게 되니 모든 것이 낯설었고 어안이 벙벙했다. 내가 상상했던 기술은 요즘 마술사 같은 것인 줄 알았는데, 정작 큰누나 댁은 아주 작은 구둣방이었다. 나중에 알았는데 기술이란 상품을 만드는 것이고 마술은 눈속임 재주여서 전혀 엉뚱한 걸 내가 오해한 것이었다. 기술과 마술을 혼동한 나의 철부지 상상인 것이었다. 점포 상호는 백양양화점인데 규모가 12~3평으로 3분의 1은 방과 부엌이고, 남은 공간은 점방과 공장이니 돌아설 틈도 없었다. 겨우 진열장에 구두 몇십 족이 있고, 미싱 1대에 갑피사(皮 재단사)가 재단해서 재봉틀로 모양을 잡아주면 바닥공들이 구두를 짓는데, 큰 매형이 주도하고 밑에 수습공들이 몇 명 있었는데, 내 또래들이어서 곧장 친구들이 되었다. 그런데 문제는 내가 잠들 수 있는 방이 없었다. 식구는 누나 부부와 조카 셋인데, 방이 작아서 포개 잘 수밖에 없었으니 나는 점방에 군용 침대를 펴고 구공탄 열에 의지해 추위를 견뎌 내야 했는데, 구정이 지났으나 한겨울 거친 바다에서 생김 채취할 때보다 덜 힘들었다. 그러나 고향 떠난 객지 생활은 운명적으로 진행되고 있었다. 나에게 기술을 가르쳐 줄 갑피사 권상O은 노총각으로 술 담배와 놀음을 마누라 삼은 듯했으며, 노래 부르기를 즐겼고, 친구들이 대부분 여수 방송국 가수 김용O, 김용O 형제, 장기O, 장기O 쌍둥이 김봉O, 황정O 등이었다. 내 눈으로 직접 목격한 큰누나의 삶이 너무 고달프게 보였고, 매형은 철부지 애주가여서 어린 내가 큰 실망을 했으며, 큰누님이 한스럽게 가여워서 속으로 울음을 삼켜야 했는데, 큰 매형이 술 친구로서 으뜸인 듯 주당들 인기가 너무 좋은 것이 문제였다. 술 좌석에서 잘 받아 마셔 주고 자기 의견 없이 듣기만 해주니 주당 친구들이 줄을 섰으며, 양화점 운영은 거의가 누나의 입으로 지탱할 수밖에 없었다. 그 당시 여수항은 밀수의 전성기였고, 사치가 심해 멋쟁이가 많아서 양복점, 양화점이 성행했으나 대부분의 업주들이 주당들이었고, 그중에서도 파리화점, 화신화점, 남창화점 사장들은 지혜롭고 성실해서 무척 번창했다.

갑피사 권상O 씨 제자가 된 하루의 일정은 새벽에 기상해 점포와 주변 청소를 마친 후 하루 일할 준비를 단 둘이 하는 것인데, 고향에서 이미 새벽 골목 청소하는 걸 즐겼으니 거뜬했다. 사람 사는 곳은 비슷해서 빗자루로 도로를 청소할 때마다 어른들 칭찬에 힘이 솟는 듯했다. 진열장 구두도 열심히 닦아서 환해지면 지난밤에 웅크리고 취침했던 피곤이 사라졌다. 해변 마을 풍파 속에서 달련된 정신이니 도시 생활은 견딜 만했으나, 우리 큰누나가 빼차구 막둥이 동생을 중학교도 못 보내고 방도 없어서 점방 군용 침대에 잠을 재우게 되니 얼마나 마음이 무거웠던지 눈물 훔칠 때마다 내 마음이 불편해서 밝은 모습을 보여 드리려고 노력했다. 그 시절은 보수(월급) 같은 게 거의 없고 밥 얻어먹는 정도여서 누님 집이지만 점원 노릇에 충실했고, 수입을 위한 궁리 끝에 심부름을 도맡아서 했는데, 다른 애들 시키면 대부분 싫어할 때 내가 선뜻 나서서 해 주면 칭찬이었다. 나는 거래처에서 물건 값을 깎으면 10%는 가능했다. 그러나 나워나 소액 품들이어서 티끌에 불과했으나 구둣방 천정 베니아 틈새에 넣어 둔 것을 연말에 정리해 보고, 큰누나가 놀라며 울먹거렸다. 그 후부터 나에겐 항상 적은 액수라도 여유 자금이 있었기에 어려운 친구들의 도움을 줄 때도 비일비재했었는데, 도시 생활도 조금씩 익숙해져 갔으며 좋은 친구들이 의지가 되었고, 양성O과 송한O는 지금까지도 각별한 우정의 지기다. 진학 못한 세 친구가 양화점과 이발소에서 힘들게 생활했지만, 성실한 소망으로 새벽에 기상하면 주변부터 청소하고 이강산 약수터로 달려갔는데, 그 당시엔 건강 약수라고 소문난 셈이었다.

  어느 날 밤 난롯불이 이불에 붙어 버려서 자다 말고 혼비백산했는데, 그 후부터는 동정 시장 안에서 선술집 형 식당을 하신 당고모댁에서 신세를 지게 되었는데, 땡초 스님과도 추녀 식모 아가씨와도 함께 보내야 하는 잠자리였기에 인생을 실감 나게 터득할 수가 있었다. 시장 뜨내기들의 쉼터 같은 주막집이어서 나의 취침 파트너가 다양할 수밖에 없었다. 그런데 어떤 날은 문이 잠겨 있었는데 난감했으나 어쩔 수가 없는 현실이었다. 살을 에는 추위만 아니었으면 남모르게 밤을 지새웠으련만, 할 수 없이 누나 집으로 복귀할 수밖에 없다 보니 복잡했다. 모르는 게 약인데… 그때부터 동료들 집에서 또한 신세를 져야 했다. 그토록 기막힌 세월 속에서도 위안이 됨은 어린 조카들이었다. 나를 무척 잘 따랐으며 울다가도 내 품에만 안기면 너무나 평화로웠다. 그런 조카들을 사랑하고 행복했다. 그러므로 모든 고난을 극복할 수 있었던 것이며, 고향에 두고 온 백구와의 슬픈 이별도 잊을 수 있었으리라…

  이웃집 애들도 나와 함께 하면 좋아들 해서 천성적으로 타고난 것 같았는데, 아무리 고달파도 애들만 보면 나의 입가엔 미소가 번지며 희망이 솟아난 듯했다.

  우리 백양양화점이 세 든 건물은 2층 대형 면적 건물인데, 각양각색의 점포들 20여 개가 공생한 이웃이며, 건물주는 임봉O 씨였는데 여수에서 존경받는 유지분이셨다. 그런데 나에게 관심이 많으셨고 항상 양화점 경영

아이템을 귀띔해 주셨으며, 무엇보다도 자기 아들과 내가 친구 되도록 마음을 써 주셨는데, 장남 임채O과 차남 채O이 두 살 차며 내가 중간이므로 한 살 차 친구들이었다. 장, 차남은 공부가 미달인데 3남 채O이가 만화책만 본다며 걱정하시기에 내가 오히려 좋은 현상이니 실컷 보도록 해 주길 권고해 드렸고, 그 결과 공부에 취미를 붙여서 여수에선 드물게 서울대 약학과에 합격을 했다. 그때 여수에서 서울대 합격자는 거의가 없을 때였으니 큰 경사였다. 만화책만 본다며 책망하다 말고 오히려 나에게 만화책 구입 심부름 부탁을 많이 하셨으며, 의견 반영을 했으니 좀 특별한 경우였다.

중학교 진학 못하고 초라한 구두 수습 공인 나를 인정해 주시며 격려해 주신 임봉O 님(임대업), 곽재O 님(천양 선구사), 김기O 님(태극 피혁 상), 조영O 님, 강정O 님(제화업), 최태O 님(제화업, 방송국 악단장, 바이올린)을 지금도 잊을 수가 없다. 그 외에도 수많은 어른들이 나를 안쓰럽고 안타까워해 주시며 격려해 주셨는데, 은혜에 보답지 못했지만 눈물겹도록 고마웠음을 생생하게 기억한다. 임채O, 채O, 채O 형제들, 맹O, 영O, 영O 자매들과 나는 한동안 인연이 깊었고 다정하고 따뜻한 우정을 나눌 수 있었는데, 그 이면에는 우리 누님 부부의 인간성 때문이었던 것 같다.

아무튼 고향 마을에서나 밀수와 사치 도시 여수항에서 반듯한 유지분들의 과분한 사랑을 받고 감사했었으며, 그러다 보니 자수성가형 친구들(양성O, 송한O, 윤중O, 박승O, 김창O, 조봉O, 임규O, 정종O, 임경O, 김남O, 한준O, 김윤O, 임종O, 민철O)과 유지급 자제 형 친구들(임채O, 강영O, 조기O, 도효O, 곽현O, 김승O, 김일O)들 때문에 도시 생활이 외롭지는 않았던 것 같다. 비록 빈약한 구둣방에서 일하는 소년이지만, 나의 팬이 한두 명씩 늘어갔는데, 옆에 미장원에서 여자분들이 내가 일하는 모습이 기특했던지 틈만 나면 와서 격려해 주니 큰 위로가 되었다.

그런가 하면 구둣방 재료 상(피혁점)을 하신 귀부인 형 여사장이 인상적이었는데, 그분의 남편은 경상도 분으로 선창가에서 미싱을 두고 구두 수선을 하셨는데, 외견상 아무리 생각해도 의문의 부부로 수수께끼였지만, 진실하고 훌륭한 모범 부부임을 알게 되었다. 비록 학벌 관계는 국민학교 졸업과 대학 졸업의 차이였으나 상호 간 존경했고 존중함이 모든 사람에게 龜鑑이었다. 나는 그분들을 존경했으며 두 분의 과분한 사랑도 받았다. 내가 입대할 때까지 아껴 주시며 진한 관심을 보여 주셨는데, 내가 너무 오래도록 무심해서 송구스러울 뿐이다.

31. 형과 작은누나의 결혼

그럭저럭 도시 생활도 익숙해지면서 1년 여 지나갔을 때, 고향 소식 두 가지를 전달받았는데, 백구를 팔아 버림과 형의 결혼 일정이었다. 슬픔과 기쁨의 양면으로 씁쓸했다. 백구를 먼 곳에서 온 분이 끌고 갔는데, 며칠 만에 목걸이를 끊어 버리고 집으로 돌아왔으나 다시 되돌려 보내야 했다는 비보에 억장이 무너진 듯했다. 불현듯이 말 못 하는 백구가 나를 얼마나 애가 타도록 기다렸을까? 얼마나~ 얼마나… 나를 찾았을까?… 육십여 년이 지난 지금도 이 글을 쓰면서 눈물을 주체할 수가 없는데, 그때는 며칠 밤을 눈물로 지새웠던 기억이 생생하다. 백구가 나와 헤어진 후 사기가 꺾였을 때 검둥이가 도전했는데, 주인 잃은 서러움에 돌변한 악바리로 한을 풀었던지, 그토록 착하던 모습은 볼 수가 없었단다. 진도견 검둥이도 대단했지만 성난 우리 백구에게 겨우 목숨만 잃지 않았을 정도였다는 전설로 들을 수 있었다. 세월이 육십 년이나 흘러간 지금도 내 가슴속에 깊은 사랑의 큐피드는 백구만 생각하면 뜨겁게 새겨진다.

어느덧 형님의 결혼식이 다가오는데, 16세인 내 머리는 고민에 빠졌다. 매형, 누님과 내가 사업장을 비우면 경쟁이 심한 터에 장사에 지장이 많을 것이며, 결혼 참석 비용이 만만치 않았으나, 사람 좋은 매형은 그런 문제는 염두에도 없었다. 하나뿐인 형의 결혼식을 생각만 해도 신나고 기뻤으나, 내가 판단한 현실은 녹녹지가 않았다. 결국에는 누님, 매형을 설득해서 소년답지 않게 실적을 알차게 올려놓을 수 있었고, 4년 후에 작은누나 결혼식 때도 내 의지로 불참했으며 주문 실적을 올렸기에 참석 비용 손실을 최소화시킬 수 있었다. 그러나 형과 누나의 평생 한 번의 결혼식에 막내둥이가 동참하지 못했으니, 누구보다도 늙으신 부모님이 아쉬워하셨다고 했다. 그러나 우리 어머니의 꾀임 없는 기도가 하늘에 감복된 듯 형수와 작은 매형이 착한 분들이어서 집안이 화목했으며, 그때부터 형편이 조금씩 발전해 가는 모습을 볼 수 있었다. 나는 지금도 우리 형수와 친하며 존경심으로 가득하다. 말할 수 없게 어렵던 그 시절에도 우리 형제는 중매쟁이들이 줄을 설 정도였다. 형수의 동네는 공씨 집성 양반촌이었는데, 나의 8촌 철O 형께서 대학 동기 친구 공천O 여동생을 소개해 인연을 맺었는데 역시 양반이었다. 작은누나도 무학이지만 얼굴은 고운 편이어서 여러 곳의 소개를 받던 중 도양(녹동)면 대봉리의 박 씨 대가댁(자유당 때 미국 대사의 큰댁) 둘째 아들로서 중앙대 법과 출신이지만 자유당이 몰락해서 뜻을 이루지 못하고 경찰관 직업으로 선을 보던 중에 작은누나를 선택했다. 그런데 그 시절 대학 출신이 귀한 깡촌에 누나의 맞선 상대들의 학벌이 여간 높았으니, 낯 놓고 기억자도 모를 정도인 누나의 운명인 것 같았다. 누가 봐도 작은 매형의 인품은 매우 훌륭한 분이었다. 그러나 천생연분인지 수많은 선을 보았으나 최종 선택은 하자 많은 우리 작은누나였던 것이니, 아~ 운명이여! 하늘이여! 감사합니다. 어찌했던 그런대로 가정을 이루고 아들딸 낳고 잘 살았으니, 누군가의 희생은 불가피했으리라…

32. 새벽에 만난 사람들

내가 도시 생활을 하면서 새벽 산책을 시작하게 된 것은 소년기, 그 당시 어려웠던 환경 때문이었다. 잠을 잘 수 있는 방이 없다 보니 구둣방 차가운 군용 침대에서 밤잠을 청했기에 새벽이면 추위 때문에 일어나야 했고, 산에 오르는 산책이 가능했는데, 지금껏 복된 습관으로 누리고 있음에 감사한다. 역시 우리 하나님은 고난을 통해서도 복 주심을 확신하게 되었던 부분이다.

나는 칠십 평생을 새벽 산책으로 수많은 사람과 어울려 운동하고 건강생활을 누리게 되었는데, 보문동에 살 때 고려대학교 뒤편 개운산에서 십 년 이상을 체육 강사로 봉사했던 기억이 생생하게 떠오르며 회상된다.

내가 삼십 대 초반에 생활이 안정되어서 홀가분하게 운동을 할 수 있었으므로 배드민턴 동호회원이 되었다. (전두O 대통령 동생 전경O이 전국 배드민턴 동호회 총회장) 그때 생활체육을 대동령이 직접 장려하고 앞장설 때였으며, 특히 배드민턴이 인기가 좋았으며 개운산 전역에 배드민턴 코트 최소 2개 이상의 클럽 70개가 운집해 있었는데, 일반부 전국 대회 때마다 1, 2, 3등을 싹쓸이할 정도였는데, 그때 내가 몸풀기 준비 운동을 우렁찬 음성으로 구령을 부쳐 주도해 주면 지나가던 행인들까지 동참한 체육 강사로 인기짱이어서 십 년간을 봉사했으며, 이문동 봉황산, 의정부 사패산, 마당바위에서도 건강 체육 운동 강사로 거의 10년씩 봉사했다.

청소년 때부터 여수 이강산 약수터에 오르게 되었고, 여수 종고산 중턱에 공업 고등학교가 있었는데 새벽 산책 동료들이 오르내릴 때 잠깐 들러서 만나기도 한 쉼터였으며, 그곳에 오신 분들이 거의가 여수시 유지분들인데 연세 지긋한 분들로 어린 나를 무척 예뻐해 주셨다. 경제적으로 성공하신 분들이라 교육적인 좋은 대화가 나를 감명시킬 때가 많아서 그분들을 만나기 위해 더더욱 새벽 등산에 몰두하기에 이르렀던 것이다.

그 시절에도 어린 소년이 새벽 산행을 하는 모습은 흔치 않았는데, 매일 새벽에 어른들과 계절을 초월해 만났으니 친해질 수밖에 없었고, 비록 초라했지만 남다르게 보아 주셨다. 지금 생각해도 과분한 사랑을 받았었다.

그 당시 유지분들은 인품이 출중하신 분들로 기억되며, 여수 유지 사회에 구둣방 소년의 이야기가 膾炙되었음을 알게 되었을 때 감사했으며 행복한 마음이 가득한 소년기였다. 그러므로 나에게 새벽 산행은 행운이며 축복이었다.

청장년기의 그토록 어려웠던 서울 생활에 모든 악조건을 극복하고 빠르게 기반을 잡을 수 있었던 원동력이 있었다면, 그것은 바로 새벽 정신이었지 다름 아니었을 것이다.

어린 시절부터 새벽을 느끼며 모든 고달픔을 감당했고, 운명으로 익숙해질 수 있었기에 새벽 생활을 누릴 수가 있었으니, 청년기 때 내 모습은 매우 활동적이며 자신감으로 충만했기에 많은 분들의 호평으로 용기 백배였던 것 같다.

어릴 때 올랐던 여수 종고산은 무척 가파른 산이며 바닷바람이 직면했기에 칼바람으로 매서웠으나, 세 소년 친구 성O, 한O, 복현이는 매일 새벽 산행에서 만나 동심의 순수한 우정을 누릴 수 있었는데, 팔순을 목전에 둔 지금까지 우리 삼총사 우정은 변함이 없다.

한 살 위인 성O이는 마음이 곧으며 한없이 선량해서 본을 받을 때가 많았고, 동갑내기 한O는 신념이 강하고 근면 성실의 표상일 정도였다. 본인은 자평이 어려우나 지혜롭다고나 할까 보다.

아무튼 우리 친구들은 나의 자랑거리가 확실했으며, 우리 삼총사 친구들의 아름다운 사연들은 나의 자서전에 굽이굽이 기록될 것이다.

33. 난생 첫 여학생의 편지

내가 태어나 처음으로 여학생의 편지가 왔단다.

큰누님이 어느 날 매우 조심스럽게 몇 번을 망설인 듯 더듬거리다가 하얀 편지 봉투를 내놓으며 읽어 보래서 받아 보고 깜짝 놀랐다. 내가 그토록 좋아했던 순천여중 2년생 박순O이의 이름이 보였기 때문이었다.

그리고 보니 우리가 헤어진 것도 2년이 되었는데, 내용을 보고 두 번 놀랐던 기억이 생생하다. 얼마나 애절했던지 누나가 보시고 혀를 내두를 만했던 것이었다.

우리 누님은 믿을 수 없다는 듯, 어떻게 부잣집 고귀한 맏딸이 지지리도 옹색한 노인네들 늦둥이 초라한 빼차구 뜬금수를 남원골 춘향이가 한양 간 이 도령 그리운 듯이 구구절절이 간절한 내용을 깨알처럼 알뜰살뜰히 양면지를 가득 채운 연서였으니, 그 당시엔 이해가 될 수 없을 정도로 생소한 장면이었으리라…

사실은 나 자신도 누님 이상으로 무척 놀랐으며, 당황할 수밖에 없는 사건이었으니 그때까지 나 혼자 일방적으로 좋아한 줄만 알고 있었기 때문이었다. 그 시절에 시골 부잣집 딸이 예쁘고 마음도 착하면 특별한 조건이었기에 감히 나 같은 구둣방 소년이 엄두도 못 낼 처지의 곱디고운 소녀의 연서였으니, 요즘 말로 대박 사건임이 확실했다.

연서라고 해서 요즘 같이 사랑이 어쩌고 저쩌고가 아닌, 그야말로 소박한 건강 문제와 안위 걱정이 대부분인데, 60년대만 해도 소녀가 소년에게 편지 보냄은 드문 일이었기에 여린 내 마음은 한량없이 두근거렸으며, 고맙고 감사했다. 무엇보다도 위축된 사기가 충전되어, 요기가 살아났으니 그야말로 감동과 감격의 순간이었다.

고흥에도 여중고교가 있었는데 순천으로 유학 간다면 요즘 외국 유학생인 셈이었고, 그때 순천 여학생 교복이 너무 멋있었기에 타 지역 여학생들은 순천 가서 인물 자랑 말라고 할 정도였으며, 그때부터 나에게 진정으로 나만을 위한 초특급 팬이 있었던 것이다.

순O이 아버지의 好意

2년여의 여수항 생활도 흘러가서 이젠 제법 도시 생활이 조금은 익숙해졌을 때, 고향에 형님을 통해 마을 소재 농협 사환으로 귀환하길 바란다는 농협 소장님의 뜻을 전달받았다. 그 당시 그 자리는 선망의 대상이므로 유지급의 아들들이 민감하게 줄을 섰는데, 막강한 소장님이 나를 위해 직접 움켜쥐고 계셨던 단 한 장의 귀한 티켓이었는데, 중고등학교를 다닐 수 있는 절호의 기회였기에 우리 형님과 농협 소장님은 당연한 의견 일치였으나, 정작 당사자인 내 마음은 내키지가 않아서 운명이란 어쩔 수 없는 것이다.

순간적으로 넓은 도회지에 진출했는데, 시골 답답한 곳으로 회기함은 마치 전쟁터에서 싸워 보지도 않고 백기 들고 항복하러 가는 것 같아서 두 분의 애절하신 깊은 뜻을 끝까지 거부하고 말았던 것인데, 그때 누구보다도 농협 소장님이신 순O이 아버지께서 남모를 실망이 크셨으리라 생각되어 송구한 마음이 내 가슴속에 오래도록 깊숙이 점철되었음을..

34. 여수항에 싹튼 友情 三銃士

60년대는 군사 정권의 암울한 독재 시절이었다.

3.15 부정선거로 이승O 정권이 퇴진한 후 민주당 정권이 겨우 8개월 되었을 때 5.16 군사 쿠데타가 발생해서 나라가 온통 군인들 판이 되고 말았으니, 어지러운 세상이라 국민들이 숨죽이고 살 수밖에 없을 때였다.

그래도 우리들은 무언가를 열심히 해야만 했기에 구둣방에서, 이발소에서 각자 맡은 일에 여념이 없었다.

양성O과 나는 백양양화점에서, 송한O는 오사카 이발소에서 새벽부터 바쁠 때는 밤늦도록 일하다가 틈만 나면 만나서 함께 보냈는데, 무슨 이야깃거리가 그렇게 많고 즐거웠던지 군대 입대 전까지 삼총사 우정은 돈독했던 것인데, 그러나 두 친구는 집들이 있으니 밤에는 나 홀로 백양양화점에서 외로울 것 같았는데, 고향 친구 차부O와 김경O가 달려왔으니 나는 역시 행운아였다.

월급이 없는 셈이니 잔심부름을 열심히 해 주고, 에누리 한 동전을 모아 보면 티끌 모아 태산이니 적은 수입도 안 쓰면 살아 있음에 마음만은 항상 넉넉했었다.

무엇보다도 조카 애들이 예쁘고 착했으며 나를 무척 잘 따랐는데 언제나 함께 지냈으므로 즐거웠었다.

현O, 희O이, 준O, 준O, 희O이를 군 입대 전까지 함께 지냈으며, 막내 희O는 부산의 군생활 때 출생한 것 같다.

내 조카 애들이어서인지 너무 예쁘고 귀여웠는데, 남들도 보는 사람마다 잘생겼다는 찬사를 아끼지 않았었다.

나의 큰 매형은 키는 작지만 얼굴이 서구적 미남이었고, 큰 누님도 고운 인물이었기에 조카 애들이 부모를 닮아서 착하고 예뻤는데, 그중에서도 둘째 딸 희O이는 보는 자들마다 안아 보려고 안달해서 귀찮을 정도였으며, 사진관들에 대형 사진으로 걸려서 홍보되기도 했었다.

여수항 살이 몇 년째인가? 동냥젖으로 연명했던 내가 동냥 잠자리 생활 몇 년 만에 군자동 진남관 뒤편에 소형 집을 마련했다는 누님의 귀뜀에 날을 뜻한 기쁨이었고, 돈이 없으니 거의 빚을 내어 계약했다기에 마음은 무거웠으나, 그때부터 동냥잠은 면할 수가 있었던 것이다.

그 무렵 누님이 음식 솜씨를 발휘해서 막걸리 밀주를 시작해 수입을 올릴 수가 있었다. 역시 뜻이 있으면 길이 열리며 하나님이 도와주신 것 같았다.

서당 훈장님의 맏딸이신 어머니 음식 솜씨는 비록 가난한 살림살이 생활에도 빛을 발휘했는데, 큰누님이 전수를 받았는지 무슨 음식이든지 최고의 맛이 났었기에 여수에서 소문이 날 정도였고, 내 친구들은 누님 음식에 모두 반했던 것이다.

머리가 영리해서 맛과 멋을 구사했으며, 전통주까지 빚었으니 재능이 대단한 분이셨으며, 그때부터 내 숙소가 안정되었기에 한숨 돌릴 수 있었다.

그럭저럭 갑피 사수 업을 시작한 지도 몇 년이 되었고 좀 익숙해졌으나 아직은 미숙해서 독립하기엔 역부족이었으나, 갑피사가 부산으로 갑자기 이사를 가 버렸으므로 어쩔 수 없이 내가 서툰 대로 그 자리를 맡을 수밖에 없었고, 백양양화점 주문만이라도 해결할 수밖에 없는 절박한 실정이 되니 어깨가 무거운 압박감을 느낀 것인데, 타고난 손재주가 별로였고 내가 하는 일에 회의를 느끼면서도 선뜻 다른 방법이 없었기에 어정쩡한 날들을 보낸 고심의 청년기가 도래되었던 것인데, 나의 뇌리에 깊은 갈등감이 자리 잡기 시작했다.

그러나 구두는 만들어야 했기에 머리를 써서 하나둘씩 제단해 나가기에 이르렀으며, 다행으로 실패하지 않고 주문품 제작에 열성을 다하게 되었던 것이다.

우리 백양양화점 일일 주문량은 많아야 10족 미만뿐이었는데, 나를 항상 지켜봐 주시던 박성O 사장 사모님께서 자신의 피혁 상에 거래처를 한 사코 연결해 주셨다.

전기에 그 두 분을 아름다운 부부로 언급했던 바와 같이 신비로운 분들의 진한 사랑과 보살핌을 한껏 받았었는데, 공교롭게도 나를 아껴 주신 분들 대부분이 영남 분들이셨다.

갑피 제작 실력이 많이 부족함에도 그토록 자신들 부담을 느끼면서까지 나를 끝까지 도와주셨던 부부인데, 지난날을 더듬어 보니 새록새록 한없이 그리움이 강하게 느껴진다.

35. 오동도 추석 명절 노래자랑

64년 그 당시엔 여수 오동도가 국내 몇 안 되는 유명 관광지였는데 매년 추석 놀이 대축제를 개최하고 씨름판, 활쏘기, 노래자랑 등으로 거의 한 달 동안 오동도가 벅적거렸는데, 고향 친구 경O의 동행 권유에 따라 즐거움으로 오동도에 들어섰더니 씨름판이 요란해 술기가 있던 경O가 비척거리며 뛰어들었는데, 심판을 보던 분이 반가워서 누군가 했더니 우리 형님 친구 김형O 씨였다. 여수 경찰서 유도 사범으로 재직 중이며 유명인이므로, 우리 둘은 어깨가 으쓱해졌는데 마침 예선전이라 쉽게 출전했고, 뚝심 좋은 경부가 취중에 비틀거리면서도 1승을 하고 예선전을 통과해 버렸다. 환호의 박수 속에 심판관 형님이 다음 출전권을 주셨고 우리는 노래자랑 코스로 경O가 강렬하게 선도했었다.

나는 언제나 콩쿠르 대회 나가는 것을 좋아하지 않았으나, 친구의 강한 응원 덕분에 무대에 올라서 안다성의 노래 '사랑이 메아리 칠 때'를 우렁차게 불렀는데, 그 많은 청중들의 박수가 우뢰 소리와 같았으며 아가씨들이 이내 주위로 몰려들었는데, 그 당시 여수 방송국 여가수 박선O와 여러 명의 전속 가수들임을 나중에야 알게 된 뜻밖의 광경이었다. 그때 여가수들의 이구동성을 잊을 수 없는데, 김 군이 무조건 우승이라며 단정을 지어 버릴 정도였으며, 그 후로 결승 때까지 여수 방송국 전속 여가수들과 멋진 아가씨들 10여 명 이상이 마지막까지 내 편 정예부대가 되어 버렸던 기억이 생생함을 어찌 잊으랴.

준결승 때는 '오기O의 우중의 여인'으로 오동도가 떠 버릴 것 같았다고 아가씨들이 호평하며 엄지 척을 들어 주었으나, 노래자랑 주최자 김봉O 선생님의 심사가 꼬였음을 뒤늦게 여가수들이 내게 귀띔해 주었는데, 전에는 그들의 노래 은사였으나 여러 부정행위로 인하여 비난의 대상이 되어 버린 인물이었던 것이다. 예선, 준결선, 준준결선, 결선까지 요지부동의 실력과 인기를 과연 뒤집을 수 있을까? 전속 여가수들 모두 김봉O 선생에 시험을 걸고 있었던 것이며 내가 바로 출제 대상인 셈이었다. 내 고향 친구 김경O는 두 번째 씨름판 준준결선 때 무너져 버린 후 발걸음을 끊어 버렸었다.

드디어 여수 오동도 한가위 대축제의 하이라이트 노래자랑 결승전 날이었다. 내 주위에선 아무도 알지 못한 채 나 홀로 거사 일을 맞이하게 되었고, 가족은 물론 삼총사 친구들과 청우회 친구들, 심지어 오동도 축제 동참했던 친구 경O까지 새까맣게 잊어버릴 정도로 조용하게 살금살금 부뚜막의 고양이처럼 결선까지 올랐으나, 다른 참가자들은 거의가 응원 부대를 몰고 다녔고, 준결선부터 관중들이 폭발적으로 많았는데, 그만큼 상품도 대단한 것 같았으며 입상자는 무조건 방송국 전속 가수로 활약했으니 사치와 밀수가 성행한 여수항의 대형 축제다웠던 것이다.

그러나 홀로 선 나의 응원 부대야말로 여수 멋쟁이 아가씨들의 총집합체 같았고, 그야말로 화려한 꽃들이었다. 외로운 내가 무대에 설 때마다 젊은 아가씨들의 환호성이 내 귀청에 감미로웠는데, 그때 결승전 곡목은 '사랑이 메아리 칠 때'로 예선 때 선택했던 곡으로 정했다. 여수 제화 협회 행사, 장군도 노래자랑 후 두 번째 무대에선 셈이었는데도 숫기 없는 내가 취한 듯이 부른 노래가 오통보를 감싼 듯한 남해 앞바다에 울려 퍼졌으며, 끝났을 때 박수와 함성에 작은 섬 오동도가 가라앉을 듯했다.

소심한 내 성격과 무겁고 깊숙한 감성에 귀가 남다르게 커서 '부처님'이란 별명을 얻은 내가 친구 때문에 떠밀려서 오르게 된 무대에서 상상도 할 수 없는 군중들의 환호였다. 어차피 목적 없는 참가자였기에 그냥 한번 서 본 무대이므로 바랄 것도 실망할 것도 없는데, 결과 발표에 내가 등외로 떨어지니까 본인보다 청중들이 웅성거렸고, 내 팬들은 노골적으로 비난하며 분개한 모습들이 역력했는데, 그 후부터 여수 방송국 여가수들과 수많은 멋쟁이 아가씨들이 나를 알아보고 정색할 때마다 도망 다니기에 바빴던 옛날 옛날 한 옛날의 아련한, 참으로 아름다웠던 전설 같은 추억으로 간직되었고, 친구 경O와 회고할 때면 내가 순진무구한 바보였음이 짐작되지만 일견 덧없이 못난 행복한 바보였던 것이다.

36. 여수에 국술원(합기도) 도장 개원

1964년도 여수 태평극장 옆에 합기도장을 열었는데, 합기도를 잘하면 태권도, 유도, 복싱보다 앞선다기에 관심이 생겼다. 그 시절 여수항은 밀수, 사치, 주먹 세계의 대명사였기에 어린 마음이었던지 그들이 멋지고 화려하게 보였으며, 어쩌면 선망의 대상인지도 몰랐다.

여수 중앙동 마르보시 번화가를 덩치 크고 멋진 건달들, 장용O, 오재O, 박병O, 오O, 김정O, 박진O, 박병O들이 어깨를 활짝 펴고 다니는 모습이 일견 부럽기까지 할 때인데, 초라한 구둣방을 탈피하려면 운동을 해야겠다는 생각이 들었던 것이다. 일종의 탈출구가 절실했기에, 우리 백양양화점 옆 천일 이발소에 자주 들릴 때였다.

이발관 종업원들이 많았는데 내 또래 친구들도 몇 명 있었고, 모두 나에게 호의를 베풀었으며, 정보 수집처였다. 배우나 가수를 해 보라는 둥 풍선에 바람 넣듯 하더니만, 합기도를 권고하며 국술원 위치를 소상히 알려주었다.

소심한 내 성격 때문에 하루 종일 말이 없는 대신 듣기를 좋아했는데, 이발소 친구들에게만 가면 즐거웠다.

태평극장 옆에 일제 떼창고 건물을 도장으로 사용하려고 바닥에 다다미 조각을 군데군데 깔고 비닐 가파로 덮었으니 반은 맨땅이므로 머리 다칠 위험이 매우 큰 허술한 도장이었고, 수련생들을 보니 구두닦이, 엿장수, 노동자, 기술 수습공 등 직업인들이고, 학생들은 몇 명 안 돼 보였으며, 나처럼 순둥이들도 몇 명이 보이기에 용기를 내서 입회가 입회원으로 등록했다.

국술원 관장 서인O은 한국에 첫 보급한 부산 국술원 관장 서동O의 친형으로, 전남에는 제1호 합기도장이다.

입회 다음 날부터 구두 재단 일이 마무리되면 도장으로 달려가서 수련에 들어갔는데, 한 수 두 수 단계대로 사범의 지도가 시작되었는데, 합기도는 첫 수부터 낙법과 꺾기가 병행되었기에 떨어질 때 다다미 뭉치 위면 다행인데, 맨땅 바닥일 때는 머리통이 박살 난 듯 불이 났었다.

운동한 날 밤은 밤새도록 끙끙 앓았으나 본인은 깊이 든 잠 때문에 알 수 없으나, 다음 날 식구들이 어디가 아픈지 물어볼 정도였으나 정작 본인은 견딜 만했다.

어느 날 부산대생이던 고향의 형이 내 방에서 하루를 지냈는데, 다음 날 아침에 걱정스러운 표정으로 병원 진찰을 심각하게 권유하며 내가 잠자리에서 많이 앓았고, 안색도 나쁘며 허약해 보인다며 걱정해 줘서 오히려 내가 안심을 시키려고 설명을 했던 일이 뚜렷하게 떠오른다.

그런데 난생 처음으로 도장에서 수련을 해보니 매력적인 운동이었기에 틈만 나면 합기도장으로 달려갔다.

그러나 문제는 한 수 두 수 익숙해지면서 낙법 때 떨어지면 엄습해 오던 공포심이 점진적으로 해소되면서부터, 맨땅에 헤딩의 고통이 해소되고 역으로 쾌감이 되었다.

몇 개월 후부터 대련을 잠깐씩 하는데, 두려움의 긴장감은 전혀 없고, 꺾고 눕힐 때마다 강한 쾌감 때문에 틈만 나면 기술보다는 격투기 같은 대련을 즐기게 되었는데, 나약한 나에게 꺾이고 떨어져서 기분 좋을 동기는 없다.

보니 나를 피해 버려서 맞대련자가 없을 지경이 되었다.

여자같이 연약했던 내가 길거리의 야생마 같던 엿장수, 구두닦이, 양아치, 막일들을 냅다 치고 꺾을 때마다, 나 자신도 깜짝 놀랐는데 결국엔 나 자신이 피해자일 뿐이었기에 그 후부터는 대련 상대에게 정성을 다해서 배려의 수련에 몰두하게 되었고, 오히려 동기들의 우정 속에서 국술원 합기도장에 웃음꽃을 피우게 되었던 것이다.

그 당시 우리 수련생들 본인들은 몰랐으나 관장의 방침은 1기생들을 사범들로 육성할 계획이었기에 스파르타식으로 임할 수밖에 없었던지 매우 강한 훈련 같았다.

　그러다 보니 학생들부터 줄어들었고, 직장인들도 한두 명씩 볼 수 없었고, 나 역시 양화점 일이 바빠져서 한동안 합기도장 출석 체크를 결석할 때가 많아졌는데, 그때를 돌이켜 회상해 보면 그토록 거친 양아치 같던 수련생들을 내가 어디서 그런 힘이 발생해 겁도 없이 맞대련했을까? 지금 생각해 보니 어렸을 때부터 상머슴들 따라서 천등산으로 앞바다 섬으로 불철주야를 막론하고 빼차구 몸으로 달려 다녔던 정신력이 살아 있었기 때문이었으리라 짐작이 된다.

　그해 여름이 지나고 가을부터 구두 소비가 증가하므로 갑피 재단 일이 바빠져서 합기도 수련을 접고 일에 전념할 수밖에 없었는데, 머릿속에는 온통 합기도 수련 장면이 뇌리에 떠올랐으며, 엉성한 매트 위에서 매치고 꺾었던 운동을 중단하고 보니 온몸에 쥐가 난 듯하며 근질거려서 좀이 쑤셨으므로 답답하고 매우 큰 고통이 되었다.

　그러나 세상사란 한 번 손을 놓으면 쉽사리 재개될 수가 없었으므로 6~7개월 수련한 것으로 마감되어 버렸다.

　그러나 합기도 단련이 체력과 정신력을 증진시켰던지, 일상생활에서 두려움이 많이 해소된 듯 자신도 모르게 어깨가 펴졌으며, 누구와도 한번 싸워 보고픈 자극이 강해져서 고심했는데, 어설픈 운동 때문에 사람 버린 경우가 흔했던 시절이었다.

　그 무렵 내 친구 성O이 동생 양성O가 합기도 수련을 연마해서 9단의 유단자 고수로 유명 인사가 되었으나, 착한 심성의 인정과 의리 때문에 그 인생에 낭패가 있었다.

무슨 운동이든지 고수들은 수양을 통해 겸손과 인내력의 내공이 충만한 인격자들이 되는 것인데, 나처럼 일 년도 안 된 수련자들은 수양 부족이며, 무술의 맛을 갓 느끼게 되면 공격성 발휘를 해보고 싶은 강한 유혹에 빠질 위험이 따른다. 그때 국술원 고수인 성O 동생은 대단한 고수였으나 약자 친구들의 억울한 구원의 간절한 요청을 거절 못 해 달려가 불량배들을 물리치다 보면 사고가 발생했으며, 뒤집어쓰게 되었으니 결국 리스트맨이 되고 말았던 것이다.
　그러나 스스로 마음을 가다듬고 구두 생산에 열심을 다하게 되었으므로 국술원의 수련 생활은 까마득해졌다.

37. 작곡가 백영O 님 만남

　국술원 합기도 수련을 접고 제화일에 매달리다 보니 어느새 봄이 돌아왔다. 여수항의 봄이 유별나게 화려한 것은 거리를 활보하는 처녀총각들의 패션이 외제 일색으로 거의가 일제였다. 그때는 일본과 한국의 경제적 수준 격차가 컸으므로 모든 유행의 문화 도입이 일본으로부터 되었는데, 여고생들이 핵 반대 시위 때 동시에 우산을 펴면 거의가 일제 우산이었다. 그만큼 여수항은 밀수, 사치, 유흥, 주먹의 홍동가였다.
　여수 아가씨들을 보다가 대도시 광주 아가씨들을 보면 촌티가 날 정도였다. 그토록 화려한 봄날에 여수 방송국이 들썩거릴 행사가 있다며 친구들이 내게 모여들었다.

내용인즉, 가수 이미자를 발굴한 유명 작곡가 백영O 님이 전국을 순회하며 인재 발굴 중인데, 드디어 여수 방송국에서 희망 참가자 접수 중에 있으니 참여해 보자는 의견에 나도 동의하고 다섯 명이 곧장 방송국으로 갔더니 오전부터 접수 진행 중인데 오후까지 줄을 섰다.

뒤늦게 받은 접수표 번호가 510번인데도 줄 선 자들이 남아 있었다. 친구 따라 강남 간다고 내 성격상 내키지 않았으나 오디션 접수표까지 받고 보니 내심 두려움 반, 기대 반으로 흥분 상태인 채 밤잠을 설쳤다.

새벽부터 갑피 재품을 부지런히 만들어 생산에 지장 없도록 단도리 해주고, 열 시경에야 방송국으로 달려갔더니 모두 줄을 서 있는데 오디션이 매우 짧았다. 노래를 단 한 소절만 듣고 "땡!" 하고 백영O 님이 직업에 충실하라는 한마디면 마무리되었으나 숫자가 워낙 많다 보니 그래도 시간이 부족한 듯 오후부터는 땡 소리가 자주 들리더니 3시 30분에 드디어 510번 김복현이 호명되었으며 놀랍게도 소심한 내 성격에 새가슴인 내가 그때만은 침착하고 당당한 걸음으로 무대 앞의 마이크를 잡았는데, 작곡가님의 질문도 잘 받았고 접수할 때 선곡된 '사랑이 메아리 칠 때'를 우렁차게 불렀는데, 자신이 들어 봐도 원곡 이상인 듯했다. 그렇게 "땡! 땡! 땡!" 치던 멈춤 종소리가 조용했으며, 그 많은 사람들의 숨소리마저 멈춘 듯하더니 갑자기 우레와 같은 함성과 박수 소리가 터졌는데, 잠시 후 백영O 님이 자유곡을 재청하심으로 얼떨결에 '위키리의 저녁 한때 목장 풍경'을 부르게 되었고, 작곡가 백영O 님의 무뚝뚝한 표정의 무언에 명함을 받게 되었을 뿐이었다.

지금 생각해 보면 수많은 참가자 중에 단 한 명인 내가 선택되었고 명함까지 받았으니 대단한 것인데, 그 당시엔 너무 싱겁고 하찮게 느껴졌기에 실망한 채 귀가하고 말았으며, 얼마 후 소식에 전주에서 여자 지망생 한 명을 백영O 작곡가님이 직접 동행 상경했다는 소문을 듣게 되었다.

그토록 어둡던 시절에 내가 무엇을 어떻게 해야 되는지를 전혀 알 수가 없었기에 한때의 추억으로 접고 말았던 것이었다.

그 후 여수 아가씨들은 나에 대한 관심과 소문이 자자했던지 내 주변으로 접근했던 사건들이 빈번했었는데, 그때마다 내가 소심하게 줄행랑을 쳐 버리는 게 일상이었다. 그 덕분에 친구들의 부러움을 사게 되었고, 나는 알 수 없는 자들인데 아는 척하는 분들이 많아져서 어디를 가도 외롭지는 않았던 기억이 새롭다.

특히 아가씨들에게 관심의 대상이었던지 백양양화점으로 몰려오면 나는 죄인처럼 뒷문으로 도망을 쳐 버렸는데, 고향 친구 경부도 수습할 때가 몇 번 있었기에 옛 추억거리 여행으로 간직하고 있다.

작곡가 백영O 님이 그렇게 대단한 천재 거물인 줄 알았으면 발길로 차일지라도 매달려야 했으며, 서울로 상경해서 젊음을 불살라야 했건만 내가 너무 막혀 있었으므로 그토록 큰 스승을 외면하고 말았으니, 하나님 축복을 받지 못한 죄인이 되고 말았던 것이다.

(* 백영O 작곡가 오디션 받았던 내 친구들 = 정종O, 장승O, (황정O, 임덕O 지방 가수), 김영O, 김복현)

38. 항구의 젊은 날 토막 추억

64년 여름에 한양공대생 임채O과 강영O이 방학하고 귀가했기에 반갑게 만나서 즐거운 여름이 되었다.

비록 제화공인 나를 허물없이 인정해 준 친구들이어서 거리감이 없었고, 그들 부친(동아가구점주와 대형건물주)들께서 고흥 풍남촌 닭인 빼차구(갈비씨)를 처음부터 남다른 시선으로 보시고 입에 침이 마르게 칭찬들을 해 주시다 보니 중학생 때부터 친해지게 된 것 같다.

중학교도 못 간 친구가 애석했던지 각별한 배려를 해 준 고마운 우정인데, 임채O은 나보다 한 살 위며, 임채O은 한 살 아래여서 두 형제가 내 친구가 되다 보니 결국에는 어려운 어색함도 발생하게 되었을 정도였다.

그런 친구들이 방학 중에 나와 함께 피서지 만성리 해수욕장에 동참을 권유하기에 선뜻 동의했는데, 알고 보니 여수 남자 재학생들과 재경 여자 재학생들의 계획이 된 행사였던 것이다. 남학생 8명과 여학생 8명인데, 그중 나와 친했던 임채O, 강영O, 조기O이가 남학생 한 명이 결석되므로 학적은 없지만 인상이 좋은 나를 선택하는데, 7명 모두 별 반대가 없었다며 설득을 했지만 정작 본인은 두렵고 내키지가 않았다.

18명 중에 나만 외톨이, 이단자 같았는데 두렵지 않을 수가 없었다. 그 당시의 나는 여자들을 바로 보지도 못할 정도로 숫기가 바닥이었고, 오동도 노래자랑과 여수 방송국 백영O 작곡가 오디션 행사 후에 얼굴이 알려져서 내 뒤를 따라다니는 아가씨들을 보면 기겁할 정도로 도망 다닐 때였는데, 더구나 서울 여대생들이라고 하니 아이코 맙소사!였다.

그러나 친구들의 중요한 행사를 외면할 처지도 아니기에 결국은 동참하기에 이르렀으니 지금 생각해도 나는 어쩌면 굉장한 행운아였음을 확신한다.

팔딱거린 나의 새가슴을 안고 8명의 아다라시 총각들의 일원으로 동행하여 만성리 해수욕장을 향하여 앞으로 앞으로 전진할 때의 그 기분을 상상해 보라. 그것도 서울 장안의 8명 아다라시 여대생들과 상봉하기 위하여 힘차게 행진할 때의 팔딱거린 심장들의 요동치는 소리가 들리지 아니한가?! 여대생이 귀할 때였다.

상당히 들뜬 상태로 만성리 해수욕장에 다다르니, 그야말로 늘 신한 8명의 서울 여대생들도 거의 동시에 도착 합류해서 일정에 들어가게 되었던 것이다.

그럴 때 나의 어깨는 자신도 모르게 움츠러들기 마련인데, 무엇 때문인지 조금씩 자신감이 살아나기 시작했음을 느낄 수가 있었다.

그런데 사람들의 눈과 마음은 비슷한 것인지, 숙대생 한 명이 내 눈을 강하게 끌었는데 친구들도 거의가 동일하게 보인 듯했고, 내가 내심 놀라운 건 여대생들이 내 모습에 집중되고 있음을 느끼면서 죄인처럼 두근거리고 화끈거렸으며, 더욱 놀란 것은 숙대생의 눈길이 나와 마주치고 있었다. 그러나 우연이겠지 자위하면서.

식사 후 수영복으로 갈아입고 바다로 입수하기가 바쁘게 숙대생이 나의 튜브를 재빨리 잡고 말았는데, 어떻게 그토록 빠른 동작을 발휘했는지 순식간이었고, 다른 여대생 몇 명도 나를 잡으려다 빼앗긴 셈이 되고 말았는데, 그러다 보니 숙대생이 하늘을 본 체형에 내가 위로 올라타고 양발로 물을 밀어 차면서 깊은 곳 금지 라인까지 나가게 되었는데, 정신을 가다듬고 다른 파트너들이 궁금해 탐색해 봤더니 수영을 못 하는지 우리 둘만 지켜보고들 있었다.

나는 남자인데도 떨려서 제정신이 아니었는데, 숙대생은 보기와 다르게 용감했기에 나도 호기를 내서 멋진 수영 실력을 발동 걸었으며, 구경꾼들이 많아서 신나게 물놀이를 즐기게 되었으나 밖으로 나가기가 좀 민망했는데, 숙대생이 나서서 단둘이 극장에 영화 보기를 제안함에 동의하고 밖으로 나오니까 모두가 박수로 격려해 주므로 쑥스럽고 미안했었는데, 내 친구들은 진심으로 축하면서도 부러움이 가득 찬 표정들이어서 미안함과 어색함에 그 자리를 피해 버리고 싶었는데, 숙대생이 먼저 작별 인사를 하고 나를 애인처럼 손을 잡아 이끌어서 홀린 듯 따라나설 수밖에 없었다.

그때의 만성리 해수욕장은 바위 동굴이 두 개였는데, 한쪽은 기차 철로였고 한쪽은 인도로 여수 시내와 만성리를 오갈 때는 반드시 동굴로를 통과하는데, 그야말로 낭만 동굴이었으니 멋진 여대생과 호젓하게 낭만 동굴로를 걸어가게 되었으니 꿈길 같았는데, 내가 얼마나 긴장했던지 입이 굳어 버렸다. 예쁜 여대생이 귀할 때였다.

여수 중앙극장에서 명화가 상영 중이라고 하기에 그곳까지 데이트 코스로 삼아 걸어가면서, 그녀가 영화 이야기를 곧잘 해 주므로 즐거움이 배가 되었고, 볼수록 아름답기에 그때 내 마음은 영화보다 둘이서 걸어가는 시간이 좀 더 길었으면 좋겠다는 생각이 절실할 정도였었다.

그러나 어느덧 큰 굴을 지나 작은 굴에 접어들었으며, 나는 그때까지도 거의 말 한마디 하지 못할 정도로 굳어 있었고 오직 듣기만 했으나 황홀하고 즐거운 시간이었음을 확신한다. 그러나 모든 것은 지나갈 뿐이다.

작은 터널을 지나 역전 쪽을 바라보며 가는데, 그 당시엔 귀한 세단 자가용이 우리 쪽을 오는가 싶더니, 우리 앞에서 정차를 하며 반색을 했는데, 난 저만큼 서서 시치미를 떼며 들으니, 그녀의 외삼촌과 가족들이며 만성리에서 합류하기로 했는데, 우리 둘의 랑데부 때문에 깜빡 잊어버렸는지 두 말도 못하고 차 안으로 빨려 들어간 듯하더니, 문을 닫고 달려 버렸다. 나는 닭 쫓던 개처럼 허공만 바라보다가 말할 수 없는 허탈감으로 터덜터덜 백양양화점으로 귀점하고 말았는데, 그것이 전부였으나 한동안 그녀 생각에 잠을 설칠 때가 많았으나 진정한 여자친구가 있었기에 곧장 내 마음을 가다듬을 수가 있었던 것이다.

39. 첫사랑의 꽃은 피고

순O이가 다니던 순천 간호 전문대 신입생들과 여수에서 자축회를 하게 되었다(* 순O이 부친은 인문과를 강요했고 순O이는 필연적으로 간호과를 고집했다고 함. 각설하고). 여수 돌산동에 삼덕이 정덕이와 순O이는 매우 친한 삼총사였기에 내 친구들과 뜻깊은 자축회를 하려고 수정동에 큰 음식점을 예약했다기에 배짱 없고 새가슴인 나는 불안 초조했으나 순O이의 깊은 뜻을 이해하게 되면서 안도의 행복감이 충만해졌으며 본격적으로 나의 친구들과 만나서 멋진 송년의 밤 행사를 위하여 프로그램 진행에 몰두하게 되었는데 내 친구들 중에 삼총사인 양성O과 송한O는 얼마 전에 군대 입영을 해 버렸고 대학생들은 겨울방학인데도 거의 모두 上京해 버려서 생활직업인(양화점, 이발소, 양복점 등) 친구들이었으나 모두 걸쭉한 쾌남아들이었다. 비록 저학력자들이지만 지혜롭고 슬기로운 好男들이었고 장래가 촉망된 건실한 친구들이었다. 하나님이 우리에게 내리신 복은 참으로 公明正大하시므로 눈곱만큼도 차별이 없는데 인간들이 오해를 할 뿐이다. 잠깐 부잣집에 태어났을 뿐 부자가 영원할 수 없으며 빈곤한 집에 잠깐 태어날 뿐 영원히 가난하라는 법도 없는 것이다. 따라서 부자의 행복이 절대적일 수 없듯이 가난한 자의 불행도 절대적일 수 없는 것이 하늘의 攝理다. 그날 모인 친구들이야말로 스스로 세상을 당당하게 살아가는 멋지고 자랑스러운 친구들임을 순O이와 내 마음이 공감했던 것이다. 그 당시 사회풍토가 인간 차별이 심할 때였는데 나도 한때는 유지급 아들들이 화려한 귀공자로 보여서 부러움이 앞섰던지, 잠깐 그들과 친구로 어울려 다니기를 즐겼었는데 얼마 되지 않아 깨달음의 지혜로 자수성가형 친구들과 더욱 친밀해졌다. 비록 학우들은 없었으나 사회생활 속에서 맺은 친구들은 누구보다도 많았기에 외롭지는 않았던 것이다.

드디어 그날 송년의 밤에 지정 장소인 역전 부근 식당으로 모여서 인사들을 나누며 청춘 남녀들의 어색함이 해소되기에 이르렀고 즐거운 행사가 진행되고 있었다. 한참 동안 먹고 마시며 노랫소리와 박수가 뒤엉켜 터질 듯할 때, 갑자기 방문이 열리는가 싶더니 새까만 옷을 입은 아주 작은 꼽추가 상위에 서서 우리를 비웃는 듯한 기분 나쁜 표정으로 노려보았으니 여학생들은 혼비백산하고 말았다. 우리는 순간적으로 두 명이 힘을 모아 꼽추를 들어 올려서 앞마당에 힘껏 던져 버렸더니 신호탄 터진 듯 몇 놈이 마당으로 뛰어들어 왔는데 나도 모르게 두 놈의 손목을 잡아 꺾었더니 주춤해졌는데 대문 밖을 보니까 구경꾼들인지 일당 놈들인지 수십 명으로 내가 잡히면 안 될 것 같았는데 순O이 일행이 나를 뒤편 쪽문으로 밀어붙이고 빽 둘러 막아 서 버렸고 그 틈을 이용해서 날쌔게 그 자리를 피했으며 몇 놈이 내 뒤를 추격함으로 초인적으로 뛰었으나 막다른 골목길, 높이 3미터는 됨직했으며 방범 철못이 칼날 같았으나 살기 위해 뛰어 날아올랐는데 떨어져서 보았더니 그 집 화단밭이었다. 초인적 힘이 발생한 것으로 나는 무사했으나 식당 앞에서 내 친구 한 명(김양O)은 잡히고 말았다. 그러나 김양O는 임기응변의 달인이므로 시치미를 잡아 떼고, 꼽추를 들어 던진 친구들 두 명은 순천에서 온 친구들인데 도망쳐 버렸다면서 우선 모면했으며 다행으로 경찰들이 들이닥쳐서 조사에 들어갔는데 꼽추 일행이 바로 다이아몬드 클럽 서클들이었으므로 출동 경찰들이 몇 명을 잡아서 파출소에 끌고 가면서 일단락되었으며, 꼽추와 마당에서 나에게 팔목 잡혀 꺾인 두 명의 뼈가 어긋났고 허리를 다쳤으나 중상은 아님으로 우리는 정당방위였으나 폭력 사건이니 조사는 받아야 했던 것이었다. 그러나 그 사건 때문에 나는 순천 여학생들에게 인상 깊게 각인될 수 있었으며, 그때부터 합기도 단기 실력의 자신감으로 훗날 군 병영생활 사범 역할로 큰 인기를 누린 행운아가 될 수 있었다.(* 단 7개월 국기원 수련자가 나만큼 합기도 응용 가치의 효력을 발휘한 경우는 드물 것이다). 그 당시 여수항에 양대 건달 조직인 칠성 클럽 당산파(* 종화동, 송기O)와 다이아몬드 클럽파(* 중앙동, 정상O)가 존재했는데 내가 제대 후에 보스의 유혹을 외면해 버렸던 기억이 생생하게 살아 있으며, 한동안 여수 대형 밀수 사건 연루 주범 밀수왕 허봉O 사단에 정상O이가 조직 클럽 총수로 체포되었으며 감방에 수감되어 장기수로 복역하게 되었다는 보도가 떠들썩했었다.

아무튼 그 무렵부터 순O이와 자주 만나 잠깐의 랑데부를 누리는 시간이 많아지기에 이르렀던 것인데, 한 번은 추석 명절에 고향 풍남서 만나게 되었고 단 둘만의 비밀로 앞바다에 조각배 놀이를 하게 되었다. 그때 소문나면 큰일 날 때여서 휘영청 달 밝은 밤이 큰 부담될 때 우리는 첩보전을 하듯이 마을 뒤편에다 조각배를 띄워서 함께 타고 마을 반대편으로 노를 저어서 저만큼에 닻을 내렸는데, 달빛 분위기에 젖어 이야기 나누다 노래 부르면서 놀다 보니 시간 가는 줄 모르고 얼마나 떠밀려 버렸는지 방향을 잃어버려서 당황했으며 겨우 달의 위치를 보면서 손이 부릅뜨게 밤이 새도록 노를 저어서 동네 뒷산에 안착할 때는 해가 중천에 떠오른 후여서 허둥거렸던 달빛 추억이 지금은 아련한 그리움의 진한 추억으로 떠오른다. 그때만 해도 얼마나 순수했던지 청춘 남녀가 손만 잡아도 큰 죄인이 되는 줄 알고 서로를 위해 自肅하며 아꼈던 것이다. 그러므로 사랑은 진한 축복이었다.

달빛 추억

남쪽 바닷가 언저리
호수처럼 잔잔함에
시샘한 달님이
푸르름 옥빛으로
출렁이듯 속삭이며
춤을 추듯 올라가네
천상으로 달아나네
달빛 추억 언저리로…

2021년 3월 1일 밤 南風 김복현

40. 순O이와 조카들

내 어머니와 순O이는 소통의 기회가 많은 편이었다.

이웃이므로 중, 고등생 때부터 방학해서 귀가만 하면 곧장 어머니에게로 달려와서 인사부터 드리고, 두 살 터울의 어린 손주들을 대신 돌보아 주면 노쇠하신 분의 힘겨운 두세 명의 애기 보기가 한결 가벼워졌다고 칭찬을 자주 하셨다. 두 살, 네 살, 여섯 살의 수O이, 재O, 재O이를 나도 안아 주기를 꺼려했음은 그 당시 시골 애들은 목욕을 거의 못 했으며, 누런 콧물을 쉴 새 없이 흘려서 업어 준 자의 등에다 비벼 대면 번들번들 콤팩트 칠이 가관이었다. 갑부집 귀한 맏딸이 자기 동생들은 거들떠보지도 않고 우리 조카들만 창피한 줄 모르고 띠 받쳐서 업고 다녔으니 그 사랑과 따뜻한 인정을 요즘은 상상할 수도 없을 것이다. 그것도 제법 오랜 기간을 거침없이 베풀었음을 나는 생생하게 기억한다. 그런데 본인의 의지만이 아닌 순O 어머니의 뜻도 함께였음을 확신하며 깊이 감사드린다. 내가 어릴 때도 순O 어머니가 우리 어머니에게 참으로 극진하셨음이 헤아릴 수 없을 정도였었다.

나의 형이 객지로 진출할 때부터 우리는 무방비 상태였는데, 그때부터 크게 어려운 문제는 거의가 좌측에 작은 댁보다 우측에 순O이 댁에서 해결해 주셨음이 뚜렷하며, 순O이 부모님의 바다 같은 헤아림을 나는 잊을 수가 없을 정도였다. 그러나 우리는 한 번도 보답하지 못하고, 오히려 역행될 때가 비일비재했으니, 우리의 불공평을 한탄하며 후회한들 무정한 세월은 지나가고 말았다.

나에게는 아주 특별히 배려하신 소중한 분들이었음을 이제라도 심사숙고의 자성으로 회고하면서 고인들의 영전에 頓首白拜와 叩頭謝恩을 올려드리고 싶은 간절한 심정이다.

양가 문의 환경이 확연히 대조적인 순O이와 나는 한 살 차이의 2학년과 3학년 초에 옆집으로 이사 온 순O이네와 이웃사촌이 되면서부터였는데, 어른들의 첫인상부터가 선하시고 온화함에 나도 모르게 존경심이 들 수밖에 없을 정도로 어질고 다정하셨고, 3남 5녀 8남매도 착했으며, 특히 나를 친형제처럼 대하며 따랐는데, 그 댁 장남 박종O(* 현재 교회 장로님)은 처음부터 나를 친형 이상으로 대함이 영구적으로 변함없는 진실의 아이콘이었다. 그러다 보니 국민학교 다닐 때 틈만 나면 종안 내댁에서 살다시피 했었는데, 숫기없는 내 성격에 조금만 불편했던들 웅장한 집 대문을 들락거리지 못했을 것이다. 지금 아무리 돌이켜 생각해 봐도 우리에게는 둘도 없는 자비와 은혜의 집안이었으며, 애정이 가득 찬 둥지 같았다. 그런 분위기 때문에 순O이와 나는 자연스럽게 순수한 사랑이 싹트게 되었던지 누가 먼저랄 수도 없는 깊은 관심의 여정이 진행되었던 것이다. 그러나 확실한 것은 소심한 나보다 천사형인 순O이가 적극적이었다. 무엇 하나 부족함 없는 겸양지덕의 미녀인 순O을 흠모하는 자들이 많았으나, 지지리도 볼품없는 나를 소년기부터 좋아했다는 고백에 쥐구멍에라도 숨고 싶었다. 순O이의 파격적인 진실을 알기 직전까지는 전적으로 나 홀로 일방적 짝사랑하는 줄만 알았기 때문이었다. 그렇게 우리는 순수한 사랑의 나래를 펼 수 있었으므로 조금도 거리낌 없는 둘만의 밀애를 나눌 수가 있었으며, 그 열매가 순O이의 내 조카들 사랑이었음을 뒤늦게 알게 되었다.

은하수 사랑

멀고 아득한 내 고향 하늘 그 산천 그리운 얼굴
언제 그 언제나 만나 (볼까나) 보려나
바라보고 또 바라봐도 돌아갈 길 막막하여라
밤이면 은하수 다리를 건너 너를 찾아 헤맨 사무친 사연 아아
너를 찾아 헤매 보는 은하수 사~랑

단 둘이 만날 때 순O이가 자주 불러 주었던 노래를 지금도 가사가 떠오른다.

순천역 뒷산에서. 여수 고소동 흙산 등 여러 데이트의 사연들을 요약한다면 요즘 상식으로 이해가 안 될 정도로 순박한 어리석음의 극치였기에 나는 순O에게 미안함을 표현할 길이 없겠다. 그 시절을 감안하더라도 나는 너무나 박치 천치여서 여자에 대한 問外漢이었다. 그런 점이 오히려 순O이를 殉愛譜가 될 수 있게 했는지 모른다. 우리는 백지 상태였으며, 순진무구여서 첫 키스 때는 얼마나 엉성했던지 부드러움이 아닌 물어뜯기 싸움이나 한 듯 둘의 입이 상처투성이가 되고 말았는데, 이빨 부딪치는 요란했던 소리만 귓전에 맴돌아 웃음이 터지고 말았던 풋사랑의 추억이어라. 두 초자의 입술은 피로 물들어서 진한 립스틱 대용이 된 셈이며 입술 안은 온통 상처투성이였다. 그나마 나에게 그토록 어마어마했던 그런 대단한 용기를 발휘했던 그 시점을 회상해 보니, 찰리 채플린의 코미디보다 더 웃긴 코미디였다.

여수 고소동 흙산 데이트는 양성O, 김인O 커플과 함께 영화 관람을 마

치고 나는 성O 집에서, 순O이는 인O이네서 하룻밤을 보내기로 해 그들의 동네 고소동으로 가던 중에 순O이가 머뭇거리며 나와 별도의 시간을 요청하기에 우선 가까운 고소동 뒷 흙산으로 올랐다.

  겨울 직전의 늦은 가을이 낮엔 온화하고 밤이 되면 추위가 만만치 않았다.

  그러나 함께만 있으면 좋은 때였던지 밤 추위에 덜덜 떨면서도 침묵의 교감은 그칠 줄 몰랐는데, 그때나 지금도 여수 밤바다 추위는 바람 때문에 견디기 어려울 정도다. 그래도 순O이는 돌아갈 생각이 없었기에 내가 앞장서 인O이네 집에 안내하고 나는 성O이 집에 갔더니 밤 12시가 넘도록 오지 않으니 포기하고 잠들어 있었다.

  즐겁기는커녕 고난의 연속인데도 헤어지기는 싫었던 그 시절 수많은 사연들의 그 추억들이 한없이 그립다. (* 몇십 년 전의 회고록을 쓰다 보니 연도의 순서가 틀림.)

愛情의 향기

그날의 눈빛에 싱그러운 불꽃,
수평선 닮은 넓은 가슴은 뭉쳐진 갈망,
은하수처럼 애틋한 사연들 헤치고,
가뭄 중의 단비 내리듯,
나의 벌판에 오아시스로 다가와서,
무지개 그리움으로 날을 지새며,
마래의 길조로 밝아 옵니다.
먼~ 훗날,

아름다움의 씨앗은

활짝 잎새 펴고,

영원한 추억의 열매로 고이 간직될 것입니다.

1998년 8월 10일 닭섬에서 南風 김복현

(2021년 3월 12일 새벽 3시에 편집함)

41. 여수 생활 마무리

  사연 많았던 여수항 생활도 7~8년째. 주변을 돌아보니 운명적 우정을 나누었던 삼총사 친구 양성O과 송한O도 군입대해 버렸고, 대학 다닐 친구들도 한동안 소식이 뜸해져서 잊어버릴 정도였는데, 그 무렵 군입대 연령 때여서 학군훈련에 소집영장에 지원입대에 한창 변환기였다. 그때부터 휴가 온 친구들이 "너는 언제 입대하냐?"고 물어 오면 늦은 감이 들고 홀로 축 처진 기분 때문에 급한 마음이 들어서 입영 계획을 세워 나가며 현상 생활 정리에 몰두하기 시작했다.

  사실은 구두 생산 일이 내 적성에 너무 맞지 않았기에 벗어 버릴 고민에 깊이 빠져 있었으나, 정에 약한 나에게 방법이 쉽지가 않았었다. 아낌없던 찬사와 격려와 칭찬들을 쏟아 부어 주셨던 여수항의 쟁쟁하셨던 유지 분들의 면면은 따뜻했으며 포근함이 충만해서 두고두고 나의 삶의 자양분이 될 정도였으니, 여수는 어머니의 품 안인 듯했기에 50여 년이 지난 지금도 回顧의 향수에 젖어 그리운 분들의 幻影을 더듬어 그려 본다.

우리 하나님은 인덕의 복을 내가 어릴 때부터 지금껏 아낌없이 부어 주셨음을 확신하며 믿고 감사드린다.

(* 경남 남해 분 피혁 상여 사장 박성O 님 내외분의 은혜)

66년경에도 쿠데타를 일으킨 박정O 씨가 본연의 임무로 회귀하겠다며 카랑카랑한 목소리로 대국민과의 철석같은 약속을 묵살해 버리고 독재 정권으로 철권 통치를 할 때였다. 그야말로 군인들이 판을 치는 시기였는데, 심지어 지방 군수와 서장까지도 군인들 차지였다. 양심적 지식인들과 혈기 왕성한 학생들의 고난이었고, 친일파처럼 친군정권파들이 활개 치는 천부당만부당의 암흑기가 도래하고 있음이 내 눈엔 또렷하게 보였다.

그러나 제화공인 내가 혜안이 있으면 무슨 소용이겠나. 바야흐로 병역 의무를 핑계 삼아 얽매인 듯한 오랏줄을 풀어 던져 버리고 넓은 세상으로 달음질할 발판 삼으리. 그때부터 본격적으로 군입영에 대한 방법에 몰두해서 고향에 면사무소를 방문하여 입영 영장 시기를 확인해 보니, 일 년 후배들은 봄 3월이고 나는 가을 10월 영장 발부 예정이기에 기왕이면 앞당겨서 봄 입대가 유리했다. 그때는 지원 입대를 대환영할 때였으므로 작심하고 영장이 나와서 입대한다는 公表를 해 버렸다.

마침 그때 세 살 위의 정종O 친구가 만기 제대 직후여서 매일 만나며 함께했는데, 재주는 만능이었고 아량이 넓어서 내가 무척 選好한 친구였다. 까마귀 날자 해 떨어진다고 제대해서 매일 만나 우정을 나누던 중에 영장이 나왔다니 여간 허전했던지 친구들에게 그간의 진한 우정의 사연과 헤어짐의 아쉬움을 토론하게 되었고, 누구보다도 나의 큰누님과 매형은 충격이 될 정도였는데, 큰 매형은 단 한 분의 형이 귀머거리 벙어리여서 5대

독자나 다름없었기에 내가 처남 겸 동생이었으며, 나에 대한 믿음과 애정이 특별했었다.

조카 애들이 올망졸망한데 현O, 희O, 준O, 준O, 희O이가 얼마나 예뻤던지 보는 자들마다 귀여워들 했으며, 희O이는 특출하게 예뻤으므로 밖에 데리고 나가면 인기가 하늘을 찔렀고, 막내 희O는 태어나기 전이었다. 어릴 때부터 아이들과 동물을 유별나게 좋아했던 내가 남들도 귀엽다는 내 조카 애들을 얼마나 사랑했을까? 정말 헤어지기 싫었으며, 우리 큰누님의 힘겨운 삶을 잘 알고 있었기에 한없이 애처로웠지만 그러나 떠나야만 했으므로 백양양화점에 내 친구들을 모두 초대한 송별회 때 큰누님이 부르시던 (* 비 내린 고모령, "어머님의 손을 놓고 돌아설 때에 부엉새도 울었다오. 나도 울었소. 가랑잎이 휘 날리는 산마루턱을 넘어오던 그날 밤이 그립고나~") 비좁은 방에 꽉 찬 설움에 주인공들이었던지 共感 눈물을 내 생 전에 그렇게 울어 본 기억은 없었던 것 같다. 이 대목을 記錄 중에 유명을 바꾼 큰누님, 매형, 준O의 정, 준O이가 너무 그리워서 쏟아지는 눈물을 억제할 수가 없었다.

42. 아듀~ 여수항

군입대 한다는 소식에 위로와 격려의 인사가 많아졌다. 어른들은 몸조심하라면서 격려금으로 정을 표했으며 모두들 서운함과 아쉬움으로 맞이해 주셨기에 숙연할 정도였고, 생각지도 못했던 환송에 정을 가슴 벅차게 느꼈던 그 옛날 그 시절이 꿈결처럼 떠오르며 그분들 모습이 영롱하게 주마등처럼 떠오른다.

여수 친구들도 모의했다면서 닷돈금 반지를 기념품으로 주문한다기에 그 비용으로 내 고향에 가서 송별회를 멋지게 연출하면 영구적 기념이 되겠다는 나와 순O이의 뜻에 모두 동의하게 되었으나, 얼마나 철부지 기분인 줄을 그때는 전혀 몰랐다. 며칠 동안에 정리를 마감하고 드디어 약속 장소인 여수 버스 합동 정류장으로 모였는데, 인원의 숫자가 장난이 아니었다. 기억을 더듬어 보자면 정종O, 김광O, 김영O, 윤중O, 임덕O, 김경O, 선용O, 김태O, 본인, 김형O (형님 절친이며 여수 경찰서 유도 사범), 순천서 합류한 순O이까지 열한 명이 통기타에 선물 보따리까지 들고 버스를 타니간 만원이 돼 버렸는데, 종점이 풍양면까지며 그곳에서부터 6km를 풍남까지 걸어가는데 무슨 연예인단 같았음은 그 당시 수준에 매끈한 모습의 신사 숙녀들이었다.

한참 동안 걸어서 윗동네 송정을 지나 풍남리에 당도해서 집에 도착하니 동네방네 소문이 쫙 퍼졌으며 고향 친구들이 모여들었는데, 우리 어머님이 감당하기에는 무리였기에 내 입장이 난감했으나 순O 어머님이 바로 자택으로 우리 모두를 초대하기에 이르렀던 것이다. 대가댁 넓은 방에서 마음 편하게 송별회 행사는 진행되었는데, 너무나 자연스럽고 당당했던 내 모습에 여수 친구들이 무척 의아해했었던 기억이 지금도 생생한데, 지극히 내 성격인 내가 어릴 때도 우리 집보다는 종O네 家에만 가면 마음이 무척 편함은 어머니 사랑 때문이었다.

부자댁 부인이 만인의 천사여서 우리 옆집에 이사 온 후부터 베푸는 모습이 거의 일상이었기에 소년기 때부터 慧眼이었던 내가 일찍 간파할 수 있었기에 마음껏 달려가서 누렸던 것이다. 나에게 한 母親은 善幸이며 또한 母親은 愛情이니, 나야말로 하늘의 복을 타고난 셈이었고, 종O(현 풍남 교회 장로님)은 친동생 이상이었다.

축 김복현, 군입대, 고향 풍남리 송별회, 5일간 일정으로 막을 열었는데 (* 풍남 마을 전무후무한 행사였음) 매일 성대한 송별회가 진행되었고, 여수 팀과 고흥 팀으로 노래 경연 대회를 마음껏 즐겼는데, 골목대장 출신 개구쟁이 김영O의 코믹 재능 진가를 유감없이 발휘했던 그 시절 당대의 최상의 멋진 행사였음을 평가했으며 자부심을 강하게 느낄 수 있었다.

남해 고흥 반도의 끝자락 풍남으로 5일간이나 도회지 친구들이 군입영 송별회 하려고 달려와 준 우정도 귀하지만, 매일 20~30명 이상을 5박 6일간을 하루같이 성대한 대접으로 일관해 준 이웃집의 배려가 엄연한 사실이었다. 순O이네 도화면 소재 술도가 酒糟醬에서 모주 말통을 행사 끝날 때까지 충분하게 보내 준 종O 부친의 나에 대한 아량이야말로 하해와 같으셨다. 그 당시 벽촌에서 동경 유학(* 동경대 부설 농전 이수)을 하신 귀한 분이셨는데, 내가 소년 때부터 남다른 관심과 깊은 관심으로 일관해 주심을 느낄 수가 있었던 것이다. 덕분에 나의 입영 송별회에 참석한 친구들은 이구동성으로 자신들의 평생에 전무후무한 멋진 추억으로 간직될 것임을 확신했으며, 현지 참석자도 동감했다.

5박 6일의 송별회의 이모저모를 모두 기록한다면 책을 한 권 써도 되겠지만, 각설하고 6일째 아침 식사는 진수 성찬으로 풍성해 모두들 감동이었기에 잊을 수 없다. 여수 친구들과 작별할 때는 마을 차원의 따뜻한 환송으로 흐뭇한 작별이었다. 이상의 일정으로 입대(지원 입대) 삼일 전에 아듀~ 여수항은 마무리되었다.

43. 새로운 삶(入營)

　논산훈련소 입영 예정일은 3일 남았는데, 앞집 황상O과 김영O 등이 46년생으로 정식 영장 받은 입소자며, 그 외 5명은 입영 지원자들이었다. 군 입대 자체가 남자의 대명사였기에 긴장하면서 조금은 심각하게 마음을 조이며 지원입영준비를 하게 되었다. 나는 간호학생 순O이가 알아서 필수품만을 본격적으로 알뜰살뜰 챙기며 걱정해 주니 흐뭇했는데, 송별회 마치고 삼 일간의 둘만의 진한 사연은 드라마틱한 우리 둘만의 역사였던 다짐은, 삼 년의 군복무를 마치고 제대하면 어떻게든지 순O이가 학비를 마련할 테니, 복현은 공부에만 몰두한다는 시나리오였다. 순O이의 계획이 워낙 확고해서 오히려 나는 몽롱한 상태였고, 내세울 것이 없는 나에겐 仙女의 好意나 다름없었던 것이다. 아무튼 그때 삼일 동안의 아름답고 순수했던 꿈 같았던 사연을 나의 졸필로 次元的 표현 못함이 아쉬울 뿐이다.
　드디어 입영자들 집결 장소인 벌교 동국민학교로 모인다기에 소집일 하루 전날 새벽부터 동네가 시끌벅적했으며, 12여 명이 군대를 간다고 동서풍 리장님들이 앞장서서 마을 분들을 송별 환송에 동원시켰는데 열의가 대단했다. (* 풍남이 대촌이어서 동풍과 서풍 부락인데 서풍에서 7명, 동풍에서 5명) 벌교 집결지까지는 130리 길이므로 그 당시의 교통 상태로선 여간 먼 길이었으나, 12명 장정들은 대부분 해변과 산야를 뛰어다니며 성장해서 비록 난생처음 고향집을 떠나야 했지만 씩씩하게 환송을 받으며 정든 마을에서 낯선 벌교 읍에 무난히 하루 전 오전에 도착해서 제법 큰 여인숙을 찾아 휴식하기에 이르렀다. 내일 오전 9시까지의 시간적 여유를 갖게 되었는데, 거의가 난생처음 고향집을 떠난 촌닭들이 대부분이어서 6~7년 동안 여수항 생활에 한 살 위의 내가 리더를 할 수밖에 없었다.

　12명 중에 중졸이 2명에 고교 졸업자는 김승O뿐인데, 도시 생활자는 본인뿐인 데다 그 유능한 합기도 수련자였다. 그 당시 全南에 확고한 지역 평가가 있었는데, "여수 가서 돈 자랑 마라. 순천 가서 인물 자랑 마라. 고흥 가서 힘 자랑 마라. 벌교 가서 주먹 자랑 마라."였다. 그만큼 벌교 애들이 거칠고 부잡했었는데, 그들이 고흥 애들을 편안하게 둘 일이 없었다. 벌교 읍장 날인 데다 입영 장정들이 몰려들었으니, 벌교 불량배들에겐 삥땅을 칠 수 있는 물을 만난 셈이었다. 난 들떠 있는 벌교 건달들의 모습을 읽을 수가 있었는데, 대부분 실력보다는 배경을 믿고 거들거린 층과 운동을 어설프게 한 자들이 대부분이었다. 우리 친구들은 순돌이들이니 내가 보호해야 되겠기에, 해 질 때까지 모두 함께 행동 일치해서 무난히 저녁식사 마친 후 몇 명이 잠깐 약국에 상비약 사러 나갔는데, 노렸던 똘마니들이 둘러서서 포진해 협박했으며, 다행히 한 친구가 밖에서 보고 뛰어와서 알리기에 나도 모르게 앞뒤 가리지 않고 뛰어가서 돌진했었는데, 그 당시의 내 음성은 대단히 우렁찼으므로 순간적으로 위압했고, 어느새 내 친구 멱살 잡은 손을 잡음과 동시에 꺾었더니 힘없이 제압되므로 다른 건달패들이 주춤하기에 덤벼 보라며 큰 소리로 외쳤더니 모두 꼼짝 못 했었다. 바로 경찰들이 달려와 그들을 연행 조사해 보니, 경찰 간부 아들도 건달 일당이었던 것이다. 그 무렵 입영자들을 괴롭히는 벌교 불량배들 때문에 상부에서 골치를 앓고 있을 때였었다. (* 그때부터 7개월 수련. 합기도 실력을 만 3년 군생활 중에 크게 발휘할 수 있는 첫 시범인 셈이 되었음)

　당일 아침에 논산훈련소 입영 대상자 집결 장소인 벌교 동국민학교 운동장으로 갔더니, 순O, 삼O, 정O (* 간호전문대생 일행)이 순천서 먼저 와서 우리들을 맞이해 주었고, 입영 생활용품을 알뜰하게 챙긴 소지품 가방을 들고 나를 호위하듯 따라다녔으니, 그 당시에는 썩 보기 드문 진풍경이었던지 넋을 잃고 바라보았기에 쑥스럽고 미안해서 내 마음이 좀 불편하기도 했었다. 그러나 어깨는 으쓱해진 것도 현실적 사실이었으므로, 군 입대에 즈음하여 나만큼 호사를 누린 자가 있을까? 아무튼 논산훈련소 입영자들 총집합하라는 명령 직전까지는 영장 받은 자들보다 지원 입대자들의 대우가 한 수 위였다. 그런데 어떻게 된 건지 여느 때처럼 자원자들 선집합 방송이 한참 동안 없다가, 스피커를 통해 지원자들에게 알림은 "금번에 입영자들이 너무 많이 몰려들어 논산훈련소 취사장에서 훈련병 식사 준비를 할 수 없으니 지원병 전원은 귀가하기 바란다"는 청천벽력 같은 소리가 방송되었다. 아마도 6.25 동란 후 처음으로 지원자들의 입영 금지 명령이라면서 계속 방송을 반복했으니, 나야말로 기가 막혔다. 다른 애들은 1~2년 앞당긴 지원이므로 거의가 무덤덤했으나, 난 내 동갑내기들이 제대 직전일 정도여서 몇 개월이라도 앞당기려고 지원한 건데, 그것도 영장 받았다며 희대의 송별회를 여수에서 이틀, 고향에서 닷새 동안 고흥군이 들썩거릴 정도로 법석을 떨었고, 위로금도 여수와 고흥에서 싹 쓸이하다시피한 것이니 죽어도 귀가 할 수 없는 억울함에 기차 화통만 한 큰 음성으로 대성통곡을 하고 말았으니, 순O이 일행들이 나를 달래느라 진땀을 흘렸던 그 시절의 추억이어라. 그러나 남아로서 한번 빼어든 칼을 다시 꽂을 수는 없다.

  순O이 일행들과 입영 지원 낙오자들이 합심해 입영자들을 진심으로 따뜻하게 환송해 주고 바쁘게 나 홀로 광주 31 예비사단으로 달려갔다. 해병대라도 가려고 매주 화요일마다 입영한다는 정보를 귀띔해 주기에 무작정 들이밀어 보기 위한 절박함으로 지산동에서 자취하며 광주 부고에 다니고 있는 김복O과 김종O에게로 염치 불고하고 찾아갔더니, 반갑게 맞이해 주므로 지원 실패와 재도전 내용을 상의하게 되었던 것이다. 고맙게 두 후배들은 선뜻 지원할 때까지 함께 생활함을 합의해 주었으므로 당일 화요일에 31사단 후문에서 입영 지원 신청을 하려고 며칠을 보낸 후 입영일 당일에 작별 인사를 진하게 나누고 목적지 사단으로 달려가니, 지원병들이 줄을 서 있었는데 지난주에 떨어졌다는 자들이 두 명이나 되어서 불길한 예감에 낙담했었다. 그때는 군부대에 관한 문외한이니 막막할 뿐이었다. 광주 31사단은 무조건 지원 입대가 되는 줄만 알았으나, 세상사 한 치 앞도 알 수가 없는 것이 인생인 것이었다. 결국 지원자들 중에서 호명된 자들만 입영되었고, 나를 포함한 몇 명은 귀가 조치를 당하고 말았으니 억울했다. 군입대 기피자들 잡아들이더니 지원자를 낙방시켰다. 그것도 군부에 배경 없는 자들만 빼돌림 당함을 나중에야 알고 나서 땅을 치고 통곡할 노릇인데 별 수가 없었다. 낙방 거사가 되었으나 고향도 여수도 갈 수 없는 신세로 전락해 어린 후배들에게로 다시 들어 갈 때 내성적인 나의 모습을 하나님만이 알고 계셨으리라 생각을 한다. 또다시 화요일을 기다려야 하는데 무조건 31사단 후문으로 매일 달려갔다. 그 당시 후문에 면회자와 입영자들을 위한 대형 휴게실이 있었는데, 입영일이 아닌 평일도 사람들이 붐볐다. 두 번째, 세 번째 화요일에 입영 지원이 무산되고 있었는데 대부분 한 번 떨어지면 귀가해 버렸는데 나만 홀로였고, 심지어 고관 배경 있는 자들만 지원 입영이 거침이 없었다. 군대는 되는 놈도 없고 안 된 놈도 없다더니 그 말이 실감되었으며 불공정의 극치였다. 다름 아닌 군 복무 지원까지도 안 되는 자와 되는 자들이 엄연히 존재함을 확인하고 한탄할 수밖에 없다.

하루 이틀 군 부대 후문 생활에 익숙해져 갔는데, 군인도 일반 신사도 아닌 것 같은 말끔한 차림의 매끈한 자가 나를 계속 주시하고 있음을 느낄 수가 있었는데, 나도 그 자에게 관심이 집중되었으므로 자주 눈을 마주칠 때가 발생했다. 그러면 미소를 짓고 손인사를 해 기분이 좋았다. 그런데 놀랍게도 영관급 장교들과 매우 긴밀해 보였고, 어딘가 남달랐기에 알아보았더니 방첩대 조하사관이라며 끗발이 하늘을 찌를 정도라 했다.

네 번째 화요일까지 지원 낙방을 하고, 다섯 번째 화요일도 의례행사처럼 후문으로 출근했는데 조 하사가 반갑게 맞이하며 자신의 앞자리로 안내하고 커피를 권하면서 건방기는 사라졌고, 정중해서 의아했었는데 자신은 조덕O 하사라며 통성명하기에 이르렀으며, 내성적인 촌닭은 어리둥절했다. 먼저 자신의 신분을 밝히면서 그간의 내 동정을 주시했다며 한 달이 넘도록 줄기차게 입영 지원을 목격했는데, 사연을 알고 싶다기에 솔직하게 내 처지를 밝혔더니 충분히 이해가 되므로 자기가 도와줄 테니 이종 사촌 간으로 역할을 해 주겠다며 마음 놓고 자신을 따르라기에, 그토록 어렵던 철옹성 같던 31사 후문을 입성했는데 마치 하늘을 날아오른 기분이었고, 조덕O 하사관이 앞장서 자신의 이종 사촌 동생이라며 무난히 통과시켜서 훈련소 내무반장(신영O 하사)에게 알림하고 돌아갔다. 그야말로 은인이었다. 그 후에도 몇 차례나 더 만났으며 이종 사촌형 역할을 톡톡히 해 주므로 덕을 많이 보았다. 심지어 우리 형님이 내가 훈련 중인데도 면회를 할 수 있도록 주선했으며, 신병 교육 마치고 부대 배치 명령 받을 때까지 온갖 편의를 진짜 이종 형 이상으로 보살폈었다. (* 방첩대

하사는 위관급, 영관급도 맞상대하며 장성도 함부로 하급자 취급을 못할 정도였음.) 그때부터 만 삼 년간 전역때까지 인덕으로 축복해 주신 하나님 크신 은혜를 깊이 감사드린다.

44. 신병훈련소에서 생긴 일

광주 31사단 훈련 5중대 1소대. 군번 21047183.

1967년 4월 6일에 정식으로 나는 대한민국에 자랑스런 육군훈련소 완자를 받아 국군이 되었던 것이었으며, 머리 박박 깎고 군복과 군화 지급받으니 내 세상이었다.

14년간 고향 山, 野, 海島를 발판으로 상머슴들 따라 뛰어다녔으며, 여수항에서 78년간 풍상을 겪다 보니 심신이 강하게 단련된 듯, 힘겹다는 군생활이 나는 오히려 즐겁게 느껴졌는데, 1소대 내무반장 신용구 하사가 살짝 곰보이지만 마음은 선한 인상이었다.

그러나 역시 군대였으므로 군기를 세워 나감이 만만치가 않았으며, 선임소대 내무반장답게 그랬다.

입대 지원 6수 만에 성과를 보게 된 만큼 머리도 장교들이 발소로 들어갔더니 겁대가리도 없는 녀석이라면서 심한 기합을 내렸으나 거뜬하게 잘 받으니 감동을 먹었던지 이발해 주겠다기에 신성일 스포츠 스타일로 주문했는데, 밑머리를 살려서 멋진 헤어 매니아 뜻을 이루게 되었는데 이발병들은 당돌한 신병 골탕 먹이려 해 준 걸 나중에 알게 되었다. 어차피

가위로 흉하게 검열당할 뻔했을 때 조덕상 하사가 보게 되어 잘생긴 내 동생 머리를 한 번만 봐 달라고 해서 무사히 통과되었던 것이다. (훈병 짧은 머리지만 밑부분만 좀 살려도 인물이 달라짐)

어제까지는 일반인으로 헤이했으나 군병 조직생활에 적응하고 보니 정신 차리고 동작이 빠르지 않으면 뒤처지기 일수였다. 저녁 취침 때 분명 내 머리 옆에 있었던 것이 아침에 없어졌는데, 저쪽 끝머리에 보였으나 내 것이라 주장하면 나만 바보 된다. 논산 훈련소나 광주 훈련소가 비슷한 신병 생활의 특징인 것이다.

제대한 선배들의 수많은 경험담을 들었기에 큰 도움이 되었으므로 선착순 1위, 물건 채우기 1위, 기합 받기 1위를 거의 독점했다. 5중대 선임소대다 보니 기합이 많아서 식사 도중에도 못마땅하면 신 하사가 소리쳐 "내무반 외곽 다섯 바퀴 돌아!" 하면 밥을 씹으며 뛰었는데, 그 과정에서 더듬거린 자는 빠따를 벌어서 맞은 셈이 되었다.

난리를 치다 남은 밥을 먹으면 먼지가 얼마나 밥그릇에 많이 쌓였던지 서그럭거릴 정도였으나 맛은 꿀맛이라 밥 한 톨이 아쉬울 정도였다.

무엇보다도 신병 훈련 중에 10분간 휴식은 달콤한데 그 시간만 되면 전남대 다녔다는 신덕O이가 나에게로 뛰어오면 그 뒤를 쫓아온 한주O이가 한결같았다.

신덕O(장성)이 나에게 오듯이 한주O(나주 한약국)은 덕O이를 따라다녀서 5중대 3총사로 유명했다.

나는 그때까지 담배를 몰랐으나 10분 휴식 때면 덕O이가 그 당시 최고의 담배 파고다를 한 까치 권하면 향기로움과 따뜻한 정 때문에 거절 못하고 피우다 콜록거렸지만 애연하게 되고 말았다.

매시간 10분 휴식 때마다 오락시간에는 한주O이가 나를 잡아당겨서 앞으로 등장해 노래를 부르는데, 주O이는 땡벌을 부르면서 요상스런 춤을 추면 웃음바다였으며, 내가 노래할 때는 조용해지면서 박수가 많았고 인기가 좋아서 삼총사가 유명해졌다.

거기다 이한O이라는 작달막한 친구가 멋진 춤과 코미디로 시간이 너무 짧았었는데, 삼총사와 한빈은 5중대의 오아시스였다.

훈련 2주째 되는 날 화장실에서 나오는 낯익은 훈병을 보니 다름 아닌 내 친구 윤중O인데 서로 기절할 뻔했음은 나의 입대 송별회를 위해서 내 고향 마을에 며칠간 함께 보냈는데, 나와 헤어져 자기 고향 나주에 부모님 뵈러 갔더니 영장이 나와 있기에 입대를 했다는데, 나보다 일주일을 먼저 들어왔으니 진즉 논산 훈련소 입영한 줄만 알았다가 엉뚱한 장소에서 만나게 될 줄은 전혀 뜻밖이었다. 중O이는 나주서 여수에 오촌 아저씨 어물상에서 경매 서기를 했는데, 같은 동향의 임덕O가 백양양화점 종업원일 때 나와 인연 맺은 친구로 사연이 많다.

자신의 영장 나온 줄은 까맣게 모르고 내 입영 송별식에 여념이 없다가 나중에 알고 얼마나 황당했을까?…

그러다 보니 윤중O은 3중대원으로 1기가 빨랐었다.

아무튼 즐거운 훈병 생활은 매일 지속되었고, 삼총사들 인기는 10분간 휴식 시간 때마다 유명해졌고, 신병 훈련소의 명물들이 되다 보니 나를 모르는 동기는 없었던 듯.

차원O, 고영O, 고광O, 고광O, 한주O, 신덕O, 이홍O, 김도O, 이한O, 손형O 등은 지금도 기억에 남아 있으며, 신덕O은 강남 경찰서에서 경감으로 정년했고, 이홍O는 서울 화양동 어린이 대공원에서 오래 동안 사진 촬

영과 완구와 기념품 사업으로 알뜰히 성공한 신병 동기다.

또한 고광O이 학력 짧은 나에게 영구적 지기로 남았다.

신병 훈련 중 정훈 교육이 몇 번 있었는데, 실내로 모여서 5중대 전원이 교관 김득O 위의 강의를 듣던 중 3소대의 훈병이 손을 들어 질문을 하는데, 걸죽한 음성으로 영감처럼 따지듯 해 웬 村老인가 눈여겨보았는데, 인상적인 그 동기가 바로 고광O이며, 대쪽처럼 곧고 진실함이 팔순을 눈앞에 둔 지금도 그때 그 모습대로 변함이 없으나 지나친 고지식함은 오히려 인생 살이에 큰 결점이 될 수 있는 것 같다. (* 광주일고 학생회장 출신으로 똑똑한 편)

입영 지원을 하려고 애타는 노력을 해서였던지 신병 훈련 자체가 즐거웠는데, 입교 때 결심한 고질적 나의 내성적 성격을 외향적으로 전환시켜 보려는 결심으로 임했기에 무조건 앞장섰으며, 신덕현과 한주현의 도움이 컸었다.

그 친구들은 집이 나주와 장성이니 광주 인근인 데다 부자들인지 면회를 자주 왔으며 그때마다 나를 대동했기에 호강을 받았었다.

신덕O이 형이 도경청장이며 사단장과 친구여서 주O이와 나도 부대 배치 특명 때 도움이 될 듯싶었다.

아무튼 우리 삼총사는 유명했었는데 방첩대 조덕O 하사가 수시로 들랑거리며 나의 사기를 살려 주다 보니 훈병들의 부러움 대상이었던 것이었다.

비록 제화공이었으나 도시물을 먹었기에 귀공자로 보여 덕O이와 동급인데, 주O이는 유명 한약국 아들에다 인상이 우악스러워서 내무반장도 함부로 못 했었다.

드디어 신병 훈련 6주가 다 되어서 부대 배치 특명의 시간이 되었으며,

전방 103보부터 호명이 시작되었는데 한참 만에 주O이는 대구 의무학교로, 덕O이는 영천에 행정학교로 낙찰되었으나 몇 명 남지 않았을 때까지 나는 남아서 매우 불안하던 중, 맨 마지막 3명에게 부산 군수 기지 사령부! 하고 특명이 떨어졌던 것이다.

덕O이와 주O이가 함께 이구동성으로 기뻐해서 5중대 삼총사의 마지막 기세를 올려서 유종의 미를 거두게 되었다.

나주 한약국 아들 한주O은 대구, 영천에 의무 신병 학교, 신덕현은 행정학교, 여수 백양양화점 처남 김복현은 직군으로 각자의 병역 의무지에 달려가야 했기에 숙연해졌다. (* 입영 때 김신O 일당 청와대 습격으로만 3년 연기됨)

대구와 부산은 같은 방향이므로 삼총사는 손을 마주 잡고 아쉬움을 달래다 대구와 영천에서 惜別하고, 다른 2명과 부대 동기가 되어 낯설고 살벌하다는 곳, 부산 군수 기지 사령부 1206단 본부를 향하였다.

광주 31사에서 신병 훈련을 받고 부산 군수 기지로 특명받은 3명은 울어야 할지 웃어야 할지 헷갈렸었는데, 경상도에 가면 전라도 놈들을 괴롭힌다는 것과 부산 군수 기지 사령부는 사병들 선호도 1위 부대였던 것이다.

그나마 훈련소 동기 3명이 군수 기지 사령부로 특명을 받으니 최고의 부대라며 모두들 부러워했었는데, 막상 찾아가 보니 생각지도 못한 건 공단(공병대)이었으니 기가 막혀서 할 말이 없었다.

군수 기지 사령부 거의가 창으로 형성되며 공병 창이 있는데 하필 공병대라니 하늘의 뜻을 감히 그 누구가 알 수 있었겠는가?

(1206건공단은 뒤늦게 잠깐 급조되었다. 내가 월남서 귀국하기 전에 전방으로 이동해 버린 도깨비 부대였다.)

최고의 후방 명품 부대라고 맨 마지막 라스트 특명을 받은 걸로 만족할 수밖에 없었지만, 나에게 골병대는 오히려 군생활 전반적으로 보면 행운의 과정이었는지, 하나님께서 고난을 통해서도 축복해 주시는 영광의 하나님, 거룩하신 분임을 확신할 수 있었는데, 난 어린 시절부터 홀로 기도할 때가 많았다.

45. 군기사 1206단 전출 신고식

 따끈한 갓난 신병 3명이 통바지에 따블백 매고 찾아간 부산 군수기지령부는 부산 서면하고도 구포, 개금인데 전라도 촌놈들이 보기에는 부대가 웅장해 보였으므로 처음에는 군수기지사령부로 알았으나 인솔자가 뒤늦게야 군기사 내 건공단임을 말해 주었던 것이므로 그때만 해도 군수기지사령부 내에 건공단은 생소했다.
 우리 전입자들은 신고식부터 하는데 나를 지명하기에 우렁찬 목소리로 딱 부러지게 신고식을 했더니 앙코르 시켰으며, 잘했다고 호감을 보이며 신고식을 마친 후 나는 217대 1중대로 배치되었고, 두 명은 216대 2·3중대로 각자 분산되어 달랑 나 홀로 떨어지게 되었는데 최종에도 1소대로 낙점되고 보니 '1' 자와 연관이 많았다.
 직군 최종점에 낙착되고 보니 그간의 화려했던 기대가 사라지고 실망스러웠으나 서울 애들이 몇 명 합류되었는데 임춘O, 김용O, 오재O, 이병O이 나와 내무반 막내들이었기에 공통적 운명의 동지들이 되었다.

명색이 군수기지사령부여서 학벌들은 대단한 서울대, 연대, 고대, 홍익대 생들이었고, 나만 국졸 출신이었으나 눈들을 보니 병든 장닭들 같아서 초라하기 짝이 없었다. 도대체 기동성이 너무 빈약해서 어떻게 논산 훈련소를 거쳐서 왔는지가 의심스러웠는데, 그중에 김용O이는 나만 따라다녀서 단짝이 되었으나 우리 두 명이 귀공자 타입이므로 시기와 견제가 심했으며, 특히 중고참 정귀O 상병과 장기O 일병이 우리를 단련시킴에 일조했다.

우리 1중대장은 신경질적 고참 대위였고, 부관 이 중위는 일류 공대 출신이며 실력파로 매우 성실하고 강했다. 소대장 윤 소위는 딸랑거리며 귀엽고 화끈한 편이며, 늙은 최 상사 인사계는 이빨 빠진 호랑이 상으로 김용O이가 밥인 셈이었다. 그렇게 노련한 능구렁이 인사계를 돈으로 절충해서 내 외출증까지 받아 내야만 함께 외출의 기쁨을 누릴 수 있었으니, 훈병 때 신덕O처럼 졸병 때는 김용O이 내 껌딱지였으며 중학 진학도 못해 본 내게 명문 홍익대 회화과 다닌 김용O이 나를 놓치질 않았다.

그때 미녀 여배우 고은O와 같은 회화과 동갑내기였으며, 김용O도 귀공자풍 미남이어서 건설공병대 수준에서는 따돌림 감이었으며, 나와 함께 세트로 엉켰으니까 주시의 대상이었다. 그때 사실 고문관들은 거의가 서울 애들인데, 내가 아무리 봐도 찌질이 초딩들이며 똑같은 군 졸병 생활 하면서 세면도 못 해 눈곱이 끼고 지저분해서 딱하고 불쌍들 했기 때문에 붙여진 별명이었다.

그 애들이 내뱉는 푸념 거의가 "여기는 생지옥"이라 했음은, 그 시절 일반 유치원도 호사였을 때 어려서부터 사립으로 시작해서 대학 직전까지 사립만 다녔으니 나와는 정반대의 생활을 누린 자들인데, 하늘의 뜻은 공정의 아이콘인지 똑같은 환경에서 생활하게 되니 도시놈들과 촌놈의 차이가 극명했으므로 무슨 일도 힘겹지 않은 일상인 쪽과 죽기보다 싫은 쪽으로 갈려서, 내가 그때마다 앞장서서 처리할 때가 비일비재했기에 공동 기압을 모면할 수 있었다.

그럴수록 용O은 내게 더욱 의지해서 1중대 쌍둥이로 호칭되면서 미운 털은 더 깊게 박혔다. 어느 주일에 능구렁이 인사계를 넘어서 위병소에 보고하려는데, 위병소대장이 국민교육헌장을 암기 못 하면 외출 무효라 해서 정신을 바짝 차려 두 번 만에 외웠더니 유동 소위가 놀라면서 "1206단에 기록을 세웠다"며 흥분했으나, 용O이가 열 번을 틀려 버려서 외출 금지에 실망 중일 때 유동 소대장이 "김복현 상으로 외출증을 내리노라!" 하면서 격려까지 해 주었고, 그때부터 나만 보면 친절해서 이등병과 장교가 여간 친했던 기억이다.

나와 용O은 경제적으로 대조적이었는데, 용O 가족은 평양서 피난 내려와서 천신만고 끝에 동대문시장에서 제일 큰 비단포목상인 오복상회를 경영해서 부자였다. 부산에 거래처가 많아서 수금하러 매주 금요일에 부산역 부근 부전여관에 투숙하셨는데, 일주일 동안 아들의 용돈을 요즘 돈 10만 원 정도를 여관 주인께 맡기면 외출 때마다 둘이서 찾아 사용할 때 나는 큰 액수였으나, 용O은 적다고 불만이었다.

그래서 관찰해 보니 헛낭비여서 내가 계획을 세우고 앞으로 요즘 액수로 2만 원 이상을 허비하면 나는 외출을 삼가겠다고 하니 억지 부린다며 난색을 표하기에, 그럼 내가 2만 원으로 알아서 처리할 것이니 나의 뜻에 따르면 외출 동행을 하겠다고 하니까 마지못해 동의했는데, 2만 원 가지고 자갈치시장 주변 유명한 식당에서 1만 원짜리 한 상을 주문했더니 기분 나쁘게 망설이기에 큰소리쳤더니 여사장이 당황하며 정색하고 주문을 받았는데 역시 고급 한식의 맛은 꿀맛이었다.

　60년대 이등병 모습은 바지통이 너무 커 코믹했으며, 뱃속은 먹어도 먹어도 채워지지 않은 허깨비였다. 내가 큰소리치고 주도했으나 2만 원은 고급 한식 두 상 값밖에 안 되는데, 용O이가 한 번 더 주문하길 바라는 눈치가 간절해 보였다. 궁색해질 무렵의 찰나, 옆 구석진 곳에 두 연인이 일어서는데, 식탁 위에 주문한 음식과 맥주가 거의 손도 안 댄 채 오롯이 남겨 두고 나가 버렸으니, 이럴 수도 있구나 싶었는데, 용O과 내가 동시에 "아줌마!" 하고 불렀으며, 다음 요청하기도 전에 "마음껏 드세요!" 하기에 허겁지겁 먹고 마시고 배가 거시기할 때까지 먹었다.

　그런데 "넘침은 부족함만 못하느니"라는 명언을 잊어버린 대가는 너무 황당해 자리에서 겨우 일어섰으나 바지 혁띠를 조정할 수가 없었는데, 식당 종업원들의 폭소 때문에 더 이상 머무를 수가 없어 엉거주춤 기어나와야만 했다. 훈병 바지통이 엄청 넓은데도 뱃속이 터지기 직전까지 들어갔던지, 혁띠 끝 구멍에 겨우 걸쳐서 수습된 듯했으나 걷는 모습이 흉물스러웠다. 그런데 갑자기 귀청을 찢는 듯한 호루라기 소리가 진동했으며, 헌병 한 명이 나타나서 우리를 붙잡더니 주위를 두리번거리며 무슨 첩보작전인 듯 용두산공원 숲속으로 깊숙이 끌고 들어가기에 이르렀는데, 첫마디가 "이 새끼들이 육군 개망신시켰다!"며 "그 꼴로 어떻게 용두산공원까지 올 수 있었는지, 타군들에게 보이지 않았는지" 꼬치꼬치 묻더니 "지금부터 꼼짝 말고 이 자리에서 취침하라!" 명령하고 갔다.

　군법 위반 죄목이 여섯 가지나 된다며 구속시킨다더니, 같잖은 신병이라 봐줄 수밖에 없었던 것이다. 우리는 정신없이 곯아떨어져 버렸는데 늘장하게 자고 깨었는데 허전해서 일어나 보니 바지가 흘러내렸고 배가 홀쭉했는데, 돈은 1만 원이나 남았기에 유명한 찐빵집을 찾아갔더니 500원 하는 찐빵이 방석만큼 크고 맛있게 김이 모락모락 피어오르며 꿀맛이었다. 둘이서 하나씩 먹었더니 홀쭉해진 이등병들 배가 풍선에 바람 들듯 금방 팽창해지며 정신이 번쩍 들기에 부대를 향해서 열심히 귀대하게 되었으며, 호랑이 인사계가 담배까지 챙겨 주고도 2만 원 중에서 8천 원을 남겼으니, 10만 원에서 8만 8천 원이나 절약되었고 즐거움은 곱으로 컸으니, 용O이가 나를 더욱 의지하게 되었고 용O 부모님은 돌아가실 때까지 나를 무척 신임했던 사연이 수없이 많았다.

(오죽했으면 내가 월남 참전할 때 용O이가 "살아만 오면 내 여동생 주겠다"고 했을까. 이화여고생에 예쁜 사진까지 보여 주면서…)

각설하고, 그때 건설공병부대에 대한 실망은 나도 서울 애들과 동일해서 일부는 꾀병을 부리기 시작했으며, 용O이가 탈영도 불사할 사건이 발생했는데, 입대 후 첫 추석 명절날 신병 마음들이 갈피를 못 잡고 외로움과 고향집 생각으로 착잡함이 터질 듯한데, 그날따라 내무반 분위기가 살벌했고 외출도 막아 버린 것은 김신O 청와대 습격 사건 발생 무렵부터였다.

잘못도 없는데 명절날 기압만 된통 받아서 기가 찼으나, 용O을 설득해 부대 주변 민간인들에게 송편 작전을 해서 고참들의 기분을 전환시켜 보자고 했더니 선뜻 동의하기에, 명절 휴식 시간 중 바로 실행해 보았는데 집집마다 환대해 주며 따불백을 채워 주었다. 어떤 댁에선 극구 사양을 해도 한 상 차려서 술까지 권함으로 깜빡 방심해 늘어지도록 먹고 마시다 보니 시간을 잊었는데, 부대에서는 이등병 두 명이 사라졌으니 발칵 뒤집혔고, 우리 둘은 영문도 모른 채 가득 채운 따불백에 희망을 걸고 의기양양한 발걸음으로 부대까지 왔으나, 정귀O 상병과 장영O 일병님이 험상

굿은 인상으로 노려보는 폼이 심상치가 않았으며, 하늘 같은 고참 병장님께서 전체 집합을 시켰는데 살벌했었다.

대명절 한가위날 쪼그려뛰기를 분풀이가 될 때까지 반복시켰는데, 그 후가 문제였다. 장영O 일병님 등이 세 번째로 등단해서 주먹으로 두 명을 번갈아 가면서 갈겨 대는데 정신을 차릴 수가 없었으며, 그칠 줄 몰랐다. 때리다 지치면 쪼그려뛰기를 시키며 분풀이를 했었다. 고참 병장님들과 중고참 상병님들, 졸고참 일병들의 분풀이를 모두 감당하고 나니 해가 저물고 밤이 되었는데, 원수 같은 한가위 대보름달은 왜 그렇게 밝고 두둥실 떠오름이 야속했던지, 용O이와 나는 모두 잠든 사이에 내무반 밖에서 둥근 달을 보며 울고 울고 또 울었었다.

우리에게 분풀이한 고참님들 거의는 외박 나가 버리고, 장 일병님과 신참들만 남아서 장 일병님의 지시와 잔소리, 훈계를 들어야 했으니 1967년 추석은 노가다 공병대서 추석 명절 대보름달이 한없이 처량했던 추억이어라.

부산 군수기지사령부 내에 1206건설 공병대를 요약하면 부대 건물을 건축하는 부대다. 그러니 방위군대라기보다 노무자(노가다) 부대였으며, 빡센 보병 부대보다 훨씬 군대답지 못하고 무의미해서 탈피해 버리고 싶을 정도였고, 국방의 사명감과 긍지의 보람으로 해야 될 군대생활이 엉망으로 되어 버린 꼴이었으니 지원 입대한 나의 실망이 매우 컸기에 공병대 탈피 생각에 몰두했으나 족탈부족이었다.

용O은 부잣집이니 병원 입원을 하면 우선은 면할 수 있으나 며칠 이상은 머물지 못하고 복귀했으며, 애로가 많았기에 외출을 낙으로 삼았는데 그때마다 나를 동반자로 삼았기에 수많은 사연을 남길 수가 있었던 것이다.

또한 매우 인상적으로 떠오른 인물이 경남 함안 김성O 일병인데, 군 기피를 하다 뒤늦게 입대해서 '영감 일병'으로 유명했으며 한문이 유식해서 더욱 노병스러웠다. 특히 나와 각별해서 틈만 나면 내게로 달려와 함께했는데, 너무 쇠약해서 처량했던 모습과 기어들 듯한 가느다란 쇳음성이 지금도 들리는 듯이 아련하게 떠오른다.

단 본부 사병계 목포 김성지 병장과 교육계 해남 서동O 병장이 전입 신고식 때 찜해 두었던지 오가다 만나기만 하면 반색하며 반겨 줘서 큰 위안이 되었는데, 자신들의 조수가 되어 주길 희망하고 있었다. 그만큼 학벌 좋은 서울 애들보다는 똘똘한 내가 더 호감적이었던 것인데, 그들도 서울·부산 출신들 제끼고 조수한 후 사수가 되었다며 설득이 진지했지만 내 마음은 이미 파월 지원에 몰두할 때여서 역으로 지원서 접수를 간곡히 부탁하게 되었다.

사실 건설 부대의 행정병은 대박인 셈이었으니 好意다. 나를 아끼는 김성O, 서동O 병장은 전쟁터에 가겠다니 극구 말렸으며, 진심으로 안타까워했으나 학비 마련을 위한 결단임을 알고 부득이 이해한 후 전적으로 협력을 다짐하게 되었으니 31사 지원 입대할 때 방첩대 조덕O 하사관과 비슷한 恩人들이었다. 그때부터 본격적으로 김용O은 의병 제대 쪽으로, 나는 월남 파병 쪽으로 방향을 확실하게 정해서 뛰게 되었다.

그런데 명색이 군기 사다 보니 파월 지원자가 넘쳐 터질 지경이었던지, 더구나 건공대는 그중에서도 으뜸으로 전쟁터 지원마저 만만치가 않았으니 세상사 참모를 일일이 따져 볼 일이었다. 어떤 자는 안 가려고 돈을 써서 빼고, 어떤 쪽은 가려고 기를 써서 안달이고, 도대체 어느 쪽이 옳은 것일까? 그러나 지원 접수 후 감감무소식이었으므로 잊어버렸다.

어느 날 고향의 비보가 왔는데, 나를 그토록 사랑하던 작은댁 큰형이 강도로 변한 마을의 머슴놈에게 살해당한 사건이었으니, 오도가도 못할 내 심정은 큰 충격이었다. 밤중에 보초 설 때 갑자기 정신적 혼란에 빠져 버렸다.

"이러면 안 되겠다."는 강한 정신력을 발휘해서 기도했더니 가까스로 안정될 수 있었는데, 기도는 어느 때, 어떤 곳에서나 하늘에 통달됨을 군생활 중에서 경험한 사례였다. 비록 장례식 참여는 못 했으나 큰형님과의 애틋한 사연들이 며칠이고 주마등처럼 떠올랐으며, 눈물만 한없이 흐를 뿐이었다.

아~! 이토록 허무한 돌발적 사별이라니. (날 그토록 사랑하던 큰형님을 이 세상에선 볼 수 없다.) 나는 태어날 때부터 인척들의 많은 사랑을 받았지만, 작은댁 큰형님(4촌)의 깊은 사랑은 진실이었으며, 나의 살던 고향의 진한 꽃 한 송이가 떨어지는 슬픔이었다.

46. 파월지원의 꿈

군기사건공대 졸병 생활도 그럭저럭 익숙해져 가는데 나에 대한 헛소문이 발생해서 난처했으며. 내용이 황당해서 어리둥절할 뿐이었다. 내용인즉슨 내가 입대 전에 아나운서와 성우를 했다는 말을 들었다면서 호기심으로 가득해서 진땀이 났었는데 기분이 나쁘진 않았었다. 알고 보니 첫 전입신고식 때 좋은 인상에 음성이 맑고 우렁차서 신고식 2 앙코르를 받다 보니 군대식 즉흥 소문이 발생했음을 알게 되었는데, 그 덕분에 난 유명세를 타게 되었고 단본부 내장교들이 거의 나를 알아보았다. 거기다 위병소에서 국민교육헌장 초속 외움 사건을 이동(위병 대지) 소위가 동네방네 소문 낸 탓이었다. 김용O과 내가 쌍둥이처럼 외출할 때면 위병대장 이동소위의 배려와 격려가 그치질 않았으니, 지금도 이동소위의 미소 띤 선한 모습이 환하게 떠오르며 손짓하는 듯 작달막한 키에 오동통했으며, 우뚝 선 콧날과 움푹한 눈이 언뜻 보면 외국인 같은 외모였는데 항상 쾌활했었다. 내무반 생활 기억 중에서 상병 윤근O과 차원O이 있었는데, 차 상병이 내게 동생 호칭을 해서 내가 이등병이라 그런 줄 알았더니 윤 상병은 나를 처남이라 해 농담으로 알고 대수롭지 않으나 얼마 후 동성애자로 밝혀졌다. 그 당시만 해도 매우 당혹스러운 사건이었는데, 나는 감쪽같이 몰랐으며 부대가 발칵 뒤집힐 정도여서 한 명을 타부대로 보내기도 하고 부산 수영에 지하 터널 발파 작업장으로 갈라놓기도 하며 부대의 노력이 부단했으나, 정리가 되지 않은 채 有耶無耶돼 버릴 정도의 끈질긴 男男 愛情을 목격했던 기억이 생생히 떠오른다. 내가 광주 훈련소에서 특과학교를 거치지 않고 직군으로 군수기지사령부 내 1206건공단으로 배치된 3개월여 만에 이등병에서 일등병으로 진급명을 받았는데, 단본부 서동O 병장과 김성O 병장이 본부사병과로 호출해서 달려갔더니 진급 축하를 해 주며 입대일자와 진급일자가 정확히 2개월 23일이니 전군에 사병 진급에서 전무후무한 가장 빠른 기록적 진급이라고 했다. 비록 일등병이 되었지만 계급장을 그것도 낡은 것으로 김성지 병장이 구해 주면서 우선 새것을 며칠만 사용 후에 헌것으로 교체하라며 세심하게 배려해 따뜻했는데, 53여 년이 지난 이 순간도 생생하게 떠올라서 가슴에 뜨거운 뭉클함의 행복감에 취해 본다. 파월특명 내리기 전 김신O 사건에 의한 비상시국의 일환으로 신설된 특수부대인 기동타격대로 차출되었고 매일 훈련과 교육이 군부대다워서 힘들긴 해도 내 취향에는 적합했었으나, 비상 대기조이기에 군화를 신은 채 취침할 정도였었다. 그러다 보니 서울 애들은 힘겨워했으며 같은 졸병 처지였기에 도와줄 수 없어서 매우 안타까웠으나 돌발 문제가 발생하면 뒤집어 써 주기를 해서 대신 빠따를 맞으며 기압을 받아 보면 아픔도 힘듦도 견딜 만한 즐거움인데, 빠따를 맞을 때 유심히 보면 잘 맞는 비법이 내 눈에 보였으며 엄살 부리며 맞는 자들은 발길로 걷어차면 공짜 매였는데, 정식으로 맞은 매보다 위험천만한 것. 나는 엉덩이에 불끈 힘을 주며 최대한 위로 올리고 목청껏 소리 질러 때릴 때마다 숫자를 복창했으므로 때린 자가 질리며 잘 맞아 주니 얄밉지 않은 데다 빠따질도 힘겨운 짓이라, 4대째부터는 부드러워져서 맞는 내가 오히려 쾌감을 느낄 정도였다. 동기를 위해 맞아 주는 매는 보람찼으며 용기 백 배였으니 없던 힘도 솟아올랐던 것이다. 내 신상 카드 기록에 특기를 합기도로 했는데 호출해서 시범을 보였더니 아침 운동 주도자로 선정되었으므로 유단자는 아니지만 아침 운동 시간을 우렁찬 구령으로 지도할 수가 있었다. 기동타격대의 합기도 사범으로 활약했는데 1년 미만의 수련 실력으로 유명해졌음은 우렁찬 구령 덕분이었고 인기가 대단해서 1206건공단에서 유명한 스타인 셈이었다. 그때부터 내가 거울을 봐도 인물이 훤칠해졌으며 누구를 만나도 멋있다는 찬사를 아끼지 않았으며 컨디션이 충만해 지구력이 대단했던지 휴식시간에 꽹과리 닭싸움은 나를 이길 자가 없었다. 어릴 때부터 상머슴들을 따라서 지게를 지고 이산 저산, 섬 저섬으로 뛰어다녔으며, 빼차구(갈비씨)의 연약한 몸으로 한 번도 지쳐 본 적이 없다 보니 어른들이 혀를 내두르고 놀랐으며 골목대장 때 마을의 송산 묘지에서 5~6대 1의 항복 놀이를 하면 한번도 내기가 패한 적이 없었으니 고흥 씨름판의 황소 탄 장사의 아들답던 것 같다. 지금 회상해 봐도 일등병이 연병장에서 수련자들을 향해 국민체조 구령할 때의 큰 감동을 잊을 수가 없다. 그때의 경험과 보람이 밑거름이 되었던지, 훗날 고대 뒷산 개운산에서 십 년, 의정부 사패산에서 십삼 년간을 무료 체육 강사로 봉사를 해서 큰 호응과 찬사를 받았던 것이다. 군기사 1206단의 기동타격대의 내 활약이 한창 무르익어 갈 때 단본부 사병계 김성O 병장의 호출을 받고 뛰어갔더니 장교들의 방해를 무릅쓰고 파월 지원 특명이 떨어졌다며 전쟁터니 한번 더 생각해 본 후에 결정하라는 진심 어린 충고는 고마웠으나 단호히 결심했다. 다음 날부터 대대장(중령), 부대장(老 선임 소령), 중대장님과 부관님, 소대장, 선임 하사들이 설득이 줄기찼는데, 심한 악담(너 같은 애는 가면 죽을 수도 있다)도 서슴지 않아서 섬뜩했으나 그만큼 나를 아낀다는 표현이기에 눈시울이 뜨거웠다. 병원에 들랑거리던 용O이는 한동안 묶여 버렸으므로 기를 쓰고 기동타격대를 지원했으나 그것도 간단치가 않아서 갈팡질팡의 나날이니 내 마음도 무거워졌다. 서울 애들 거의가 나를 의지 삼았는데 어찌할 바를 모르겠다며 아쉬워들 해 모두 숙연했었다. 군기사 건 공단의 스타 합기도 사범. 아나운서. 성우. 천재. 미남 가수. 스포츠맨. 의리의 김복현 일병은 그때 갓 히트한 곡 '육군 김일병'의 완전한 주인공이었다. 적어도 1206단 부대에선 신성O 인기보다 월등했음을 자부할 수 있을 정도였다.

육군 김일병 노래

1) 신병 훈련 6개월에 작대기 두 개

그래도 그게 어디냐고 신나는 김일병

(헤이! 부라보! 김일병!)

기상 나팔에는 투덜대지만

(헤이 부라보 김일병)

식사 시간에는 용감한 병사

신나는 휴가 때면은

서울의 거리는 내 차지

나는야 졸병이지만 그녀는 멋쟁이

백발백중 사수에다 인기도 좋아

(헤이 부라보 핸섬보이)

육군 김일병 님 용감한 병사

2) 신병 훈련 6개월에 작대기 두 개

그래도 그게 어디냐고 신나는 김일병

(헤이! 부라보! 김일병!)

동네 아가씨들 맘 설레 놓고

(헤이! 부라보! 김일병!)

시침 떼고 가는 멋쟁이 병사

아가씨 울지 말아요 이 다음 외출 때 만나요

살며시 윙크해 주는 그 매력 넘버원

백발백중 사수에다 인기도 좋아

(헤이 부라보 핸섬보이)

육군 김일병 님 용감한 병사

육군 김일병 님 용감한 병사

1967년 작곡가 정민섭
노래 봉봉사 중창단

　드디어 파월하기 위한 신체검사 받는 날, 육군 병원을 가려고 버스를 탔더니 여대생들이 생기발랄하게 지저귀는 모습이 천진난만했는데 육군병원 위치를 물었더니 너무 친절해서 당황할 정도로 몇 명의 한성 여대생들이 서슴없이 병원 정문까지 안내해 주었는데 참으로 인상적이었다. 부대 위치 약도를 요청하기에 며칠 남지 않았지만 알려 주었더니 좋아들 해서 용O이와 만나 줄 생각이었다. 여대생들을 뒤로하고 병원 안쪽으로 들어가 보니 신검 받을 군인들 서 있는 줄의 끝이 없었다. 부대도 먼데 신검 마치고 해지기 전에 부대 복귀가 어려울 듯했으나 어쩔 수가 없어 하염없이 기다릴 수밖에 없는데 엑스레이과 상사 한 분이 줄의 차례를 감시한 듯 왔다 갔다 하면서 나를 유심히 바라보기 시작하더니 결국엔 내게로 다가와서 명찰을 보고 호명을 하며 앞장을 서서 따라오라 했는데 바로 엑스레이실이었다. 인상이 너무 좋아서 뽑아 왔다며 호의를 베풀어 주니 실무자들도 깍듯이 대해 주므로 感銘을 받았으며 그 덕분에 신검을 일찍 마치고 무난하게 서면, 구포, 개금에 위치한 부대에 귀대하게 되었다. 한성 여대생들과 상사님의 진한 호의가 지금도 생생하게 떠올라서 행복감을 느낀다.
　나는 부산 분들의 사랑을 과분할 정도로 많이 받았는데 그중에서도 전정O 노상병을 잊을 수가 없다. 나보다 몇 살 위인 전정O 상병 집은 부산 자갈치 어물 시장에서 모친과 부인이 생선 소매상을 운영하셨고 부인이 여수 분이며 착한 분으로 정평이 나 있었다. 훗날 여수에 내 친구 임규O과 인척 관계였다. 내가 월남 가기 전에는 용O이가 병원에 들락거릴 때

전정O 상병 형네 가면 내 집같이 편했으며 형과 아우로 단짝이었다. 무엇보다도 밥반찬이 진수성찬으로 호강을 누렸었으나 은혜를 잊어버렸다. 참으로 좋은 분들을 지나쳐 버리다니 나는 언제나 사랑을 받기만 했지 줄 줄을 모르는 일방통행자가 되고 말았음을 지금에 와서야 후회한들 무슨 소용이겠는가.

지난 세월이 강물처럼 덧없이 흘러가고 말았는데…

기동타격대에서 비상 대기 상태의 훈련 생활이 힘들어도 보람찬 사범 생활을 마감하고 월남 참전 훈련소 화천으로 떠나가야 했는데, 초겨울이 시작된 부산의 해풍은 한가로운 틈의 여유마저 주지 않은 매우 사나운 추위다. 새벽같이 춘천행 기차를 타기 위해 부산역 모집 장소로 소집함으로 무척 바빴었는데, 김신O 청와대 습격 사건 전에는 파월 장병 환송식이 성대했으나 밋밋하게 뛰어나가 춘천행 열차에 몸을 실었는데, 그때는 전쟁터로 간다는 실감이 날 정도로 모두가 숙연했으며 일부는 가족들이 와서 빼 가기도 하고 대부분 울먹거리며 죽으러 가는 듯 심각했으나 난 비밀로 했기에 아무도 오지 않아서 홀가분하게 부산역을 떠나서 춘천을 향했다.

솔직히 조금도 전쟁터에 간다는 두려움은 전무였기에 오히려 기대와 희망이 충만해서 활기찰 뿐이었다.

47. 울고 넘던 배찌고개

파월 참전 훈련 교육대 위치는 강원도 춘천역에서 트럭을 타고 한 시간

동안 배찌고개를 넘어가면 화천 오음리에 a, b, c 3개 지구가 있었는데, 첩첩산중에 분지였다. 12월 중순경인데도 식기를 닦으면 얼어서 손에 달라붙을 정도였으나, 영상 5도의 부산 바닷바람보다는 체감 온도가 높은 듯했다. (부산의 영상 34도가 오음리 영하 45도 정도의 느낌이었다.)

나는 A지구대로 입소해서 훈련에 돌입했는데, 기동 타격대에서 단련되었는지 힘들지 않고 즐겁게 받았는데, 연병장에서 투구를 할 때가 너무 재밌고 쾌감이 넘쳤다.

참전에 필수인 체력과 담력 키우기에 럭비와 같은 운동을 선정해서 호응이 좋은 안성맞춤의 운동이라 더욱 신났었다. 날씨도 부산은 기온이 높을 뿐 바람이 사나워 추웠으나, 바람 없는 화천은 체감 온도가 높아 오히려 포근했다. 어려서부터 해풍을 맞았기에 강원도 산속 추위는 부드러웠으며, 매일의 교육과 훈련이 즐거운 놀이였었다. 어느새 마지막 주만 받으면 월남으로 파병되는 이틀 전, 투구 중 와일드 게임으로 경쟁 중에 순간적인 폭행이 발생했는데, 나의 상대가 중사였기에 괘씸죄에 걸려 신고를 당해 결국엔 원대 복귀 명령을 받게 되고 말았으니, 그 당시에 힘없는 일등병의 서러움이었던 것이다.

요즘 같으면 상의 옷 벗고 러닝셔츠 차림으로 운동할 때 상하 구분이 될 법이나 한 것인가? 와일드 게임 도중에 상대가 먼저 따귀를 치니까 나도 모르게 반응해서 상처가 나고 말았으므로 어쩔 수 없었다. 원복 명령을 받고 이틀 동안 먹을 일종(식량)과 피복을 챙겨 쌓인 눈 때문에 차량 운행이 전무하니 도보로 알아서 군수 기지 사령부로 원복하면 된다고 귓등으로 말해 줄 뿐이었는데, 하필 그날은 1968년 음력 정월 초하루 설날이었다. 함박눈이 펑펑 쏟아지는데 더듬거릴 틈 없이 걸어서 배찌고개 입구에

다다르니, 깨끗한 한복 입고 세배를 다니기에 허기 좀 때워 보려고 따라 들어갔더니, 노골적으로 거부 반응을 보이며 문전박대를 해서 깜짝 놀랐었는데 후일담으로 알게 된 것은 군부대 주변 인심이 최악이라 했다. 배가 등짝에 달라붙었으나 한 발짝이라도 배찌고개를 넘어가야만 했기에, 강풍에 몰아치는 눈보라를 무릅쓰고 앞으로, 앞으로 전진했지만 눈 녹은 물과 눈물이 쏟아져서, 눈 쌓인 백설의 배찌고개의 막막함과 외로움이 지금도 어렴풋이 소름 끼칠 듯 느껴진다.

　이것이 인생이구나. 또 한 번의 쓰리고 아린 경험을 차곡히 채우리라 다짐하면서 한 발짝, 두 발짝 옮기면서 아득한 멀고 하얀 눈길도 지나가고 철옹성 같은 배찌고개도 지나가고 있구나. 내 눈앞에 전개된 악천후의 상황도 결국은 나에게 굴복하리라. 하늘서 내려다보신 분께서 돌보아 주시리라 믿고 다짐하면서 나아가는 나의 두 눈에 쉴 새 없이 눈물이 쏟아졌는데, 이상스러울 정도로 힘이 샘솟듯 했던 기억이 생생하다. 나는 칠십 평생에 그때처럼 펑펑 줄기차게 쏟아졌던 함박눈을 볼 수가 없었으며, 어려서부터 교회는 안 다녔으나 가끔 홀로 기도할 때가 있었는데, 구석지고 외진 곳에서 남모르게 하늘에 기도하면 마음이 편해짐으로 배찌고개 설원 길을 걸을 때는 눈물이 범벅된 통곡의 고개였던 것이었다.

　섣달 초하루 식전 일곱 시에 출발한 설원 눈길 단독 도보 행진은 춘천역이 가까운 위치서 겨우 세워 준 쓰리스타 군용차를 타고 춘천역에 도착했는데, 새색시가 친정에 온 기분처럼 장병들이 그것도 일이 병들도 정겹게 북적거려서 포근함을 느꼈는데, 시계를 보니 열두 시가 거의 가까웠다. 일이 병들이 허기진 듯 보이기에, 장병 휴게소마트 여자분께 부탁해서 대형 밥솥에 내 따불백의 삼일 분 식량 곡식으로 밥을 해 달라고 사정해서 밥을 삶았더니, 고슬고슬한 밥이 한 솥 가득해 넉넉하기에 김치와 된장을 따블백에서 꺼내 휴게실 대형 탁자에 차려놓고 설레는 마음으로 장병들을 향해 목청껏 큰 소리의 외침은 "배고픈 자들은 안쪽 식탁에 차려진 밥을 드세요"였다.

그런데 한 명도 오지 않아서 난감했으나 본인 배고픔도 망각하고 애를 태우다 재차 용기를 내서 "일이 병들께서는 안쪽 식탁의 자리로 와서 앉아 주시면 감사하겠습니다"라고 외쳤더니, 한참 만에 일등병이 머뭇거리며 멋쩍게 탁자에 겨우 걸터앉는가 했는데, 몇 명 이동 시에 우르르 몰려오기가 바쁘게 순식간에 초대형 탁자의 빈자리가 동이 나 버렸는데, 상병두 명은 자발적으로 양보해 준 미덕을 보여서 참으로 흐뭇하고 기쁜 춘천역 장병 휴게실의 감동적인 벅찬 일병들 집단 한 끼 만찬을 어찌 잊으랴.

천신만고 끝에 춘천역에서 청량리역으로, 서울 용산역에서 전라선 열차로 순천에. 순천에서 고흥행 버스를 타고 홍에 고흥서 녹동행 막차를 탈 수 있었으며, 드디어 풍양면 죽시에서 내려 도보로 2km를 걸어서 고향 풍남리 서풍부락에 어둔 밤중에 도착하게 되었다. 참으로 쉴 틈 없는 역경을 거친 강원도 화천 오음리 A지구대서부터 전남 고흥군 풍양면 풍남리 서풍부락 골목에 위치한 내 가족들 품으로 들이닥쳤는데, 아닌 밤중에 홍두깨였다.

아무것도 모른 부모 형제들은 캄캄한 밤중에 기절초풍할 난리가 난 듯했으나, 뜬금없이 막둥이 군대 보내고 조석으로 두 손 모아 기도드린 어머니는 침착하고 담담한 모습이 역력했기에 지금도 우리 어머님의 崇高하셨던 모습에 고개가 숙여질 뿐이다.

월남 전쟁터에 간다면 어느 누구도 걱정을 아니할 수가 없을 것이므로, 나는 철저하게 비밀로 했으나 그때의 상황은 실토를 할 수밖에 없기에 모든 말씀을 상세히 드렸더니, 가족들은 마치 내가 전쟁터에서 살아 돌아온 듯이 가슴을 쓸어내리는 모습들이었다.

가족들 품속에서 꿈결 같은 하룻밤을 보내고 부대 복귀를 하기 전에 부산 수영에 군기사 유격 훈련 교육장에서 2주일간 사고자들의 과정을 힘들게 이수해야 함으로 그곳에 소집되었는데, 가서 보니 살벌했었다.

탈영병과 전과자, 이탈자와 기피자 사고자들이어서 군기가 힘들 수밖에 없었는데, 대부분 노병들이었으며 유명인(소설가 김양O)도 몇 명 있었으며, 아무튼 평범한 자들은 아니었기에 무척 긴장도 되었는데, 내무반장 최 하사가 억센 경상도 사투리의 빡빡이 곰보였으나 성격은 호탕했으며 보기보다 인간미가 좋은 편이었다.

특히 나에겐 매우 호의적이었는데, 훈련 잘 받고 내무반 생활이 모범적이라며 칭찬을 아끼지 않아 난감할 정도였었다. 비록 위험하고 빡센 특수 유격 훈련도 지낼만해서 파월 낙방의 상처에 큰 위로가 되었으며, 김양O 소설가와는 많은 대화를 나누며 다정한 형제 인연을 맺어서 헤어져서도 한동안 연락을 주고받으며 친분을 유지했는데, 지금도 분위기에 깊숙이 취해 보니 으쓱해진다.

48. 군기사 1206단으로 원대 복귀

유격대 훈련을 마감하고 단본부로 원복하니 김성O 병장과 서동O 병장이 벌써 원대 복귀할 줄 알고 있었으며, 진심으로 반갑게 맞이해 주므로 눈물 나게 고마웠었다. 단본부에서 함께 지내기를 권했지만, 어차피 월남 파월을 포기할 수 없음을 솔직하게 고백하고 217대대에서 분위기가 좋다는 216대대 기동타격대로 재배치 받게 되었으며, 파월의 꿈이 절실함으로 재지원 당부를 했다. 한 달 십여 일 만에 돌아와서 보니 기동타격대의 분위기가 많이 달라졌는데, 보병 훈련만 받을 뿐 내무반 생활은 일반적으로 3중대 2소대원으로 배치되어 생활했었다. 217대대보다 사람들과 분위기가 한결 부드러웠으며, 가족적 인정감을 느낄 정도였는데 중대장 박O 대위와 소대장 이준O 소위가 첫인상부터 마음에 흡족했었다. 선임 하사 강 중사와 최형O 상병이 인상적이었으며, 신웅O 병장과 유찬O 병장은 제대 말년의 선임들이었고, 부산과 안동 출신들이 대부분으로 거의가 친밀했다. 내가 외도하고 돌아와 보니 老부대장(소령)님부터 단본부 장교들 대부분이 나를 반겨 줄 정도로 유명했었다. 특히 위병 소대장 이동 소위는 월남 가면 안 될 사람이라며 남의 속도 모르고 즐거워했으며, 용O이는 병원에서 지내다가 왔다며 내가 복귀한 것이 꿈만 같다며 좋아해, 실망할까 봐 재파월 지원 내용을 당분간 덮어 버렸다. 아무튼 기동타격대 훈련도 부드러워져서 여유가 많아 지낼 만했으나 내 머릿속에는 오직 파월 일념뿐이었다. 정병O, 오재O, 표해O, 오세O, 정경O, 이병O, 전정O, 이재O 등 나와 비슷한 일등병들이고 신입 이등병들이 많아서 내가 제법 고참이 된 기분이 들었으며 책임감 같은 무게를 느꼈는데, 얼마 후 전정O과 이병O은 상병으로 진급했고, 일등병 진급자도 몇 명 들어 있는데 군번이 대부분 나보다 빨랐다. 군대 생활 8개월에 제법 많은 우여곡절을 체험한 편이었으며, 많은 사람들을 만나서 좋은 인연도 맺으면서 무엇보다도 1206건 공단 부대 내의 멋진 육군 김일병 노래의 주인공으로 인정받았다.

그런데 상병 최형O(안동)이 나를 계속 주시하더니 꼭 집어서 나만 시켰는데, 알고 보니 자기 수하로 삼으려는 웃기는 짓이었다. 일단은 고분고분하게 순응해 주면서 기회를 보던 중 휴식 때 닭싸움을 하게 되었는데, 내가 상대편을 모두 꺾어 버렸더니 최형O 자신과 대결을 요청하기에 대응해 주며 이기지는 않고 지쳐서 포기하게 했더니 넘어지면서 육탄 공세로 나를 밀쳤으나 재빠르게 피해 버렸다. 반칙을 했으니 원망도 못 하고 망신이었다. 그 당시 나는 지구력이 강해서 지칠 줄을 모를 때였는데 군기사 체육대회 때 우리 중대도 씨름 선수를 차출했지만, 나같이 가냘픈 약골은 안중에도 없고 덩치가 크며 우람한 자들만 뽑았는데, 우리 중대는 부산의 신응O와 안동의 최형O이 결승전 맞대결서 출전권 경쟁을 하기에 눈여겨보았더니, 신응O 병장은 뚝심이 좋아 들치기와 밀치기가 특기였고, 최형O 상병은 신장이 길었으며 지능이 좋아 균형을 이용해 발목 옆치기가 특기였으나 막상 어이없게 2대 1로 패하고, 분풀이를 나에게 풀려는 듯 장난 삼아 도전함으로 처음엔 거부했으나 이준O 소대장과 중대원 전원이 손뼉 치며 응원했으므로 분위기에 말려 샅바를 힘껏 잡아당겨 보니 별것 아니기에 버티기만 했는데, 구경꾼들은 난리였었다. 비록 내가 빼차구 전력자지만 힘의 전통 고흥에 장사의 DNA가 흐르고 있었던 것이므로 정신만은 살아 있었다. 선임 상병의 위신을 무너뜨릴 수가 없었으나 열화 같은 팬들의 기대도 저버릴 수가 없어 최 상병의 특기인 발목 돌려치기를 역공으로 쳐 버리니 싱겁게 고꾸라졌는데, 바로 일어나 제도 전해서 내친 김에 힘으로 번쩍 들어서 내동댕이쳐 버렸더니 씨름판에 난리가 난 듯 요란했으며, 출전 확정된 신응O 병장까지 나에게 도전하게 되었다.

그런데 내 입장은 이미 출전권이 확정된 신응O 병장을 꺾어 버릴 수가 없었기에 1승 2패로 마무리했으나 환호가 대단했었던 기억이 생생하다. 장사 아들답던지 그 당시의 나는 체력이 강해서 지칠 줄 모른 지구력으로 피곤하다는 단어를 사용해 본 적이 없을 때였다. 캥거루 닭싸움을 자주 할 때였는데, 내가 워낙 지구력이 강해서 군건하니까 패자들이 두 발 딛고 두 손으로 힘껏 밀쳐 버려도 오뚝이처럼 서 버려서 합기도 사범에 닭싸움 챔피언으로 유명했었는데 씨름까지 잘 해 버렸으니 1206단에 소문이 났으며, 그 당시 히트곡 육군 김일병의 주인공 이상의 인기를 누렸음을 확신했었다. 기동타격대 훈련을 마치고 내무반에 오면 모두가 반겨서 즐거웠는데 소대장 이준O는 친구 대하듯 해 난감했으며, 나를 대함이 너무 각별했으나 소대장과 일등병 관계를 유지하기 위한 노력을 했던 기억이 떠오른다. 같은 해방둥이며 진주 농대 출신 임관 장교로 나를 무척 위해 주었는데, 주번 사관 당직 때는 밤에 내가 잠들면 담요를 덮어 주며 돌봐 주었다는 불침번들의 귀띔을 들을 때마다 과분한 기분이었었다. 훤칠한 키에 인상이 매우 좋은 호남형 소대장이 지금도 생생하게 떠오르며, 그때가 한없이 그리워질 뿐이다. 나와 단 둘이 있을 때면 "소대장 님!" 칭호보다는 "준O야!"로 불러 달라던 그 친구를 나는 여태껏 무심히 잊어버리고 오랜 세월이 지난 지금 기억한들 무슨 의미가 있겠는가. 아~ 무정한 세월아! 지금이라도 찾을 수 있다면 얼마나 반갑고 아름다운 우정이겠는가. 진심으로 그리워진다. 이름처럼 잘난 소대장 이준O를 만나 볼 수 없을까? 보고 싶은 얼굴들이여!

나를 볼 때마다 천재로 호칭했던 깐돌 강 중사님. 나를 자신의 막내 아들처럼 진한 사랑해 주던 老소령 부대장님. 나만 보면 웃음 듬뿍 머금었던 박O 중대장님. 유통O 부관님 등 헤아릴 수 없을 정도로 좋은 인연들이 많았는데, 이 순간에 잊을 수 없는 한 토막 추억이 떠오른다. 우리 부대는 공병대여서 회식이 많았었는데, 고문관 별명의 갓 상병으로 진급한 정경O이 기분이 좋았던지 폭음을 한 날 하필 중대장님이 당직 주번 사관으로 저녁 점호 시간이 되어 작은 지휘봉을 들고 회식 후의 간편 점검 차원 점호였다. 그러나 일단 점호이므로 침상 끝에 발끝을 가지런히 정돈해 있던 중에 건너편 침상 끝에 정경O 상병의 몸이 균형을 잃은 채 흔들거렸는데, 통로에선 중대장님이 얼굴에 미소를 가득 품고 드디어 정경O 상병 바로 앞에 서서 올려다보며 덕담을 할 때 정 상병의 흔들림이 여간 커졌으며, 차렷 자세가 흐트러졌으므로 그 모습을 본 중대장님의 본능적인 지휘봉이 정경O 상병의 배를 가볍게 찌르며 올려다보면서 정신 차리라고 할 때였었다. 침상 위에서 중대장 얼굴을 내려다보던 정상병이 갑자기 올려다보던 중대장 얼굴 정면에다 토하기 시작했는데, 大洪水였다고 밖에 표현할 길이 없었다. 그때까지 참고 참다가 일거에 토해 버린 대참사였었다. 너무나 속사포여서 도저히 한 발자국도 피할 길이 없었는데, 그러나 우리는 악당들이 었던지 그런 처참한 비극을 보면서 폭소가 터지고 말았으니 그것도 다음 날까지 웃음을 지우지 못한 부하들의 불충을 저지르고만 천하에 둘도 없는 악당들이 되고 말았던 것이었다. 그토록 선하셨던 우리 중대장님 박O 대위께 고개 숙여서 늦게나마 사죄 드리는 마음으로 숙연해질 뿐이다.

지휘관과 고문관 병사의 적시

만취한 고문관 병사 바늘 노리개로
비틀비틀 넘어지듯 안달인데

바람 가득 먹은 풍선 터질 듯 날아올라
보이지도 않은 바늘 끝의 입맞춤으로
펑! 하고 터져 버렸네
풍선아! 풍선아! 하필이면 그 時點이 바늘 끝이냐!!

2021년 6월 27일 자서전 회고(1967년) 중에서… 南風 김복현

49. 기적 같았던 사실

　부대 복귀 후에 217대대에서 216대대로 변경되었지만 박스권 내였기에 편안한 병영 생활을 유지하던 중에 형님이 면회를 오셨다. 부산 건어물 시장에 직접 생산한 김을 챙겨서 동생 얼굴도 보고 김 판매도 해 볼 요량으로 달려오신 형을 만나 우리 형제는 반가움에 얼싸 안았다. 누구에게나 다정다감한 천성의 형님은 동생이라면 특별한 정감으로 나를 우대해서 나의 친구 같은 형이셨다. 독자로 체념한 삶의 9년 만에 얻은 기적 같은 동생이므로 어려서부터 애지중지였으나 어려운 가정 형편 때문에 우리 형제는 거의 헤어져 살아야 했기에 그리움을 서러워할 때가 많았다. 그것도 병영에서 만났으니 감동이었다. 만날 땐 반가워 울고, 이별하면 그리워 서럽지만, 우리 형님은 나를 이렇게라도 만나 보려고 모난 길마다 않고 번거로움 무릅쓰고 이렇게 邂逅한 것이다.
　그런데 고향 소식에 순O이가 죽었다고 해서 깜짝 놀랐다. 내 안색이 너

무 창백해졌던지 곧바로 '죽을 뻔했다'로 정정해서 그간의 사연을 설명해주었는데 눈물의 드라마였다. 그러니까 내가 입대한다며 고향 마을이 들썩일 정도의 송별회와 지원 입대를 지켜본 후에 자신은 부친의 반대를 무릅쓰고 예정했던 대로 서울 이화여대 간호사로 취직하게 되었는데 친구들(순천 간호 전문대 동창) 정O이, 삼O이는 졸업 직후부터 상경해서 간호사 생활 중이었으며, 순O이는 부친과의 갈등 때문에 한동안 미루다가 뒤늦게도 망치듯 상경해서 이화여대 병원 간호사로 합류했으나 귀한 집 공주처럼 호강만 누리다 하루아침에 병마와 싸운 환자들의 돌봄이 감당하기가 벅찼던 것인지 오래 가지 못해 신장 염증으로 진단받아 고향 집으로 귀가할 수밖에 없었다. 그런데 호랑이 같은 부친도 딸을 살리기 위해 최선을 다했으므로 좋아지고 보니 2차 줄행랑 상경해서 복직했으나 얼마 가지 못해 재발하고 말았으나 죽게 되니 다시 귀향해서 고흥 박혜병원 신장 전문인 원장의 재수술을 받기로 했으나 생명이 위독하다는 말을 듣게 되었다며 걱정스럽다고 했었다. 참으로 난감하고 착잡해서 내 마음은 천 길 낭떠러지인데 무기력한 일등병 처지로 어떻게 할 수가 없었다.

  형님과 작별하고 허전한 마음에 내 어깨가 무거웠으나, 시간이 약이었던지 며칠 지나면서 침착할 수가 있었고 병영 생활에 충실하려고 집중하게 되었으나, 지워질 수 없는 슬픈 현실을 피할 수는 없었기에 운명으로 체념한 어느 날 위병대장 이동 소위님이 나에게 관보가 왔으니 외출 준비하라는 긴급 호출이었다. 영문도 모른 채 어리둥절했으나 중대 본부에서 이틀 휴가증을 주면서 잘 다녀오라는 격려까지 했다. 그러므로 고향을 향하여 달려가게 되었으며, 죽음 직전인 순O이가 가입한 고흥 박혜병원으로 한 달음에 내달았더니 순O이 어머니와 외할머니가 나를 보시더니 이구동성으로 "우리 순O이 살리려고 복현이가 왔다"며 대성통곡을 하시고 두 손을 잡아 주셨다. 참으로 절박한 분위기를 느끼며 병실에 들리니 죽은 듯한 혼절 상태의 순O이가 미동도 못한 상태였다. 나는 기가 막혀 어찌할 바를 모르고 숨을 가다듬은 후에 정신을 모아 순O이의 싸늘한 두 손을 가만히 잡아 주며 지긋한 저음으로 이름을 부르며 내가 왔음을 알렸다. 그랬더니 기적처럼 눈을 떠서 나를 보더니 옥구슬 같은 눈물방울이 흘러 떨어졌는데 얼굴 모습은 거의 사색인 지극히 평온한 모습의 두 눈에 눈물이 그칠 줄 몰랐다. 나는 멍한 상태로 바라볼 뿐이었는데 나 자신이 놀랄 정도의 냉정성을 유지하고 있었던 것이다.

그런데 불과 몇 시간 만에 혈색이 밝아짐을 볼 수가 있었으며, 입을 열고 첫마디가 "병원 앞둑을 걷고 싶다" 했다. 병원 측에 알렸더니 원장님이 보시고 기적 같은 현상이라면서 본인이 일어서면 가벼운 부축 산책을 허용했다. 그때 나는 꿈속인 듯했었으며 모든 현실이 몽상처럼 자욱한 상태에서 영화 속 주인공처럼 순O이를 부축한 채 손을 잡고 내천의 둑길을 조심스럽게 한 발짝씩 걸었는데 박혜병원의 모든 여러분들의 호기심을 자극하고도 남았던 것이며, 무난한 산책을 마치고 병원으로 돌아왔을 때는 모두가 환호와 박수로 맞이하며 격려했다. 그토록 심각했던 신장병 재수술 환자가 혼절 상태에서 깨어나 애인과의 해후로 몇 시간 만에 기적 같은 회복이 연출되고 있었으니 감동적이라며 환희의 기적 같은 현상을 마음 가득히 진심을 담아 축원해 주던 모습들이 생생히 떠오른다.

당일 오전에 병원에 도착해서 불과 몇 시간 동안 많은 일을 접한 듯했으나 아직 해는 밝았는데, 컨디션 회복이 큰 순O이가 정색을 하며 어머님부터 뵙지 않았음을 책망하며 안달하기에 삼십 리 거리의 풍남 집으로 달려가서 가족들 품에 안길 수 있었다. 그런데 모두가 뜻밖의 귀향길을 의아스러워해서 설명을 못 했으나 군생활 경험자인 형님은 모친 사망 관보가 착오일 가능성을 예측하면서 기적 같은 일이 발생해서 생명을 구한 하늘의 뜻이라 했다. 다음 날 순O이는 놀랄 정도로 회복되어 미소 짓는 모습으로 헤어질 때는 굿바이하며 내 손을 잡아 주었었다.

부대 복귀 후 알았는데 동명 2인이었고, 며칠 안 된 신병이어서 나와 친했던 위병 소대장 이동 소위가 실수했으나 그쪽 김복현이도 무난하게 모친상을 잘 치르게 되었다는 후문이었다. 그 사건 후에 우리 어머니는 명줄이 길어졌던지, 내가 월남전에서 귀국한 후 재대해서 결혼하고 손녀, 손자들 보시고 집도 사서 입택해 잘 사는 것을 보신 후에 장수하시고 돌아가셨음을 감사드린다.

50. 두 번째 파월특명

기적 같은 일이 발생해 고향의 어머니와 병마와 싸운 순O을 만나고 귀대한 후 병영생활에 충실하고 있던 중에 상등병으로 진급도 되었다. 김용O과 자주 만나서 외출도 즐겼으며 유준O 소대장과 상관들 대부분이 친밀해서 즐거운 병영생활이 지속되었는데도 대부분 혐오스러운 일은 내가 앞장서 해결했으므로 상하의 갈등을 막을 수가 있었던 것 같았다. 그런데 어느 날 말수가 거의 없던 서울 출신 오재O 상병이 만나서 어렵게 부탁을 했는데, 다름 아닌 파월지원을 간곡하게 당부해 왔는데, 금액까지 제시했었다. 사실 나는 사병계와 기록계가 친할 뿐 아무런 연관이 없었으며, 오히려 맨입으로 부담만 주고 있을 때였으므로 마음에 미안감이 많을 때였으나 김 병장과 서 병장을 만나서 사실대로 오재O이 제안한 파월지원을 의논했더니 최선을 다해 보자며 무겁게 접수를 받아 주었다. 그 당시 우리 공병대에 갑자기 파월지원병이 폭주해서 오히려 경쟁이 될 정도였으니 전쟁터도 불사했던 현상을 그때는 도저히 이해할 수가 없었던 시절이었는데, 그 점을 말 없는 오재O 상병이 알게 되었던지 나에게 연결고리를 논하게 되었고 우리 두 명은 파월지원 공통점의 동지가 되었던 것이다. 귀가 크고 말이 없다고 붙여 준 부처님이라는 별명의 나보다 더 말이 없는 오재O 상병과의 대화는 만나서 처음 해 본 대화였던 것 같은데, 어쩌면 운명 같은 인연이 확실했다. 인연이란 참으로 오묘한 것이며, 하나님은 우리를 서로 도울 수 있도록 역사하셨던 것이며 언제나 함께 하셨다. 그러나 1206건공단 내의 나와 친한 장교들 거의가 나를 보내기 싫었기에 파월 방해 움직임이 뚜렷했으므로 나의 고민이 깊어졌는데, 나를 가장 아껴 주시던 노 소령 부대장님과 박O 중대장님, 그리고 이준O 소대장에게 매달려서 설득하기 시작했더니 부대장님께서 제일 먼저 이해하시고 앞장서서 적극적으로 도와주셨던 것이다. 그 당시에 내가 무엇 때문에 장교들에게 그토록 사랑을 받을 수 있었나 돌이켜 회상해 보니 합기도 사범을 하며 우렁찬 구령을 했는데, 엄청난 성대였다고 한다. 불과 7, 8개월 수련받은 실력인데도 똑 떨어지게 잘 가르쳤으며, 합기도야말로 그 시절에 신비스러운 꺾기 묘수였다. 또한 궂은 일 거의를 선착순으로 앞장섰으며 서울 출신 신병 전우들의 어벙한 실수들을 거의 내가 뒤집어써서 체벌을 받았으며, 닭싸움 및 씨름으로 두각을 나타냈으며, 노래와 웅변은 나를 앞

설 자가 없었으며, 지압으로 우리 어머님처럼 치유력이 좋아 소문이 났던 것이다. 오죽하면 부대의 보배라고들 했겠는가. 물론 인상도 한몫했음을 부인할 수는 없겠다. 아무튼 나는 입대 전의 사회생활이 다양해서 수많은 경험을 했었기에 군대생활은 오히려 보람찬 즐거운 놀이였다. 동료를 위해 빠따를 맞을 때의 쾌감이 충만했고, 맞고 나면 후련하고 시원했으나 심약한 서울 전우들은 겁이 많아서 공포심으로 부들부들 떨며 극도로 유치찬란하면 선임들은 그런 모습에 흥미를 느끼고 즐기면서 발차기와 주먹 휘두르기를 보너스 삼으니 졸병은 공짜 매에 시달리게 되는 것이다. 그 모습을 의협심 강한 내가 보다 못해 지혜를 써서 뒤집어썼던 것인데, 세상에 진실은 밝혀지는 것인지 본인도 모르게 전파되어 말수 없는 실행자에게 박수갈채로 격려했으리라… 일반적으로 공병대를 공병대라고 했으나 내겐 포근한 기숙사 보유한 학교 같았으며, 그래서 군 시절 친구가 많은 것 같다. 생각해 보면 많은 인연 중에 군 복무 중에 맺은 인연처럼 순수하고 아름다운 인연도 귀할 것이다. 내가 1967년 4월 6일에 부산 군기사 1206건공단에서 시작한 병영생활이 우여곡절의 2차 파월지원 도전을 성사시켜 부산 제3부두에 정박 중인 1만 6천 톤급 의대형 선박 팔레트호에 승선할 때의 감격을 잊을 수가 없다. 그날, 1968년 8월 초였는데 궂은비가 억수로 쏟아져서 나는 환송할 사람도 없었으므로 선실 내에서 친구들과 화려한 양식 배식만 기다리던 중인데, 선상에서 들어온 친구들마다 내 이름의 플래카드와 내 이름을 부른다며 나를 강력하게 이끌어서 선상으로 나가 보니 수많은 우리 부대원들이 목이 터져라 이름을 부르며 태극기와 현수막을 흔들어 대고 있음을 보고 울컥 눈물이 쏟아졌었다. 집에는 알리지 않았기에 아무도 올 수가 없었는데, 불과 15개월 몸담았을 뿐인

1206건공단의 전우들이 상등병인 내게 저토록 정을 못 잊어서 파월 환송을 위해 장대 같은 비를 맞으며 목이 터져라 외쳐 대고 있구나! 저토록 뜨거운 사랑과 우정을 내가 어찌 잊으랴~! 사나이 가슴 속에 솟구쳐 오른 감격의 다짐을 맹세했다. 적어도 그날만은 내가 주인공이라며 나와 친한 파월 전우들 모두가 부러움의 갈채와 축하를 아끼지 않았던 것이며, 환송의 진한 감동의 뜨거운 눈물은 줄기찬 폭우에 지워지고 말았으나 50여 년이 지난 지금도 내 가슴 속의 뭉클함이 또렷하게 떠오르고 있음을 느낀다.

출국 환송 때 목 터지게 부르던 〈맹호가〉

1) 자유통일 위해서 조국을 지키시라
조국에 이름으로 님들은 뽑혔으니
그 이름 맹호부대, 맹호부대 용사들아
가시는 곳 월남 땅, 하늘은 멀더라도
조국 위한 일편단심, 님에 뒤를 따르리라
조국 위한 일편단심, 님에 뒤를 따르리라~!

(* 나는 77세의 오늘 아침(8월 8일)까지도 맹호가를 새벽 등산가 삼으면 힘이 솟는다. 기사 헌병으로 복무했던 이규O 동생과, 과거의 매일 새벽 산에 올라 힘찬 구령에 운동을 한다.)

1968년 8월 3일 부산항 제3부두에서 파월 참전 환송식 행사를 마치고 병력을 가득 실은 16,000톤급의 수송선 팔레트호는 미끄러질 듯이 줄기차게 내리는 빗줄기를 뚫고 부산항 오륙도를 뒤로하고 이역만리 전쟁터를 향해 떠나가는 젊은 심장의 심경들을 헤아려 보라. 막상 전쟁터로 향한 자들의 심정은 무거운 침묵으로 가라앉는 듯했으며, 침묵의 여정이 지속된 채 오륙도가 물안개 속으로 사라질 때까지 모두의 공통점은 "저 부산항으로 귀국할 수 있을 것인가?" 숙연함에 지칠 듯한 침묵만이 뇌리에 꽉 차 있었으리라 짐작되는데, 본인만은 참으로 꿈결 같았다.

짧은 군생활(15개월)에 군 입대하려고 두 번이나 지원했지만, 지원자 특별 환영 속에서 뜻밖의 사절이었고, 예기치 못한 입영 탈락에 제도 전 5수 × 7주(35일) 만에 보안대 요원 조덕O 하사의 도움으로 입대했으며, 월남 지원도 한 번 실패하고 두 번 도전에 김성O, 서동O 병장의 도움으로 성사되었으니, 무사히 귀국하면 행운아가 되는 것인데, 하늘의 은혜로 맺어진 인덕이었으리라.

난생처음 승선해 본 만육천 톤급 팔레트호는 유유히 월남 전쟁터를 향해 가고 있는데, 파월지원 동지 오재O과 나는 언제 나처럼 말이 없었지만 신뢰의 정이 돈독했다. 우리들은 서로 위해 주며 감사하는 마음의 눈빛이었으며, 간절함의 미소를 나눌 때마다 정감이 충만한 전우였기에 인상적인 모습이 지금도 생생하게 떠오른다.

그런데 우리가 떠난 일 년 남짓 후에 군기사 1206건공단 부대는 사막에 신기루처럼 사라졌는데, 알고 보니 전방으로 옮겨 버렸다 했는데, 내 가입대 얼마 전에 창설되었다가 내가 파월 1년 후에 갑자기 전방으로 이전해 버렸으니, 공교롭게도 나만을 위한 활동 무대였던 것 같은 묘한 기분이 들었던 것이다. 그러나 내가 파월 후에도 1년 동안의 깊은 사연은 아름다운 추억으로 점철되었음을 확신한다.

그리운 부산 서면 로터리, 재래시장과 구포역, 우리 부대를 안아준 개금동을 잊을 수가 없으며, 귀국해서 찾아간 떠나 버린 적막했던 빈터를 하염없이 바라보며 울고 또 울었던 그리운 그날이 다시는 오지 않았던 것이다.

그러나 깊숙한 우리들 영혼 속에 고이 간직된 우정과 사랑은 지금도 유지되고 있을 정도로 가슴에 타오르고 있었다. 베트남 제2항 냐짱 시가 목적지여서 7일간은 남지나 해에서 오직 떠나온 정들었던 1206건공단만이 뇌리에 꽉 차 있었던 것이다.

아듀!~ 부산항아! 용두산아! 남포동아! 개금동아! 자갈치야! 오류도야!~ 무탈하게 돌아와서 다시 보자꾸나!~

우리 사나이들, 인생은 만남과 헤어짐의 역사일 것이다. 그러므로 도량이 우리 주님 예수 그리스도 닮아야 한다. 만 분의 1, 천 분의 1, 백 분의 1, 십 분의 1, 아니면 눈꽃만큼일지라도, 아니면 교인들만이라도 우리 주님을 닮아 가야 할 것으로 본다. 그것도 아니면 목사들만이라도…?

2021년 8월 18일 南風 김 복 현

51. 전쟁터 월남 땅으로(1968.7.3. ~ 10일경)

부산 제3부두를 떠나서 일주일간 거친 파도의 남지나해를 주야를 달려 왔는데, 어느 사이에 1968년 7월 10일 새벽녘에 드디어 베트남의 형태가 저 멀리 아스라이 떠오르고 있었고, 점진적으로 냐짱항이 시야에 들어왔으며, 조명탄이 하늘에 떠올랐고, 총소리와 포성이 들리기 시작했으며, 태극기를 꽂은 경비정들이 부산하게 우리가 승선한 빠레트호를 호위해서 에스

코트하는데, 우리들은 긴장할 수밖에 없었으나 이역만리 타국에서 경비정의 태극기를 본 순간 가슴이 뭉클했으며, 이곳이 바로 전쟁터 월남 땅이구나 생각하니 정신이 번쩍 들면서 낯선 이국의 이질감에 섬찟할 정도였다.

미지의 땅에서 오직 군의 복무 수행을 잘 받들어야 할 뿐.

지금에 와서 모든 운명은 하늘의 뜻에 순응해야 한다.

수송선을 하선하기가 바쁘게 빠레트호는 남은 병력을 퀴논항으로 이송 차출항했으며, 우리는 군트럭에 실려서 냐짱 시내로 들어섰는데, 전쟁터 도시답게 어수선한 쓰레기 더미밖에 보이지 않을 정도였다. 시가지를 지나서 한참 동안 외곽으로 가니까 100 군수사령부 207 보충대 푯말이 우리를 반기는 듯했는데, 모두가 웅성거리기 시작했다. 신입 파월 장병들이 며칠간 대기병 생활을 하면서 부대 배치 특명이 내려올 때까지 머물 수 있는 207 보충대. 월남전은 특성상 전후방 없는 전쟁터라고 하지만, 그래도 조금은 위안이 된 듯싶었다.

100 군수사령부 직할 부대였으며, 207 보충대 휘하에 보안대, 군악대, 월교대, 급교대, 경비대가 존재한 요충 지역의 부대였으며, 산중턱에 자리 잡은 목제 2층 막사들 중앙에 보충대 본부 중대가 덧보였으며, 5개 부대가 감싼 듯한 분위기여서 이런 부대에 배치되면 좋으련만 하는 생각이 불현듯 떠올랐으나 희망 사항일 뿐이었다.

국내에서 말로만 듣던 전쟁터 월남 냐짱의 외곽에 위치한 보충대의 첫날은 정신이 없었고 긴장감의 연속이었는데, 거기에다 砲聲이 그칠 줄이 없었다.

오후 3시경에 숙소가 정해졌는데, 강원도 화천 훈련 때부터 친했던 전우들 일부는 나와 같은 숙소여서 기뻤으나, 며칠 만에 운명의 부대 배치 특명이 받게 되는지를 알 수 있는 사람은 아무도 없었다. 그러나 운명의 시각은 如此 없이 다가오고 있을 뿐이었다.

　대기병의 첫날 밤이 되니 하늘이 밝아질 정도의 조명탄이 쉴 새 없이 떠올랐으며, 포성 소리가 그치지 않는데 야간 경계 보초 임무 순번 하달이 내려졌는데, 각 초소마다 두 명씩이며 우리 차례는 3번으로 밤 9시에 경계 초소로 들어가 철조망 밖을 내려다본 형태로 설치된 기관포를 움켜잡고 겨누어야 했다. 그런데 비탈진 곳, 철조망이 요새처럼 겹겹이 둘러쳐져 있는데 짐승들인지 부스럭거릴 때는 온몸에 소름이 돋으며 경직되었으나, 동료와 함께 의지해서 큰 격려가 될 수 있었던 것이다.

　밤은 깊었으나 월남에 달밤은 처량하고 외롭게 보여서 슬프게 느껴졌는데, 끝없는 전투기 소리, 포성과 총성이 고막을 울렸으며, 조명탄과 헬리콥터가 멈출 줄 몰랐다.

　월남 첫날 밤의 초소 경비 임무는 솔직히 불안 초조했고 장님 코끼리 다리 만지기 격이었는데, 너무 긴 시간이었던 것 같았다. 무엇보다도 정글과 철조망 사이로 소음이 들리면 인기척으로 착각될 정도로 예민해져서 베트콩이 침범한 것 같아서 기관총 방아쇠에 신경이 곤두서곤 했었는데, 역시 전쟁터 실감을 제대로 체험한 것이다.

　겨우 2시간의 초소 경비였으나 길고 아득한 꿈결 같았는데, 두 명의 교대자와 임무 변경을 할 때, 어느덧 선임자로서 그간의 경험담과 격려를 아끼지 않았던 것이며, 무슨 전과를 세운 듯 보무도 당당하게 내무반 숙소로 힘차게 걸어가게 되었던 것인데, 그만큼 월남전 초짜였다.

　월남 보충대의 첫날 밤을 지새우고 6시 기상하기 바쁘게, 기한 병이 사역 병들을 차출해서 인솔하기 시작했는데, 앞다투어 지원들을 해서 나는 내무반에 머물렀는데, 조식을 마친 후 세련된 기간 병이 주번 하사 완장을 차고 우리 내무반에 들어서더니 "여기에 광주 분 있으면 손 드시오! 목포 분 손 드시오! 순천 분 손 드시오! 여수 분 손 드시오!" 하는데, 막상 해당자들이 손을 들면 둘러보기만 하고 말았는데, "고흥 벌교 분 손 드시오!" 하기에 내가 번쩍 들었더니, 나를 마치 보물 찾은 듯이 바라보더니, 앞장서며 밖으로 나오라 해서 단 둘이 만났는데, 보충대 자충할 생각 있는지 물어보기에, 자충하면 좋으나 준비가 전혀 안 되었다고 푸념하니 어리둥절하면서 의아해하기에, 재빨리 정색을 하며 자충만 시켜 주면 열심히 하겠다며 간절한 심정의 진실을 보였더니 이해가 된 듯 밝은 얼굴로 "그럼 따블백을 챙겨서 중대 본부로 따라오라"면서 앞장을 서는데, 이것은 바로 행운이었고 축복이었다. (* 빠레트호에서 전우들 이야기가 금덩이와 달리를 준비했다는 정보를 들었으나, 어차피 본인의 해당 사항은 아니었으므로 흘려 버렸으나 중요한 순간에 큰 말 실수를 할 뻔했던 것이다.)

본부로 갔더니 인사계 이상사님이 나를 위아래로 훑어보면서 뺀질거리게 생겼는데 "김병장아! 너 책임질 수 있겠냐?"며 나를 놀리는 듯하니 김병장이 정색하며 단호하게 "걱정 마세요. 자신 있습니다! 장담할 수 있습니다!" 할 때, 내 가슴이 활활 타오르는 것을 느낄 수가 있었는데, 그날의 감동을 되새겨 보니 感慨無量하다.

나는 항상 하늘을 우러러보면 보이지 않은 손길의 품에서 생활하며 기쁨을 누린 복된 자였음을 그땐 몰랐었다.

난생 처음 대면한 나를 첫눈에 알아보고 인정했던 김경O 병장은 광주에 공고 출신으로 광주 상무대에서 한신 장군 테니스 코치 출신으로 체육 만능인이라고들 했다.

그런 유능한 보충대 기간 병의 뜻밖의 도움으로 파월 24 제대 병력 중에서 첫 번째 1호 자대 자충 특명자가 되었으니 모든 동료들의 부러움을 사고도 남을 정도였다.

인사계님이 즉시 통신기를 들어 100 군수 사령부 부관실에 상신해서 바로 특명을 내렸으니 초특급이었는데, 나를 알았던 대기병들 거의가 김복현이 207 십자성 보충대에 자충 특명 받았다고 일시에 알려지게 되었다.

1호 자충 특명이 떨어지기 도전에 김경O 병장 따라간 곳은 2층 기간병 내무반인데, 비록 군용 침대지만 하얀 시트가 빛나 보였으며, 먼저 파월한 선임들이 반갑게 박수로 맞이하며 환영해 주므로 기쁨이 배가 되는데, 퍼모스트 아이스크림과 매드골드 우유와 바나나를 듬뿍 차려 주는데, 恍惚地鏡이었던 기억이 생생하게 떠오른다. 보충대에서 신병을 8개월 만에 받았으니 귀하신 몸이 된 것이다. 매월 기간병을 충원해야 되는 것인데, 무슨 사정이 있었던지 8개월 전에 한꺼번에 10명을 확보해 버려서 여덟 달 만에 나에게 행운이 되었다.

재밌게도 내가 자충된 뒷날, 김경O 병장에게 자충병 1명 추가 물색 임무가 부여되었는데, 김 병장은 나에게 의견을 開陳하며 내 눈에 덧보인 파월 동기를 선택하자기에, 인천 출신 양원O을 추천했으며, 그가 2호로 자충 특명을 받아서 함께 207 보충대 기간병으로 복무해서 좋았으나, 김 병장은 호남인을 원했었음을 후일담으로 알게 되었으며, 그런 깊은 내용의 사연을 듣고 서글펐다.

그 당시 207 보충대에 정예 기간병은 20명 내외였는데, 타 부대와 다른 점은 적은 인원으로 최고의 효율적 성과를 요구받을 수밖에 없는 귀국, 입국병, 포상휴가병 등 병력 인원을 관리하는 요충지의 매우 중요한 부대였기에, 기간병 요원들이 특출하지 않으면 감당하기 어려웠다.

말이 십자성 보충대지 실상은 주월 한국군 전체의 보충대라고 할 정도였었다. 북쪽에는 퀴논과 다낭이, 남쪽에는 사이공과 붕타우에 한국군 주둔 지역인 만큼, 냐짱이 중심부며 모든 주월 한국군을 수용할 수 있는 중요한 부대였다. 그러므로 백마, 맹호, 비둘기, 청룡, 백구, 장병들이 쉴 틈 없이 드나들 정도의 중앙 보충대인데, 기간병 20여 명이 일사불란하게 움직이며 직무 수행에 총력을 기울여야 할 207 요원들의 출신지를 보면 호남인은 단 두 명뿐인데, 김경O 병장은 광주 출신의 교육계이고, 원충O 병장은 전북 익산 출신이 발병으로 영남과 인천 경기 출신이 많았는데, 인천의 황궁O과 광주의 김경O이 단짝 친구며 축구를 할 때마다 호랑이와 사자 같은 막상막하여서 본인들이나 같이 뛰는 전우들 모두가 팽팽할 정도였으며, 기간병들 중에 최고참들이었다.

그런데 내가 파월하기 두 달 전쯤에, 기간병들 회식 시간 중에 술 취한 전우가 "전라도라니까!~ 에앵깽!"을 부르면서 지역 폄하로 놀리며 무시함으로, 이발병 원충식 병장이 이런 좋은 분위기에 하필이면 지역 폄하 노래를 할 수가 있느냐고 책망하는 듯하자, 뺨을 후려쳤으며, 보다 못한 김경O 병장이 원충O 병장 뺨친 자의 아구통을 돌려 버리니, 황궁O 병장이 김경O 병장의 면상을 갈겨 버려 친분의 신뢰가 순간적으로 무너져 버렸고, 모든 비호남 전우들이 무조건 호남인 김 병장과 원 병장을 합세하여 몰매 타작을 해 버린 어처구니없는 지역을 무시한 사건이었다. 전쟁터였으며 사나이다운 김경O과 황궁원이 뒷날 화해의 악수를 교환했으나, 김경O 병장 가슴속의 깊은 응어리가 풀릴 수 있었겠는가? 그때 굳은 恨의 결심은 한 명이라도 똑바른 호남인을 심어야겠다는 신념이 김복현을 선택했기에,

나에겐 행운이며 하나님이 내려 주신 축복이었던 것을 확신한다.

만부당 천부당의 육군 소장이 직속 상관인 참모 총장을 총부리로 몰아내고 권력을 잡아서 장기 집권의 야욕을 품고, 세계가 인정한 야당의 젊은 유망주 거물 정치인을 수단 방법 가리지 않고 제거해 버리려 권력을 총동원했으나, 足脫不及이므로 악랄한 방법, 지역 감정까지 악용했는데, 이성계 때부터 우리 국민들은 권력에 약한 민족으로 종내는 부정한 권력도 인정해 버린 屬性이 있다.

그 결과 오늘날과 같은 비극을 저변층에서 감당하는 것임을 이 땅의 지성적 양심인이라면 모를 리가 없으련만, 어디로 다들 사라져 버렸는지 묵묵부답일 뿐이로다. 분별력이 약해진 퇴물 지성들은 검은 황금에 약해서 매수되어 이용되지 않았을까? 여간 우려스러운 현실에서, 그러나 그 당시의 나는 운명적인 우여곡절 끝에 전쟁국에서의 인상이 결정 지어졌던 것이었다.

파월 참전 훈련의 힘든 과정부터 현장까지 함께였던 다정했던 동기들과의 이별에 아쉬움이 여운으로 남은 채 파월 여정은 一段落되었던 것이다. 南風.

월남의 달밤(* 윤일로 노래 듣기)

1) 남남~쪽 머니먼 나라 월남의 달~밤
십자성 저 별빛은 어머님 얼~굴
그 누~가 불어 주는 하모니카~냐
아리~랑 멜로디~가

향수에 젖네 가슴에 젖네

2) 열대~어 꼬리 치는 사이공 항~구
산호등 아롱다롱 물에 어리~면
카누~에 실어 보는 그 님에 노~래
떠나~온 수륙만~리
아득한 고향 그리운 산천

52. 베트남 참전 군복무 중에 생긴 일

 머나먼 이국 수륙만리 베트남에서의 본격적인 군복무 생활이 시작되었는데, 주변에서 포격 소리와 헬리콥터 소리가 쉴 틈 없는 전쟁터였으나 숨 막힐 듯한 위험은 없었으며, 파월 선임들의 표정은 거의가 공포심이 없었다.
 잔여 보충병들이 각자들 부대 배치가 완결될 때까지 일주일간 이어서 사역병 역할을 하면서 열심히 관찰했었다.
 207 보충대는 100 군수사령부 직할 부대였으며, 본부 중대장은 박종O 육사 출신 대위였는데 본국에 2군 사령관 박경O 장군의 친조카여서 시쳇말로 끗발 좋은 막강한 지휘관이었으며, 부인은 이대 출신이라 했다.
 그런 만큼 성정이 급한 편으로, 못마땅함이 보이면 입이 옆으로 돌아갔으므로 긴장하고 눈치껏 움직여야 했다.

그러나 8개월 만에 자충된 본인에겐 관심을 보였으며, 부드러운 눈길이어서 친밀감이 들었고, 군악대장과 단짝이었는데 알고 보니 여수와 영암 출신들이었다.

그 당시 호남인 장교가 드문 편으로 마음이 든든했는데, 군악대원들도 여수 순천 출신들이 많아서 향우회 같았으며 색소폰 파트의 강상O와는 귀국 때까지 친했었다.

기간병 내무반의 분위기는 좋은 편인데, 한국에서의 선임은 월남에선 인정 않으며, 사병은 무조건 파월 일자 순으로 선임이 정해졌기에 본인처럼 진급이 빠르면 유리했다.

국내서 상병으로 파월했는데 월남 복무 한 달 만에 병장 진급을 했으니, 전방 복무자들은 2년이 지나도 상병이 안 돼 나에게 깍듯이 '김 병장님!'으로 선임 대접할 때마다 미안함을 금치 못했으나 어쩔 수가 없었던 것이다.

나보다 짬밥 많이 먹은 같은 병장이 대다수였으나 전쟁터의 특별한 위계질서를 탓할 수가 없었다.

그런데 교육계 김 병장이 자기 직책을 나에게 인계하려고 했으나 6개월 연장이 돼 버렸다며 무척 신경을 써 주는데 마음 흐뭇했으며, 부관 최 중위(광주)도 내 보직에 관심을 지대했는데 1종 계직책을 맡기려고 했으나 뜻대로 안 된 듯 애를 태웠던 것 같았는데, 정작 본인은 급할 것이 없었기에 느긋할 뿐이었다.

파월 군사병 최고의 요직은 수령계였는데 1, 2, 3, 4종을 미군 병참 보급대 캄란베이에서 보급품을 수령받았는데 그렇게 큰 직무를 쐐낌이(고양이 새끼)같이 생긴 우 병장이(신장 163, 몸무게 54) 수령계로 쥐락펴락하며 주도했는데, 한 주먹도 안 되는 작은 체구로 기세등등한 대구 출신으로 보급품을 수령해 오면 2, 4종계와 1종계가 받아서 보관하며 보급을 수행했다.

최 부관은 2, 4종계를 김성O에게 임명하고 1종계는 본인을 시키려는데, 우 병장은 자신이 겸해야 된다면서 완고하게 버티므로 어쩔 수가 없는 듯해 내 직무가 한동안 어정쩡했으나 기분은 나쁘지 않았었다.

수령계 다음으로 1종(각종 레이션과 쌀 등 총괄) 계가 중요함은 열대 지방에선 옷과 석유보다 식품이 제일이므로 대민 지원을 해 보면 오직 먹을 수 있는 식량이 우선임을 실감하게 된다.

따라서 전후방이 없고 혼재된 월남전에서의 대민 지원도 구분이 어려워서 위험한 작전이다.

보니 여간 위험한 직무임을 느낄 수 있게 되는 것이어서 매력적이었으며, 우 병장을 피하지 않고 깍듯이 대하며 선임님으로 우대했더니 우 병장도 편한 졸자 취급을 하면서 나를 인정하게 되었는데, 다른 선임들도 두려워들 하고 있었는데 심하게 말하면 우 병장 앞에서 주눅 들지 않은 자가 없을 정도여서 내가 의문을 품기 시작해 도대체 볼품없는 고양이 새끼 같은 체격의 말라깽이의 주인공을 파고들어 보니 신기할 정도였다.

나를 부른 호칭도 "여수촌놈아!" 여서 감정이 손상되어도 무조건 참아내며 친분을 유지했으나, 부관 최중위의 뜻이 무산된 내용인즉 중대장 박 대위가 뒷배경이었던 것 같았다.

그러나 우 병장 파월 만기에 기대를 걸던 부관님이 우 병장 6개월 연장이 되기가 바쁘게 타 부대로 가 버렸기에 내 직책은 허공에 떠 버림으로 난감했으며, 그 덕분에 사역병 생활을 계속할 수밖에 없었으며, 그러다 보니 우 병장은 본인을 하인 부리듯하므로 고심하던 중에 천후일우의 기회가 왔었다.

야간 작전 훈련을 마치고 모두 철수해 철조망 통과문 안으로 들어가 버렸으며, 우 병장과 내가 단 둘이 처져 있었는데 그 순간에도 명령조 지시를 한 내용이 너무 부당했으며, 같은 사병으로서 도저히 수용할 수 없는 마구잡이 억지를 내가 반발하면서 합기도 실력으로 팔꿈치를 꺾어 제압해 버렸더니 꼼짝 못 하고 헐떡거리며 경상도 말로 "김 병장아! 말로 카자! 말로 카자!" 했으나 한참 동안 진이 빠질 때까지 풀어 주지 않았더니 완전히 백기를 들게 되었으며, 사나이다운 맹세를 하게 되었던 바, 그 심오한 내용은 의리와 우정으로 동맹하자는 애절한 각오가 진실하게 느껴졌던 우리 둘만의 약조였다.

그 전까지는 우 병장이 두렵고 혐오스러운 존재였을 나, 그날 이후부터 서로를 지키며 존중한 의리를 지키게 되었는데, 물론 내가 그날 사건의 비밀을 철저히 지켰고, 그때부터 우 병장을 혜안으로 보게 되었는데, 파월 신병들이 올 때마다 "050(헌병 병과) 손 들어 봐!" 해서 나오라 하면 하나같이 쭉쭉빵빵에 덩치가 크며 건방을 떨었었는데, 기간병 요원 선임이 불러 세워도 건들거리며 비웃는 표정이 뚜렷하게 한 주먹감도 안 된 자가 감히 헌병을 몰라 본다는 표정을 짓는 순간, 헌병의 좌측 아래턱을 올려쳤는데, 우 병장의 오른쪽 손바닥과 오른쪽 발바닥이 대각선으로 동시에 자신의 좌측 전방으로 전진하면서 덩치 큰 헌병은 썩은 고목나무 둥지처럼 쿵 하고 떨어졌는데, 한참 만에 부시시 일어나더니 넋이 나간 채 기가 꺾였는지 온순한 양처럼 고개를 떨구었었다.

사실 월남선 국내처럼 보안대와 헌병대의 위압적 행위가 통하지 않는다. 헌병 62대는 보급 질서를, 26대는 군기 질서 유지를 담당할 뿐 국내서처럼 권한을 휘두를 수 없는데, 파월 초짜들이 미숙한 행동을 보이면 우리 보충대가 교육해서 전출시켰으므로 월남 생활이 익숙해지면 보충대 기간병들을 깍듯이 대하며 친밀해져서 상호 협력이 원활했었다.

아무튼 쒜낌이 우 병장이 꼬마 병정 같았으나 보기 드문 굳셈자였으며, 보스 기질의 특별한 재능 소유자였는데, 비겁하거나 교활하지 않은 정면 돌파의 당당함이 나를 감동시켰으며, 육사 출신의 기개가 대단한 중대장님도 우 병장을 인정하는 분위기였다.

내가 보충대 기간병 초짜일 때 우 병장의 횡포와 무시를 받던 압박과 설움에서 해방됨과 동시에 둘도 없는 전우로서 유감없는 우정을 나누게 되었으니, 내 운명에 영호남 인연은 그때부터 하늘이 내려 주신 특별한 축복이었음을 확신한다. (* 맏딸 사돈 평양 부산, 장남 사돈 부산 평양, 막내 사돈 대구 서울)

우현O와 친해지면서 움켜쥐고 놓지 않던 1종계가 결국엔 내 보직이 되었는데, 중대장께서 조건 하나를 부친 것은 취사반 버너 관리를 겸하라는 것인데, 어차피 a, b, c 레이션 창고들이 취사부 내에 있었으므로 무난했으며, 쌀 창고만 별 따로였으나 모든 게 내겐 행운으로만 느껴졌던 것이다. 그 덕분에 보충병들이 제대 별로 들어올 때 밥 퍼 주기는 놀이처럼 신났으며, 대민지원작전 나갈 때는 위험과 보람을 동시에 堪耐했다.

내가 자충된 후부터 세대교체가 순차적으로 이루어졌으며, 월남 현지의 군복무 생활도 익숙해져 갔던 것이다.

우현O와의 관계는 갈수록 우정이 돈독해져서 힘이 되었으며, 선임들은 줄어들고 신참들이 계속 보충되던 중에, 4종 계 김산이 귀염둥이처럼 행동해서 친했으냐고 참들에게 찍힌 상태였던지, 찜바(지적)를 자주 받았었는데, 그날도 일정을 마무리하고 내무반으로 무심히 가던 중에 휴게실에서 때아닌 졸자 집단 징계를 선임들이 진행 중이었는데, 나의 멘토인 선임 김경O 병장(유도 2단)이 주도하는 듯 연약한 김산, 신참을 유도 형식으로 냅다 꿇을 태세여서, 나도 모르게 탁자로 뛰어올라 걷어차 버렸는데, 운 좋게 아무도 상처 나지 않고 풀려서 주춤하게 되었고, 나의 우렁찬 구령의 목소리가 "내게로 덤벼 봐라"! 했는데, 한 명도 반격하지 못하고, 김병장아! 김병장아! 애절하게 부르며 달래기 시작했는데, 나 자신도 흥분을 걷잡을 수 없었던 순간이었다.

선임들 6명 최호O, 정하O, 김경O, 박성O, 박창O, 김성O 병장이 양처럼 말없이 순진했던 나의 돌변에 큰 충격을 받아서, 김경O 병장의 반응을 주시하며 동정을 살폈는데, 우리들의 특별한 관계를 모두들 잘 알고 있음에 나의 행동이 배신으로 보일 수밖에 없었으나, 뜻밖에 김경O 병장은 내 어깨를 가볍게 두드려 주며 미소를 지어 보였는데, 나는 그의 뜻을 읽을 수가 있었던 것이다. 그래도 내 마음의 응어리가 풀리지 않아서 내무반으로 뛰어올라가서 애꿎은 케비넷을 맨주먹으로 두들겼는데, 어그러진 케비넷이 날카로웠던지 주먹에 상처가 나서 피투성이가 되었는데, 신임 부관님이 와서 본듯 만듯 지나쳐 버린 듯했으나, 상처에 필요한 약상자를 의무병에게 보내서 치료했을 뿐, 누구도 대꾸하지 않았는데, 뒤늦게 출장에서 귀대한 우 병장과 양원O이 내게로 달려와서 격려하며 위로를 아끼지 않는 진한 우정을 나눌 수 있었던 것이다.

그 후 김경O 병장은 내가 미안해할까 봐 배려를 해서 시간이 좀 걸렸으나, 우현O의 도움으로 깊은 속마음을 유감없이 풀어헤치며 상호 존중에 도량을 확인했었다.

잊지 못할 의리맨으로 나의 뇌리에 각인된 전우 김경O을 그 후로 만나지 못한 아쉬움이 너무 진할 뿐이다.

　그 당시 3-4개월이면 귀국할 6명은 신참들의 미숙함에 불편했는데, 의류와 군화 모포가 미제여서 귀국 준비에 무난해 간청했으나 모두 거절당해 서운함이 충천했다.

　그 전 선임들은 그 정도는 미리 챙겨 주었으나, 신참이던 김산은 요령 부족으로 원망을 사게 되어 발생한 불상사였으나, 의협심이 강했던 본인은 약자를 응징하면 참지 못했으며, 군복무 3년 동안 졸자를 한 번도 체벌해 보지 않았으며, 오히려 선임부터 장교들까지 부당할 때는 정면 돌파했었는데, 내가 워낙 당당했으므로 간방에는 못 보내고 으름장들만 놓았었다.

　지금 생각해도 으쓱해지는데, 그 당시의 나는 인상이 좋았으며, 음성이 매우 맑고 우렁찼으며, 우람한 체구는 아니지만 뼈대가 남달리 강했으며, 동작이 날쌔다 보니 선착순 집합 1착은 따놓은 당상이었고, 지구력은 지칠 줄 몰랐으며, 국술원의 합기도는 최신 호신술로서 나에게 꺾이지 않은 자는 보지 못했었는데, 어릴 때 빼차구(갈비씨) 몸으로 상머슴들을 따라서 험준한 악산과 바다 건너섬으로 헤치고 다니면서 나무꾼을 했으며, 60대 부친과 50대 모친에게 뜬금없이 태어났으나 힘자랑 말라는 고흥에서 황소를 탄 씨름장사 아버지의 DNA와 약국도 없는 마을에서 평생을 지압으로 봉사하신 어머니를 닮아서 지압으로 유명했으며, 술과 담배를 참고 비자금을 보유해서 전우들 급할 때 은행 역할을 했으니, 육군 김 일병 때부터 인기가 좋을 수밖에 없었던 것이었다.

　가난했어도 귀한 상을 받으신(* 부친 씨름장사 황소, 모친 효부상, 형님 효자상) 나의 어른님들이 한없이 자랑스럽다.

　또한 나의 외척 가문도 기술한다면, 제헌의원 오석O 님과 황보O 님과 황성O 님을 인터넷으로 들어가 검색하면 알 수 있게 될 것이다.
　현실이 아무리 각박하고 윤리 도덕이 땅에 곤두박질쳤을지언정, 적어도 나의 후손들은 선조들의 숭고함을 잊어선 아니 될 것이므로 명예스런 부분을 기록해 본다.

도덕깃발

이 세상 어떤 아름다움도
윤리 도덕의 무성한 잎새로
피어난 진리보다
더한 것을 볼 수가 없듯
태초에서 말세의 직전까지
인류의 실타래가
물레 감아 휘감아
돌고 돌아 돌지언정
진리는 변할 리 없다
본능은 죄악 문에서 위태롭고
지혜는 진리의 좁은 문에서
소망 찾아 헤매이는가

아!
어찌하여 우리 국민이
찬란한 동방의 빛을 마다하고

저마다의 아귀다툼으로

어둠 향하여 헹가래 쳐 가는가

구린 지평선 더딘 틈새로

아이야, 어서 바삐

윤리에 북 쳐 울려서

도덕깃발을 세우려므나

도덕깃발을...

1999년 南風 김복현

53. 학력이 대수인가?

나의 군생활은 비교적 여유로웠다고 말할 수 있다.

국내서나 월남전에서나 무슨 상황에서도 나를 감싸는 듯한 기운을 느꼈었는데, 사실은 새가슴에다 배짱이 없었으며 겁이 많은 편인데도 내 편들이 발생해서 자발적으로 힘을 복돋아 주는 행운아였다.

그 시절에 지방인 학력은 거의가 국졸이며 고졸 이상은 5% 미만으로 신상명세서에 대부분이라 고졸이라 올려도 별 문제 삼지 않고 묵인해 버렸다. 그런데 재밌는 현상은 대부분의 고문관들이 무학자(국졸 미만)와 서울 출신 고학력자들이었다.

과잉보호 대상자인 세상살이의 미숙아들이 대부분이었다. 그러다 보니 양심대로 기록한 나는 학력을 내렸다고 추궁했으며, 서울 고학력자 고문관들은 거짓이라며 인정을 못한 웃지 못할 사태가 비일비재했던 것이다. 사실상 군대 업무는 학력이 약해도 얼마든지 가능했고, 지혜만 있으면 못할 일이 거의 없으나 오히려 학교만 다녔던 전우들이 더듬했는데, 생각해보면 하나님 섭리는 공명정대하심이며 지식은 교수에게 얻고, 지혜는 하늘에서 얻는 것.

똑같은 군복무 생활에 과잉보호 대상자와 스스로 자립한 자들의 군생활 개념이 크게 상반된 것이지만, 아무튼 나는 어떤 일도 긍정적으로 어렵지 않았다.

인간 선생에게 배운 지식보다 세상살이의 경험으로 터득한 지혜가 우주라면 지식은 점이라 하겠다.

유대인과 서구 유럽의 육아법이 성경적인 반면에, 우리의 육아법은 오직 경쟁적인 비교에만 주안점을 둔 매우 경직된 교육이 인성과 국민성까지 전이된 것으로 내 눈에 비쳐질 때가 보여서 안타까웠다.

아무튼 전쟁 참전까지 2 지원했으나 위험은 항상 내 앞길을 비켜간 듯이 미소 짓는 손길을 느끼게 했다.

군복무만 3년 동안 향기롭게 맺은 그토록 수많은 인연들과의 주옥 같은 사연들을 일일이 나열 못함에 아쉬움으로 가름할 수밖에 없겠다.

그러나 첨부하자면 어머님의 진실된 숭고한 기도가 목숨을 걸고 지속되었기에 응답되었음이리라! 아~ 어머니! 어머니! 우리 어머니! 나의 어머님!~

한 달에 두어 번 정도 귀국 병력과 입국 병력이 들어올 때는 정신 차리고 긴장했으며, 그 시간이 지나면 포상 본국 휴가병들과 소수의 병력을 관리함으로 한가할 때는 대민 지원 작전과 베트콩 게릴라 작전 훈련에 여념이 없었으나 익숙해질수록 여유로워졌다.

시간은 여차 없이 세월을 흘려보낸 듯 20여 명 고참들이 썰물 빠져나가듯 해 몇 명 남지 않았으며, 어느새 내가 중진으로 6개월 연기된 우 병장과 후배들의 앞장에서 선도하기에 이르렀던 것이다.

신임 부관도 조 중위가 부임되면서 안정되었으며 부대 생활이 여유로워지게 되었을 때 반가운 친구 전화가 왔는데, 먼저 파월했던 양성O이와 송한O가 내가 월남에 참전했다는 소식을 듣고 탐문해서 207 보충대를 알게 되었고 송한O(* 현 호텔 경영)는 나와 동일한 사령부 내 1군 수부관대였으며 양성O(* 화가 양영O 부)은 퀴논 백마 32연대였다. 그야말로 여수 삼총사가 머나먼 참전국에서 기적처럼 만날 수 있게 되었던 것인데 감동적이었다. 한O와는 당장 만날 수 있는 지척이지만 성O이는 멀리 퀴논에 있으니 날짜를 정하기가 난감한데, 마침 성O이가 훈장 포상 휴가를 받게 되어 어차피 보충대로 오게 되었으며, 훈장자 일행이 2명 동행이므로 취사부 신동O과 김명O에게 환영 회식 만찬 준비를 일임했다(* 신동O은 일식, 김명O은 중식 요리사).

상하의 참전국에서 여수에 지기 삼총사가 보충대에서 우연히 만났으니 얼마나 귀한 축복이며 추억인가.

더구나 친구가 영예의 훈장자가 된 축하의 만찬답게 우리 보충대 전원이 마음을 모아 극진히 환영 만찬에 동참했음에, 50여 년이 지났으나 지금도 그날의 감동과 고마움에 감사를 올리는 마음 간절하다.

오랜 세월이 지난 후 익산에서 두 명의 훈장자친구들을 만났으나 무상한 세월에 기억을 못 했지만, 십 년 전만 해도내 안부를 전하며 많은 회사를 했었는데 소식을 전해 줄 때마다 마음이 뿌듯했다.

참전 군 보충대는 군 나그네들의 고달픈 심신의 안식처가 되어야겠다는 확신이 서게 된 좋은 기회였다.

내가 100 군수 십자성 207 보충대 기간병 1종 담당의 역할에 최선을 다했으므로 인정을 받았기에 사령관 표창을 받았으며, 사병으로서 대형 TV까지 지참해서 나중에 귀국할 때 당당할 수가 있었다.

그 무렵에 부산 군기사 1206건공단에서 나와 친했던 박 하사가 파월해 전입되었기에 눈물 나게 반가웠으며, 그가 전해 준 전설 같은 사연은 내 마음에 큰 감동이었다. 내가 파월한 후 첫 봉급을 집이 아닌 전 부대 중대장님께 송금하면서 보낸 내용은 "내가 잊지 못할 전우들, 지금도 중대원 모두의 다정했던 모습들이 사무치게 그리워 파월 첫 봉급을 송금하오니 중대원 회식을 주선해 주시기를 간곡히 바랍니다."

이상과 같았으며 그 후 긴박한 일정으로 잊어버렸던 것인데, 7~8개월 만에 박충일 하사와 뜻밖의 만남으로 회상하며 듣게 되었으니 가히 감격적이었다.

그때 월남전에서 받은 수당은 미국 정부에서 참전국 모든 병력을 동일하게 책정한 금액으로 지급된 것이었는데, 미군들과 참전국 병사들의 금액 차이가 있을 수 없어야 했는데… 각설하고 45-50불 정도를 받는다 해서 환산해 보니 5급 공무원 월급 수준이어서(* 국내 병장 월수당 400원) 큰 액수로 느낄 때였다.

그 당시에 그 정도 금액이면 중대원의 회식은 가능했었기에 스스럼없이 송금했던 50불을 받은 중대장님은 크게 감동하시고, 타 중대장들에게 알렸으며 소문이 퍼져서 나를 지극히 감싸 주시던 노 소령 부대장님도 알게 되셨고, 대대급의 김복현 회식으로 명명되었고 결국엔 1206 건공단장 (대령)님이 아시고, 이렇게 소중한 선례를 건공단 전체의 본보기로 삼아서 사기 진작에 모델로 삼기 위해 노 부대장님이 제안하신 군기사 건공단 파월 참전자 김복현 상병의 사랑에 회식으로 명칭한 행사가 진행되었으며, 주인공 없는 대대적 회식 행사에서 김복현의 이름이 그날만큼은 새벽 별처럼 빛났었다며 전설 같은 이야기꽃을 시간 가는 줄 모르고 피워주었던 박충O 하사의 화사했던 모습이 53년 전으로 생생하게 떠오른다.

며칠 후 직업 군인 박 하사도 특명받은 근무지로 떠나 버려서 한동안 허전했으나 삼총사 친구 한O를 자주 만날 수 있어서 너무 좋았으며, 추억거리도 많이 새길 수가 있었다.

나짱 시내와 미군 비치의 낭만은 우리 여수 삼총사들에 젊은 날의 기적 같은 날들이었으며 영원히 가슴에 품고 살아갈 향기일 것이다.

2021년 10월 1일 20시에 南風.

54. 군악대와 월교대

나의 파월 참전생활 중에서 군악대와 월교대에 잊을 수 없는 친구들이 있었는데, 군악대의 강상O는 순천 출신이며 색소폰 파트인데 트럼펫도 잘했었다.

우리 본부 내무반에서 가까운 위치여서 시간 만나면 오고 가면서 정답게 지냈는데, 순천고 밴드 부장이었으며 트럼펫과 색소폰이 좋아 군악대에 지원을 했다면서 훈련병 때 신덕현처럼 틈만 나면 나를 찾아와서 색소폰을 부르면 나는 노래를 부르며 이국 참전의 공포심과 외로움에서 위안이 되었었다.

월남은 전면전보다는 게릴라전이어서 총포탄이 언제 떨어질 줄 모를 때였기에 항상 불안했으나, 우린 그 순간만큼은 강물처럼 평화로웠다.

강상O와 친해지다 보니 군악대원들 거의가 나를 반기며 친밀해졌는데, 중상자들이 많아서 항상 나를 감싸 주듯 했으므로 포근함을 느낄 정도였었다.

비행기, 헬리콥터 소리와 총포 소리가 멈추지 않는 전쟁터에서도 우정의 꽃은 틈새 사이로 활짝 폈다.

내가 마음만 있었으면 색소폰 정도는 배울 기회였건만, 역시 본인의 큰 결점은 학구열의 전무였다.

타고난 인덕으로 수많은 좋은 인연들 중에 훌륭하신 선생님들이 존재했으나 소중히 모시지 못하고 흘려보내 버렸으니, 모든 원인은 하나님을 모른 탓이며 그로 인한 교만이었음을 자인할 수밖에 없다.

굳이 변명을 해 보자면, 어릴 때 극한적 영양실조로 인한 허약성으로 외우는 것은 스스럼이 없었으나, 머리는 금물일 정도로 아주 작은 신경만 써도 머리가 터질 지경이 되어 저학년 때도 국어는 한번 보면 통달인데, 셈본책은 보기만 해도 머리부터 지근거렸으니 그때부터 책 보기가 두려웠었다.

3, 4학년 때 교감 신방O님이 담임 선생님이셨을 때 나를 알아보시고 최대의 관심으로 나의 사기를 북돋아 주셨음을 뚜렷하게 기억할 수가 있다.

어느 날 축구 수업 시간 때 허약해서 달리기 잼뱅이인 나에게 얼마나 응원을 잘해 주셨던지, 발 재간 없는 내가 두 골을 넣었더니 교감 선생님이 나의 사기 진작용으로 두고두고 응용하셨던 심지 깊으신 상록수 같은 스승님이셨다. 나를 축구가 끝날 때까지 골문 앞에 서게 해서 2골이나 골인하게 하신 심지를 이제야 돌이켜 회상하며 뒤늦게 사죄한 심정이어라~ 선생님! 선생님! 우리 선생님! 나의 선생님!

또한 월교대에 조경O과 조영O 병장이 월남어 강사며 서울대 법대와 연세대 경영학 제학 중에 입대해서 파월했다는데, 단 한 번도 떨어져 다닌 적이 없었다.

조경O은 황해도 해주, 조영O는 전남 목포 출신인데 우수한 인재들이었다.

틈만 나면 내게로 달려와서 월남어를 들려주며 좋은 이야기를 나누었는데, 주로 학창 시절에 살아왔던 경험담으로 비교적 집안들이 가난해서 자립으로 학비를 마련해서 공부를 열심히 한 것 같았다.

우리 보충대 내에 보안대, 월교대, 급교대, 군악대가 속해 있었기에 나에겐 친한 전우가 많아서 흐뭇했다.

보안대 조국O(* 내가 지원 못할 때 도와준 조 하사 동일 성), 월교대 조경O, 조영O, 급교대 전주O, 백낙O, 군악대 강상O 외 다수가 내 팬들이어서 든든했다.

그토록 친밀했던 나의 전우들은 지금 이 순간 어느 곳에 살고 있을까?

좀 전에 인터넷 검색에서 조경O은 정무차관을 끝으로 얼마 전 사망했다는 비보에 한 방 맞은 기분이다.

변호사 할 때 만났으나, 조영O는 소식이 두절이 되어 보지 못했으며, 조유O(* 경남 하동 군수) 권구O(* 주택공사 부사장)은 보충대 전입 후배들인데, 권구O은 우리 막내 돌잔치에 보문동 집으로 보충대 전우들 초대객으로 참석했었는데, 성균관대 경영과 이수하고 주택공사 입사한 신참이었다(강원 홍천).

그날 십자성 100 군수 207 보충대 요원들, 김성O, 고종O, 홍달O, 권구O, 김복현은 참으로 뜻깊은 날이며 대단한 감동임을 이구동성으로 표현했으므로 우리 막내둥이 돌잔치가 더욱 빛이 났었다.

그때 우리 집을 대형 보석상 사장, 성북구 정화위원장이 화O 씨가 급하게 매도한 정보를 나의 멘토 영감님께서 주선해 주시기에 바로 매입한 구 한옥이지만, 리모델링해서 내부는 양식 인테리어여서 멋졌다.

아파트 없던 시절이어서 젊은 우리를 부러워했으며 월남 전우들이 한결같이 흐뭇한 표정이었기에 내 마음 깊이 행복감을 느꼈던 기억이 회상된다.

그때부터 권구O(* 장차 주공 사장)은 나를 더욱 존중하게 되었다고 훗날에 회상할 정도였었다.

역시 나는 인덕이 좋은 행운아였던 것이 확실했다.

이쯤 하여 특기할 만한 사항을 기술해 본다면, 조유O(* 하동 군수, 청백리상 수상자)을 잊을 수가 없는 매우 인상적인 관계의 사건을 기술해 보려 한다.

내가 군 입대해서 전우들의 잘못을 일부러 내 탓으로 돌려서 대신 빠따를 맞아 본 경우는 몇 번 있었지만, 내가 빠따를 들어 신입들을 한 번도 쳐 보지 않았는데, 그토록 소중한 기록을 나 스스로 깨 버리고 말았던 지극히 안타까운 사건의 주인공이 바로 하동에서 전 군수로 재직했던 조유행이다.

내가 왕 선임 때 일과 후 휴식 시간에 자충된 신입병을 교육시키겠다며 내게 정하게 의견을 제안해서 나도 전혀 사심 없는 허락을 했는데, 몇 마디 교육적인 부언 후에 빠따를 쳤는데, 거들거리듯 한 손으로 흔들거리며 빠따를 치는 모습이 흉할 정도로 건방져서 목불인견이었으므로 나답지 않게 침대를 박차고 일어나서 빠따를 빼앗아들어 조유O에게 "빠따 치는 것도 예의가 있는 법이니 네가 먼저 엎드려!" 한 후 두 손으로 최강 떡 빠따 3대를 쳤더니 쭉 뻗었다가 한참 만에 벌떡 일어나서 나를 쏘아보므로 내가 빠따 교육을 잘한 것 같은데, 맞은 자 입장은 전혀 유감이며 신입병 김술O이 전남 여수생이었으니 오해할 수밖에 없었던 것으로, 모처럼 빠따 한번 쳐 본 경험이 조유O과 김술O에게 나쁜 기억이 되게 하고 만 것으로 각인될 수밖에 없었던 것이다.

그러나 내 마음은 교육용이었을 뿐, 다름 아니었음을 알 수 있었으리라 ~ 진실은 언제나 밝혀지므로…

그러나 조유O은 남다른 인성으로 매우 인상적이었던 기억이 뚜렷해서 월남 전우 중에 관심이 컸었다.

50여 년이 지났으나 내가 유일하게 빠따 체벌했던(* 그 시절엔 빠따 체벌이 다반사였음) 조유O이 공직자로서 청백리상을 수상했다기에 진심으로 기뻤으며, 역시 조유O은 내 눈에 기상이 보였던 전우다.

하동 군청을 통하면 연결할 수 있으므로 기대된다.

2021년 10월 8일 17시 35분경에, 그리운 파월 전우인 조유O에게서 직접 전화가 왔기에 51년 만에 극적으로 반갑게 통화했는데, 하동 군청 주민행복과 직원 일동에게 진심으로 고개 숙여 감사를 드립니다.

솔직히 이렇게 빨리 연결될 줄은 상상도 못했었으며, 시일이 걸리면 내가 현지로 달려가서 알아볼 생각이었는데, 그토록 친절히 성의를 다해 참전 전우들의 해교를 도와주신 여러분을 오래도록 잊지 못할 것이다. 南風 (* 인터넷 검색으로 조유O, 권구O, 조경O의 근황을 파악했으나 한 명은 이미 사망해 버려서 허망했음).

55. 우현O와 서중O

우현O 병장의 1년 연장 본국 휴가 특명이 내려졌는데, 그때부터 고민에 빠진 것 같았다.

홀아버지인데 막일 생활에 많이 지쳐 있다는 말을 나에게 할 때마다 음주 여흥 외출을 삼가고 자축하길 권고했으나 습관이 되어 버렸는지 공염불이었다. 수령계에서 생기는 것이 많았지만 허사였는데, 나는 목적이 뚜렷했으므로 피엑스 휴게실도 외면하고 지나쳐 버렸기에 경제적으로 항상 여유 만만했다. 월급도 없는 구둣방에서도 잔심부름해 주고받은 동전을 모아서 급할 때 사용한 경력의 소유자인 본인은 가난해도 마음만은 항상 넉넉한 부자였으며 급하고 어려운 자를 도울 수 있었다.

월남에서도 우선 담배와 급전에 관한 은행 역할을 할 수 있었으며, 가끔 지압으로 전우들의 고통 해소에도 작은 역할이 가능했으므로 부산군기사 건공단 시절과 마찬가지의 인기를 누릴 수가 있었다.

그런데 우현O의 어려운 고충에는 선뜻 용납이 안 되었음은 친하면서도 신뢰 문제가 대두될 만한 액수여서 망설여질 수밖에 없는 상황이었다.

그러나 사나이들의 세계는 묘한 특성에 의리라는 피할 수 없는 강한 신념이 지배되는 감정일 때에는 긍정적인 사고의 판단으로 서게 되는 것 같았다.

그것은 바로 우현O의 부끄럼도 불사한 가정사를 진솔하게 털어놓으며 아버지에 대한 평생의 악감정이 갑자기 본국 휴가 특명을 받으며 자신도 모를 심경에 감동이 살아나면서 극도의 미움이 가셨고 연약해 애잔한 연민의 정으로 변화되면서 처음 만났을 때의 허랑방탕의 모습이 그림자도 사라진 듯한 진실된 모습에 내 마음도 공감했다.

역시 경상도 머슴아라는 안도감과 믿음으로 친밀감이 충만해졌던 기억이 지금도 생생히 떠오른다.

우현O의 휴가 계획은 그 당시의 베트남에 금값이 헐값일 때 뭉치로 마련해서 귀국하면 큰 자본이 됨으로, 그 당시 알속 있는 다방을 마련해서 전문 마담을 두면 생활 경제가 무난해질 때였는데, 내 모든 일상을 눈여겨보았던지 확신하고 나에게 투자 부족금을 요청해 나로서는 돕지 않을 수가 없게 되었다.

모처럼의 개과천선의 기회를 묵살할 수 없었기에 바로 거절을 하지 못하고 며칠의 탐색으로 심사숙고를 하게 되었으며, 결국 현서의 간곡한 효심에 감동되어서 동조하기에 이르렀던 것이다.

현서의 본국 효도 휴가 진행 계획이 차질 없도록 협력해서 보내게 되었으므로 내 마음에 희열감이 충만하고 흐뭇해져서 행복한 감정이 오랫동안 지속되었으며, 우현O는 날아갈 듯한 기분이라고 했다.

예수님은 서로 믿고 의지하며 배려함이 축복이라 하셨으니 그분의 깊으신 뜻을 받들어 사랑해 보리…

대구의 우현O와 경북 영천의 서중O 중사를 잊을 수가 없는 분으로 우리 중대 본부의 선임 하사였다.

　키는 장신에 머리는 빡빡이요, 얼굴은 말상으로 붉었으며, 말씀은 매우 심한 더듬이며 필체는 명필에 군인 정신이 엄청나게 투철한데 너무 고지식했었다.

　거기에다 성질이 너무 급해서 화가 잔뜩 오를 때는 말문이 막혀 버려 하늘을 보면서 눈만 껌벅거리는데 한참 동안 걸리며 우리들은 터지려는 웃음을 참으려고 안간힘을 쏟는데, 붉은스런 얼굴이 한 명이라도 참지 못한 피식 웃음을 내면 완전 홍당무 색으로 변하면서 고장 난 곡사포 같은 소리로 "뭐~~~어얼 믿고!~~ 까부나! 이 쌔끼들아!" 해 버리면 맞아 죽을 때 맞아 죽더라도 폭소가 터져 버릴 수밖에 없었기에 난감했었으며, 송구스러운데 오히려 본인은 그때만 되면 별일 아닌 듯 애써 평온해졌고, 급한 성질만 아니면 버릴 것이 없는 반듯한 분으로 내가 깍듯이 존중해 드렸기에 나와 김성O를 무척 아껴 주신 분으로서 많은 사연들을 엮을 수 있었다.

　김성O는 서라벌예대 사진학과 재학 중 입대한 동갑내기로서 나와는 허물없는 전우로 사회 진출 후에도 변함없는 우정을 나눌 수 있던 친구였던 것이다.

　본국 휴가를 마친 우현O가 귀대해서 그간의 고국 뉴스거리에 귀를 기울여 집중했는데, 다방을 개업해서 자기 부친의 소득을 올릴 수 있도록 성공적으로 마무리하고 복귀하였음을 보고 형식의 설명에 박수로 축하 격려를 아끼지 않았으며, 나와 더불어 협력해 준 전우들 모두의 흐뭇한 기쁨으로 충만함을 느낄 수가 있었던 감동이었다.

　비록 작은 협력에도 십시일반으로 동참한 우리의 보람은 말할 수 없이 컸던 기억이 생생히 떠오른다.

그런 행사 후부터 현서와 우정은 물론 전우들 간 끈끈함이 한층 돈독해졌으므로 어떤 작전도 두렵지 않았으며, 자신감들이 넘쳤던 것이며, 그래서 젊음의 에너지는 분위기만 결집해도 천하를 얻을 수 있는 것.

그때 우리 207 보충대원들의 마음은 한결같았다.

월남전은 전면전이 아닌 게릴라전이므로 전후방의 구분이 애매 모호했기에 항상 불안함으로 긴장감에서 자유로울 수가 없었다.

그러나 서로 배려하고 격려하면서 전우들 간 우정이 돈독해지면 철조망 안의 부대 생활도 여유롭다.

그때부터 시간만 나면 우현O의 서중O 흉내 더듬 부리쇼가 사라지게 되었으며, 중사님에 대한 그간의 무례를 정식으로 사과하도록 해 매우 훈훈해졌다.

군 병영이나 사회생활 어느 곳도 옳은 생각을 한다면 세상을 얼마든지 아름답게 볼 수가 있을 것이라는 산 교육적 체험을 할 수 있었던 좋은 기회였던 것이다.

그러므로 서로 위로하며 의지해 위안을 얻었기에 자신감이 넘치는 베트남 생활을 할 수 있었으리라…

지금 이 순간에 그 옛날 그 시절이 아련히 그리워진다.

56. 주월사령관 이취임식(1969년 5월 1일)

주월한국군 초대사령관 채명신 중장과 2대 신임사령관 이세O 중장의 이

취임식이 사이공 위치의 주월사가 아닌 냐짱 100 군수 사령부로 결정됐다.

사이공 주월사는 연병장이 너무 협소해 연병장이 넓으면서 중앙에 위치한 냐짱 100 군수 사령부에서 행사와 숙식을 일괄 병행할 수 있었던 것이다.

그야말로 대형 행사이므로 중대장의 고민이 깊을 수밖에 없었는데, 따라서 1종계인 본인에게 책임이 막중함으로 내게 특별히 내려 준 권한은 계급장을 떼고 부당하면 중위 계급자까지 처리할 수 있도록 하명했으니 마음이 여린 나에겐 대단한 모험이었었다.

그런데 육사 출신 박종O 대위가 국졸 출신 1종 계인 본인을 남다리 신임하게 된 동기는 우현O와 나의 우정 때문이었다.

지휘관으로서 수령계와 1종계에 만족하고 있었으므로 한 번도 지적해 본 적이 없었다.

우리 부대에서 가장 예민할 수밖에 없었던 직분들이었는데, 우선 삼위일체(중대장, 우현O, 김복현)가 잘 이루어지고 있을 때였다.

그래서 대형 축제 행사의 작전을 지휘관이 구사하는 중요 회의 때 우리들의 실무 의견을 주로 참작했었다.

사실상 중대장의 위상이 좌우될 만큼 중요한 문제의 작전이었던 것이다.

행사 일정은 보름간이었으며 단 하루의 이취임식을 위해 14일간의 준비와 훈련이 필요했던 것인데, 행사에 참여한 모든 주월사 내의 군악대 및 의장대와 주요 부대들은 물론 본국 요인들도 참석한 메머드 행사에 새 가슴인 내가 감당하기에는 매우 벅찬 업무였으나 중대장님은 나와 우현O를 굳게 믿었던 것이며, 특히 나를 전적으로 신임했음이 떠오른다.

내 모든 언행과 사건들 체크는 충분해서, 드디어 행사 일정에 들어가니 베트남전 지역에서 참여 부대들이 몰려들기 시작했는데 기억되는 대로 기술해 본다면 ① 해병, 청룡부대 ② 해군, 백구부대 ③ 공군, 은마부대 ④ 공병, 비둘기부대 ⑤ 육군, 맹호, 백마 주월사, 십자성 부대, 공수, 특전단과 각 부대의 군악대, 의장대가 우리 207 보충대로 모여들기 시작하는데, 귀국 병들과 신입 국병들보다 더욱 번거로웠다.

며칠 전부터 철저한 준비에 총력을 기울였으나 주월사 전군에서 몰려드니 힘겨운 작전이었다.

더구나 1종을 총괄하게 된 내 역할이야말로 정신이 번쩍 들었으며, 무엇보다도 우리 보충대와 내 역할 평가를 제대로 받아 볼 수 있는 기회였으나 해병대원들의 잘못된 인식이 그중에서도 난제였었다.

내 눈으로 볼 때 그들은 심리적으로 들떠 있는 듯했으며, 육군을 무시함이 당연한 것처럼 설쳤으므로 가만히 분석에 몰두했다.

참여 인원도 가장 많았기에 행사 운영 전반의 성패를 걸어 볼 만했었던 것인데, 그때 마침 헐크처럼 덩치 큰 해병 중사가 조석으로 1종계 취사장을 드나들면서 나를 보면 명령조로 주문을 하는데 그 수량이 만만치 않았으며, 교만 덩어리에 우월심으로 하늘을 찌를 듯한 기세 등등인데, 취사부에만 오면 김 병장을 찾았고 나는 한동안은 군소리 없이 묵인해 줄 수밖에 없었다.

타군이지만 선임 하사며 선입견이 해병대만 보면 육군들은 꼬리를 내리며 기가 꺾이게 되고 마는데, 덩치는 헐크급에 복장은 해병 얼룩이복에 선임 하사여서 졸자들이 너덧 명씩 호위해 위세가 당당했다.

중요 행사여서 보급품들이 넘쳐났으며, 행사용품 고급 1종 품이 내 생전에 전무후무한 양과 질이었으며, 미제, 일제, 한국산이 총망라된 식품으로 A 레이션, B 레이션, K 레이션이 총망라되었다.

A 레이션은 생이며 일제, B 레이션은 인스턴트, 미제 K 레이션은 국산

으로 김치, 파래, 멸치, 돼지고기, 쇠고기볶음 통조림인데 맛이 으뜸으로 인기 짱이었다.

그러니 헐크 중사가 제집 물건 찾아가듯 일방적으로 들이닥치면 막중한 업무 진행에 큰 걸림돌이었기에 내가 해결할 수밖에 없었는데 고심이 깊이 쌓였었다.

이틀째 날 아침은 지난 밤 늦은 취침에 잠을 설쳤던지 몸도 마음도 매우 무거워서 정신이 몽롱할 지경인데, 하필 그때 헐크 중사 이희O이 어그적거리며 나타나 뇌까려 대는 요구 품목 수량은 장난이 아니었다.

그런데 그날 수행자는 1명뿐이어서 부담감 없이 단촐함에 틈이 보인 듯 함과 동시에 큰소리로 거부했더니 비웃음과 동시에 솥뚜껑 같은 주먹이 들어오기에 잽싸게 피하며 팔목을 잡아 꺾었는데 제대로 잡혀서 곰처럼 내 손아귀에서 벗어날 수 없었던 헐크 중사가 연신 "김 병장아! 말로 카자! 말로 카자!"였으나 한번 잡은 기회를 던져 버릴 수는 없는 노릇인데 그 모습에 놀란 해병 똘마니가 동료들에게 달려가서 알렸던지 삽시간에 몰려들어 험악한 위기 일발일 때였다.

갑자기 헐크 중사가 해병대원들에게 소리쳤는데 "한 놈도 김 병장을 공격하지 말라!"였으므로 나도 깜짝 놀라 내 귀를 의심했었으며 현장의 모두가 요새 말로 멍때려 버린 영화 같은 장면이었던 것인데 물론 가냘픈 소년이 덩치 큰 곰을 잡아 깔고 앉은 듯한 형태가 매우 희극적인 것 같았으나 그날의 사건은 깊고 오묘한 뜻이 담겨 있었던 것이었었다.

파월 해병 청룡부대원 이희O 중사는 부산 출신으로 남다른 성질인데 그날 그 사건도 내가 지나치게 오랜 시간의 팔 꺾기를 풀어 주지 않은 무례를 저질렀으며, 부하들의 나에 대한 불공격 지시를 한 즉시 풀지 않고 긴 시간의 고통을 주었는데도 끝까지 참고 인내해서 비로소 내가 풀어 줄 때 일어서 비틀거리면서도 나를 한번 안아 주시며 내 손을 잡아 올려 줄 때는 현장의 모든 목격자들의 환호와 박수를 받았던 감격의 그때 그 순간을 나는 결코 잊을 수가 없다.

그날 몇 번이고 내 손을 잡아 올려 주며 "육군 병장 김복현! 멋지다!"를 반복해 주던 부산 사나이 해병 청룡부대 이희O 중사님을 만나 볼 수는 없을까?

그 사건 후부터 주월사령관이 취임식 행사 전반의 질서를 해병 청룡대원들의 열렬한 지원이 힘이 되어 나에게 부족했던 용기가 샘솟듯이 연속 3일간의 날밤을 새면서도 쓰러지지 않고 막중했던 임무를 성공적으로 마감해서 중대장님의 심사숙고였던 중요 행사 작전이 무난한 결과여서 치하 공로 표징의 십자성 100 군수사령관 준장 김영O 님의 표창장을 받았기에 귀국할 때 장교들도 어려운 일본제 21인치 레쇼날 텔레비전을 지참했음은 영예롭다.

이희O 중사와의 인연은 특별했으며 십여 일 남짓한 시간에 유감없는 친분을 나눌 수 있었는데 대구 출신 우현O의 동참으로 더욱 화기애애했었으며, 우현O의 나에 대한 평가 설명이 너무 과해서 부담은 좀 되었으나 참으로 흐뭇했으며 고맙고 감사한 뜨거운 사나이들의 멋지고 아름다웠던 그 추억을 떠올려 보니 나 자신이 무척 자랑스럽고 대견스러워진다.

비록 초등 과정의 짧은 과정 이수자이지만 대졸 과정 이수자보다 전문지식은 부족하지만 세상 풍상의 산 경험적 지혜는 월등함으로 그들보다 뒤질 게 없으련만 세상은 어리석게 속물적 학력의 잣대질로서 고귀한 지혜자들을 폄하해 버림의 결과는 과잉 과외의 폐단의 원흉이라 아니할 수 없겠다.

어찌 됐든 군대 생활 3년 동안에 영호남인의 특별한 인연에 대한 나의 예감이 밑거름으로 누적되고 있었는데, 지금 나의 삼 남매의 부부 인연은 영호남의 화합이 너무나 조화롭게 이루어졌음을 확신하며 축복의 하나님께 다시 한번 감사를 드립니다.

(초대 주월 한국군 사령관 채명O 중장 4년 8개월간, 2대 사령관 이세O 중장 3년 6개월간)

57. 월남戰도 익어 간 듯

나의 파월일자가 십여 개월이 되니까 선임들은 거의 귀국해 버렸으며, 기간을 연장한 자들 몇 명뿐이었다. 이취임식을 무난하게 성사시키고부터 부대 분위기는 더욱 밝아졌으며, 나의 위상은 안정적이었으며, 부관 조성O 중위 대신에 이원O 중위가 赴任했는데, 성대 출신으로 인상이 좋아 모두 安堵했었다. 헬리콥터와 조명탄과 포성은 여전했으나, 비극적인 보도는 현저히 줄어든 듯한 전면전보다는 게릴라 전으로 양상이 轉換된다는 정보가 입수될 정도여서, 참전 후 그때부터 비로소 대민 지원과 외출을 병행하면서 여유를 조금은 누릴 수가 있었던 것이다.

* 권구O과 나의 사건 1

냐짱 비치(미군 휴양지 해수욕장)에 가 보았는데, 그날 권구O(훗날 주택공사장)이와 내가 익사할 뻔한 나만 알 수 있는 위험한 순간이 있었던 것은 철조망을 모래사장과 바다를 가로질러 막은 상태여서 우리 쪽은 일반인들의 수영장이므로 호기심 때문에 철조망 넘어 미군 비치로 헤엄쳐 들어갔다가 돌아오면 스릴도 있고 재미도 있었기에, 나처럼 수영에 자신 있으면 바다 쪽으로 멀리 回泳해서 철조망을 피해 돌아오곤 했는데, 덩치 큰 강원도 출신 권구O이 수영 실력이 전무였던지 호기심만으로 철조망을 잡고 저쪽 비치 쪽을 두어 차례 왕복하던 중, 세찬 파도에 손을 놔 버렸는지 머리가 물 밖으로 나오면 하! 하! 하! 웃고 들어가면서 허우적거리면 모두들 장난으로 알고 같이 웃고들 있었으나, 내가 보기에는 수영을 못하는 것으로 보여 앞뒤 가리지 않고 다급히 구O이 뒤쪽으로 접근해서 양쪽 어깨를 잡아 밀며 사력을 다해 바깥쪽으로 양발 물차기의 압력을 가했더니, 겨우 조금씩 움직였는데, 그때도 웃고들 있었다. 바닷물의 위험성을 경험해 보지 못한 무지였다.

그 당시 내가 지혜가 없었다면 구O이 전면으로 접근해서 잡혀 버렸을 때 두 명 모두 위험에 빠질 뻔했던 순간이었으나, 거의 모두 심각성을 전혀 느끼지 못해 멍 때린 채로 의아해하며 재미있는 구경거리였을 뿐. 우리는 밖으로 기어 나온 즉시 혼절해 버리고 말았다. 죽고 사는 것이 백지장 한 장 차이란 말이 실감 났었던 사건의 경험을 지금도 떠올려 보니 感懷가 새롭다.

* 권구O과 나의 사건 2

강원도 홍천 출신 구O이와 나는 전쟁국에서 1여 년 정도 만난 인연이지만, 아무런 연관이 전혀 없었는데도 불구하고 무척 친했으므로 기회만 되면 합류해서 허물없는 전우의 추억거리를 연출하게 되었는데, 한 번은 무단 외출을 모의하게 되었고, 한 명 더 추가해 신동O 병장(일식 요리사)을 동참시켰더니 감격해 마지않았다. 그날은 주월사 신병들의 입대일자였기에 한낮에는 분주했으나, 늦은 오후에는 일정이 한가해져서 謀士에 능한 권구O이가 활약하는 데 거리낌이 없었다. 나와 신동O을 포섭하듯이 경계초소 병들(주월사 신병)을 설득해 교육까지 잘 시켰는데, 역시 용의주도함에 탄복할 뿐이었었다.

  죽을 때 죽더라도 꽁까이들과 술을 마셔 본다는 유혹을 뿌리칠 수가 없었는데, 사실상 전쟁터에서 어림도 없을 법한 蠻勇이었던 것이다. 더구나 나는 파월 후에 단 한 번도 구락부 휴게실이나 PX에 들러 본 적이 없었던 순백의 청렴도로 유명했었으나, 본인도 모를 내면의 그 무엇인가가 움찔거렸으니, 인생은 어떤 경우도 장담할 일이 아닌 것 같다. 3명 중에 내가 제일 파월 선임일 뿐, 나이와 군 복무는 동O이가 上이었는데도 모두 과분하게 날 우대했다. 일단 밤이 되어 각개 전투형으로 철조망 무단 이탈은 진행되었으며, 위험 중의 화려한 외출은 상상에 접고 동이 트기 전에 각개 전투로 귀신도 모르게 감쪽같이 부대 복귀를 하려고 철조망을 통과한 나와 구O이가 동O을 재촉할 때 갑자기 M16 연발 총탄이 빗발치면서 조명탄이 새 떼처럼 하늘로 떠오르는데, 우리는 정신없이 크지도 않은 바위를 의지할 수밖에 없었으며, 수류탄을 던지면 죽을 수밖에 없던 긴박감으로 숨을 죽이고 있을 때 부관님 "수류탄 투척해야죠" 할 때였다. 부관의 허락이 떨어지기 직전 그만 "중지하라"의 중대장 명령이 간발차로 먼저 떨어졌던 것이다. 역시 지휘관답게 급비상 중에도 내무반으로 뛰어가서 잠자리 상태로 인원 파악이 되었기에 이름을 부르게 되었고, 간신히 대형사고를 막을 수 있었던 것인데, 우리 중대장님은 그 사건 때문에 엄중한 위기였으나 주월사령관 이취임식을 성대하게 성공적으로 마무리한 공로와 윗선의 배경 또한 힘이 되었던지 무탈하셨으므로 우리도 체벌만으로 처리된 대형 사건의 발단이 참으로 어처구니가 없었다.

구O이가 교육시킨 주월사 신병이 보초 인수인계 때 졸음이 왔던지 전달 사항이 부실해서 발생한 사건인데, 갓 입국해서 전쟁 두려움으로 긴장하고 있었을 때 철조망 쪽에서 인기척이 났으니 자신도 모르게 방아쇠를 당겼던 너무 어리석은 3총사의 큰 실수였던 것이다. 철조망 주변은 각종 지뢰와 부비추렐 등의 폭발물 설치로 가끔씩 산짐승들이 밟아서 터지곤 했었는데, 전방 적 방어용이었다.

*캄란베이 美흑인 병사들과 싸운 사건

아무리 전쟁터라도 그 생활이 익숙해지면 여유가 좀 생기게 되며, 처음 같은 전투 공포심도 무뎌지다 보니, 젊음의 蠻勇이 꿈틀거리게 되었던지 틈만 나면 외도를 모의했었다. 우현O, 김성O, 김복현 3총사는 수령계 1종계 2, 4종계였으므로 동행의 기회가 頻繁했던 것인데, 그날도 수괴는 우현O였었다. 미군 보급 창의 지역인 데다 캄란베이는 화려함과 활기찬 모습은 전쟁과는 전혀 무관해 보일 정도였다. 무엇보다도 아름다운 꽁까이들이 넘쳐흘렀으므로 각국의 젊은 병사들에 선망의 대상 지역인데, 더구나 우리 한국군의 인기는 그 당시 베트남 아가씨들에겐 단연 넘버원이어서 우리들이 지나가면 꽁까이들의 유혹이 대단했는데, 서양 쪽 병사들이나 인도 쪽과 특히 흑인 병사들은 돈 때문에 마지못해서 응할 뿐이었다.

아무튼 그쪽 길은 난봉꾼 우현O가 앞제비로서 선두 지휘를 자임했으나, 그날은 影 아닌 게 되고 말았다. 해 지기 전에 숙소부터 마련해 두고 돌아다녔어야 했는데, 분위기에 취해서 회까닥해 버렸다가 부랴부랴 호텔을 찾아갔더니, 캄란 어느 곳도 만원이었었다. 해 질 무렵부터 그 지역 전체를 물색하던 중 변두리에 허름한 3류 호텔이 남아 있기에, 천신만고 끝의 오아시스로 알고 계약을 하려는데, 갑자기 깜둥이들이 들이닥쳐서 다짜고짜 방해를 하는데, 처음에는 덩치 큰 흑인 병사 4명이 두려울 수밖에 없었으나, 모처럼 중대장님의 특별히 내려 주신 褒賞 외박을 허탕시킬 우리가 아니었기에, 고래 같은 합기도 기압 소리를 내질러서 주춤하는 사이에 주동자 손목을 잡아 꺾어서 제압했는데, 쒜낌이(고양이) 우현O도 덩치 큰 놈 턱을 특유의 펀치로 올려서 쳤는데, 고목처럼 벌러덩 나가떨어졌으니 기적 같았었다. 흑인 병사 놈들은 줄행랑을 쳐 버렸었다. 나중에 알고 보니 그들의 단골 업소였던 것인데, 그곳 꽁까이들은 우리를 대환영해 주며 마치 우리를 연예인처럼 대하며 신기로워들 했었다.

그럴수록 우리는 신사도를 지켜야만 했었다. 솔직히 말한다면, 어떤 영화나 드라마보다 신나고 멋진 장면을 호텔 꽁까이들과 종사원들은 넋을 놓고 보았으리라 짐작되는데, 우현O는 아주 작은 체구에 괴짜 인상이어서 돋보였을 것이며, 권구O과 나는 배우라고 해도 손색이 없을 인상들이었는데, 쒜까만 곰 같은 거구 흑인 병사들을 눈 깜짝할 사이에 잡아 밟아서, 위세가 당당했으며, 무엇보다도 거의 상처 나지 않을 정도로 깨끗하게 굴복시켜서 보냈으니, 목격자들 모두가 환성을 지르며 환호했던 것이었다.

비록 8개월도 안 된 국술원 합기도 수련 실력으로 부산 군기사 공병대의 사범을 겸한 체조 강사를 했으며, 파월 생활 중에서도 나 자신이 깜짝 놀랄 때가 있을 정도였으나, 정작 내 주변 사람들은 나의 재능을 알 수가 없었으며, 잠깐 지나간 듯 목격한들 대부분 선입견으로 폄하해 버리고 말았다. 노래와 문장력과 지압 같은 재능이 적지 않았으나, 악력이 우중충했던지, 사회에서는 폄하당하기만 했으나, 전국 팔도에서 모여들었던 병영 생활에서는 김복현이란 존재 가치가 넘쳤었음을 자신에 찬 회상으로 기록할 수 있음에 무한한 감사를 드릴 뿐이다.

58. 우병장을 지켜라

월남 생활이 종반으로 접어들면서 대구에 우현O와 대전의 문영O가 나와 고참으로서 보충대의 분위기를 잘 이끌어 가고 있을 때였다. 그 무렵의 군악대도 신참들의 모습이 눈에 들어오는 듯할 때, 우현O 身上에 그림자가 아롱거리기 시작했으며 군악대원들의 우현O에 대한 여론이 적대적임을 내가 알았을 때는 너무 뒤늦은 정보였었다. 나와 군악대원들의 관계가 워낙 돈독했었으므로 군악대원들의 우현O에 대한 누적된 앙금이 그토록 깊은 줄을 전혀 감지 못 했었는데, 어느 날 나와 현서가 휴식 시간 때 맥주를 마시던 중 덩치 큰 낯선 신병이 우리에게 접근하며 깍듯한 인사를 해서 덕담으로 격려하며 술자리까지 권해 한두 잔씩 주고받은 후에 취한 척 주정하며 행패를 부림이 例事 행동이 아닌 시비조여서 보스 기질의 우현O가 특유의 돌려치기 펀치를 날려 버리니 나가떨어져 뒹굴었는데, 분에 찬 현O의 재폭력을 내가 잽싸게 막아서며 가볍게 뺨만 때려서 보내 버렸는데 그 일 때문에 우현O에 대한 군악대 선임 하사들 묵은 감정을 알 수 있게 되었던 것이며, 어차피 자신의 잘못된 과오를 조금은 알 수 있었던지 지금까지 두꺼운 얼굴로 사과를 스스로 하려고 판단했으므로 우현O가 그런 뜻을 내게 보였기에 마음을 놓을 수 있었던 문제였었다.

　일반 사회에서나 군 부대에서나 요직에 있을 때일수록 상대성 처신을 성실하고 유연하게 해서 원한을 품지 않게 해야 되는 것인데, 그 점이 아쉬울 듯 어려운 점이리라~ 그래서 인생이라 했던가!~ 그때는 흘러갔는데 우현O는 바쁘기만 했었으니까. 아무튼 절호의 기회를 놓쳐 버리고 지나가 버렸으니 한번 맺힌 감정의 응어리가 풀리지 않고 말았던 차에 군악대의 신병을 두들겨서 보냈으니 切齒腐心했겠는데 우리는 까맣게 잊어버리고 있었던 것이다. 진즉부터 우현O 귀국 말년에 필히 혼쭐나게 손을 봐서 그동안에 받았던 설움을 온전히 갚아 주리라 다짐했던 모양인데 우리 쪽은 전혀 영문도 모른 채였으며 우현O에 대한 갈등이 그렇게 심한 줄은 몰랐었다.

　파월 참전해서 만기가 되면 귀국할 때 미군 보급품이 귀할 때여서 귀국 선물로 최고였을 때였는데, 수령계가 마음만 있으면 귀국 박스에 채워 줄 수가 있었는데 군악대 중상사(직업군인)들에게 너무 야박해서 발생한 지극히 인간적인 갈등이었던 것이다. 나와 그토록 친했던 중상사들이 나 때문에 참고 인내했다는 후일담이어서 매우 안타까웠던 사건이었으니 일견 가슴 아픈 내용이 뭉클한데 시간이 흘렀으며, 건방 떨던 신병 사건도 잊어버렸던 어느 날 밤의 어둠 직전에 군악대 친구 강상O가 급히 내게 전해 준 정보는 현O가 위험하니 피신시키라는 전달이었다. 설마 했더니 드디어 정신이 번쩍 들었는데, 우현O는 취중에 칼빈 소총을 들고 다녀 무조건 덩치 큰 박윤O에게 외부로 끌어내서 은신케 하고 목제 건물 2층 내무반 양쪽 문을 걸어 잠그라고 지시했으나 벌써 한쪽 문이 빠루로 뜯겨 중사 한 명이 앞장서서 침대 머플러로 휘두르며 우현O를 찾았는데, 침대 위에서 지시하고 있는 내 등 뒤를 노리는 자를 본 홍달O이 "김 병장님! 피하세요!" 해서 돌아보는 순간 내 등을 힘껏 가격한 몽둥이가 돌아본 내 얼굴에 정통으로 맞아 버렸는데 억! 소리와 함께 목에서 검은 피가 덩어리로 울컥 쏟아지니까 습격자들은 혼비백산해 우왕좌왕할 때 뒤늦게 달려온 우현O가 천정을 향해 공포탄을 발사함과 동시에 바로 부대에 비상벨이 울려 버려 보충대, 군악대, 월교대, 경비대, 급교대, 보안대 모두 비상 집합이 돼 버렸는데, 본대장과 군악대장이 부관의 상황 보고를 받고 난 후에 크게 다쳤다는 나를 보기 위해 내무반으로 헐레벌떡 뛰어 와서 보더니 소스라치게 놀랐다.

상처를 보더니 무척 매끈했던 김복현이 괴물처럼 보였다는 후일담으로 두고두고 되풀이할 정도였다. 그런데 그 당시 내 안면의 상태가 매우 심한 중상이므로 즉시 병원 입원을 할 수밖에 없었는데, 전쟁터서 습격 사건은 보통 문제가 아니었으며 그것도 장기 복무자인 두 명의 중사가 선동한 사건은 매우 중대한 사건이어서 내가 입원을 하게 되면 여러 명이 무사할 수 없게 되고, 그렇다고 입원을 안 할 수는 없는 상태여서 부대 전체가 암운에 덮인 듯한 무거운 침묵으로 가라앉은 듯했고, 특히 두 명의 지휘관과 두 명의 주동자 장기 복무 중사들은 시종 사색이었던 기억이 생생하게 떠오른다. 오밤중인데도 집합을 풀 수 없는 고통스러운 침묵의 시간이 한참 지났으며, 지휘관들은 내 곁을 떠날 줄 몰랐는데 다행인 것은 난리를 쳤으나 사령부에선 아직 모르는 듯했다. 난리통에서는 웬만한 난리는 난리도 아닌 것 같았다.

그런데 나에게 이상 징후가 나타나기 시작했었는데, 우현O가 어디서 뜨거운 달걀을 계속 공급해 괴물처럼 뒤틀린 내 안면에 굴려 주었는데 처음에는 무감각이었고, 좀 지나 통증이 견딜 수 없더니 차츰 뜨거워져 가기 시작했다. 왠지 병원 안 가도 될 것 같은 자신감이 들었으며 어떻게 해서든지 모두 무사해야겠다는 신념으로 충만해지기 시작했었다. 그러나 내 생각일 뿐 거의 모두가 병원 입원밖에 없겠다는 단정들이었었다. 결국 내가 결단하고 벌떡 일어나려는데 머리를 들 수 없었다. 안면이 얼마나 부어 버렸던지 두 눈이 덮여 버렸으며 복위는 거의 움직일 수가 없었으나 말은 소리가 나와 입원을 하더라도 내일 아침 밝을 때 하겠다면서 안심을 시켜 드렸더니 서로들 위안의 격려 박수가 터졌으며, 안도의 파이팅으로 위로해 주었던 전우들의 우정을 지금까지도 선명하게 떠올라서 잊을 수 없는 따뜻한 추억이다.

그날 밤이 새도록 우현O와 동료들이 날계란을 쌓아 두고 백열구의 열을 가해서 따뜻해지면 얼굴 부위에 굴려 주기를 반복했었는데, 조금씩 부드러워짐을 느낄 수가 있었으며 사용한 계란을 쪼개서 보았더니 신기하게도 노른자 속에 푸렁물 같은 멍이 꽉 차 있었으며 내 안면의 부기를 연속 계란으로 흡수했더니 다음 날 아침에는 조금은 가라앉아 있었기에 희망이 보였으며 그 덕분에 나를 보려고 모이다 보니 후회로 인해 뉘우치기 시작했으며, 어느덧 화해의 물결이 일어나기 시작했으며 나를 중심으로 하나가 되기 시작했었던 감동의 장면이 연출되고 있었던 것이다.

그러나 치료 문제가 난감한 숙제였는데, 정작 당사자인 내가 병원보다는 민간 요법인 뜨거운 계란 흡수 치료로도 가능하겠다는 자신감으로 유지한다고 단호하게 결정해 버렸더니 내 마음이 평온했으며 담담해져서 안면 통증도 이길 수 있음을 확신했다. 그날부터 나는 207 보충대 내 전속 부대 전우들에게 실의에 찬 확신으로 갖은 호사와 사랑을 듬뿍 받을 수 있는 호강을 과분하게 받을 수 있었던 것이다. 무엇보다도 나를 가격했던 김한행이란 군악대 신병을 김 중사와 이 중사가 동행해 나에게 대면시켜서 정중히 사과하게 했는데, 만나 보니 덩치만 클 뿐인 상도 선해 보였으며 순천 농고를 졸업하고 군악대 모집 응시에서 둘러서 운 좋게 파월해 군악대에 차출된 신병인데, 자기 선임 하사들의 지시대로 따르던 중에 내가 침대 위에서 설쳐 대니까 우병장으로 알고 등 뒷면을 힘껏 쳤는데 그 순간에 얼굴을 돌려서 정통으로 안면 가격을 하게 되어 자신이 기절할 뻔했다며 무용담처럼 말하면서도 연신 "죄송합니다"를 연발했었다. 사실 따져 보면 갓 파월해 입영한 초짜가 무슨 잘못이겠으며 순천은 동향이 나 마찬가지여서 반가웠으며, 신병스러워 그 후부터 나를 무척 잘 따랐기에 내가 귀국할 때까지 강상O와 셋은 특별한 향우애를 나눌 수가 있었던 것이다.

사건 3일째가 되니 심했던 안면 통증과 두통이 점점 가라앉은 듯 부드러워졌으나 목에서 계속 나오던 검붉은 액체가 불안하게 했으나, 우현O의 줄기찬 달걀 찜질의 효력이었던지 사건 7일째에 감소가 뚜렷해졌으며 두통, 안면통이 수월해지면서 얼굴에 부기도 조금씩 가라앉아서 흉했던 안면이 본 모습을 회복한 듯하니까 우현O가 기념사진을 찍었는데, 금번에 정리하다가 그토록 귀한 사진이 나왔기에 기억력에 크게 도움이 되었으나 애석하게도 괴물처럼 괴상망측한 명작품을 젊었을 때 흉측하다고 처분해 버렸으니 후회 막급이다. 심하게 일그러졌던 그때의 현상을 지금껏 간직했다면 명품일 텐데… 겨우 안면 회복 85% 이상 복귀한 모습이니 아쉬울 뿐이지만, 지금에 와서 어쩔 수가 없어 아쉽다.

월남전에 파병해 생각도 못했던 여수 3총사 양성O, 송한O와의 꿈만 같았던 만남도 만기가 차서 차례대로 귀국을 하는데 같은 100 군수 사령부 내에서 자주 만날 수 있었던 한O도 성O이의 뒤를 이어 귀국하게 되었었다. 나보다 1년씩 먼저 거쳐 간 셈인데, 한O에게 보낼 고향의 부모 형제를 위한 이벤트를 계획했는데, 우선 기자용 쏘니 녹음기를 마련해서 어머니와 형제들은 물론 이웃들에게도 안부를 전하며 나의 생육성으로 부른 노래를 녹음할 때 군악대 악기에서 음악이 연주되었으며 하늘에 선 조명탄 소리와 포성이 울려 퍼졌으니 녹음 효과 만점이었던 것인데, 병력 입소가 없을 때는 군악대 위에 막사가 녹음하기에 안성맞춤으로 대만족이었었다. 5~60년 전의 전쟁터 베트남에서 생생하게 들리는 녹음기를 틀 때마다 내가 살아 있음을 실감하게 된다.

삼총사 내 친구 송한O와의 냐짱 상봉도 얼마 남지 않아서 틈만 나면 시내로 외출했으며, 그때의 추억거리를 사진으로 많이 남겼었는데 지금 보니 보배처럼 높은 가치가 있는 명품들이다. 한O가 귀국할 때 나의 녹음기를 그에게 보냈었는데, 고마운 친구는 만사를 제치고 300리 길을 달려가서 나의 형님께 전달했으며, 대촌 마을 이장님은 방송하기에 이르렀으니 우리 집 마당과 이웃들 마당은 관객들이 운집해서 대단했으며, 고령의 병든 어머님이 벌떡 일어나서 박수를 받으시고 내 육성의 소리가 들릴 때마다 기쁨의 눈물을 하염없이 흘리셨다는 친구의 소식에 흐뭇한 행복감에 도취되었던 그날의 소중한 추억거리를 연출해 주던 나의 친구 삼총사 송한O의 진한 우정에 제삼 감사한 마음이며, 잊을 수 없는 영원한 추억의 녹음 테이프가 오늘까지도 고이 간직되고 있음에 감사할 뿐이다. 어머니! 어머니! 나의 어머니! 아~ 어머니! 우리 어머님!~~~ 2021년 12월 3일 새벽에.

59. 한대O와 한경O

　우리 207보충대 기간병들의 학력이 좋은 편인데, 대부분이 대학 재학 중에 입대한 케이스다. 그중에 한대O는 충남 당진 출신으로 권구O과 비슷한 시점에 보충대에 자충되었던 유망주며, 그때만 해도 대학생은 꿈에 보듯 귀할 때였으므로 부러움의 대상이었다. 비율로 보면 국졸 미만이 다수였었다.
　그런데 군생활은 동등한 편으로 첫 업무 때만 애로가 있을 뿐이고, 잘 극복해서 익숙해지면 정신력은 저학력자가 앞서게 될 수도 있는 것이었다. 내가 학력 때문에 고향 주변에선 폄하받을 때가 많았으나, 전국에서 모인 군생활 중에선 과분한 우대를 받을 정도였었는데, 인상 좋은 한대O가 특별한 관심으로 내게 호감을 보였었다. 참으로 정감 어린 전우로서 지금도 아련한 옛 추억으로 떠오른다.
　그때 한대O의 여동생 한OO도 한진그룹의 회사원으로 월남에 파견된 회사가 하필 우리 207보충대 정문 앞에 있었는데, 그 시절에도 규모가 대단했다. 그곳에 다녀온 전우들의 "동생이 예쁘다더라.", "마음이 착하다.", "친절하다." 등의 이야기가 여러 번의 뉴스로 익숙해질 무렵, 한대가락국수생이 한OO로 애칭될 때 한대O가 내게 다가와서 정중하게 자기 여동생 사무실에 차 한잔 마시러 가자는 제안을 받게 되었다.
　기쁨이 충만한 귀한 호의에 고마운 마음으로 방문해 만났었는데, 오히려 소문보다 월등하게 아름다운 자태에 일순간 반했었던 기억이 새롭다. 한 살 차의 두 남매가 상하의 나라 베트남 전쟁국에서 오빠는 한국군으로 참전했으며, 여동생은 한국 기업체 직원으로서 파견 참여한 것도 기적 같은 현실이었다. 남매가 인근 부대와 기업체에서 매일 볼 수 있는 대단한 행운이라고 볼 수도 있었는데, 부러웠었다.

그 당시의 처녀 혼기는 24~25세면 만기였는데, 보수적인 충청도였으니 혼기 찬 한○○의 오라버니 한대○에게 부모의 압력이 있을 법했으리라. 그런데 하필이면 내세울 것이 없는 무학력의 나에게 얼마나 후한 점수면 미인 여동생의 짝꿍으로 지목했을까? 하는 고마운 마음에 감명을 받아 고무되었다.

부산 공병대 시절, 홍대생 김용○이가 내 두 손을 꼭 잡으면서 "살아서만 돌아오면 이대 여동생을 소개해 주겠다."던 약속이 뇌리에 떠올랐다. 그러나 그보다 더욱 진하고 굳세었던 첫사랑의 순○이 존재했으므로, 輕擧妄動을 피할 수 있었음을 확인해 본다.

사실 젊었을 때 예쁘고 참한 여인을 외면할 수 있을까? 그것도 서로 마음을 열어 주고픈 상대일 때는 숨이 막힐 듯한 긴장감으로 미로를 헤매 보게 된다. 한대○의 여동생 과의 짧은 만남 때문에 나는 참으로 많은 생각에 빠져들게 되었던 것이므로 정신을 차릴 수 있었던 것이다.

첫째, 무엇 때문에 군대와 파월 참전을 그토록 줄기차게 志望했던가?
둘째, 첫사랑도 아직 진행 중인데 무슨 망령인가?
셋째, 학교 공부와 능력을 갖추려면 10년 이상이다!
輕擧妄動하지 마라! 輕擧妄動하지 말라! 自肅하라!

말할 수 없는 과분한 호의와 아름다운 청춘에 순수했던 인연의 문턱을 나 스스로 일방적으로 닫아 버릴 수밖에 없었지만, 그 선택이 대견했었다. 참으로 잊을 수 없는 진한 추억을 더듬어 보게 된다.

제빵과 요리의 달인, 대전생 문영O와 배재고 졸업생, 경희대생, 인천 창영교회 목사 아들 고세O을 회상한다. 문영O는 배가 두드러지게 나온 인격자 스타일의 인상처럼 한없이 부드러웠으며, 특히 나와는 몹시 친했었다. 군 입대와 파월이 좀 빨랐는데, 제과 기술병으로 다른 곳에서 우리 보충대로 나보다 좀 늦게 전입한 경우다.

근무처가 취사부여서 나와는 많은 접촉 대상이었고, 매일 보는 사이였으며 밀접한 관계였다. 우리 둘은 성격적으로 조화가 잘 되어서 우현O와도 삼총사 명콤비였다. 우현O와 문영O가 6개월을 연장해서 내가 외롭지 않았으며, 남은 동안의 우정이 매우 아쉬울 뿐이었다. 서로를 격려하며 보호했었기에 추억거리도 많았다.

문영O와 나는 익살을 많이 부려 서로를 배꼽 잡고 웃길 때가 많았다. 만나기만 하면 장난스럽게 코미디 연출을 했으며, 내무반에서 힘자랑도 많이 했었다. 주로 내가 95kg의 배 뚱뚱한 문영O를 허리에 가로로 매고 이편저편으로 돌아다니면 전우들이 좋아하며 난리가 났었다.

그때 나의 하루 식사 횟수가 12~13회였는데, 덩치도 작은 내가 하도 잘 먹으니까 취사병 요리사 중 진도 출신 김명O 영감(30세 후 입영자) 요리사가 계속 조리해서 들이대면 다 먹어 버렸다. 그런데도 소화가 잘 되었는지 단 한 번도 배탈 난 적이 없었다. 씨름 장사 아들답게 힘이 불끈거려서 휴식 시간만 되면 힘자랑을 많이 했었다.

주로 팔씨름, 닭싸움, 샅바 씨름을 했으나 상대가 없어서 몸무게 많이 나가는 문영O를 내 허리에 둘러메고 다니면 전우들이 박수를 치며 매우 즐거워했기에 문영O, 우현O, 김복현 삼총사의 인기가 대단했다. 내가 부른 트로트도 원곡자 급이라고들 했으니 인기 짱일 수밖에 없었다.

나의 재능은 합기도, 지압, 씨름, 노래, 체조 운동 구령, 닭싸움(하루 종일 지치지 않음), 문장력(연애 편지 청탁받았음: 김성O, 김옥O) 등 만능이라고들 했을 정도였다. 나의 특징은 지치지 않는 초인적인 체력이었는데, 어려서부터 깡마른 빼짝이가 상머슴들 따라다니면서 깡다구를 키웠으며, 장사의 혈통을 받았기에 장성해서 파월 생활 때 세계 최고의 일본 최고급 식품(A레이션 호텔용 급 모든 생식 재료)으로 최고의 요리를 난생처음으로 원 없이 먹을 수 있었다.

이를 조리해 준 중화식 김명O, 일식 신동O, 제빵 및 양식 문영O 세 명의 요리사들의 나에 대한 과분한 사랑이었음을 나와 모든 전우들이 공감했으므로 확인되었던 것이다.

또한, 보충대 전우들 중에서도 나에게 특별한 동료가 있었는데, 바로 고세O이다. 인천 창영교회 목사 아들이며 배재고 출신으로, 배우 노주O, 철도 페인트 회사 둘째 주영O, 동대문 만화 도매상 신시O 등이 배재고 재학 중 착한 서클 운영으로 어려운 학우들의 학비를 조달했던 善義의 멤버들이라 했다.

그는 개성이 강한 독특한 전우였는데, 인천의 양원O(나로 인한 보충대 자충된 자)과 나를 향한 의리가 대단했었는데, 언제나 내게서 눈을 돌리지 않던 해바라기들 같았다. 귀국 후에도 고세O은 서울에서 만나 미국 갈 때까지 내 신접살림의 어려운 형편을 목격한 후 팔을 걷어붙이고 앞장서 뛰었다. 몸을 사리지 않고 배재고 멤버들을 찾아다니면서 나를 자랑스럽게 소개했으며, 그들과 내가 친분을 쌓을 수 있도록 하려는 노력이 뚜렷하게 보일 정도였다.

배재고 서클들의 자원이 좋은 편이니 어깨를 활짝 펴라며, 자기가 미국

가는 것을 보류해서라도 내가 식생활만이라도 해결할 수 있을 때까지 함께하겠다는 의지를 굳게 하며 격려해 줌으로써 용기를 얻었다.

처음 상경해서 차린 신접살림집이 마포구 염리동인데, 적은 돈에 맞추다 보니 연탄창고를 급하게 방으로 꾸며서 월세 받으려고 내놓은 방이었다. 보로크 한 줄로 쌓인 홑겹집의 냉기와 습기는 대단했었다.

그런데 대문간과 연탄광 방이 연결되다 보니 두어 평 남짓한 공간이 있었는데, 그걸 본 고세O이가 반짝 떠오르는 만화 가게였으며 동대문 만화 도매상 친구였다. 역시 궁하면 통한다고 했던가? 다음날 5가 서점에서 신시걸과 고세O이 숙의를 하고 있었는데, 저만큼 떨어져 있던 세O이가 흥분한 목소리로 "전라도 놈이! 어쩐다고!! 야! 인마! 안 해 주면 되지."라고 했다.

내 친구에게 그런 모욕적인 말을 한 너를 용서할 수 없다며 이미 아구통을 돌려 버렸고, 노발대발하는데 내가 쥐구멍에라도 숨어 버리고 싶었다. 시O의 입에서는 피가 흐르고 있었으나 자신의 언사가 돌이킬 수 없는 큰 실언이었음을 깨닫게 되었던지 급히 내게로 달려와 사과하면서 만사를 제치고 먼저 염리동 만화점을 선착으로 개업한다며 뛰었다.

그 당시 만화방 개설이 호황이다 보니 눈코 뜰 새가 없었기에 대형점부터 설치할 수밖에 없었으나, 친구들의 도움으로 서울 바닥에 만화방을 시작할 수가 있었던 것이다. 그래서 새댁은 난생처음 만화방이라도 할 수가 있었으며, 나는 중부시장에 맨주먹을 불끈 쥐고 달려가 김이라도 팔 수가 있었는데, 고세O은 나에 대한 2차 계획으로 그 당시 대박이 났던 포장마차점을 계획하고 있었으니 참으로 고마운 의리가 남다른 친구였다.

고세O은 어떤 수를 쓰든지(* 인기맨 노주O과 배재고 의리맨들) 아이콘을 응용한 모금 운동까지 진행하여 나를 도우려는 스케줄이 완성될 무렵,

미국 대사관 고위급 외교관으로 이민 가신 부친의 급사 비보에 허겁지겁 방미해 버렸다. 아직까지 양원O과 고세O의 생사를 알 수 없어서 허무하고 안타까움을 표현할 길이 없다.

고세O과 양원O, 김복현의 순수했던 의리와 전우애는 한 권의 책으로도 남길 만한 뜨거운 사연으로, 정이 고갈되어 버린 듯한 현대 사회에 아름다운 무지개빛 오로라로 피어오르리~~~

(* 고세O이 口述한 기억을 더듬으면) 인천 창령교회 목사인 부친은 세도가 친척의 권고에 의해 미 대사관 고위급으로 발탁되었고, 세O이가 재대 즉시 미국 외교관의 가족으로 이민 생활을 하기 위한 준비를 마치고 이주했으며, 고세O만 미국행을 탐탁지 않게 생각하고 미루던 중이었다.

그러나 부친 목사의 확고한 위치가 보장된 후, 모든 가족이 고무될 정도로 만족하게 되었고, 세O이도 느긋하고 여유로운 마음으로 미래의 미국에 대한 꿈을 기대할 수 있었다. 그리고 나와 만나게 되었으며, 자신은 모든 게 잘 되었으니 나를 위해 힘이 되어 줄 수 있다며 마음을 다해 적극적으로 도우려고 작심했다.

그러나 한 치 앞도 볼 수 없었다. 세O의 부친이 그토록 순조롭던 인천교회 정리 절차 중 예기치 못한 문제의 급보를 받고, 최상의 컨디션이 충격적인 스트레스로 돌변해 급체를 했다. 미국은 급체 상태를 이해하지 못해 오진했고, 결국 급사하는 비극이 발생하고 말았다.

고세O에게는 그야말로 청천벽력 같은 날벼락에 하늘이 무너진 것 같았으리라 짐작될 뿐이다. 그 마당에 앞뒤 가릴 것 없이 서둘러 미국으로 달려갈 수밖에 없었을 것이며, 그리고 봄, 여름, 가을, 겨울이 지나 세월은 흘러 오늘에 이르렀을 뿐.

훌쩍 50여 년이 지나 버렸으며, 나는 태양 잃은 달처럼 한동안 빛을 잃어버린 채 단독으로 뛰고 또 뛰었으나, 고세O 같은 우정과 의리의 멘토는 전무후무했으며, 영원한 아쉬움의 멍이 되어 그리움으로 남았을 뿐이었다.

60. 파월 참전 연장 6개월

파월 참전 연장에 대한 고민이 시작되었다.
나의 깊은 뜻을 세워 보려고 일곱 번 만에 군 지원 입대하면서부터 청와대 습격 간첩 김신O 일당 사건 때문에 30개월 복무 기간이 일거에 36개월로 연장되어 버렸기에, 파병 생활 1년을 더 연장하면 귀국해서 바로 맞춤 제대를 할 수가 있었기에 우리 보충대 부관 이원O 중위에게 매달리다시피 간구해서 약속을 받게 되었으니 흐뭇했고 여유로웠는데, 주월 사령관 이취임식을 무난하게 성공적으로 마무리한 공로의 포상이라 당연시 여길 만도 할 때였다. 사실 사병으로서 그런 기회가 흔치 않았을 때여서, 내가 생각해도 나에겐 뚜렷한 행운이었던 것이다.
처음 베트남 참전 생활 6개월은 소음의 공포와 불길한 전투 뉴스 때문에 칠흑 같은 어둠의 터널인가 싶었었는데, 모든 것은 다 지나갔으며 십여 개월의 세월은 어느덧 토막 역사로 엮일 수가 있었으니.
애당초의 참전 복무 기간은 1년간이므로 연장을 안 하면 본국으로 귀국하게 되는데, 복무 기간이 많이 남아 있으면 일부는 연장 신청을 했던 것이었다. 그러나 얼마 후에 연장 특명을 받아보니 1년이 아니고 6개월이어서, 그토록 바라던 본국 휴가도 갈 수가 없었다. 역시 우리 부관은 부드러울 뿐 멘토였다.

그러나 최문O, 조성O 중위는 떠나 버렸고, 이원O 부관과의 끈적지근한 사연을 남기게 된 인연이 깊다. 또한 본부대장 박종O 대위도 소령 진급 후 귀국했으며, 이창O 선임 대위가 207 본부대장에 부임해 오셨으므로 부대원 1대 물갈이가 거의 이루어진 셈이다. 신임 이창O 본대장님은 이북 출신으로 모나지 않은 호인으로서 매사를 자율에 우선한 지휘관이셨기에 가족적인 부대 분위기가 유지될 수 있었던 기억이 생생하게 떠오른다.

베트남 참전 파월 복무 기간 만기가 다가오면서 여러 가지 생각들이 줄기차게 떠오르기 시작했다.

시간적 여유가 많아지면서 한진그룹 사무실의 한경O 모습이 그려졌지만, 그러나 한대O는 자존심 때문에 두 번 다시 동생에 관해서 노코멘트로 일관했으며, 언제부턴가 아무에게도 자기 동생의 사무실 안내를 금지해 버렸는데, 전적으로 내 실수였다.

나는 아무 생각 없이 따라가서 가볍게 차 한 잔 대접받은 줄만 알았었는데, 한대O는 깊은 뜻이 있었음을 나중에 확실히 내가 알게 되어 난감했던 일화다. 나와 비교도 할 수 없는 좋은 집안, 학력이며 미인이었으나, 내가 정신을 차리고 상황 분석을 해 보았더니 나의 현실에는 가당치도 않은 어불성설일 수밖에 없었으며, 미래 계획이 확고했었던 나의 정신 세계에 오류였음을 자각할 수 있었던 매우 중요한 운명의 사건이었던 것이다.

제대한 후의 10년을 내 운명의 분기점으로 삼아야 함을 다짐했기에, 첫 사랑과의 관계마저 재고할 수밖에 없다는 예감이 문득문득 들 정도였다. 사나이의 삶에서 책임감이란 생명 같은 것이었기에.

한경O를 보고 첫눈에 반했으나, 이런저런 생각으로 한동안 시일이 흐르다 보니 무심하다는 오해를 받게 된 동기였으며, 그 점이 여간 다행스러운 일이었다. 남자로서 매우 힘들었던 시간들이었음을 고증해 본다.

한경O를 힘겹게 지워 보면서 결혼도 10년 후의 행사로 단정 지을 수밖에 없었으며, 내 인생의 평생을 위해 10년은 집중 지향의 전진, 오직 나만의 길이어야 한다고 다짐하게 되었던 젊음의 향연이다.

월남 참전 파월 생활도 앞으로 여섯 달 남짓 남았으니, 미래에 대한 꿈을 성공적으로 이루기 위한 지식과 능력을 갖추도록 경주해야 할 것이다.

내 신상의 고질이었던 지긋지긋한 허약성 두통이 하늘의 도우심으로 군 병영 생활을 통하여 말끔히 사라졌으므로, 머리가 맑아져서 날듯한 컨디션의 막힘없는 지능이 나 자신을 깜짝 놀라게 할 때가 있었고, 머리를 쓰는 일은 무엇이든지 자신만만해서 용기 백 배였다.

유아기의 노모유 부족으로 허약한 소년기의 빈곤 시절을 빼짝 마른 몸으로 상머슴들을 쫓아다니며, 험준한 산과 바다 건너 섬으로 땔감과 해초 따는 힘겨운 일상생활을 겪으면서 세상 풍상을 설렵했으니, 철이 빨리 든 애기 어른이 되어 버렸으며, 이미 나의 머릿속은 고뇌로 꽉 찬 상태였으니.

심신이 극도로 허약했으나 두뇌는 총명했으니, 나를 알아본 어른들의 격려와 응원이 내게 자양분이 되는 것 같았다. 그러나 버티기도 한계가 있었던지, 피곤할 때와 신경을 쓸 경우에는 심한 두통에 시달려서 강한 정신력으로 극복할 수밖에 없었으니 벅찬 힘겨움이었고.

그랬던 내가 군 복무 생활 중에 고질 두통이 사라졌던 것이며, 그때부터 나의 본질은 두각을 나타낼 수 있었던 듯 재능을 발휘하게 되었던 것이다.

만 3년의 군 복무 생활 중에 안 되는 것이 없었으며, 실패를 한 적이 없었기에 '해결사'라는 닉네임을 얻게 될 정도였으니 내가 소속했던 부대마다 인기가 대단했음을 나의 하나님만은 알고 계실 줄 믿어 의심치 않는다.

구둣방을 벗어나기 위해서 軍 지원 입대했으며, 그 과정에서 고향 마을 어른들의 과분했던 환송식과 첫사랑 순O이와의 순애보적 작정, 여수와 고흥의 다정했던 친구들, 그동안 헤아릴 수 없을 정도로 고마웠던 수많은 여수·고흥의 유지 분들의 인자한 모습들이 지금 이 순간에도 한 분씩 한 분씩 또렷하게 떠오르며 환하게 미소 짓고 박수로 화답하는 듯하다.

(1967년 5월 ~ 2021년 12월에 씀)

그분들 뜻을 따라서라도 나는 기필코 달려가리라. 그들의 나에 대한 기대를 자양분 삼아 힘차게 뛰어가리라. 제대 후 10년 동안은 나의 미래를 경주한다.

며칠간의 숙고 후 첫사랑 순O에게 가슴 아픈 절교의 서신을 상호 교환했었는데, 그때의 심정을 나의 졸필로 감히 그릴 수가 없겠다.

그러나 먼 훗날의 자평은 서로를 위한 배려였음이 현명했었노라고 자위하며, 순수했던 아름다운 추억의 한 페이지로 고이 접어 둘 수 있었음에 한없이 감사할 뿐이다.

월교대 강사 조경O, 조영O. 급교대 전주O, 이락O. 보안대 조국O, 군악대 강상O, 강규O, 김한O. 보충대 고세O, 문영O, 홍달O, 신동O, 김명O, 박윤O, 권구O, 한대O, 김익O, 김성O, 양원O, 주남O, 고종O, 조유O, 김O, 오염O, 김술O 등의 모습들이 청춘 시절 그리움의 나래를 펴며 떠오른다.

국민학교 졸업 후 중학교 진학도 못 하고 구둣방에서 7~8년의 사회생활을 경험했으나, 인덕이 좋았던지 수많은 어른들의 사랑을 받았었으며 풍성한 우정도 누릴 수가 있었으니, 그때부터 나는 행운아였었다.

따져 보면 중·고등학교와 대학을 팔자 좋게 다녔던 친구들보다 비록 학교 대신 군대 병영 생활에서 단 3년 동안 터득한 지혜와 인연은 결코 뒤지지 않음을 확신하지만, 유별난 한국의 선입견이 강하게 존재할 뿐이다.

61. 참전 파월 생활의 마무리
(1969년 5월~10월, 만기 귀국을 앞둔 심경)

낯설었던 이국땅 베트남 냐짱의 100군수 207보충대에 자충된 날이 어느새 1년이 지나고, 3개월째부터 귀국 준비에 돌입하게 되었다. 우리 부관께서 1년 연장 약속을 지켜 주지 못한 미안함 때문에 귀국 준비를 알뜰하게 해 주겠다는 두 번째 약속을 했었다. 마침 그때부터 가전제품 티켓을 배부했으므로, 국산이지만 공로자들에게 보상 위로품인 셈인데, 냉장고 5대와 음향기기 5대, 선풍기 5대 티켓 약속을 받고 만족함으로 흐뭇하기까지 했던 것이다.

(마음 약한 우리 부관님 이원O 중위가 보안대와 군악대 중상사들에게 거의 다 빼앗겨 버렸지만…)

그 시절 군에서 사병들이 상관들에게 그토록 신뢰와 인정을 받는다는 것은 보기 드문 현상이었다. 모든 인생사가 시작은 말로 다할 수 없을 정도로 더디지만, 마무리 무렵부터는 너무 빨리 지나가는 법. 지난 15개월 동안 많은 병력을 받고 보냈으며, 친구들도 여러 명 만날 수 있었음은 보충대의 역할이며 생리인 것이다. 역시 그곳에서도 좋은 인연을 맺었다.

충북 홍달O, 고종O. 충남 한대O, 문영O, 강원 권구O, 김성O, 정병O. 서울 고세O, 김용O. 경북 박성O, 우현O. 부산 전정O. 전남 고광O, 명광O, 이홍O, 김경O, 강상O 등은 제대 후에도 서울에서 만나 근래까지도 우정을 나누는 경우가 많았다.

그러나 제대 후 세상살이가 너무 빡빡해서 기실 만나야 할 전우, 경남 산청 박윤O, 부산 이희O, 전남 진도 김명O, 법성포 신동O, 광주 김경O으로서, 내가 빚을 졌던 전우들이며, 지금이라도 만날 수만 있다면 사죄해야 할 대상의 전우들이다.

진도 김명O은 나이도 다섯 살 위며 군번도 고참인데, 월남 파월만 몇 달 늦다 보니 내가 파월 선임이라고 같은 병장인데도 깍듯이 "김 병장님!"으로 우대하며, 그 당시 엄청난 식도락가였던 내가 귀국할 때까지 하루 12여 회나 거의 매일같이 자청하여 조리해 주던 나에 대한 존중감이 감동적이었다. 그 우정을 잊을 수가 없었으나, 한동안의 내 불찰 때문에 지금까지도 연락처도 모른 채 무심한 세월은 흐르고 있을 뿐.

나를 보충대에 자충시켜 준 광주 김경O과 육군 병장에게 모욕감이 들 만큼 당했으나, 오히려 넓은 도량으로 화해한 부산 해병대 중사 이희O을 지금껏 찾아보지 않았다는 것은 보은을 외면한 증거이므로 자책함이 무방하다.

내가 보충대 생활 18개월 동안의 뒤안길을 추적해 보았으나, 그냥 평범했을 뿐 특별한 내용이 별로였다. 일과 시간 끝나면 PX 휴게실에 모여서 맥주와 술을 즐겼지만, 나는 곧장 숙소로 직행해 버려 달러도 절약되고 인격도 훼손되지 않은 것 같았다.

그런 내 모습에 처음에는 오히려 비난이 있었으나, 가끔씩 나에게 급전을 융통한 자들의 찬사가 애연가들과 합창으로 번지기 시작했다. 인생살이를 하다 보면 애연가와 애주가들은 술과 담배도 떨어지고 달러도 바닥이 날 수밖에 없는데, 군대 진영의 젊은이들에게, 더구나 월남 참전 진영에서 달러 급전 구입이 용이하겠는가?

그 기막힌 찰나에 바로 내가 묻지도 따지지도 않고 내 금고를 거리낌 없이 열어 젖혀 융통해 주었기에 인기 점수에 보탬이 좀 되었을 것이다. 축구나 운동할 때 삐끗 다치면 의무대보다 나의 지압이 더 편하게 통증을 사라지게 했으며, 내가 맞아 죽을 각오를 하고 약자 편에 섰으며, 8개월 전수받은 합기도 실력이 발휘가 잘 되었던지, 그 시절의 나는 어떤 유단자보다 실력이 대단해 스스로 깜짝 놀랄 때가 많았다. 보이지 않는 신의 손길이 나를 도와주신 듯했다.

거기다 건강이 최상급 컨디션이었고, 음성이 우렁차서 노래를 부를 때 본인도 듣는 자도 감동적이었다. 부산 군기사 때도 헛소문이 자자할 정도였는데, 베트남 생활 때는 더욱 월등했으니 놀랄 만도 했으리라 짐작된다. 부산 군기사 때는 장교들 거의가 나와 친했었던 기억이 바로 어제 일처럼 눈에 선하고 뚜렷하게 생생히 떠오르니, 즐겁고 행복해서 가만히 눈을 감으며 감동의 나래를 마음껏 활짝 펴 본다.

아!~ 모두 다 어디 갔나? 모두 다 어디 갔나? 나 홀로 여기에 서서 지난날을 그려 본다!

2021년 12월 29일.

파월 군 선임이 되고 보니 시간적 여유가 생겼으며, 자연스럽게 제대 후의 가슴 벅찬 계획이 설계됨으로 구둣방 탈피 계획 때와는 차원이 달랐으며, 꿈에 부풀었던 청운의 열차 여행자와 같은 심경이었다.

　우선 나 자신의 커다란 변화를 스스로 깨달았으며, 무엇보다도 정신력 발달을 확신했으며, 건강 체력 증진으로 인한 자신감이 충만했음에 용기가 백배였다.

　그 당시에 거울 속의 내 모습은 왜 연예인보다 월등하다는 찬사와 격려의 무등을 태워 주었나? 하는 내 마음의 의구심을 확실하게 풀 수가 있었다.

　사실 출생지 시골 마을에서 국민학교 졸업 직후 고향을 떠나 항구도시 여수에 구둣방의 초라했었던 소년기 때부터도 이발소와 미장원 종사원들의 과분한 평가를 받을 때마다 쥐구멍에라도 숨어 버리고 싶을 때가 많았었으며, 특히 성공적인 삶을 누리시던 고흥·여수 유지분들이 하나같이 빼짝하고 마른(갈비씨) 몰골인 나를 보면 귀공자상으로 잘생겼다면서 사랑해 주셨으며, 무척이나 아껴 주신 모습이 떠오른다.

　그리고 軍 입대 후 광주와 부산과 베트남 나짱에서까지 이 글을 읽은 자들이 상상하기 어려울 정도로 대단한 인기를 누리게 되었음을 하늘에 계신 분만 알고 계실 듯한데, 그분께서 나에게 내려 주신 祝福이므로 확실한 정답은 그분만 알고 계실 것이다.

　그 무렵에 나의 꿈은 세상의 수많은 서민들 선두에 길잡이가 되어 진실을 發하고 싶었기에 실력을 위해 정진해서 강한 지도자가 되도록 각고의 노력을 다해 경주할 것을 나 자신 다지며 다짐했다.

　그러기 위해 십 년 동안은 오직 학구파로 돌진할 것이며, 결혼 대상은 서울에서 필연적으로 맺어지리라.

　나의 확고한 목적을 위해 군기사 공병대에서 그 당시 목숨을 건 듯한 베트남 참전 파월 지원을 두 번이나 도전해 어렵게 뜻을 이루었으며, 참전 복무 기간도 6개월간 더 연장했으니 兵役 제대한 후부터 나의 길을 굳건히 당당하게 걸어갈 수가 있게 되리라.

  귀국 후의 미래가 한없이 밝은 태양으로 떠오를 듯한 자신감으로 충만했으나, 진정한 고민의 시작이기도 했으므로 내 별명 '귀 큰 부처님'처럼 말수가 없어졌는데, 아직은 기간이 넉넉하게 남았지만 앞당겨서 회식 준비한다며 부산을 떨었으나 난 침묵의 연속이었고, 부관과의 약속 이행 부실의 불만이 해소될 수가 없었다.

  자고로 사병은 지휘관을 잘 만나야 死地에서도 살아남는 법이라 했는데, 냉장고 5대 티켓이 만져 보지도 못한 채 날아가 버렸다는데 기분이 엉망일 수밖에 없었는데, 그 숫자대로 선풍기 티켓을 주겠다는 것이었다.

  냉장고 5대, 음향기 5대, 선풍기 5대 티켓은 처음으로 시도하게 된 정책이므로 매우 유리하게 배정받을 수 있는 제도인데, 성균관대 학군 출신 이원O 중위가 배짱이 약해서 나에게 불합리한 피해를 입히게 된 한국 군대다운 면모였기에 내가 격분할 수밖에 없었다.

  그 물품 티켓은 귀국해서 삼성과 금성(LG) 전자 직매장에 가서 찾으면 되므로 간단한 종이 티켓이었던 것인데, 우리 부관의 무슨 약점이 있었던지 어물거려 버린 기막힌 사건 때문에 나의 계획에 차질이 발생하고 말았던 것이었다.

  엄벙덤벙한 사이에 어느덧 김복현 병장 귀국 환송 회식 날짜에 행사가 진행되어 군악대, 월교대, 급교대, 보안대, 경비대의 나와 친했던 자들 거의가 합석하니 성대했다.

  중대장님이 한 말씀하시고 자리를 떠났으므로, 부관님이 대신 그간의 모든 일정들을 설명하면서 나의 勞苦를 치하했으나, 그때 내 귀는 이미 牛耳讀經일 따름이었다.
　부관 이 중위의 피치 못할 사정도 모를 바는 아니지만, 자기가 인정하고 아꼈던 부하의 懇曲했던 要請을 외면해 버리고, 내가 떠난 후의 귀국 후진들도 불을 보듯이 뻔한 사항이 될 것이므로 본인 한 명으로 끝내야 했기에, 마침 회식에서 마셨던 술의 취기도 가득할 때 저쪽 상석에 마주한 이쪽 상석에서 내가 "부관님 덕분에 한국 겨울의 선풍기 바람을 맞게 되었다."면서 벌떡 일어서며 맥주병을 야구공처럼 부관 이마를 보고 힘차게 투구해 정통으로 맞혔다.
　운 좋게도 모서리가 아닌 맥주병 중간에 이마가 맞았는데, 꽉 찬 맥주 때문에 무게가 있어 이마에 타박상을 입었었다.
　내친김에 뛰어가 분풀이를 하려니 모두가 나를 말렸으므로 일단락되고 말았었으나, 그다음 날이 문제였다.
　아침 기상 후 분위기가 어수선했으며, 중대장님의 호출 전달을 받게 되니 불안했는데, 기왕에 反抗한 사고였지만 할 말은 많았으며 왠지 담담해지며 자신감으로 무장되었다.
　중대장 숙소에 뛰어간 나에게 첫마디가 "부관이 고발할 것이며 중벌을 피할 수 없을 것이니 마음의 준비를 단단히 해야 할 것"이라며 은근히 겁을 주면서, 戰爭터에서 부하가 상관을 공격했으니 용납이 될 수 없다는 우려 속에 자기도 어쩔 수 없는 문제라며 난감해하는 모습에 할 말이 없었다.
　상관 폭행으로도 몰릴 수 있는 큰 사고를 쳤으니 처분을 기다릴 수밖에 없었으며, 귀국도 못 하고 군대 감방 생활을 할 수도 있었으나 그 내용을 알게 된 선임 하사관(중·상사)들이 팔을 걷어붙이고 부관님과 중대장님을 설득하게 되었던 감동적 스토리였다.

그 덕분에 이원O 부관님과 내가 이틀 만에 和解하고 서로의 앙금을 유감 없이 풀어 버렸으며, 홀가분하게 귀국 준비를 할 수가 있었는데 그때부터 나의 귀국 준비를 모두 협력했으며, 최고 인기 상품이던 텔레비전을 내 귀국 박스에 소장하게 되었다.

사병들은 꿈같은 남의 이야기일 뿐이며, 장교들도 TV 持參은 간단치가 않을 때였었던 인기 稀貴品이었다.

구하기도 어렵고 박스 검열하기도 어려웠으니, 그 시절에 사병으로서 행운아가 아니면 불가능했었던 일제 레쇼날 21인치를 소장할 수 있었고, 박스 검열 때도 사연은 있었으나 사령관 표창장과 내 지휘관님들의 도움으로 무난하게 통과되었을 때 나의 전우들 거의가 동참해 박수로 환호하며 기뻐해 주던 그 모습 장면들이 너무나 생생하게 떠올라서 回想에 잠겨 보니 이대로 그 시절로 달려가고 싶구나.

(* 1 그러나 박스 검열 때 체크당한 귀국 병들에게는 진심으로 안타까웠으며, 미안함 때문에 숨죽였었다.)

(* 2 부관 이원O 중위는 연대 학군 출신으로, 내가 먹고살기 위해 정신없이 서울 바닥을 뛰어다닐 때 내 친구 동생이 남산공전에 다닐 때 그 학교의 교수였으나, 내 형편이 절박함으로 찾아뵙지 못해 뼈저리게 아쉽다.)

62. 본국에 귀국하다(1969년 12월 26일 냐짱항 출발 ~ 1970년 1월 1일 새벽 부산에 입항)

베트남전 파월 군 복무 생활 18개월 만기가 다가오면서 눈코 뜰 사이가 없었으며, 많은 생각과 아쉬움들이 주마등처럼 떠올랐다. 무엇보다도 정든 전우들과의 기약 없는 이별은 충격이었고, 추억록에 모두의 사연과 주소, 연락처를 기록해서 챙겨 준 후배들이 눈물 나도록 고마웠다. 헤어지기 섭섭하여 망설이는 나에게 최후까지 아낌없는 정을 베풀며, 마지막 날 냐짱항 승선장까지 모두 참석해 목이 터져라 환송해 주던 전우들의 뜨거운 함성을 뒤로한 채 14,000톤급 빠렛드호는 "부~웅!" 하는 기적 소리를 울리면서 고국을 향하여 미끄러지듯 베트남 냐짱항을 떠났다.

그런데 귀국병 중 한 명이 이 배를 타면서부터 심한 멀미 때문에 뻗어버려 모두가 "전장에서는 살았으나 부산항 도착 전에 죽을 것 같다."라고 예측했다. 그 외의 모든 승선 귀국 용사들의 표정은 밝고 당당한 모습이었으며, 그리운 고국 땅과 고향 산천의 품으로 질주하는 기대감 때문에 잠을 설쳤다. 때마침 연말연시였는데, 다섯째 밤을 새우고 난 새벽에 누군가가 "오륙도가 보인다!"라고 큰 소리로 외쳤으며, 동시에 구석진 곳에서 총알처럼 뛰어나간 날쌘돌이가 있었으니, 그가 바로 배만 타도 멀미를 하다가 정작 출항하면서 파도를 타니 혼절해 버려 생사가 불투명했던 우리의 찌질이 용사였다. 소망 앞에선 시체도 벌떡 일어난다는 기적을 목격했던 순간이었다.

동이 트고 1970년 경술년 새해가 찬란하게 떠오름을 대감동으로 느끼면서, 부산항이 웅장하게 업그레이드되고 있었다. 누군가의 입에서 애국가가 울려 퍼지기 시작했는데, 내 평생 동안 그때처럼 우렁찬 애국가를 불러 본 적도, 들어 본 적도 없었던 것 같다.

그 당시 부산 군수기지사령부 9보충대 요원들이 우리를 찾아와 특별한 호의와 친절로 따뜻한 인정을 베풀어 주던 모습이 매우 인상적이었다.

드디어 하선을 하고, 절차에 따른 행사를 마친 후 꿈에도 그리던 가족과의 상면 시간에 큰 매형과 정O 형, 우O 형이 덥석, 덥석, 덥석 껴안아 줄 때마다 내 심장이 뜨거워져서 터질 것 같았다. 지금은 세 분 모두 고인이 되시고 나만 홀로 남아서 회상한다.

"모두 다 어디 갔나! 모두 다 어디 있나!"

18개월 전 참전 파월 승선 때는 쥐도 새도 모르게 망치듯 가족들에게 알리지 않아서 상면할 수 없었기에 일견 허전했으나, 귀국 때는 형들을 만나 의기양양했다. 우리 형들은 계속 자기들 동생인 내가 최고 미남으로 보인다며, 신성O보다 월등하다며 여러 차례 반복 합창했고, 자랑스러워하는 모습이 천진난만하여 참으로 흐뭇하고 행복했던 기억을 잊을 수가 없다.

보충대 생활 때 취사부 3인(문영O, 신동O, 김명O) 요리사들이 하루 12회까지 솜씨를 발휘한 요리를 먹었더니 난생 최고의 베스트 건강 체력이 되었다. 본인이 거울 속을 보아도 깜짝 놀랄 만큼 활짝 핀 꽃을 보는 듯하여 유쾌했다. 일 년 반을 즐겁게 섭취한 후 귀국했더니, 여자들 거의가 두세 번씩 이상 나를 훔쳐볼 정도였다.

1960~70년대 파월 참전 용사들이 귀국하면 한국 내 아가씨들에게 인기 최고였던 시절, 부산, 여수, 순천, 고흥읍을 거쳐 내 고향 남쪽 해변가 풍남리가 여간 먼 거리가 아니었지만, 가는 동안에 내가 받았던 뜨거운 시

선의 강도는 독자들의 자율에 맡길 수밖에 없겠다.

해 질 무렵 집에 도착한 나는 오매불망의 팔순 어머님과 비로소 해후했으며, 병들고 노쇠하심이 안타까웠으나 살아 계심에 한없이 감사드렸다. 그런데 기적처럼 막내아들 만나기 전에 돌아가신다는 우려를 깨고, 건강이 하루이틀 점차 회복되셨다.

우리 어머님은 정신력이 초인적이셨다. 나를 위한 기도 전날 밤에는 반드시 찬물로 목욕재계를 하시며, 꼼짝도 못 하시는데도 그때는 벌떡 일어나 부축 없이 홀로 모든 진행을 18개월 동안 하셨다니, 나는 상상도 할 수가 없었다. 참전 파월 생활 중 몇 차례의 뚜렷한 위험한 극적 상황 때마다 기적 같은 손길을 강하게 느꼈으나, 그때는 어머니 기도의 힘인 줄 상상도 못 했다. 귀가해서야 뒤늦게 알 수 있었던 어머니의 정성과 사랑, 그것이 기도의 손길이었다.

작전 때 캄캄한 밤중에 방어용 설치 폭발물이 물샐 틈 없는 살벌한 철조망을 수없이 헤치고 다녔으나, 신기할 정도로 상처 한 번 입은 일이 없었으며, 옷만 많이 찢겼을 뿐이었다. 어머님의 소망, 기도, 사랑의 힘이 하늘의 축복임을 그때 확신할 수 있었으며, 항상 기도의 정신으로 일생을 살아가셨던 내 어머님의 인간 존엄성에 대한 글을 남기고 싶은 간절한 소망으로 기원해 본다.

고향에서 부모형제를 만나고 정들었던 여수항으로 달려갔더니 소문 듣고 나까마(외제품 취급자)가 기다리고 있었으며, 귀국 박스와 물품 송장이 입수되어 바로 찾아올 수가 있었는데 어느새 텔레비전 구경할 사람들이 장사진을 치고 있었다.

그 시절 우리나라는 TV 방송국도 없을 때이며, 일본은 이미 방영이 되고 있을 때여서 텔레비전에 대한 관심이 고조되었을 때였다. TV 값이 천정부지였었다.

그런데 막상 찾아온 박스를 개봉해 본 텔레비전이 너무 볼품없는 나무 박스처럼 보여서 실망했으나 구경꾼들은 생난리가 났으며, 6·25 때 난리는 난리도 아닐 정도여서 하루 종일 진땀을 흘렸으나 덕분에 내가 一躍 여수의 유명인이 되었다.

다음 날 시내를 친구들과 어울려서 다녀 보면 파월 참전 용사의 인기를 조금은 실감할 수 있을 때였다. 박스에 모든 귀국품을 정리해 보니 고가품들이었고, 커피는 모두 녹음다방에서 일목에 경매품처럼 돌이켜 버렸으며, 뒤늦게 달려온 여수의 나까마들이 요란했었다. 소규모의 백양양화점이 불난 호떡집 같았던 기억이 새롭다.

장교 박스 절반 규모였으나 내용이 진품이었던지 상당한 학자금 이상으로, 대충 짐작해 웬만한 집 두 채 구입이 가능했다. 그때 내 목적은 땅을 매입해 묻어 두고 서울은 맨손으로 도전해서 검정고시를 준비할 계획이 확고했기에 누님과 형님께 송금한 것까지 회수해서 은행에 입금해 두고, 나머지 자금은 군 복무지인 여수 호남정유공장 경비대에 가서 전입 신고를 하게 되었다.

그곳은 외국인 숙소여서 호텔 생활을 하게 되었다. 광주 예비 31사단에서 함께 훈련받았던 다정했던 동기들이 최고참들로서, 파월에서 귀대한 나와 고광O을 알아서 보내 준 부대는 바로 여수항의 호남정유공장을 지키는 경비 부대였으며, 사병으로선 최고 특과 부대라 할 만했었다.

만기 제대가 5~6개월이나 남았었지만 전혀 지루하진 않을 것 같은 좋은 분위기가 마음에 흡족했었기에 고광선과 함께 만 36개월의 병역 의무 마무리를 즐거운 추억거리로 새겨 가면서, 여수의 멋쟁이 총각·처녀들의 데이트 코스로 적합했었던 삼일면 바닷가 호남정유공장 경비대 위상은 적어도 택시 기사님들과 여수항 처녀·총각들에게는 최고의 인기가 좋은 군무지였다.

그 당시 나를 모르는 택시 기사는 없었으며, 웬만하면 통과시켜 주었기에 내가 문책받을 정도였으나 당당했기에 보람이 컸었다. 비록 반년의 말년 군대 생활을 했지만, 또한 명 파월 귀국자 명광준과 고광O 그리고 나는 호남정유공장 경비 부대의 삼총사로서 병역 의무의 최후 그날까지 충실했으므로, 만기 제대증을 받은 뒤에는 후배들과 작별하고 입대 후에 피우게 된 담배부터 금연 언약식을 했다.

여수 시내 큰누나 댁에서 하루 보낸 후에 고흥 어머니와 하룻밤을 보내고, 곡성군 석곡면 석곡리 구적골에 흑염소와 뽕밭 농장을 하고 계신 고광O 부모님을 만나 뵙고, 깊은 산속 외딴집에서 어른다운 어르신 내외분들과 하룻밤을 보냈었다. 내 평생 잊을 수 없는, 참으로 잊지 못할 인상적인 어른들을 만나게 되었는데, 광O 부친의 함자는 고삼O 씨며, 그분의 동생이 고선O 씨로 그 시절 민주당 출신의 유명한 국회의원이셨다.

70년대 초 지방 경제의 비중이 거의 농경지였을 때, 고흥 지역도 땅이 빈약해서 바다에 의존할 때였다. 그나마 곡성군은 바다가 전무한 산악 지대로, 바위 틈새마저 몇 알의 씨를 뿌려놓음을 광O 부친께 목격담으로 전해 드렸더니, 우렁차고 카랑카랑하신 음성으로 소상하게 설명해 주시는데 예사로운 촌로가 아님을 뚜렷하게 알아볼 수 있는 분이었다.

물론 국졸 후에 진학 못 한 대신 도회지로 달려가, 운 좋게 지방 유지분들 여러 분을 만날 수 있었으며 많은 사랑도 과분할 정도로 받았었음을 자서전에 거의 다 썼으므로 모두 충분히 이해할 수 있겠지만, 팔순의 노령자답지 않으셨던 그 기상과 배후자 님의 순종의 미덕을 목도했었다.

그 후로는 고광O이 결혼해서 우리 집에 모셨으므로 내가 자주 뵙고 많은 대화를 나눌 수가 있었는데, 지금도 독특한 두 분의 아름다웠던 인상적인 모습을 잊을 수가 없다. 참으로 특별한 이박삼일의 훈련소 동기생의 외딴집(전남 곡성군 석곡면 석곡리 구적골)에서의 아름다웠던 나만의 추억으로 고이 간직된 보석이리라.

잘 있거라! 전우들아! 정든 부대야! 우린 간다.
1970년 5~6월, 춘삼월에.
고광O, 김복현 世波航海.

유자꽃 피는 마을

저 언덕 너머 바다가 보일듯
남풍으로 꽃망울 머금고
올망졸망 금술이 넘실거리건만
그윽한 눈빛 아무도 주지 않았다

갈채 없는 세파에 서럽게 젖어
도란도란 망울트고 수줍어 일어나
황량한 가시틈세 엎드려 자랐건만
애틋한 마음 아무도 주지 않았다

어느덧 온 누리에
녹색군 황색군이 장사진 치고
황금빛 향으로 벌판 이루어
가슴 활짝 펴 소리 질렀다

너희는 그토록 눈빛 주느냐
너희는 애틋한 마음 주느냐
너희는 이제야 아첨 떠느냐

황금빛 향기가 이토록 탐나거든
앙상한 녹색잎새 가시의 설움을
두려워하라 그리워하라

보잘것없는 탁한 녹색군을
목숨처럼 사랑한 굵은 매듭의 손길을 생각하라

저기 바다가 보일듯 한곳
인적이 소근소근 꿈꾸는 언덕 넘어
훈훈한 바람 먹고 인정에 꽃 피우는
남쪽 바닷가

내 고향은
유자꽃 피는 마을입니다.

1999년 2월 2일 동계유니버시아드 마지막 날
전주 원앙장에서 南風 김복현

63. 사회 첫 발걸음에 먹구름이

　부동산을 물색하기에 이르렀으며, 여수 남산동과 이관산을 기준으로 동정 쪽만 여수항이 비좁을 정도로 도시가 형성되었고, 서정 쪽은 거의 산과 벌판으로 황량할 정도여서 그 점을 눈여겨보았었다. 그런데 귀국 후에도 역시 그대로 변함이 전혀 없으니 마음껏 매입 가능했다. 따라서 값도 매우 헐값이어서 큰길 위로 몇만 평은 확보 가능하기에 둘러보기만 하고, 시간이 충분해 고향 풍남에 가서 휴식을 취하려 어머니 집으로 들렀었던 것이다.

64. 아~ 운명의 여수항

　내가 군입대 전에 우연한 장소에서 처음 만난 분이 나를 보더니 고향에서 멀리 떠날수록 좋을 운명이라 예언했으나 세월이 흘러 망각해 버렸던 것이다.
　나의 확고했던 의지를 펴려면 여수항에 머물지 말아야 했는데, 사건에 의한 환경적 판단으로 요술에 걸린 듯 주저앉아 버리므로 청운의 꿈이 사라져 버린 운명적 파노라마의 방향이 내 소망의 반대로 흘러 버린 청천벽력 같은 변화의 조짐을 그때는 감지조차 못 해 버리고 말았던 것이다.

덕분에 깔 좋은 친구들과 비좁은 여수항을 신나게 휘젓고 돌아다녔는데, 중앙동 청년회 친구들이 박병O 회장 형을 중심으로 활발한 청년 활동을 즐겼다.

그 당시 여수항은 밀수와 어장이 호황을 누렸었으며, 호남정유공장과 삼양사 같은 대형 회사의 영향력이 대단할 때였으므로 여수시에 활기가 넘쳤었다.

베트남 참전까지 마치고 돌아온 총각이 개입했다는 에펠여화센터는 여수 아가씨들의 화젯거리였다.

여수상공회의소 사무국장이 나와 친했던 도모다찌였는데, 임채O과는 여수 고등학교 동창생이기도 했으며, 우리 청년 회원들 거의가 여수 고교 출신들이었으며, 나만 무학의 고흥 출신인데도 모두 친밀해서 거리감을 느낄 수 없는 친목의 예비군들이기도 했었다.

상공회의소 건물은 중앙동의 대표 기관으로서 예식장을 겸비한 제법 규모가 큰 관공서였는데 청년들의 아지트로 활용되기도 했으며, 여자 경리사원 이경O와 남자 사무국장의 친구들이 무척 많았었기에 항상 처녀 총각들이 모여들기 마련이었다.

에펠여화센터는 김정O가 점원 역할을 열심히 잘한 듯했으므로 맡겨두고 매일 친구들과 어울려서 돌아다니며 청춘을 즐기게 되고 말았던 것이었으며, 일생에 가장 소중한 황금기를 무가치하게 허비해 버렸으니 그처럼 철저했던 미래의 소망은 팽개쳐 저버린 셈이 되고 말았었던 것이다.

목숨 건 참전으로 마련한 학자금이 순간적 방향 감각을 상실하고 보니,

피 같은 자금도 허탕이었으며, 황금보다 소중한 시간이 허비됨은 갓 제대한 본인은 무주공산이 되어 버린 안타까움의 무지였다. 내 일생일대의 호기를 차 버렸다.

　마치 무언가에 홀린 듯이 생각할수록 어처구니없는 나 자신의 결단력과 무력감을 통탄하며, 그 옛날에 뒤안길을 돌이켜 보니 아련할 뿐이다.

　그때는 삼수갑산을 갈지라도 여수항에선 인기 짱으로 가는 곳마다 호의적 환영을 받았으나, 내 성격 인내가 선뜻 나서지는 못하고 항상 뒷전에 설 때다.

　우리 그룹이 주로 예비군과 중앙동 청년 회원인데, 중대장은 대위 출신 김상O 님이며, 청년 회장 박병O 형은 건달 출신으로 멋쟁이였으며, 유명한 양이지만 타고난 신사여서 후배들이 무척 잘 따랐었다.

　김승O, 곽현O, 조기O 등은 내가 여수항 생활할 때 많이 어울려서 활동했었던 기억이 아직 살아 있는데, 모두 다 소식은 불통들이 되어 버린 지난 세월아!~

　에펠여화센터 진열품은 여자 구두 및 핸드백으로 서울 남대문 도매시장이 거래처였는데, 매주마다 유행된 신제품을 구비하지 못하면 경쟁 대상에서 밀려나며 망할 수밖에 없었는데, 사회 초년병으로 내용도 전혀 모른 채 피 같은 학자금으로 덤볐으니, 뒤늦은 판단에 빼도 박도 못해 심란한 마음에 심리적으로 위축될 수밖에 없는 따분한 처지였으나, 물건은 계속 서울 남대문 매장 선택품으로 구입해다가 진열하면 매장 점원이 판매한 대로 내가 지갑에 챙겨서 하루 써 버리면 일주일 만에 물건값을 은행에 목돈 찾아 상경하기를 반복하다 보니까 통장이 계속 줄어들기만 해서 불안함으로 친구들과 더욱 돌아다니기에 여념이 없게 되었던 것인데, 남의 속도 모른 여수 아가씨들은 나에 대한 관심이 많았으므로 황당했는데, 급기야 점원 김정O가 쉬는 날에 오동도 데이트를 간곡하게 청해 동료로서 부담 없기에 동행했더니 분위기에 취한 듯 술 한 잔 마신 후에 갑자기 사랑 고백을 하면서 매달리는데 어색하고 난감했다. 더구나 여수 건달 이건O의 애인으로 소문나 있었으며, 나와 전혀 무관한 여자가 얼토당토않은 행동으로 나를 당황시켰었다.

그 당시 나의 심리 상태가 여수 아가씨들은 천부당 만부당이어서 적잖은 사교 요청이 빈번할 때였으나, 내 소신이 너무 확고해서 흔들릴 수가 없을 때인데가 당치도 않게 무리한 고백을 서슴없이 할 수밖에 없었던 김정O의 비극을 바라보았을 뿐이었었다.

술 취한 남의 집 귀한 딸에게 하찮은 내가 감히 무슨 언행으로 달랠 수가 있으랴? 고민하다가 첫사랑을 사실 그대로 진지하게 설명과 설득했더니, 지금껏 진행 중인 줄은 몰랐다며, 취중에도 소문 탓으로 돌려 대며 어색함을 축소할 수가 있었던 것이다.

그런데 너무 서럽게 한참 동안을 대성통곡을 했으므로 나는 황망스레 지켜볼 수밖에 없었던 것이다. (* 여수 아가씨들 몇 번의 고백이 있었으나 생략함)

김정O의 오동도 데이트 사연 며칠 후에 자신의 집인 남문식당의 호황으로 복귀가 불가피하다면서 그 대신 자신의 친구를 필연으로 채용해 주길 간곡하게 당부까지 하면서, 그러면 자신이 틈틈이 달려올 수 있다며 무척 걱정했으나 이미 예약 신청 두 건인데, 한 건은 우미싸롱 디자이너 최원O 친구였으며, 한 건은 상공회의소 경리 미스 진 이경O 친구인데, 디자이너 최원O은 밀수 아줌마가 나에게 소개해 준다던 대상이며, 상공회의소 이경O는 미스 여수 진으로 얼굴은 미녀인데 여수 건달 이상O 애인이다. 자신이 복현 오빠를 좋아하지만 자기의 흉 때문에 어쩔 수가 없으니 그 대신 자기 친구가 하자 없는 최고의 청순, 정숙형이니 무조건 다 물리치고 선택하라며 강하게 어필했으나 3건 모두 간단치가 않았음은 어차피 통장이 바닥 나기 전에 여수를 떠 버릴 각오였으며, 고생은 두렵지가 않았었기에 일단 작심하면 망설일 것이 없는 열혈 남아였기 때문이었다. 그 무렵 큰누나를 통한 중매 요청은 꾸준했었으나 전혀 관심 없는 나 자신의 확고한 신념으로 충만한 단독 상경만이 목표였으며, 급할 것 없는 청춘인데 왠지 내 마음은 텅 빈 항아리 같은 허전한 심정이었다. 그토록 다짐했던 나만의 길을 한순간 잘못 판단으로 미끄러져 버림이 되돌리기가 여간 힘든 게 아니었다.

김정O는 자신이 추천한 친구를 외면할 듯 보였던지, 다음 날 출근을 안 해 버렸으니 나 홀로 더듬거려서 이틀 동안은 양장점 우미싸롱 딸 혜영과 최원O이가 달려와서 도와주었으나, 곧바로 온다던 최원O 친구에게 무슨 일 때문에 하루 늦겠다는데, 오히려 이경O가 친구와 함께 에펠여화센터에 먼저 달려왔다. 내 입장에선 누구든지 우선 반가울 수밖에 없었으며 무엇보다도 인상이 너무 좋아 내 맘에 흡족했으나 우미싸롱 딸 혜O(다이아몬드 보호 정상O 애인)과 최원O이가 매우 미안했으나, 오히려 그들이 선뜻 자리를 내어주면서 격려와 덕담으로 축하해 주니 모든 문제가 무난하게 마무리되었는데, 이경O가 며칠 전에 나와 만났을 때 자신이 복현 오빠를 좋아하지만 애인 상O이 때문에 어쩔 수가 없으니 대신 자기가 보증할 수 있는 최고의 친구를 알선하겠다는 언약을 했으며 바로 실행을 했던 것이다.

그 시절의 여수항 아가씨들은 사치가 대단해 대부분 멋쟁이들이었는데, 순진무구형 모습이 매우 인상적이었으나 별다른 관심은 있을 수가 없었다. 에펠여화센터의 사업 내역이 윤곽이 잡혀 갈수록 절망적이고 보니 나 자신은 단 하루도 앉아 있기가 싫었기에 더욱 친구들과 어울려 다녔으며, 예금 액수는 계속 줄어들 수밖에 없었으니 풍전등화인데 나 자신의 침체된 기분을 풀어 버려야 했던 것이다. 바로 그때 남문식당 둘째 딸 김정O와 여수 미스 진 이경O 친구 김미O이가 힘이 되어 주어서 나는 편했으며 모두가 무척 고마울 정도로 인덕이 좋았다.

그 시절 여수에서 나에 대한 소문은 너무 지나칠 정도로 과분하게 부풀려졌던 내용은 월남서 돈 많이 벌어 온 총각 알부자라고 시중에 떠돌았으니, 내가 친구들과 지나가면 나만 꼭 집어서 바라보는 느낌이라면서 친구들이 푸념을 할 때가 많았었으니 추억이 새롭다. 그러나 내가 그토록 목적했던 확고한 나의 길이 빗나가고 말았으므로 항상 남모르게 발등을 찍고 있었음을 하나님만은 내려다보고 계셨으리라…

이렇게 해서 에펠여화센터는 두 번째 미스 김이 전담한 운영이 시작되었으며, 운명의 여신은 미소를 지으셨을까? 안타까움의 한숨을 지으셨을까? 그때부터 여수에 멋쟁이들의 관심사는 중앙동 에펠여화센터로 집중된 듯했으나 정작 우리 본인들은 어두웠는데, 뒤늦게 친구들이 나에게 추궁하듯 따져 물었었는데, 대부분이 미스 김과 나의 관계였다. 선남선녀가 매일 함께 지내고 있었으니 그럴 법도 한데, 적어도 우리들은 매일 변함없는 성실맨일 뿐이었다. 그 당시 친구들 거의가 제대 후였으므로 짝을 찾기에 혈안일 때였던지, 우리 청년회 친구들과 상공회의소(여수 미스 진 출신 집합소)에 모인 미녀들이 한두 차례는 상면했으므로 거의 모두 성품들 파악이 어느 정도는 잘 되고 있었던 것 같았다.

전남 미스 선을 비롯한 공인 미녀들과 가수 정애O(본명 정경O)와 몇 명은 더욱 아름다운 자태였기에 인기가 오히려 높았던 것인데, 그중에서도 미스 김의 인기는 가히 독보적으로 나에게 단독 로비를 할 정도였는데, 경남 진주 친구 김대O(대형 카페 사장)은 나에게 매일 애원을 해서 난감했던 기억이다. 그러다 보니 내가 미스 김 오빠가 된 듯한 착각이 들 지경이었으나 왠지 기분은 좋았던 것인데, 친구들의 깊은 속마음을 알 수 있게 되기도 했던 것이었다.

그때 여수에는 에펠여화센터의 총각은 오래 사권 첫사랑이 존재하고 있다는 소문이 떠돌았으므로, 오히려 나에겐 천만다행인 셈이었으니 홀가분해져서 나쁠 것이 없으며 결혼은 전혀 바쁠 것이 없는 막내둥이였기에 한결 홀가분한 단순 에너지 핵이다. 홀로 인생의 장점은 거치장스럽지 않게 마음껏 달릴 수 있다는 장점으로 그 당시의 나는 에너지덩이란 별명의 소유자이기도 했었기 때문이었다.

에펠여화센터는 전반적인 운영을 미스 김에게 일임해 버리고, 그때부터 본격적인 활동을 하게 되었는데, 그때부터 여수 멋쟁이 아가씨들의 발걸음이 에펠여화센터로 동행함이 더욱 순조로웠으며, 미스 김 친구들의 아지트나 다름없는 멋진 젊음의 향연이었는데 언제나 말수 없는 잔잔한 미소를 머금은 채 성실하게 맞이해 주었던 미스 김의 매력에 총각들은 물론이었고 낯선 처녀들까지 한번 보면 팬이 돼 버린 듯했었다. 만인의 호감형 미인이 확실했다.

나의 혜안으로 검색해 볼 때도 외모뿐 아닌 마음씨까지도 거의 순백일 정도였음을 확신했었다.

그러다 보니 무엇보다도 친구들이 나를 색안경을 끼고 쏘아볼 때면 레

이저 광선 같아서 움찔했으며,

　일견 내의 중에 여념이 없는 친구들에게 인정 또한 많이 받을 수밖에 없었던 것이므로 어깨가 펴졌다.

　그 당시에 대선 총선 선거철이었는데, 그때는 바로 군사 정권이 한창 무르익은 공화당 2기 정권 재집권의 창출을 위한 총력전을 수단 방법 가리지 않을 때였는데, 군사 정권의 총수 박정O 장군과 40대 기수 혼자 호남 출신 민주당 김대O 씨였는데, 인기가 대단해서 외국 선진국들의 인물 평가는 한국에 1세기 동안 나올까? 말까? 할 만한 대단한 인물임을 발표할 정도였으므로 정권 잡으려고 하극상을 감행한 박정O 장군과 선진 외국들에서 양심적 민주투사로 인정한 야당 지도자 김대O 씨의 선거 대결은 누가 판단해도 공정한 대결을 하게 된다면 삼척동자도 알 수 있는 불을 보듯 뚜렷했었던 선거 게임일 때에 대통령 선거 전의 국회의원 투표일 즈음한 그 당시 야당인 민주당의 상징이었던 황색 깃발은 김대O 씨의 깃발이기도 했었던 것이다.

　그러다 보니 무서운 군사 정권에 모진 핍박의 한 많은 호남인들에 결심과 도심의 지식인들은 군사 정권 타도에 목숨을 걸 때였으며, 따라서 전국에 황색 바람이 거세게 불어 닥칠 때, 총칼로 잡은 권력의 공화당이 무슨 짓이고 가릴 것 없다 보니 자신의 고향인 영남에 대량으로 살포한 내용인즉슨 "호남은 뭉쳤다! 우리도 뭉치자! 우리가 남이가!"였으니, 그것이 바로 이 땅의 지긋지긋한 지역감정의 원흉인데, 그것마저 언론을 악용해 호남 쪽에 뒤집어씌웠으니, 천인공노할 만행을 저지른 자의 불공정을 본 것이다.

　그러나 제대 후 사회 초년생 세상 물정은 어리둥절할 뿐, 뭐가 뭔지 감이 잡히질 않을 때여서 아무데나 부딪쳐 볼 수밖에 없을 때, 바야흐로 운명이 흐른 듯 나를 부르는 곳이면 달려가서 참여해 볼 때였는데, 정혜O 형님(임채O 형, 임채O의 친구)이 나를 찾아오셨으며(여상 고교 교사 직분), 자신을 도와 달라는 요지였는데, 내가 어릴 때 구두 제작을 배울 때부터 관심이 많았었으며, 자기 친구 만나러 올 때마다 나를 찾아 만나 보고 갔던 특별한 인연의 형님이었다.

그해가 바로 대선과 총선을 동시에 감당해야 되는 때였으며, 여수 출신 김상O 씨가 한국은행 부총재를 지낸 부산 상고 학력의 입지전적 인물을 공화당 취약 지구 여수를 정책 지구로 선정해 공천을 일임해 버렸으니, 여수에서 태어났을 뿐 시민들은 낯선 분이므로 김상O 씨 본인은 허허벌판인 셈이었다.

그러다 보니 달변가이며 대중적 신임도가 높은 정혜O 현직 교사를 설득해 찍어 눕혔던 것이었는데,

그런 마당에 내가 해당이나 될 법한가? 천부당 만부당일 뿐 가당치도 않았으므로 극구 사양할 수밖에 없었는데, 정혜O 형의 일갈은 동생이 동참만 해 준다면 자신에게는 큰 힘이 되겠으니 함께 머리를 써서 역량 발휘해 보길 바란다는 간절한 심정이었다.

나의 모든 바닥을 충분히 이해한 정혜O 형의 진심을 외면할 수는 없었으므로 동의할 수밖에 없었던 것이며, 일견 고마움에 뜨거운 정을 느낄 수 있게 되었다. 선거 행위도 사회성이 강함으로 보고 듣고 챙겨 두면 미래의 양식이 될 수도 있으리라 위안 삼았다. (* 아무튼 그렇게 해서 팔자에 없던 선거에 연연했고, 1971년 4월 24일 제7대 대통령 선거 때 절대적 불리한 공화당이 영남에 호남은 뭉쳤다! 우리도 뭉치자! 우리가 남이가! 선전지를 대량으로 살포해서 지역 감정을 유발한 후, 통제한 언론을 악용해 호남

에 뒤집어씌웠음. 1971년 4월 27일 8대 총선 여수시 공화당 김상O 당선)

상가 지역 자투리 땅과 자투리 건물 구입 방법

부동산 사무실에 오다를 여러 곳에 그물 쳐라.
* 작은 것들을 눈여겨볼 것이며 묘미가 있을 것임.
세금에도 유리할 것이다(공부는 좀 해야 됨).
청년회와 청우회

65. 영원하리 淸友會(1970. 5. 10. 발족)

청우회 발족 20주년 기념 축시

南風 김 복 현

영원하리 淸友회

푸른 꿈 안고

청정한려 무대 삼아

우정 맺은 여덟 松

첩첩사연 우여곡절

질긴 세월 은혜로다

血緣인가 애틋한 情

칭칭 동여 메어 감아

고달프고 외로워도

울타리 삼아 기대면

마주 나눈 友情으로

소망이 샘솟는다

종고山 頂상에

威風堂堂 청송아

청우회 友情 굳건토록

감싸 준 성찰인가

푸른 꿈 꽃피우려

일곱 松이 더 불어서

가슴 벅찬 감동으로

얼싸 안은 열닷 松

철옹성 울타리여

영광 영광 淸友회

영원하리 淸友會여!~

(1차 淸友會員 8인) 1970년 5월 10일 발족

김창O(동양전기) 윤중O(漁판 중매인 8호) 박승O(동일기공사 후 대동기계상사) 양성O(환창제화사) 송한O(호남이용원 후 무등각호텔) 조봉O(현대문짝사) 임규O(영신라사) 김복현(에펠여화센터)

(2차 淸友會員 7인) 1980년 8월 15일 총회 본인 주도

장남O(수사반장) 정종O(아식스 직매점) 유문O(정보계 형사)

김형O(대구리 漁船主) 임경O(신라장 모텔) 김길O(외항 선원)
김윤O(공인 중개사)
* 직접 下鄕해서 청우회 가족 전체 춘계 野遊 총회 진행

여수 靑年會와 淸友회

  제대 직후에 예비군 신고를 했더니 곧장 첫 훈련 통지서를 받고 예비군 훈련 받은 후에 귀가하려는데 친구가 잡아당겨서 따라갔더니 20여 명이 날 모두 바라보는데 낯선 얼굴들이며 리더 격인 박병O 형만 안면이 좀 있을 뿐이어서 처음에는 어색했으나, 친구 조기O이가 나를 소개하며 인사를 요청하면서 노래까지 주문했으므로 우렁찬 음성으로 인사와 노래를 불렀더니 분위기가 부드럽게 환영하는 모습들이 매우 다정스러워서 친밀감을 느꼈으므로 유쾌한 시간을 나누게 되었으며, 청년회장 박병O 형이 즉시 나에게 청년회 가입을 권고했으나 단 한 명도 이의가 없는 만장일치로 환영하는 즉석 회원으로 등록하게 되었는데, 여수 고교 출신들 청년회에 고흥 출신이 단 한 명뿐이어서 좀 머쓱할 뿐이었으나, 청년회장 병록 형의 나에 대한 신임이 두터웠으므로 윗선 유지 분들과 대면 설득할 경우는 언제든 지나를 내세워서 해결될 때가 많았던 기억이 새롭다.

여수 중앙청년회

  (* 박병O 회장, 김승O, 박성O, 도효O, 김영O, 곽현O, 박대O, 김기O, 황형O, 김대O, 임채O, 조기O, 최종O, 서병O, 강상O, 김한O, 김채O, 외 다수)
  우리 청년회 사무실이 상공회의소 건물 내였기에 여수 미녀 그룹을 이끌어 가고 있는 미스 진경리 직원 이경O에게 드러난 현상이었던 것을 알

수 있었다.

그 시절 여수항 미녀 그룹의 기억을 더듬어 본다면

(* 이경O, 최승O, 박금O, 최 양, 정애O(정경O), 이소O, 김혜O, 최원O, 김정O, 김영O, 김미O, 외 다수) 1970년대의 혼란기에도 여수항 아가씨들은 전국 최고의 멋쟁이 아가씨들이었음을 인정한다.

비교적 외향은 화려한 편인데도 상대를 선뜻 선택 못했음은 3년 동안의 병역 의무를 마치고 났으므로 시야가 넓어졌으며, 인생의 삶의 중요성에 대한 혜안이 밝아졌기 때문이었던 것 같았다. 그 무렵 70년대의 여성 결혼 적정 연령기는 20세부터였으며, 남성은 25세(군 제대 무렵)부터였으니 예민할 때였으므로 남녀 공히 심각해서 돋보기 안경 같았다.

그러나 본인만은 전혀 해당 사항이 아니었으므로 여유를 보일 수 있었던 것, 그런데 그 점이 오히려 관심을 유발했던 것인지 심심찮게 여성의 도전을 받을 때가 있었던 기억이 떠오른다.

여수항 청년회원으로 잊을 수 없는 추억도 많았으며, 야유회, 체육회 등의 행사와 예비군 훈련 때의 신났었던 젊은 날, 여수의 반짝 낭만들은 내 운명의 나침반이며, 먼 훗날에 축복을 열어 준 대문인 셈이었다. 비록 길지 않은 여수 청년회의 활동으로 맺은 인연들은 소중한 나의 젊은 날에 초상 이었던 것이다.

여수야화(작곡 박시춘, 노래 방운아)

어머님 품속인 양 내 항상 그리운 곳
물파래 나풀~나풀 내 고향 여수항아

은적이 소근 소근 꿈꾸던 바닷가에

미련만 남겨 두고 나홀로 떠나가네 떠날까?

말까? 떠날까? 말까? 떠나갈까? 말까? 떠나갈까?

떠나야지!~ 떠나야지!~ 떠나야지!~ 떠나가야지~

아!~ 운명이어라!~ 그러나 감사함이어라!!

여수 淸友會 발족(1970년 10월 5일)

중앙동 청년 회원 친구들과 어울려 다니면서 정작 십년지기 삼총사들과 소원해진 듯한 기분이므로 많은 생각을 하게 되었을 때 아이템이 떠오른 것은 화려함보다는 소박함의 깊이가 절실하게 될 것이란 銳知가 내 心中에서 감돌았던 것이며 그때부터 스스로 살아가며 개척하는 삶의 자수성가자들을 물색해서 淸友會를 결성하기 위한 문장을 작성하게 되었으며 삼총사 양성O, 송한O, 김복현의 鳩首會議가 진행되었던 것이다. 일단은 삼총사 성O과 한O부터 청우회 발족 취지문과 조직 작성표 동의에 찬성함으로 동지 회원 물색에 돌입했더니 거부 없는 대환영으로 응대해 줌에 대단히 감사하다는 뜻을 거침없이 반복해 보람이 매우 충만했던 기억이 생생히 어제처럼 떠오른다. 내가 추천했던 박승O(동일기공사, 후 대동기계사)은 내가 월남의 귀국 품이었던 특수 베어링을 거래할 때 인연이 되어 청우 회원으로 추천했던 것이며, 윤중O, 송한O, 양성O도 1명씩 추천, 8명이 선정되었으므로 1970년 10월 5일에 대망의 淸友會 발족 모임 첫째 날은 8명 모두가 잃었던 형제들을 찾은 듯한 반가움으로 얼싸 안으면서 환호했었던 그 얼굴들의 그지없이 다정했던 그 모습들을 떠올려 본다.

여수 청우회 발기인 대회(1970년 10월 5일)

1차 회원 = 김창O(동양전기), 윤중O(어판 28호), 양융O(환창화점), 송주O(호남이용원 후 신라장), 박승O(동일기공사 후 대동기계사), 조봉O(현대문짝사), 임규O(영신라사), 김복현(에펠여화센타)

清友會 10주년 기념 및 2기 회원 환영 행사(1980년 8월 5일)

2차 회원 = 장남O(수사반장), 정종O(아식스 대리점), 유문O(정보형사), 임경O(신항장 모텔), 김윤O(공인중개사), 김형O(대구리 어선주), 김길O(외항선)

청우 회원 15명으로 형편상 여수를 떠나도 하나였음(이 무렵은 성O이도 서울 용답동에서 생활할 때이므로 나만 여수에 내려가서 청우회 2기 발대식 총회 참석, 청우 회원 8명에서 15명으로 결성되었음).

却說하고 70년대 나의 인생 방향이 엉뚱한 곳으로 흘러 버렸기에 원심력 없는 현실에 치중함에 열성을 다했더니 주변에서 인정은 받을 수 있었으나 왠지 가슴속이 텅 빈 듯한 허전한 심경이었다. 그러나 끊임없는 친구들과 젊음의 행사가 빈번해졌으며, 여수 중앙의 처녀 총각들 중심에 미스 김과 내가 있을 관심의 대상일 수밖에 없었던 것이었다. 내 주변 친구들은 나를 만나러 에펠여화센터에 오는 듯했으나 마음속의 목적은 미스 김이며 처녀들은 그 반대로 친구 미O보다는 나를 보기 위해 더 열중했음을 본인들이 내게 고백해 알게 되었는데, 역시 보는 눈과 마음은 거의 동일하였음이 확인되었는데 내가 볼 때도 미녀는 많아도 순백의 미인은 귀할 때였으며, 부잣집 아들은 많아도 자수성가한 신랑감은 귀할 때였으므로 그런 현상이 일어났었다. 그런데 큰 누님은 미스 김에게 반해 왕팬이 되어 나만 보면 입술에 침이 마를 지경이었는데 이미 내 첫사랑은 부잣집 딸이어서 안 된다며 반대했던 분이다. 그러나 누구와도 결혼할 생각은 전무였으므로 냉정할 수밖에 없었으며 친구들에게도 표현을 반복했기에 그토록 줄기차게 나에게 로비를 했었는데 그중에 박대O이는 경남 하동 출신으로 에펠 건너편 남궁 카페의 사장이었으며, 인상도 좋았고 나와는 특별히 친했으며 처음엔 미스 김과 내가 오누이인 줄 알았는데 진실을 알고 안심했다며 나에게 당부했다. 그래서 조심스럽게 미스 김 본인에게 전달해 주었으나 시큰둥할 뿐 별 반응이 없기에 어쩔 수가 없었다. 그 외에도 수많은 친구들이 미스 김을 걸고 나에게로 비를 했으나 박대O이만 내가 소개해 주고 싶었을 뿐이었다. 그런데 미스 김도 대단했는데 그토록 수많은 사연들을 물거품으로 취급했었다.

그때도 순O이는 한 번씩 만났으며, 그러다 보니 미스 김도 우리의 만남을 목격할 수 있음이 오히려 무방하리라 여겼을 정도로 여수 아가씨들의 나에 대한 분위기와 관심이 높을 때였음을 확신하게 되었다.

그러나 단연코 나는 십 년 후에 서울에서 공부한 후 가정을 이루겠다는 굳은 결심이 매우 확고했기에 어떤 유혹과 환경에도 흔들릴 수가 없었던 것이다.

여수 청년회와 예비 군훈련대와 청우회, 그리고 에펠여화센터는 삼수 갑산을 갈지언정 나의 아름다웠던 향연이었으며 하나님이 내게 축복의 길을 열어 주시려고 세심하게 준비해 주셨던 사랑이셨음을 먼 후일에 교회 다니면서야 알 수 있게 되었던 것이다.

어렸을 때 불도학자이신 외조부님의 영향 때문에 불심의 모친을 따라

사찰 구경을 몇 번 해 본 것 말고는 종교와 신앙에 거의 문외한의 벽지 촌놈인 나는 중년기까지는 교회를 예수쟁이들이 모여 기도한 장소로 이해하고 있을 정도였었다.

아무튼 그 시절에 나 홀로 말 못 할 고민에 빠졌을 때, 제일은행 옆 자투리 땅에서 화한 꽃점을 운영한 친구 김연O(석곡)가 자신도 겨울 장사는 너무 부진해서 우선 화원 문을 닫고 서울 신내동 배밭의 가지치기 일손이 부족한 친척 형의 요청에 한 사람이 더 필요해 구하는 중이며 봄이 올 때까지만 한다고 했다.

여수항을 떠나서 상경하려면 서울 견학을 해 봄이 절실할 때인데 귀가 번쩍 뚫리는 기분이었다.

젊음의 기분에 사로잡혀서 요지부동 할 때가 아니므로 한번 움직여 볼 좋은 기회여서 친구와 상경 계획을 세우게 되었으나 막상 간단한 일이 아니었다.

미스 김과 큰 누님께 한 달 동안만 아르바이트한다는 설득으로 어렵게 이해를 시켰으므로 상경 진행을 할 수 있었으며, 김연O와 나는 서울 태능 끝자락 위치의 신내동 배밭 생활 동참의 인연을 맺게 되는데, 막상 부딪쳐 보니 배나무 가지치기가 아니었으며, 소 돼지 똥의 거름을 나무 밑 깊숙이 판 곳에 채운 작업이었다.

약속 위반에 실망이 커서 포기해 버리고 싶었으나 그만두고 하향해 버릴 수도 없었기에 친구와 함께 눌러앉아서 인생 경험을 다짐했었다.

그곳에서는 군대서도 못 해 보았던 뜻밖의 일들을 하게 되었는데 할 때는 씁쓸했었으나 하루하루가 정신이 맑아졌던 값진 삶에 훈련임을 자위했었기에 수렁의 노동도 보람찬 과정으로 이겨 낼 수가 있었고, 조금씩 익숙해져 전진해 나갈 수가 있었던 것이다.

　그 무렵 여수에 펠의 미스 김에게서 안부 소식이 연속으로 날아왔는데 천군만마를 얻은 듯 큰 위로가 되었으므로 배밭 분뇨 작업을 지속적으로 할 수 있던 중에 어느 날, 에펠여화센터 물건 구입차 미스 김이 상경해 단둘이 만났을 때의 반가웠던 감동이 지금도 어제처럼 선명하게 떠오르는데, 누님의 당부로 내 생활 현장을 목격하겠다는 미스 김의 의지를 꺾지 못해서 창피한 현장을 보여 줄 수밖에 없었던 것이다.

　사실 그때의 내 마음은 당당했으나 한창 예민할 때인 미스 김의 여린 심경은 충격의 눈물을 보였었다.

　결국 미스 김이 현장 답사하고 내려간 후 누님과 친구들의 편지가 빈발했으며 내 다짐도 약해졌음에 겨우 한 달 만에 날개를 접고 여수 귀향으로 향했다.

　여수를 떠나 겨우 한 달 동안의 배밭 생활이 아련히 떠오르며 서울특별시민의 삶을 그려 보게 되었으며 다시 활기찬 여수항의 일상을 진행하게 되는데, 마침 그때가 선거철이 임박했으며 정혜O 형님 요청을 따를 수밖에 없었던 것이었다.

66. 운명의 여신(운명은 하늘의 뜻)

　나의 에펠여화센터에 이경O가 적극 추천한 친구 미스 김(미O)을 처음 본 순간, 여자에게 냉정했던 내가 첫눈에 반했으나 표정 관리를 할 수밖에 없었던 것은 나 자신의 확고했던 신념 때문이었다.

결혼을 10년 후로 계획했으며 여자친구도 있으니 누구에게나 냉정해질 수가 있었으나 순진무구의 순백 미녀와 함께하다 보니 어느덧 시중 소문들이 에펠여화센터의 선남선녀가 애인 사이라며 곧 결혼할 것이라는 단정적 표현까지 덧붙여서 나돌았다.

그때 우리 옆집이 태극 피혁상인데 사장님 동생이 나와 동갑내기 친구였던 김기O가 나를 만날 때면 항상 "너희 두 사람은 여수에서 최고의 선남선녀"라면서 부러워하더니 언제부터인가 시중에 뉴스거리가 되어 버렸던 내가 웃지 못할 현실이 돼 버렸다.

누구보다도 큰 누님은 미스 김 의왕 팬으로 열성을 다해 우리 둘의 인연을 후원하셨으나 나의 어머님은 끝까지 "순O이처럼 오직 너만을 위할 수 있는 여자가 있겠는가?"에 대한 아쉬움에 미련을 두었으며 형제들은 "너무 부잣댁 딸이므로 곤란하다"고 했었다. (* 김기O는 여수 고교 밴드부장 출신의 멋진 친구다.)

그러나 젊음의 에너지는 항상 변화를 추구하는가? 화창한 어느 봄날, 에펠여화센터의 휴무일에 우리 누님의 간곡한 권유로 미스 김과의 모처럼만의 오동도에 단 둘만의 데이트를 하게 되었는데, 그날 우리들은 많은 이야기를 나눌 수 있었는데 서로를 위하고 있음을 확인했을 뿐 모든 형편이 어쩔 수가 없었다.

학자금의 바닥도 거의 얇아져 있었고 미스 김 댁의 형편도 자기 모친과 단 둘의 삶인데 너무 단출했었기에 전혀 기댈 수 없던 처지였으므로 피차간에 깊은 계획은 할 수가 없었으므로 일상에 변화는 없었던 듯이 그냥 흘러갔으나 내 마음은 매우 애절해졌다.

그전에는 모든 친구들이 미스 김 미O에게 관심을 보이면 싫지가 않더니 그때부터는 보호 본능이 발동해서 친구들의 푸념이 "복현이가 급변했다면서 배신감을 느낀다고까지 했다"는 그런 분위기였다.

그 당시에는 예비군 훈련을 자주 받을 때였으므로 여수시 외곽의 교육장까지는 버스를 타고 다닐 정도의 거리였는데, 미O은 고맙게 따뜻한 점심을 정성껏 챙겨서 올 때면 늘씬한 미모에 반한 예비군들과 내 친구들까지도 넋을 잃은 듯한 표정들을 감추지 않았었기에 내 어깨가 으쓱해졌던 기억이 새롭다.

아득한 젊은 날, 여수항에서 비록 길지 않은 기간에 청년회와 청우회 친구들의 결혼식 사회자로 설 기회가 많아질 정도로 활약이 많았고, 미스 김 친구들 중에 몇 번의 사랑 고백도 받을 때가 있었으니 그때 나를 부러워했던 친구들을 이해할 수가 있었다.

그러나 속담에 "빛 좋은 개살구"란 말처럼 내 처지가 바로 그 모습이었다. 참전 월남서 귀국해 만기 제대 후 번쩍번쩍하게 에펠여화센터를 중앙동에 열었으며, 잘생긴 총각 사장이 순백의 미인 처녀와 멋진 모습에 화려함을 장식하고 있다는 온갖 미사여구를 구사함의 신바람이 바로 거기까지였으리라.

어느 봄날 한양 공대 복학생 임채O과 내가 모처럼 만나서 만성리 모래사장 나들이 일정을 세웠는데, 아가씨 두 명과 데이트 파트너 동행을 공감했으며, 에펠여화센터 휴일에 미스 김과 친구 박금O에게 만성리 모래밭에 두 쌍의 청춘 남녀가 발자국을 찍어 보자는 데이트를 어렵게 신청했었는데 유쾌한 응답에 흐뭇함을 금할 수가 없었던 기억이 또렷해진다.

그날은 날씨까지 화창했기에 마음이 들뜰 지경인데 두 명의 예쁜 아가씨들이 걸어오는 모습은 선녀와 비교해도 무방할 정도에 최고의 단짝 미녀였으며, 나는 평소에는 자주 보았으나 건성이었으므로 정색을 하고 마주 대해 보니 역시 미녀들이었다.

유쾌한 분위기로 만성리 모래 위를 활개쳐서 걸어 다니며 마음껏 청춘을 노래하며 뛰어 보기도 하고 이야기도 나누던 중에 파트너 제비 뽑기 제안으로 짝꿍이 정해졌었는데, 임채O과 박금O에 김복현과 김미O으로 정해졌으며 약속대로 숨바꼭질이 시작되어 술래가 된 채O 팀을 따돌리려고 우리 둘은 숲이 우거진 갈대밭으로 깊숙이 숨어 버렸는데, 술래들이 찾지를 않았기에 공기가 좀 어색했으나 우리는 왠지 술래들에게 잡히기 싫어서 더욱 깊숙하게 숨어 버리게 되었음은 그들도 우리처럼 오붓한 시간을 누리게 하기 위함이었던 것이다.

그런데 우리의 그런 생각은 오산이었음을 한참 후에야 알게 되었는데, 임채O은 미숙을, 박금O는 나를 원했었으나 제비 뽑기가 진실한 현실의 현상으로 나타나게 된 셈인데, 사실 임채O은 부잣집 아들이며 박금O는 중산층의 예쁜 막내여서 환상적인 커플이라 짐작했던 것인데, 사람 속 마음을 읽을 수가 없다는 또 한 번의 경험을 얻게 되었던 것이다.

만성리 사건은 우리들의 속마음이 노출되어 버렸으며 그때부터 나 자신에 변화를 느끼게 됨은 10년 후의 결혼을 고집함이 타당한 것인가?의 반문이 들었다.

그토록 강철 같던 본 계획은 어느덧 헤이해지기 시작했으며, 미스 김과의 설계가 그려지며 깊은 고민에 빠져들었으니 자신도 모르게 좋아하게 되면서부터 현실의 심각성을 재인식하게 되었던 것이다.

어쨌든 우리는 누가 먼저랄 것도 없는 상태에 직면한 채 서로를 지켜야 할 공동 목표가 되고 말았었다.

　사실 그때의 내 운명은 매우 심각한 기로에 섰으며, 예측할 수 없는 미래의 편차가 극적일 수밖에 없을 때인데, 가정이냐? 학업이냐?의 갈림길 이었기에 일생일대의 대결단이므로 고심의 압박이 컸는데, 그러나 거친 바닥의 여수항의 순백 미녀를 외면하고 포기할 용기는 더욱 없었기에 눈에 보인 사랑을 기꺼이 운명적으로 선택하게 되었던 것이었는데, 여수판 신성일과 엄앵란으로 명명할 정도였었다.

　그 후 여수 중앙동 처녀 총각들의 방향과 질서 변화가 좀 있었는데 생략하며, 젊음의 안타까운 사연까지도 아름다웠던 그 시절의 응원에 감사할 뿐이다.

　70년 말부터 공화당 중앙동 관리차장으로 활동하면서 예비군과 청년회 참여에 열성을 다하였으며, 무엇보다도 청우회 우정을 돈독히 하려고 열심히 뛰었더니 청우회 가족이 형성돼 가면서 결혼 성사가 순조로움으로 총각 딱지를 떼어 가기 시작했다.

　우리 청우회원 결혼식장의 분위기는 좀 특별해서 신랑 들러리들의 패션 하의는 배지 색상에 상의는 구로 군색에 넥타이는 진홍색으로 통일했었는데, 하객들의 눈이 휘둥그래질 정도의 관심사였었다.

　선거 운동도 내 아이디어가 반영될 때마다 보람이었고, 정혜O 형님께 작은 보답이라도 한 것 같으며 청년 회장 병O 형님의 전달 의무도 만족시켜 드렸었는데, 김상O 예비군 중대장님도 흐뭇해하셨다.

　그런데 정작 내 사업인 에펠여화센터은 바닥이 보일 듯 가물거렸으나, 일단 방향 설정을 바꾸어 버렸으므로 마음에 부담이 홀가분해졌기에 공화당 직분 수행을 나름대로 최선을 다할 수 있었기에 인정받을 수가 있었던 것이다.

공화당 여수시 위원장 김상O 씨에게 인사드릴 때면 나를 보시는 눈초리가 자상하심의 정을 느낄 수가 있었으며, 인품 지긋하셨던 사무국장 김봉O 씨도 나를 무척 따뜻하게 대해 주셨던 그 모든 이면에는 비서실장 정혜O 형님의 나에 대한 배려의 은덕이었으리라 믿어 의심치 않는다.

나에게 학벌만 부족했을 뿐 처음 대하신 분들마다 깊은 관심으로 맞이해 주심에 항상 감사한 마음 가득해서 용기 백 배였으며, 자신만만함에 좋은 아이템으로 주변의 이목 집중의 주인공일 때가 많았다. (그래서였던지 군부대에서와 사회에서 내 인덕은 대단했었는데, 지금은 오직 하나님께 감사드릴 뿐이며 언제나 선함이 축복과 덕망의 길임을 확신했다.)

한때는 학비를 목표 삼아서 자원 입대했고, 위험을 무릅쓴 파월 참전 자원 두 번이나 했으며, 서울 상경을 꿈꾸던 내가 생각밖의 머슴 사건으로 충격이 잠재되어 큰 누님 설득에 순간적 오판으로 여수항에 머무르고 말았음이 결코 인력이 아닌 눈에 보이지 않은 손길이었음을 후일에 확신했었던 것은 그만큼 내가 한번 세운 목적에 방향을 포기해 버릴 나약한 자가 아니었다는 증거가 확인된다.

그때까지 살아온 길만 돌이켜 보아도 세상 어떤 난관에도 맨주먹으로 얼마든지 슬기롭게 헤쳐 나갈 수 있는 저력이 충분했으므로 나는 세상 가운데 홀로 내던져질수록 용수철 같은 힘을 발휘할 때였기에, 맨주먹의 상경도 어떤 환경의 사랑도 두렵진 않았었기에 여수항 제일의 순백 미녀를 기꺼이 포용하기로 작심하고 내 인생의 방향을 확정했었는데, 고맙게도 강한 여심의 맹렬한 용기로 빈털터리 된 나를 거침없이 품어 주었던 그 열정을 잊을 수 없다.

내가 솔직한 빈곤의 현실적 무능력과 절망적 장래성을 소상히 고백한 후 함께 울어 주던 감동과 진실을 나는 영원히 간직하게 되었던 것이다. (*그처럼 인연은 완고했던 나를 사랑의 끈으로 감아 안았었으며, 남달랐었던 내 의지력도 운명에 순응함의 축복으로 우리 부부는 현 시점에서 무한한 축복의 삶을 누리게 되었으므로 하나님의 깊으신 은혜와 사랑에 감사를 드린다.)

71년은 내 일생에서 가장 분주했던 한 해였었는데, 우선 결혼식이 많았으며, 대선과 총선이 오월이어서 매일 회합으로 활동량이 많았으며, 결혼 진행도 연속적이었는데 청우회원들 거의가 그때 가장들이 되었으며, 여수 예식장들이 하루 종일 붐볐을 때, 친구들 결혼식 진행만 할 것이 아니란 생각이 불현듯 떠올라서 아무런 준비도 안 되었으나 어차피 의지할 곳이 없으며 학비 통장도 거덜 난 상태이므로, 분위기 좋은 선거철 봄날에 우리도 결혼을 해야겠다는 다짐을 했는데, 굳 아이템이 번개처럼 뇌리에 떠올랐는데 그것은 공화당과 김상O 위원장이었다.

여수 유지들의 집합체 같은 공화당 인사들을 하객으로 모두 참여하게 하려면 한국은행 부총재 출신 김 위원장님을 주례사로 모시면 될 것 같았으나, 문제는 선거일이 너무 임박함이 큰 난관이었다.

어차피 우리 두 사람의 결혼이 급할 수밖에 없었음은 임신 때문만도 아닌 일단 가정을 소망했었으며, 어떤 난관에도 우리는 두렵지 않기 때문이었다.

우리들의 관계를 알게 된 미O의 형부와 언니가 서울에서 나를 보러 오셨다기에 만나보니 허우대만 멀쩡할 뿐 속 빈 강정 같아서 두 번 다시 기대 안 했으며, 오직 나 자신이 모든 걸 책임지고 해결할 수밖에 없었기에 그때부터 단독으로 돌진하게 되었으나, 자신감만은 충만했는데 그건 사랑의 힘이었었다.

  그러나 빈손으로 가정을 이루어 볼 계획을 세워 보는데 고민이 대단했었고, 용기와 지혜가 절실했으며, 속담에 궁하면 통한다 했으므로 포기할 수 없었다.

  그때 비용이 없어도 결혼식을 성대하게 진행할 수 있는 혼인 논문으로 순번대로 정리해 보았었는데 ① 결혼 예식장 예약 ② 주례사 선정 ③ 피로연 식당 ④ 신혼 여행 ⑤ 신혼방 잔금 처리 ⑥ 옷장과 벽지 비치 ⑦ 신혼 식품 구입 등의 전반적인 행사를 위한 청우회 구수회의가 진지하게 숙의 되었으며, 신랑 제외한 7명 모두에게 임무 부여가 설정되었으며, 최선을 다한 우정으로 의리를 지켰던 우리 청우였다.

  1번 결혼 예식장은 여수 상공회 소 사무국장이 친구여서 날짜를 겨우 잡았으나 총선 3일 전밖에 없었다.

  2번 주례사 선정을 위해 공화당 사무실로 달려갔더니 김봉O 국장님이 반갑게 맞아 주시더니 위원장님에게 주례사 부탁한다 했더니 정신 나간 사람이라며 펄쩍 뛰시며 위원장 친조카도 거절했다며 흥분하셨는데 음성이 커서 위원장실 후보자 김상O 씨가 들으시고 나오시면서 첫마디에 자신의 선거도 중하지만 김 군 결혼식은 더욱 중요한 것이니 기꺼이 시간을 내 보자며 사무국장님 동의를 구했다.

  크리스천도 아니던 내가 "하나님! 감사합니다!"를 연발할 정도로 감동할 수밖에 없었던 것이다(그때 위원장이 총선 투표 3일 전에 주례 선예는 없음).

  제일 큰 문제였던 ①번과 ②번이 극적으로 해결되었으므로 나머지 ③, ④, ⑤, ⑥, ⑦번은 순조로웠으며, 따라서 여수시 제일의 대형 예식장에서 상공회의소 사무국장 도효찌의 사회 진행과 전 한국은행 부총재 출신 공화당 위원장 김상O 씨의 주례로 초대형 예식장을 입추의 여지없이 꽉 메워 버린 여수 선남선녀의 혼례식은 이구동성의 축하와 축복이었다.

그날 우리 고향 하객들 일부는 2층 예식장이 넘쳐서 참관 못 하고 1층 접수처에 축의금만 접수했다면서 감탄해 마지 않았었으며, 공화당원, 예비군, 청년회, 청우회 등 나의 모든 지인 외의 분들도 하객으로 참석해 우리의 앞날을 응원해 주셨던 여수 유지분들의 잊을 수 없는 인자하신 모습이 지금도 잊을 수가 없다.

나는 입대하면서 잊었으나 그분들은 구둣방 소년이 참전 후 제대하고 중앙동에 의리 번쩍한 에펠여화센터를 열었음에 소문으로 알게 되어 모두들 하객으로 동참을 해 주셨으니 누구보다도 반갑고 감사했었다. 그런 깊은 정을 느낀 나는 행운아였었다. 결혼식 후에 내 혼인식의 사회 진행자였던 도효찌는 나를 높이 평가하며 상공회의소 대형 예식장의 전례에도 이번만큼의 하객 인원수와 호화 진용의 주인공은 없었다며, 역시 선남선녀의 혼례식이었음을 극찬하면서 총각들 쟁탈전 1인으로 나에 대한 오해를 스스로 철회하며 진심으로 축복해 주었다. (* 곶감 빼 먹듯 빼 먹다 보니 꽤 넉넉한 학자금을 2년도 안 되어 바닥이 났으나 내 기지를 발휘해 여수 최고 순백 미녀와 아름다운 혼인식으로 가정을 이룬 것이다.)

67. 新接살이

1971년 5월 6일. 유난히도 화창한 봄날의 饗宴을 여러분들의 도움으로

和氣靄靄한 결혼식을 무난하게 마치고 하객 접대와 진남관 뒤편 군자동에 예약해 둔 월세방 잔금 처리 및 세간살이 구입과 모든 제반 사항들을 친구들께 일임하고 신혼여행비만 축의금에서 챙겨 담고 우리는 순천 송광사까지 택시를 타고 달려가는데 온 세상이 모두가 환영하듯 축하와 축복의 물결이 넘실거리고 있었다.

우리는 해냈다는 자부심과 愛情競爭서 완전 승리를 거두었으므로 어떠한 난관의 미래도 두렵지가 않았으며, 오직 둘만의 사랑에 도취될 뿐이었다.

또한 우리의 결혼식을 통한 청우회의 순수한 우정과 믿음이 여수항에 미담의 꽃으로 활짝 피었으며, 話題의 혼인은 여수 시민들의 잔잔한 감동이었다.

신혼여행은 초고속 엔젤호로 충무, 부산항을 희망했으나 그날은 특별한 吉日이므로 당일 신청은 엄두도 낼 수 없기에 차선책으로 조용한 순천 송광사를 택했었는데, 오히려 둘만의 오붓한 시간을 누렸으며 그곳 관광객들이 우리를 볼 때면 그윽한 눈빛으로 한동안 바라보며 마음에 축복을 아낌없이 쏟아부어 줌을 강하게 느낄 수가 있었던 것이다.

산수갑산을 갈지언정 너무 행복한 신혼여행이었음을 확신했음은 신부의 표정에서 읽을 수가 있었다.

그야말로 대책 없는 결혼식이었으나 청춘 남녀가 진심으로 사랑하면 기적 같은 현실이 발생함을 보면서 우리 부부는 당당히 세상에 설 수 있게 되었는데, 신혼여행 마지막 날의 사건으로 인한 초보 인생 미래를 감지할 수 있도록 하늘이 豫知해 주신 듯한 件은 다름 아닌 결혼 금반지를 분실했는데, 귀가하려고 가방 정리를 해 보니 닷돈짜리 반지가 없으므로 그토록 행복했던 신혼여행이 수포로 돌아간 듯해서 당황스러웠으나, 우선 정신을 가다듬고 침착하게 추적을 해 보니 반지를 뽑아서 보관한 기억이 없다고 하기에 손에 낀 반지가 느낌도 없이 빠져나가려면 비누질할 때 가능하겠다는 推定으로 세수했다는 장소에 가서 바위 틈에 흐른 물속 깊숙이 내 손을 뻗쳐 바닥을 탐지했더니 손끝에 묵직한 게 걸려서 올렸더니 결혼 반지였었는데, 일생에서 그때처럼 멋진 보물 찾기가 더 이상은 없었던 것 같다. (* 그때의 잊을 수 없던 아름다웠던 반지 사건은 우리 부부에 평탄한 운명의 일생을 하늘이 豫知해 주신 듯한 확신을 갖게 되었으니, 우리 부부는 천생연분으로 지금까지 큰 굴곡 없는 평탄한 삶을 살아가게 해 주신 그지없는 사랑의 하나님께 감사를 드릴 뿐이다.)

의미 있는 신혼여행을 무난히 즐긴 후 여수로 돌아와서 청우회 친구들과 계약만 했었던 신혼방으로 들어갔더니 옷장과 찬장이 가지런했으며, 살림 도구들도 거의 갖추어져 있었는데, 청우회 친구들이 우리 신접살림을 알뜰하게 마련해 준 우정에 온도가 너무 따스했기에 행복감이 넘쳤으므로 결혼 뒤풀이 겸 신접 입택 회식을 밤새도록 즐기게 되었었다.

이렇게 해서 맨손 거사의 결혼 이벤트는 성공적으로 멋지게 마무리할 수 있었으며, 총선 투표 결과도 우리의 주례사 공화당 후보 김상O 씨가 당선되었으므로 온통 축제 분위기였던 그때가 선명하다.

그때부터 나는 幸運兒였으며, 우리 부부는 천생연분이었음을 나는 확신할 수 있었다!

전혀 준비 안 된 생초보 신접살이가 시작되었으며, 수입이 거의 바닥이었던 에펠여화센터에 기대할 수 없었기에 졸지에 가장 된 나의 고민은 새로운 차원이며, 지난날은 내 자신만을 해결하면 그만이었으나 현실은 아내를 책임져야 할 막중한 사명을 감당할 수밖에 없었으나, 아내를 보면 무엇이든지 할 수 있다는 용기가 샘솟듯 했으나, 여수항 바닥은 너무 협소했으며, 활동력이 강한 나로서는 기대해 볼 만한 환경이 없어서 그때부터 광활한 서울로 상경해서 뛰어야겠다는 고민을 하게 되었던 것인데, 단독 상경도 선뜻 못 했던 내가 임신 중인 어린 신부와 함께 거의 맨손의 무학력으로 인심이 매정한 서울 상경은 무모한 도전일 수밖에 없었으니, 깊은 고민에 빠져서 날밤을 지샐 때가 많아져 가기 시작했었다.

　내가 세상에 태어난 후 그토록 깊은 고민을 해 본 것은 그때부터였으며, 줄기찬 고민이 연속적으로 상영된 영화와 드라마처럼 지속되었던 것이었다.

　우리 부부의 외모만 보면 세상 행복을 다 누리는 듯 선망의 덕담으로 축복해 주셨으나, 정작 본인들의 실상은 어둠의 터널에 접어들고 있었으므로 결단의 시간이 다가옴을 느낄 수 있었다.

　우리 결혼 전에 신부의 친구 박금O가 상경해 버렸으며, 결혼 후에는 장모님께서 셋째 딸 곁으로 상경하셨는데, 早晚間에 우리의 상경도 불가피한 운명으로 받아들일 수밖에 없었던 처지였다.

　그러나 서울에 친척은 처형 내외뿐인데, 동서형이 허우대만 멀쩡하게 보여서 애당초 기대를 할 수 없었기에 제쳐 버리고, 혈혈단신으로 맨땅에 헤딩해 볼 각오로 상경을 하려니 암담하기 짝이 없으나, 오직 나 자신을 믿어 볼 수밖에 없었으며, 그때까지의 내 삶 가운데서 수많은 분들의 격려와 인덕에 용기 백 배였던 잠재력을 발휘한다면 못 살 것도 없겠다는 자신감으로 내면의 정신력이 불끈거렸으나, 공화당 인사들과 여수 유지분들, 그리고 청년회와 청우회 및 예비군 친구들이 모두 한결같이 나를 우대해 주던 여수를 뒤로하고 상경한다는 게 엄청난 부담이었으나, 결혼 5개월 만에 여수역에서 상행선 열차에 이불 보따리만 챙기다시피한 우리 신혼부부의 정처 없는 이별의 여수역 정거장에는 유일하게 살짝 귀띔해 주었던 청우회원들만 뒤늦게 알고 급하게 달려와서 기름때 묻은 손에 잡힌 대로 지폐를 한 주먹씩 쥐어 주던 우정을 떠올려보니, 50여 년이 훌쩍 지나 버린 지금도 뜨거운 눈물이 샘솟는다.

소년기 때 중학교 대신에 여수 큰누님댁 구둣방에서 일하던 내가, 청년기 때 군 입대하려고 떠났었던 여수항을 뜻밖의 결혼식으로 졸지에 가장이 되어 미래가 불투명한 파란만장의 서울을 향해 떠나야 했으므로, 청우회원들의 충격적 슬픈 이별의 기적 소리를 뒤로 하고 우리가 상경했던 71년 10월 경은 군사 정권으로 살벌한 시기에 그렇게 해서 상경을 했으나, 기댈 곳은 단칸방 살이의 장모님과 허름한 시부모댁 살이의 처형 내외뿐인데, 어차피 세상 보는 방향이 너무 거리가 커서 단독으로 뛰어야겠다는 다짐으로 나 홀로 넓은 서울을 헤집고 다니면서 우선 가장 적은 사글셋방을 찾아 헤매던 중, 마포구 염리동 이윤O 씨 댁 한옥에 연탄광을 급조한 방으로, 그때는 소액 계약이 가능하면 천만 다행일 때였다.

상경 단 하루 만에 최소액으로 사글셋방을 체결했으니, 일단 서울에서 신혼방을 구하게 된 것이었다. (* 사글세는 보증금에서 매월 빠져나가며, 월세는 매월 정해진 금액을 정해진 날에 지급함)

그 방을 놓쳐 버렸다면 하루 만에 구할 수 있다는 보장이 없었기에 무조건 체결했는데, 보도블럭으로 쌓은 연탄광을 방으로 꾸몄으나 실상 방의 기능이라고 볼 수 없는 상태의 방으로 상경 다음날 신접살이가 시작되었던 것이었다. 겨울은 오는데…

상경 3일째부터 옆도 뒤도 볼 새 없었고, 앞만 보고 뛰면서 현상의 나 자신을 검색해 보니 갖춘 것이 전무였으므로 현실에 직시할 수 있는 방법은 찾아보니 어렸을 때 익혔던 김 생산에 대한 지식이었음에, 그것으로 당장 소득을 올려 보려면 중부시장 건어물 취급점에서 찾아야 되겠기에, 당장 을지로 4가 중부시장에서 제일 큰 남일상회로 달려갔더니, 김과 미역 등의 건어물이 생산지보다 월등히 많아서 놀랐었다. 사장님을 뵙고 내 처지가 당장 소득을 올려야 하겠으니 방법을 구한다고 애절하게 매달렸더니, 김 행상하신 분들과 엮어 주며 동행을 요구하셨다.

즉시라면 박스에 채워 담아 보니 20속이었으며, 멜빵으로 어깨에 메고, 27세의 내가 4-50대의 선배들 따라서 거침없는 행상에 나서게 되었으니, 몇 개월 전만 해도 심한 내 성격으로 부끄러움을 많이 느꼈었던 내가 이토록 발전할 수가 있었음에 놀라웠다.

처음에는 무조건 선배들 뒤를 따르다 보니 엉터리들이 뚜렷해 신설동 로터리부터는 "나 홀로 김 사세요! 완도 햇김 사세요!" 우렁찬 목소리로 외쳤더니, 보문동 한옥집 대문에서 귀부인 스타일 중년 부인이 나타나 김은 보지 않고 내 얼굴만 바라보았는데, 기분이 나쁘지 않았음은 대단한 미인이었으며 인상이 선해 보인 40대 주부가 집안으로 안내하며 침착하게 차를 권하는데, 내 성격은 내가 조금도 어색하지 않게 배려해 주심이 천사처럼 느껴졌다.

그날 상경 3일 만에 김 행상 첫날 뜻밖의 좋은 분 만나서 라면 박스에 꽉 채워졌었던 김 20톳을 한 목에 팔았었는데, 그때 선한 귀부인께서 내 음성이 특별했으며, 실물을 보니 인상이 너무 좋다며 대학생이냐고 묻기에 신혼 가장임을 밝혔더니, 언제든지 그 방면으로 올 때는 들러 주기를 바란다며 격려해 주시던 그 모습이 지금도 눈에 선하게 떠오르며 아름답다. (* 그날부터 김 행상할 때마다 단 한 장도 남겨서 귀가해 보지 않았기에 우리 집에 김 반찬 해 본 적이 없다.)

신혼 가장으로서 첫새벽 04시에 중부시장으로 달려가서 라면 조식 후, 남일상회에서 김을 1박스 채워 멜빵 해서 메고 신당동 시장까지 "김 사세요!"를 외치며 걸어가면 도중에 제법 잘 팔려서 신당동 시장 가기 전에 라면 박스 속에 김 20톳이 떨어지면 남일상회로 되돌아가서 김을 챙기면 종사원들과 행상하는 분들이 신기하게 생각했었다. 새벽에 사람들이 기동도 않을 때, 새파란 놈이 자신들은 하루종일 팔아도 자투리가 남는데 한 시간 만에 다 팔고 2회로 판다며 설치는 꼴이 얄밉다며 사기꾼이라고 조잘대면, 단 한 번인 남일상회 사장은 모든 내용을 간파했던지 나에게 특별한 관심으로 지켜보셨던 것이다.

아무튼 개의치 않고 뛰고 또 뛰었는데 어느 날 사장님이 좌판을 마련해 주겠으니 행상을 접고 좌상으로 전환하길 권해서 고마웠으나 나는 행상을 하면서 많은 경험과 견문을 넓혀 시장조사를 해야 했으므로 정중히 사양하였으나 내심 큰 격려가 되었으며 음양으로 많은 도움을 주시며 돌보아 주셨다. 그때 나의 동서 황인O 형의 사촌동생 황인O과 인O 씨가 남일상회 좌판에서 김 장사할 때 우연히 만나서 고향 근황을 나누다 보니 완도 대평 회사 황인O 사장의 이복동생들이니 내 동서 황인O과 사촌 간들이며 나에게도 사돈 간들이 되는 셈이었다.

완도와 고흥에 김 생산만이 전업이다 할 정도로 어두운 시절에 황인O 씨가 일본 시장에 한국 김 수출의 길을 최초로 성사시킨 분으로 대박이 났었으며 벼락돈을 벌다 보니 김 공장, 통조림 공장, 어망 공장 등을 설립했을 때 황인O 사장의 이복동생 황인O은 상무, 황인O는 전무, 사촌 동생 황인O(내 동서)은 고흥 나로도 통조림 공장 소장으로 한창 잘 나갈 때는 기세를 올렸었다고 내 가상 경해서 동서 형에게서 귀에 딱지가 굳을 만큼 듣고 또 듣고 했었는데 또 사돈에게 듣게 되었으니 완도 출신 황인O 씨의 일본 김 수출 무용담을 많이 듣다 보니 대평 그룹에 대한 상식으로 그 회사의 생리도 분석할 수 있었다.

그들 세 분(황인O, 인O, 인O 씨)의 능력이 내 눈에 또렷하게 보였었기에 황인O 사장이 애처로웠고 우리나라 족벌 그룹의 패단적 모순을 알 것 같았다. 고등 교육 이상을 받은 자들로서 도저히 이해 안 되며 그중 한 분은 일생 동안을 자력으로 일 푼도 벌지 못한 채 최후까지 허풍만 남발하는 데 기록을 세웠었다.

각설하고 어느덧 추운 초겨울의 신당동 시장 입구에 김 박스를 폈으며 그날은 박스가 대형인 100톳을 준비했는데 내가 김 팔 때면 2층 집에서 내려다보던 아가씨가 김 20톳을 주문해 담아서 가므로 날은 추웠어도 힘이 용솟음 쳤으며 덕담 위로까지 받게 되어서 그날도 통금 직전에 완판하고 귀가했다.

매일매일이 내 주변에 훈훈함이 감돌았으며 보이지 않은 손길들이 나를 감싸는 듯한 느낌으로 충만했던 기억을 잊을 수가 없으며 수많은 분들의 인덕에 용기 백 배 했었구나. 회상할 때면 숙연해진다.

그때 중부 시장 김 행상꾼들이 많았었는데 내가 유명한 인물이 될 수밖에 없었던 것은 통금 시간을 넘겨서라도 김 재고를 남겨 본 경우는 거의 없다 보니 처음에는 믿지 못했으나 결국에는 진실이 밝혀져서 양질의 소문으로 미화되었으며 나를 모르는 사람이 없을 정도였으니 각 상회들마다 나를 자신들의 좌판으로 끌어들이려 했지만 내가 거부했었다.

그 대신 행상을 접고 행당동 무학여고 입구, 용산구 신광여고 굴다리 입구, 고려대 앞 제기 시장 입구를 지정해서 대형 김 박스를 놓고 일주일 간격으로 돌아가면서 새벽부터 통금 시간까지 "완도 김 사세요!"를 외쳤으므로 그곳의 명물인이 될 수밖에 없었던 것이다.

그러나 대부분 자신들의 상점 앞을 허용하지 않았으나 그럴 때마다 고마운 분들이 친히 자신의 상점 앞을 기꺼이 제공하며 격려해 주셨으니 아무리 생각해도 나는 분에 넘치게 인덕이 충만, 감사 충만이었는데 웬만한 배우들보다 인기가 좋았음을 확신한다.

27세의 인상 좋은 매끈한 청년이 검정 정글복에 정글 군화를 신고 머리는 신성일 형의 스포츠형 헤어스타일에 첫새벽부터 한자리에서 엄동설한의 추위를 무릅쓰고 맑고 우렁찬 굵은 목소리로 "완도 햇김! 사세요! 완도 돌김! 사세요!"를 출근해서 퇴근 때까지 매일 바라볼 수 있었으며 그것도 밤 12시 직전까지였으니 내가 섰던 장소의 동 주민들의 화젯거리가 될 수밖에 없었던 것이다.

그러다 보니 중년 신사들 중 몇 분은 매일같이 나를 격려해 주시려고 김을 사 갔더니 백 짝이 되었다면서 유쾌하게 웃으며 계속 김을 들고 가시면서 제발 계속 나를 볼 수 있으면 더 바랄 게 없겠다고 했었다.

그러다 보니 내가 섰던 장소를 한 주 오래간만에 가게 되면 요즘 연예인을 대하듯 해서 외롭지가 않았으나 집에만 가면 내 편이 없음에 어깨가 무거움을 매우 강하게 느꼈었으며 내 속마음을 혜안으로 보시며 이해해 주시던 고향의 나의 어머니가 더욱 그리웠었으나 사무치게 아쉬웠을 뿐 현실은 녹록지 않았다.

맨몸으로 부딪쳐 가며 살아갈 수밖에 없었던 절박했던 국졸 출신이 김 행상꾼으로 한 발짝씩 시베리아보다 살을 에는 듯하다는 서울 찬 바람을 헤쳐 나갈 때 깊었던 사연들을 모두 다 기록할 수 없겠으나 길거리에서 스쳐 지나간 인연 중에도 애절한 사연은 현실적으로 무궁무진하게 피어 났었던 것이다…

(* 1971년 12월 25일 성탄절 오전 10시경 남대문시장에서 물건 받으러 나오던 중 소방차 사이렌 소리가 요란해서 신세계 앞 육교로 올라갔더니 대연각 호텔에서 연기가 나면서 저층의 투숙객들이 뛰어내리기도 하고 헬리콥터가 옥상에 줄을 내리면 매달려서 건너편 빌딩 옥상으로 달랑거리며 가는데 성공하면 박수가 터졌으나 어떤 객은 힘이 부족했던지 손을 놓아 버리면 낙엽처럼 떨어지는데 구경꾼들 입에서 하나같이 안타까움에 탄식 소리가 "아!" 메아리였다. 사망자 추락사 38명 포함 166명 실종 25명 부상 68명으로 세계적 대형 화재 사건을 직접 인근에서 목격.)

68. 월남전우의 진실한 우정

주월한국군 100군수사령부 207보충대에서 나를 가장 확고히 인정했었던 전우 고세O은 인천창영교회 목사 아들이며 경희대 재학 중 파월 참전했으며 배재고 동창 친구가 많았는데, 탤런트 노주O과 절친 이상의 교내 봉사 서클을 이끌었으며 형편이 어려워서 학업 포기할 학우들에게 격려와 지원으로 낙오자 전무의 유쾌한 졸업식을 모두 함께 누렸었다는 무용담을 내게 밝힐 때마다 배우 노주O과 용산 철도 페인트 주 둘째 아들 주영O 등 배재고 친구들 이름이 등장할 정도로 무용담을 자주 했었다.

귀국 후에도 계속 소식 전달을 유지했으며 상경해서도 서로의 관심에 소홀함이 없는 의리맨으로서 변함없는 우정을 보여 주었던 전우 고세O을 나는 잊을 수가 없다. 서울에서 처음 만났을 때 고세O과 나는 대조적으로 그는 자기 부친의 미국에 희망한 계획이 순조로워서 가족 전체가 이민을 갔으며, 자신은 졸업 후에 가든지 국내에 남든지 할 계획이라며 내 형편이 너무 어려우니 자신이 적극 협력하겠으니 용기 잃지 말고 힘껏 뛰어 보자며 격려를 했으니 막막한 서울에서 천군 만마를 얻은 기분이었었다.

내가 호구지책으로 김행상을 할 때였으며, 염리동에 우리 신접살이 집까지 둘러보던 세O이가 문간방 옆에 빈 공간이 좀 있는 걸 보고 착안한 것은 만화방이었는데, 세O의 배재고 서클맨 김시O이 동대문에서 대형 만화 도매상을 하고 있었기 때문이다.

그 시절에 만화방들이 대호황일 때였으니 세O이의 생각도 무리는 아니었던 것이다.

그의 구상은 나의 신부가 만화방이라도 해서 보탬이 되게 하고, 나에게는 포장마차를 해서 생활을 안정시켜 가정 경제를 풀어 나갈 수 있는 방법을 모색해 보길 권했으므로 내 처지에 합당한 실정이므로 매우 흡족했었으며 자신감이 샘솟듯 했었다.

그 길로 고세O을 따라간 곳은 동대문 만화 도매시장이었고, 나를 잠깐 기다리게 했는데, 멀리서 들린 말소리에 "전라도 놈을 뭘 믿고 도우려 하느냐"면서 흥분한 소리가 내게 들리고 말았으며, 그보다 더 큰 목소리로

"너가 뭔데 내 친구를 함부로 비하하느냐"면서 멱살잡이에 들어가고 말았으므로 멀찌감치 떨어져 있었으나 나는 혼비백산 할 수밖에 없었다.

나 때문에 고세O이가 동창생과 의절해서는 절대로 안 될 문제였기에 황급히 뛰어 갔더니 두 명의 사나이가 손을 꼭 잡고 울고 있음을 내 눈에서는 피눈물 같은 것이 쏟아지고 있었던 것이다.

사실 내가 몰염치 없는 짓으로 돈 한 푼 없이 소중한 남의 재산을 축내려 했지 않은가? 넘 부끄러웠었다.

나를 처음 본 서점상 사장 김시O은 내 손을 덥석 잡아 끌어안아서 뜨겁게 포옹하며 자신의 옹졸했음을 사죄하면서 잠깐의 실수지만 크게 후회된다며 그 대신 바로 염리동 현장을 답사해서 만화방 설치를 하기로 했는데, 그 당시 만화방 개설이 수없이 밀려 눈코 뜰 사이가 없을 때였다.

만화책과 설치 재료를 한 차 가득 싣고 염리동 집 앞에 세워 둔 채 책꽂이 설치를 밤새도록 작업해 마무리하고 돌아갔었던 고세O과 김시O이 지금도 눈에 선하게 떠오른다.

서울 사람들은 냉정한 깍쟁이들이란 말이 많이 들었으나 내가 만난 대부분의 인사들은 경우 바르고 의리 좋은 분들과 친구들이 대부분이었다.

그날 고세O과 김시O이 다투게 되었던 사건 때문에 두 친구는 나에 대한 많은 이야기를 나누게 되었으며, 김복현이를 도울 수 있도록 노주O, 주영O 등의 서클 친구들과 구수회의를 해 보기로 의견 일치를 보았다면서 나와 인사했던 주영O과 노주O 등의 좋은 친구들이 협력에 동참하면 밝은 길이 가능할 것임을 예고해 주던 고마운 친구들이었다.

마침 그때 미남 배우 노주O이가 좀 유명할 때였으며, 주영종이네 철도 페인트사도 번창할 때였기에 고세O이 불원간에 좋은 방법의 길을 예고했었다.

  우선 서울서 최소형의 만화 가게지만 연탄 난로 위의 들통에 오뎅 꼬지와 홍합을 끓이면 애들이 잘 사 먹었으니 희망이 보였으며 나는 매일 김을 완판했으므로 첫새벽부터 하루 종일 뛰어도 힘든 줄을 몰랐으나 인척 백수 건달의 허풍 떠는 모습을 자주 볼 수밖에 없는 환경이 매우 답답할 지경이었었다.

  그러나 어쩌랴, 그것도 나의 피할 수 없는 운명인 것을…

  열심히 땀 흘리며 손발이 닳도록 일하는 모습들만을 보면서 자랐었던 내가 도저히 손톱만큼도 이해가 되지 않아 심한 갈등으로 마음에 상처가 될 정도였으나 오직 하늘만은 모든 진실을 가름하게 되셨고, 천사 같은 아내가 다만 위로가 될 뿐으로 주변 인척들의 실망스러움에 활화산 같은 의욕 상실됨이 무척 아쉬웠으나 모든 사연을 기록할 수는 없겠다.

  그러나 내가 뛰어다닐 때 만난 좋은 분들이 아낌없는 격려와 위로가 헤아릴 수 없을 정도였으므로 외로움에 지쳐 기죽진 않았으며, 인덕 덕분에 언제나 자신감을 잃지 않을 수 있었던 것이다.

  구정 지나고 경기도 안양 시장이 넓은 광장 좌판대에 물건들이 가득했으며, 어시장 편의 지긋하신 아낙네들 틈새를 비집고 100속 김 박스를 펼쳤더니 잠깐 거부 반응을 보일 듯하던 아줌마들에게 내가 미소 작전으로 공손한 인사를 정중하게 드리면서 "죄송합니다! 미안합니다!"를 연발했더니 대학생인가? 하시면서 이내 따뜻한 온정으로 대해 주셨는데, 살벌한 생존 경쟁의 사장 바닥에서 인정의 웃음꽃이 피어오르기 시작했으며 내 주변이 친해졌었다.

  서로가 가벼운 일상과 안부도 교환하면서 화목하다 보니 손님들도 많이 모였었으며, 내 특유의 우렁찬 목소리가 온 시장 안에 울려 퍼지므로 금세 소문이 날개를 달았었던지 사람들이 모여서 내 주변 장사가 잘 된다고 하면서 모두들 신바람이었는데, 인상 좋은 모자 분이 지나가다 말고 한참 동안 서 계시더니, 나머지 김 전체를 자신들 업소에 배달해 주면 그때 계산해 주겠다면서 전화번호와 주소 약도를 세심하게 그려 주셨으니, 오전 중으로 행상의 김 100속 완판은 거의 없었던 시절이었다.

알고 보니 안양 제일의 유명한 최고급 유흥 한식 업소였기에 어렵지 않게 찾아갔더니 한상 가득하게 차려진 최고급 한식을 대접하는 것이니 천천히 편안하게 들자면서 아들과 겸상을 했던 것이다.

나는 일생일대의 참으로 흐뭇한 식사를 했던 것인데, 김값도 한 푼 에누리 없이 내 손에 쥐어 주셨으며, 간절한 격려를 아끼지 않았었던 안양의 母子분을 50여 년이 훌쩍 지나 버린 지금까지도 잊을 수가 없다.

그러나 호사다마라 했었던가? 안양시장 5일째 날, 남일상회서 김 박스를 가득 채워서 힘겹게 버스타고 안양시장까지 전투하는 정신으로 옮겨서 자리를 잡고 아줌마들과 인사를 나누면 가슴에 뜨거운 뭉클함이 용기백 배의 충만함을 얻으니 두려울 게 없었다. 그런데 그날은 한 아줌마의 귀띔으로 알게 된 시장 건달들이 올 수 있으니 하루 동안은 피해 버림이 좋겠다면서 안달을 했으나, 잘못 없는 내가 굳이 비굴해질 때가 아니었기에 더욱 당당히 외쳤다.

"완도 갑태! 김 사세요! 고흥 석태! 김 사세요!" 했는데, 새까만 스포츠형 젊은이들 몇 명이 둘러서서 시비를 걸며 김을 아작아작 뜯어 먹어도 참고 달래며 비위를 맞추어 주던 중에 빈틈이 보여 벽력 같은 기압 소리를 지르면서 한 놈을 어깨 꺾기로 제압해서 밟아 버리고 또 한 명을 잽싸게 꺾어서 어물전 갈치 상자에 짓눌러 버렸더니 비명을 질렀으며, 1명은 어물전 아줌마들이 합세해서 잡아 족쳐 버리니 서너 놈이 도망쳐 버렸으나 경찰들이 와서 조사를 해 보니 안양시장 내에 건어물점 주인이 시장 건달들을 시켜서 나를 발도 못 붙이게 하려는 사건이었으므로 오히려 내가 민폐를 끼친 셈이기에 건어물 주인과 화해를 하고 그 대신에 폭력 부분은 경찰 입회로 재론 않기로 유종의 미를 거두었으나 두 명의 골절이 망가져 치료가 필요했는데, 건어물 상에서 감당하기로 합의해서 일단락 되었었다.

불과 일주일 안팎의 안양 시장에서의 애틋한 인정과 사랑은 참으로 나에겐 값진 보석 같은 추억이 되었으며, 단 한 번의 인연이었지만 안양 한식 명문가 어머님과 형님의 따뜻함이 오랫동안 내 심장을 훈훈하게 감싸 주었던 용기를 잃지 말고 힘내라던 여운이 지금까지도 내 귀에 잔잔히 메아리 치는 듯하다. (* 외아들인 그 형은 나 같은 동생을 한없이 염원하셨던 것 같다며 그의 모친이 내게 귀띔해 주셨던 것이다.)

한참 못 보던 고세O과 주영O을 만나 모처럼 회포를 풀게 되어 하루를 함께 보냈으며, 밀린 계획과 미국 가족들 현황 뉴스에 신이 났었으며 무척 순조로운 이민 진행이 성공적이므로 자신의 입지도 모든 게 유리해졌으니 앞으로 내가 안정된 생활이 가능하도록 친구들 모임에서 굿 아이템을 기대하며, 더구나 주영O(주철도 페인트사)이까지 합류해서 격려하므로 왠지 든든한 마음에 희망이 살아났다.

사실 생각 밖의 전우에게 이토록 따뜻한 호의를 받게 될 줄을 전혀 예상조차 못 했었기에 어리둥절했으며, 역사적 명문고 배재학당 출신 친구들이 전라도 고흥하고도 풍남 놈인 김복현이를 도와주기 위하여 배재高 영구적 자선 써클 친구들이 회합하겠다는데, 전라남도 끝에 머리 출신 김복현이가 더 이상의 광영이 또 있을까 싶었다. 어쨌든 나는 행복한 그날도 고세O이, 주영O, 김복현이 만나 해 질 무렵에 만화 도매상 김시O의 초청으로 동대문 만화 시장에 달려가 4명이 마음 풀어 제끼고 마시게 되었고, 그날 나는 흐뭇했고 감사했으며 진정 행복했었다.

더더욱 크나큰 희망은 배재학당 자선 써클 친구들이 나를 도우기 위함은 바다 끝머리의 서풍 부락에 국졸 무지랭이를 친구 삼기 위해서 모이겠다는데, 어찌 행복하지 않을 수 있었겠는가?

나는 행운아다! 나는 복된 자다! 서러움뿐이셨던 나의 부모님께서 육십둥이와 오십둥이로 나를 뜬금없이 귀하게 잉태하시며 씨름 장사 부친과 효부 모친이 낳아 주셨으니 육신이 강건하였음이며 인물도 두뇌도 특출하였었기에, 항상 어른들과 내가 대면할 때마다 의미 가득한 눈사례로 보듬어 주심을 강하게 느끼며 빈곤의 삶을 정이 풍성하게 자랐다.

병역 의무 3년 군대 생활을 빵빵하게 마무리 잘 했더니 전국적으로 좋은 친구들이 많았었기에 뿌듯했으며, 고세O이처럼 진한 의리에 우정도 가능했으므로 그 당시 세계적 생존 경쟁국인 한국 서울에서 맨주먹으로 그토록 매서운 한설 세파에 도전할 수 있었던 것이다.

그러나 우리 인간사를 단 한 치 앞도 내다볼 수 없었으므로, 미국에 세O의 가족들로부터 청천벽력 같은 급비보가 올 줄을 상상이나 했을 것인가?

미국 외교관 요직 부임까지는 순조롭게 일단락되었으나, 인천 창령교회 정리 절차상의 철석 같은 지인에 믿음이 깨짐을 통보받을 때가 점심 식사 중인데 큰 충격으로 인한 급체증임을 미국 닥터의 이해 부족으로 골든타임을 넘겨 버려서 급사해 버린 사건의 비보였으니 서울에 홀로 있던 고세

O의 충격을 무슨 말로써 표현할 수 있었겠는가? 당황할 틈도 없이 서둘러 미국으로 날아갈 수밖에 없었으리라… (* 배재학당 자선 서클 友情會 모임 불과 5일 전의 비보였으며 그 이후 미국 간 고세O의 소식은 끊겼다.)

69. 행당동 티파니

안양시장은 밥그릇 사건 후 양심상 갈 수가 없기에 용산 굴다리와 왕십리 행당동 티파니 다과점 건너편에 금보석상 주가 김 박스 자리를 제공하기에 안성맞춤의 장소로 안심하고 김 행상이 고정되었다. 그곳은 시장도 멀었으며 무엇보다도 출퇴근자들의 왕래가 활발한 번화가였으며, 인구 밀집 주택가로 연결된 통로여서 나에겐 둘도 없는 명당이었으나 추위가 막바지로 봄이 오면서 김은 더디 팔리는데, 그러나 일순간도 나는 멈출 수가 없다. 봄이 되면 우리 부부에게 세상의 최상급인 출산의 축복을 맞이할 것이므로 새벽 4시부터 뛰고 뛸 것이며 지치지는 않을 터. 오늘 새벽도 첫새벽부터 남일상회의 김을 골라 챙겨서 잠깐 라면 식사로 허기를 채우면 왕십리 행당동 티파니 다과점 건너편 금은점 앞으로 달려가서 "완도 갑태 사세요! 고흥 석태 김 사세요!" 외치기를 반복하면서 하루를 보내게 되면 배고픔도, 힘겨움도, 점심도, 저녁도 잊어버린 채 통금시간을 넘기면 백차가 호르라기 불며 단속을 하지만 나는 개의치 않고 백차로 집에까지 가는 게 일상이었다.

겨울의 끝자락이 아무리 매서워도 희망의 5월은 내 곁으로 사뿐히 따스한 춘풍으로 달려오게 되리라. 사랑하는 아내의 곁에는 장모님과 처형이 인접해 있으니 천만 다행인 셈이었으며, 어린 신부에겐 의지가 되어 그 점은 많이 위로가 되었다. 그때 나의 처지는 오직 체력과 정신력으로 부딪혀 나갈 수밖에 없었으므로 무에서 유를 창조하기 위한 필사적인 노력을 다 했는데, 하늘의 도우심으로 인덕이 무척 좋았으며 인기몰이를 하고 다녔었다.

 행당동의 명물로 자리를 잡은 지도 며칠째 되는 날, 맞은편 티파니 다과점에서 그 집 조카인 종O이가 내게로 오더니 잠깐만 김 판매를 자기와 교대하자며 나를 떠밀어 티파니 분점으로 들어갔더니 식탁에 점심 식사가 차려져 있고, 안주인께서 친절하게 맞이해 중식을 권함으로 모처럼만의 식사를 할 수 있었으며, 그 댁과의 좋은 인연으로 형제의 연을 맺게 되었는데, 김용O 형은 목포 태생의 서울사대 출신이며, 형수는 강릉여고 출신인데 용O 형이 교편 생활 중에 결핵에 걸려 투병할 때 강릉 바닷가 요양병원에서 강릉여고생과 사랑에 빠졌으나 부모 잃은 남매의 사연에 동참해 남동생을 책임지겠다는 정치 결혼으로 부부가 된 별난 관계였었다.

 고등 교직자였으나 분필 가루 과다 흡입에 의한 결핵을 앓게 되어 결혼 후에는 교편을 접고 부자댁 개인 교사로 들어갔는데, 그 댁은 이화여대 후문의 딸기골 다과 분식점으로 아이스크림이 유명해서 분점을 여러 곳에 직영할 정도의 업체였는데, 사장이 해남 출신인 강신O 씨는 김용O 형을 자녀들의 고정 개인 교사로 삼아서 신임이 두터워졌으므로 행당동 티파니 점을 마련해 주게 되었던 것이다.

 그 당시 장안의 요지에서 티파니 다과점을 어렵지 않게 볼 수 있었으며, 용O 형 덕분에 나도 강신O 사장의 고견을 듣고 감명받았었던 입지 전적 인물을 존경하다 보니 그분도 나를 깊은 존중의 친분으로 만날 수 있었던 기억 속의 귀한 분으로 떠오른다. 내가 행당동에서 새벽 추위를 무릅쓰고 우렁찬 목청으로 밤 10시 후까지 매일같이 "김 사세요!"를 외쳐 대었더니 한 달도 안 된 듯한데 그 지역의 유명 인물이 되었던지 나름의 팬이 무척 많아져서 유별난 일이 많이 발생했었던 대목이나, 각설하고 하나만 기록한다면 내 김 박스 자리 건너편 티파니 고객들께서 그 무렵의 명화 스티브 맥퀸, 더스틴 호프만 주연의 "빠삐용"을 내 별명으로 선정했다는데, 티파니 점의 고객들이 나를 바라보면서 "화재의 영화 빠삐용 같은 강하고 멋진 남자"라면서 찬사를 보냈다며 귀뜸해 주기에 이르렀던 것이다. 그만큼 행당동 주민들의 나에 대한 관심과 사랑이 컸음의 증표였었다.

그 효과로 대형 김 박스(100톳용)의 김 전체를 단 한 번도 재고로 남겨 본 적이 없었음은 내 팬의 주민들께서 통금시간까지 외치고 있음에 자신들도 모르게 발걸음 따라 김박스로 빨려 들어 매입하니 집집마다 김 풍년들이라는 푸념으로 즐거워했었던 고맙고 감사해서 나도 모르게 행복했었던 조금은 고달팠으나 내 젊음의 당당했던 세상이리라.

(* 어느 날은 해 지기 전에 완판하고 재차 1박스를 가져왔으나 밤 10시까지 90속이 남았는데 1속도 남기지 않겠다는 내 신념의 기록을 포기할 수 없어 떨이 작전으로 "자! 마지막 김! 하나요!" 해서 결국 12시 통금 시간에 백차가 올 때까지 완판을 할 수 있었는데, 내 머리가 좋아 완판한 줄 알곤 우쭐했으나 알고 보니 내 팬들의 나에 대한 뜨거운 인정미였음에 고개를 떨구었으나 지금 죽어도 나는 여한이 없을 정도의 수많은 분들에게 뜨거운 사랑을 연예인 못잖게 받을 수 있었음.)

행당동에서 티파니 용O 씨와 형제로서의 삶의 비중이 점진적으로 의미가 커졌으며, 상호의 생활에 관심이 집중됨은 자연스러운 현상이었었는데, 용O 형님의 지능 지수는 대단한 천재형이었으나 삶의 지혜에서는 밑 빠진 독 같아서 학문적 지식은 출중했으나 인생사에 대한 지혜는 거의 잼 뱅이에 가까워서 학자로선 타당했지만 삶의 개척은 어두웠음에, 동생으로 서의 안타까움이 너무 많아서 대화 소통에 임할 때마다 학벌의 창으로 공격해 버려서 나의 약한 방패로서는 처참하게 뚫릴 수밖에 없었으므로 의리를 지키려던 나의 충의에 상처를 입혔으나 인연의 뜻과 은혜를 알았기에 관계 유지를 지속했으며 참으면 복이 된다는 신념으로 우애를 지켰다.

비록 길거리의 김 행상을 했으나 행인들과 나 사이에 수많았던 엄동설한에 한파의 길 위에 그 사연들을 50여 년 이상 훌쩍 지나 버린 그 애절했던 진한 사연을 지금에 와서야 모든 기억을 할 수 있겠으랴만, 그래도 지혜를 내려 주신 분의 은혜로우심으로 나는 이렇게 지난 날의 삶을 쓰고 있음에 감사를 드리면서 무한한 행복감의 충만함을 느낀다.

서러운 자, 가난한 자는 복이 있나니, 저들의 것이라!

베트남 참전 생활 중에서 체력이 많이 보강되었던지 엄동설한에 도로 위에서 김 장사를 했었는데 그때의 내 모습을 조명해 볼 때 70년대 초의 한국 경제는 거의 밑바닥일 때, 복장은 월남 정글복을 검정으로 염색해 입었으며 신발도 한동안 정글화를 신고 다녔으며, 군대 정신이 살아 있을 때였고 머리는 스포츠형으로 외모가 매끈했던지 대부분 가난한 대학생으로 인정한 경우가 많았던 것이며, 생기가 넘친 나의 김 행상은 햇김이 생산되는 초겨울부터 신년 3월까지 새벽 4시부터 밤 12시까지 초인적으로 뛰었음은 비록 최소액 자본의 김 행상이었으나 목표가 뚜렷한 완판이었으며, 통금이 넘으면 경찰의 귀가 보호 협조를 받을 수도 있었기 때문이었다.

역시 하늘은 스스로 돕는 자를 도우심이 확실한 증거임의 체험을 했으며, 항상 감사의 손길을 느낄 때가 수도 없이 많으나, 어리석음 때문에 깨닫지 못할 때가 헤아릴 수 없이 많았던 것도 현실이었다.

내 자신은 평범한 일상인데, 남들이 보기엔 하루 종일 엄동설한의 아스팔트 길 위서 얇은 월남 군복을 입고 아침부터 통금 직전까지 외치는 인상적 모습에 감동되어서 관심과 인정을 보이게 된 것이다.

그런 행인들 덕분에 김 판매 중의 재고는 단 한 번도 없었던 완판이 가능했으니, 그 바닥에서 소문이 날 수밖에 없었으며, 은근히 좋은 인연도 발생했었다.

그 당시에는 신혼생활이 어떤 것인지도 알 수 없는 절박한 심경으로, 오직 가장의 책임을 다하겠다는 일념으로 정신력을 집중할 수밖에 없을 때여서, 배고픔이나 피곤 따위나 추위 따위는 잊어버렸고, 오직 사랑하는 아내만을 생각하며 고민했으므로, 나의 뇌리에 다른 어떤 것도 침투할 수 없었으리라.

그 시절에 나의 초인적인 일상을 본 자들이 빠삐용 같은 사람이라 할 정도였으니, 그만큼 내 활동량이 많았던 것이 사실이었던 것 같다.

불철주야로 뛰어다니면서, 안타까움은 정작 내 주변에선 내가 본받고 멘토 삼을 분이 전혀 없었으며, 일상의 대화도 나누다 보면 본질이 달라 허탈해서 외면할 수밖에 없었으므로, 더욱 삶의 현장인 시장 바닥으로 달려나갔으며 숱한 사연과 진한 인연들을 맺을 수 있었던 것이다.

그러나 3월이 되면 김 행상이 부진해져서 고민이 깊어지기에 이르렀으니, 만삭의 아내는 두 달 후의 출산을 앞두고 있을 때인데, 적막강산인 듯했다.

내가 세상 태어나 처음으로 대책 없는 날밤 지새운 시절에 접어들었으며, 애가 타던 첫 출산기가 임박한데, 그러나 헤쳐 나가야만 했으며, 오직 단독으로 해결할 수밖에 없었던 기막힌 시절이었다.

그러나 삶이 궁하면 통한다는 속담처럼, 군대 동기 고광O이 자신이 출근한 크라운 제과에서 뻥튀기할 인원이 몇 명 필요해서 모집 중인데, 차출해 주겠으니 도전해 보라기에 두 말 않고 입사 준비를 하게 되었는데, 기업체여서 당분간은 고정 수입이 가능했었기에, 나로선 희망적인 일거리가 된 셈이었다.

(* 그 당시 크라운 제과의 조리퐁이 대박을 치다 보니 회사 자체 고정 뻥튀기 시설만으론 감당할 수 없어 외주로 채웠는데, 간이 뻥튀기 창고 다섯 칸을 우리 5명에게 1칸씩 뻥튀기기를 설치케 해서 생산하게 했다.)

영구적 직장이 아니어서 좋았으며, 틈새 이용이기에 수입은 괜찮은 편이므로 나에겐 안성맞춤인 셈이었다. 할당받은 부스에 뻥튀기를 설치해 조수 1명과 하루 종일 밀보리를 뻥 튀겨 본 공장에 넘겨주면, 조리퐁 완제품으로 가공되어 시중에 판매하는데 엄청난 히트 상품으로 눈코 뜰 새가 없을 정도였다.

그야말로 물불 가리지 않고 성실히 최선을 다했더니, 친구의 위신도 섰으며, 회사의 인정도 받게 되어 보람도 느끼며 한동안 뻥튀기 업무에 매달렸었다.

역시 고광O이도 군대 친구며 고씨였는데, 고세O은 예기치 못한 비극으로 인해 미국으로 급히 출국해 버렸으나, 고광O은 지금까지도 절친의 우정을 유지하며 인생의 석양인 팔순을 보며 위안과 위로를 나누며 살아가고 있으니, 인연이란 소중하고 귀한 것임을 알면서도 무심해질 때가 아쉬움일 뿐.

그러나 확실한 것은 고향 친구들 이상으로 고광O과 나의 삶에 의한 사연이 풍요하다는 것은 긍지다.

  드디어 내 일생일대의 축복의 날이 화창한 오월의 봄 향기와 함께 내 품으로 안기러 다가오리니, 나는 어쩌랴. 도무지 감격의 흥분을 표현할 수 없었음은, 70년대 초엔 산부인과도 귀했으며, 일반 서민들은 거의가 집에서 출산을 했기 때문에 장모님과 처형에게 일임할 수밖에 없었으나 마음은 포근했었다.

  크라운 제과 공장에 일찍 출근해서 밤늦도록까지 뻥튀기 작업에 시간 가는 줄 모르고 매달리다 보면, 밤이 깊었으며, 매일 밤중에 귀가했는데, 새벽같이 출근하다 보니 날짜를 잊어버릴 지경이었고, 연속되는 뻥튀기 소리에 귀가 먹먹해도 나는 기쁨으로 벅찬 일정이 조금도 힘들지 않았었다.

  오월의 어느 날, 드디어 출산 통보를 받고 동대문 묵동에서 마포 염리동행 버스를 탔으나, 기어간 듯해서 다급한 마음에 집으로 헐레벌떡 달려갔었더니, 능숙하신 장모님께서 깔끔히 처리해서 어여쁜 갓난딸이 아내의 품 안에 잠들어 있었는데, 온 세상을 다 얻은 기분이었고, 눈을 떠서 마주치면 말로 다 형용 못할 신비로움을 강하게 느꼈었는데, 그날부터 나는 용기 백 배였으며, 가장으로서 가족을 위한 일이면 어떤 난관도 몸을 사리지 않고 돌진하게 된다.

꿈 있음에

낙원이 꿈이라면
엉겅퀴의 고통을 기대하겠다

가시 찔림의 아픔을
탐스런 미소로 적실 수 없다면

희망의 샘 가뭄으로 목 마르리
앙칼스런 가시덤불이 원수 같을지라도

소망을 연장 삼아 헤치고 제쳐 보면
찔리고 찢긴 고통의 결실이

저만큼의 희망봉에
불 타 오르리
진하고 가슴 벅찬 꿈과 사랑 위해
나는 오늘도 엉겅퀴를
기꺼이 맞이하리라.

1999년 6월 23일 닭섬에서 南風 김복현

70. 축복의 첫딸

1972년 5월 9일은 내 인생의 삶 중 최고의 축복일이다.
50대 노부부의 뜬금없는 늦둥이로 태어나 걸음마부터의 갖은 풍상으로 자랐으나, 친조부와 외조부는 그 당시의 대단한 사업가와 학자로 명망가들이었지만 내가 출생하기 오래전이므로 나는 전설로 들었을 뿐이었다. 빈곤하신 노부모에게 태어난 운명으로 온갖 삶의 체험을 감당하며 서울 생활의 절박함에 육신이 지쳐 있었는데, 아내가 첫 출산한 나의 첫딸은 분명 하늘이 내려 주신 축복의 은혜였으며 힘의 원천이었으나 왠지 모를 하염없는 눈물을 남모르게 흘려야 했었던 나만의 사연이 있었다.

사실 나의 어렸을 적부터의 마음속에는 내 가정에 대한 확고한 청사진이 설계되어 있었고, 그러기 위해 학업에 총력을 다하려고 전쟁터까지 목숨 걸고 도전해서 뜻을 굳혔으나, 한순간의 운명적 계시로 인한 삶의 방향이 학업이 아닌 결혼과 신접살이에 아무런 준비가 안 된 채 첫딸을 맞이하게 되었으니, 가장과 아비로서 매우 안타까움에 고개를 떨어뜨릴 수밖에 없었다. 하지만 갓 태어난 딸을 꼬옥 껴안고 소망의 다짐을 하며 새벽을 열어서 달려 나가면 그뿐이었다.

그런데 퇴근 후 갓난 딸아기가 별나게 초롱초롱한 눈동자로 나를 보며 방긋 미소 지으면 하루 종일 뻥튀기에 지친 나의 피곤이 눈 녹듯이 사르르 녹아 버려서 그때부터 나는 피곤함을 잊어버렸으며, 오직 내 머릿속은 새까만 머리와 초롱빛 눈동자의 내 딸아이의 모습으로 빈틈이 없었으며 자신감이 충만해서 불안이 사라졌고, 어려운 부모를 격려하듯이 거의 울지 않았으며 방실방실한 미소 천사였다.

태어날 때부터 복을 담아 온 듯 크라운의 조리뽕도 연속 대박이 터져서 뻥튀기 일감도 안정적이므로 생활에 적잖은 보탬이 되었었으며, 뻥튀기 작업도 익숙해지므로 6개월여를 무난하게 생산을 소화했으나, 문제는 불의 열 공정이기에 위험했는데, 어느 날 다른 팀 조수가 실수로 뻥튀기가 폭발해 불이 났으나 동작 빠르게 모두 협력으로 진압해서 화재는 막았으나 그 일 때문에 경영진의 고민책으로 부상하게 된 문제가 되고 말았던 것이다.

폭발 화재 사건 후에 회사에서 무슨 조치가 내려질 것으로 짐작을 하고 있었으나, 봄에는 조리뽕 계절이며 불티 나는 듯한 대박이어서 눈코 뜰 새가 없었다.

그러나 우리 딸은 백일이 되니 세상 최고의 예쁜 딸로서 보면 볼수록 귀하고 복된 모습이었고, 우리 가정에 기쁨의 아이콘으로 힘겨운 부모들에게 효도를 하는 듯한 미소 천사의 모습이 뚜렷했었다.

나는 그럴수록 내 딸을 위해 어서 빨리 가장의 역할을 능동적으로 발휘해서 하루라도 빨리 빈곤에서 벗어나야만 우리 가족의 삶을 평균치라도 누릴 수 있으리라. 그 정도면 만족할 수 있으며, 더 이상의 욕심은 억제할 수도 있으련만…

70년대에는 전 세계적으로 산업 시대가 도래할 때였으며, 한국 서울은 전국 각처의 빈농가의 젊은이들이 서울로 도시로 몰려들 때였는데, 특히 전라도에는 반듯한 공장이 하나도 없었으며, 인구는 많았으니 서울과 부산으로 달려갈 수밖에 없었다. 그 시절에 박정희 군사 정권은 산업의 꽃인 생산 공장 모두를 자신의 출신지 경상도에만 몰빵을 했으니, 독재자의 유신 집권에 대한 무서운 음모의 발단이며 그 희생물 대상 지역이 호남이었던 것이다.

그러나 하늘만은 공정하심을 보여 주고 계심이라. 공장을 세울 때마다 땅값이 폭등하니 벼락 부자가 난무한 곳이 어디인가. 과연 그곳이 하늘의 축복인가? 무가치했던 산야에 공단이 확정되면 땅값은 천정부지였으니 벼락 부자들이 속출했으며, 물질 사회가 공정할 수 없었으리라. 불을 보듯이 뻔한 이치였으며, 군사 정권은 하늘의 뜻에 배치된 악이었다.

깨끗한 젊은 뇌의 혜안에는 군사 정권의 정치는 눈 가리고 아웅인데, 간사한 추종자들이 판을 쳐 주니 독재자가 승승장구할 수 있었던 것이다. 결국은 힘의 지역으로 남은 듯하지만 악의 징표일 뿐이리라.

그 당시 선진국 굴지의 지도자들이 높이 평가한 인물 김대중 씨를 제거하기 위해 두 명의 군인과 극보수들은 호남 지역을 최대한 악용했음을 하늘은 기필코 확실하고 진실한 판명이 있을 것이라 나는 믿는다.

72년 가을 끝자락에서 겨울 문턱인데, 초롱초롱한 예쁜 내 딸을 염리동의 찬방에서 키울 수 없어 공덕동의 장모님 댁 인근 도화동에 방이 달린 양화점을 소개받아 살펴보니 방이 하나뿐인 것보다 값이 싸면서 오히려 방이 크게 보였으며, 아늑해서 아기 방이 따뜻해 안성맞춤이었고, 덤으로 양화점은 여화점으로 사용할 수 있으니 무난해 회사에서 받은 수입금으로 마련할 수 있어 해결할 수 있었다.

여수에서 맨손의 상경, 일 년 만에 마포구 염리동 연탄광 사글셋방을 정리하고, 마포구 도화동의 여화점 겸 월세방에서 세 식구의 복음 자리가 마련되고 보니 맨주먹의 서울 생활이 일보 진전되었다.

2층 상가 건물의 점포가 여섯에, 옆 골목 1층은 연탄 직매점으로 건물주가 직접 연탄 배달꾼인 멋진 분인데, 성실한 인상에 배달한 후에는 신사로 변신한 훌륭하신 한량이 내가 힘겹게 보였었던지 줄기찬 덕담과 격려를 해 주셨던 잊을 수 없는 고마운 분으로, 집 새 보증금의 적잖은 부족금도 감액해 주심에 따뜻한 방이 마련되었고, 장모님께서 아기를 돌봐 주셔서 아내는 틈을 내 여수에서 경험한 여화 센터를 할 수 있어, 인근의 남대문 도매상에서 물건을 仕入해 진열하기가 용이했던 것이다. 그런데 결점은 남대문 시장이 너무 인접해 걱정이나 다른 부담이 적어 해 보았던 것인데 소일거리는 겨우 되었다.

  겨울에는 크라운 제과의 조리뽕 판매가 부진해서 우리 뻥튀기 일감량도 줄어들면서 여러 방법의 안들이 들리기 시작했으며, 뻥튀기를 회사에서 많이 해 버리고 우리들에겐 적은 물량만 마지못해 주더니 결국엔 내 친구 고광O을 통해 나에게만 입수된 절충안이 가관이었던 내용인즉, 나만 계장급 뻥튀기 총반장으로 정식 채용한다는 것이었다. 그 당시 파격적 특별 제안이었다. 물론 친구의 영향이 컸으나, 그보다는 나의 개인적 역량과 통솔력이 경영진의 안목에 체크되었다며, 나중에는 친구가 나에게 직접 설득하기에 이르렀으나 내가 도저히 내키지 않았음은 5명 모두가 동일한 입장인데, 나만 혜택을 볼 수 없었던 양심상 문제였던 것이며, 정당치 못한 기업체에서 내 인생을 담보할 수 없었던 것이다.

  5명의 조수 1명씩까지 모두 10명인데, 명색이 유명한 기업체가 그 정도의 아량도 배려할 수 없다면 포기할 수밖에 없다고 판단했으나, 참으로 암담하고 비통해서 고민은 깊었으나, 내 자신을 가두고 싶지 않았으므로 나 홀로 스스로 개척한 삶을 희망했었기에 젊은 기백의 용기가 샘솟던 기억이 생생하다.

  물론 양심을 접어 버리고 회사의 뜻에 부합했으면, 그 당시의 내 형편상 우선은 순조로울 수 있었음은 불을 보듯이 확실한 현실이었으나, 공정치 못함에 초연히 거부할 수 있었으므로 내 스스로에 긍지를 삼을 수 있는 당당한 삶을 지금껏 유지할 수 있도록 하나님은 끊임없이 축복해 주심에 감사드린다.

  크라운 제과사 뻥튀기 생산 업무를 1년여 만에 정리한 후 비로소 내 딸을 마음껏 볼 수 있어 흐뭇했으며, 상경한 후에 처음으로 시간에 매달리지 않고 애기를 돌볼 수 있었으므로 너무너무 즐거웠던 시간이었으며, 여화 센터(*여자 신발류)를 했으므로 부부가 함께 협력하여 운영하게 되니 예쁜 딸과 놀이도 하며 한동네 마포 아파트에 사는 미국인과 같이 유모차를 끌고 공원에서 매일 만나다 보니 친구가 되었었는데, 미국 애기는 남자아이였으며 애기들도 친해져서 나중에는 엄마들까지도 친해졌었던 멋진 인연의 아름다웠던 젊은 시절이었다.

 우리 가족도 보는 분들마다 인상이 너무 좋다면서 호감을 보였었는데, 미국인 가족도 참 아름다웠던 그 옛날 그 모습이 아련하게 떠오르며 그리워진다.

 형편에 따라 궁여지책으로 해 보게 되었던 여화점이 경험 덕으로 그나마 생활에 보탬이 되었기에, 상경 후 모처럼 내가 타고난 남모른 재능 육아법으로 내 딸과 하늘만 알 수 있었던 참으로 값진 시간의 지혜와 성격 개발에 큰 도움이 되었음을 확신한다.

 내가 초등학생 때부터 나와 놀아 본 이웃집 아이들이 짜증내며 울면서 내 이름을 불러 대면, 그 애 엄마들이 나를 찾았으며, 내가 달려가면 울던 애가 웃으며 밝아졌으며, 여수 큰누나댁 조카 애들도 내가 놀아만 주면 싱글벙글이었으며, 가까운 예를 들어 나의 막내 아들 손자도 단 3개월 만에 심각한 짜증 후유증을 싱글벙글의 미소 천사의 행복의 나라로 나를 이르게 했는데, 물론 나와 아내의 진솔한 사랑의 에너지의 핵을 집중적으로 쏟아부어 준 결실이었다.

 나의 외손녀와 외손자는 행운아들로서 그나마 나와 가장 많은 시간을 누릴 수 있었는데, 그때 옥수동 아파트 젊은 엄마들이 내가 아이들과 노는 것을 보면서 교육적이며 긍정의 진취적이라며 감탄에 호의를 보였었던 젊은 애기 엄마들이 있었는데, 지금도 그 모습이 선명하게 떠오른다.

그런데 애석하게도 등잔 밑이 어둡다고, 정작 나의 가족들은 전혀 나에 대한 이해가 전무하며 오해의 일색이어서 평생 안타깝고 억울할 뿐이어서 매우 답답한 내 심정을 가눌 길이 없는 것을 어쩌랴?

내가 하나님의 도우심으로 과외 육아법을 기필코 이 나라 이 땅에 책으로 전달할 수 있길 간곡히 기원드릴 뿐이다.

71. 빈손 家長의 삶

갓난애기 때문에 방을 구하려다 보니 생각에도 없던 여화 신발점을 하게 되었으며, 우선은 애기를 키우면서 부부가 장사를 함께할 수밖에 없으므로 내가 딸아이의 돌보미가 되어 줄 수밖에 없었던 것이다.

우리 딸을 유모차에 태우고 돌아다니면 인기가 좋아 하루 해가 짧아서 아쉬웠는데, 미국인 베이비 夫子와 함께 다니면 요즘 연예인 부럽지 않았으며 사람들이 모여들면서 아빠들도 멋있고 아가들도 예쁘다면서 관심을 보였었으니, 마포 아파트 내 근린 공원이 우리들의 아지트인 셈이었다.

그 당시의 마포 아파트 단지는 귀물이었으며 첨단이므로 일반인들에겐 호기심 대상이었고, 따라서 입주민의 수준도 높은 편이었는데, 영어 한마디 못 한 내가 미국인과 친해져 한동안 어울려 다녔으나, 비록 갓난이 베이비들에게는 잠재적 정서에 도움이 되었으리라 짐작된다. 갓난이들도 자기들끼리 보면서 흥미에 주체를 할 수 없다는 듯이, 눈이 마주치면 즐거운 표정으로 천진난만한 깔깔 웃음으로 팬들에게 기쁨을 듬뿍 안겨 주었었던 그때가 생생히 떠오른다. 여수에서 무작정 상경한 후 처음으로 내 딸아이와 여유를 즐겼었던 유일의 忙中閑인데, 애석하게도 그토록 아름다웠었던 우리들의 모습을 미국인 친구가 세심하게 카메라에 모두 담았건만, 우리 가족의 절박했었던 생활 형편 때문에 급하게 이사를 하다 보니 행선지가 단절되어 버려서 아무리 좋은 인연도 요즘처럼 연결을 할 수가 없었던 것이다. 그러나 우리 딸이 백일을 지나고 몇 개월 이상을 마포 아파트의 랑데부를 유지할 수 있었기에 내 딸의 잠재적 성격 형성에 도움이 되었음을 믿는다. (* 잠재적 정서 기간은 출생해서 3년간인데, 첫 1년이 가장 중요하므로 0세에서 1세는 성격 형성 요인의 핵심으로 황금기다. 그래서 우리 선조들은 '세 살 버릇 여든 간다' 하셨다. 경험담의 진리인 것이다.)

그러나 언제부터인가 한국의 모성애가 지나칠 정도의 본능적 情에 치우쳐 버려서 순리적 육아법을 외면한 채 그토록 소중한 0세 육아법에 관심이 거의 전무하며, 본능적으로 뭉뚱거려서 갓난이 때부터 계속 성장한 자식을 어린아이로만 대하면서 엄숙한 성장의 단계를 무시해 버린다면 매우 큰 교육적 손실인 것이다. 부모는 자식의 엄숙한 성장 단계를 섬세하게 존중해 줄 의무가 있다는 점을 나는 이미 어릴 적에 이해하게 되었던 것 같다. (* 성격 형성기)

최남단 해변의 벽지촌에서 어린이들이 겪어야 했던 형성기가 내동댕이쳐진 상태였었는데, 울부짖는 꼬맹이를 일학년 초등생인 내가 지나가다 보게 되어, 꼭 껴안아 주면서 달래 주다 보면 동심의 세계가 열리면서 우리만의 교감이 풍요로웠는데, 그때부터 나는 동네 꼬맹이들의 최상의 친구가 될 수 있었던 것이다. 어떤 울보도 나와 마주하면 미소 천사며, 따라서 내가 아이들을 무척 좋아할 수밖에 없었다.

내 자손 중에 나의 돌보미가 있었던 아이는 다행이란 점을 오직 하늘만이 알고 계실 수밖에 없을 것이다.

- 갓난이 0세에서 1년의 성격 형성 50%
- 1세에서 2세까지의 성격 형성은 20%
- 2세에서 3세까지의 성격 형성은 10%

남은 20%는 일생 동안의 보물 찾기로 채운다.

73년경은 독재자 박정희 유신 정권으로 나라가 매우 혼란스러울 때였는데, 나라 전체가 경직된 상태여서 군인들과 아부꾼들만 활개를 칠 뿐, 일반인들은 공포와 불안의 시절이었으며, 특히 호남인들에 대한 폄훼가 심했음은 호남 출신인 DJ를 제거하려면 지역민들 전체에 오염수를 뿌릴 수밖에 없었던 것이니, 그래서 박정O 때는 암살에 주안점을 두었으며, 전두O 때는 색깔론으로 사형 직전에 갔으나, 하나님 도우심과 선진국 정치 지도자들의 협력으로 간신히 모면했으니, 어리석은 국민들은 가만히 앉아서 100년에 날까 말까 할 인물을 잃을 뻔했던 것이다. DJ 대통령이 IMF를 지혜롭게 무난히 극복할 수 있도록 구해 주셨던 하나님 크신 은혜였다.

하나의 가정도 가장이 올바르면 좀 더디게 살아도, 부동산 투기한 벼락부자들 가정보다 불행하단 법은 없으며, 구중 궁궐에서 권력을 누린 자가 행복한 삶이라고 장담할 수 있겠는가?

하나님의 제자들이 순리에 어긋남을 볼 때가 있으면 여간 고역이며 매우 안타까울 따름이다.

이 땅에서 변방의 서민 생활을 찐하게 하다 보면 자신만의 혜안을 뜰 수 있게 되는데, 하나님의 은혜이리라 믿어 의심치 않으며, 항상 숙고의 기원으로 고개 숙일 때가 다반사였던 젊음은 감사 충만이었다.

사랑하는 내 가족을 위해 깊은 고민에 빠져들 때가 바로 첫딸을 본 후 무럭무럭 잘 자랄 때였으며, 내가 밤잠을 거의 뜬눈으로 설칠 때가 많아지기 시작했었는데, 나의 머릿속은 오직 어떻게 해서라도 내 가족이 서울인들의 생활 중에서 더도 말고 보통 수준의 삶을 영위할 수만 있다면 더 바라지 않겠단 스스로의 단정을 수없이 되풀이 다짐할 수밖에 없었던, 그토록 암담했던 나의 시대적 현실이었다.

나는 어떻게든지 내 가족만은 비참한 인생을 살게 할 수 없다는 각오가 내 가슴속에서 맹세의 활화산으로 타오르며 밤낮을 숨가쁘게 뛰어다녔으니, 밤에는 꿈결이요, 낮에는 현실적 암담함에 짓눌렸었는데, 그러나 갓난 딸이 효도하듯 온순하고 영특했으며, 무엇보다도 건강하게 잠든 모습이 편했었기에 우리들의 활동에 거의 지장이 없었다.

물론 장모님은 열렬하신 손주 사랑이 남다르셨으며, 우리들 빈약한 살림살이가 누구보다도 안타까워서 간절히 기원해 주시며 손주를 감싸 주셨으므로 일조하셨으며, 내가 헤맬 때 격려해 주셨던 여러 분들의 사랑을 잊을 수가 없다.

그 당시에 여화 센터의 수입으로서는 살 길이 빡빡해 어떻게 하든지 장래성 좋은 업종을 발굴해야겠기에 직접 시장을 파고들어가서 실천 경험을 하려고 작심한 계획의 내용은 어차피 맨손으로 할 수 있었던 리어카 상을 다양하게 해 보면 시장 속성의 인생을 배우게 될 것이며 결국 지혜의 눈으로 유망한 길을 찾아서 실행하면 비록 나의 소박한 꿈인 가족의 안정된 삶을 영위할 수 있다는 신념인 것이었다.

계획이 섰으므로 다음날 고물상에 달려가서 리어카를 구입하는데 고물상에서 엿장수들을 만나게 되었는데 그때 선뜻 저것부터 해 봐야겠다는 생각이 들어서 술집 웨이터 보조 생활을 잠깐 접고 쉬고 있다는 김경O(고향 친구며 여수 발 친구)에게 전화를 했더니 용산 집에서 달려와 합류했다.

허름한 리어카를 구입해 선배 엿장수들에게 요령을 배웠으며 홍보용 가위로 소리 내는 연습을 해 보니 대충 비슷해 경부는 가위질을, 나는 큰 목소리로 "엿 사세요!"를 외쳐 대면서 아현동 주변 일대를 돌아 다니기를 종일 해 보았더니 별난 일이 발생했었다.

오르막, 내리막, 계단길이 많아서 산동네 빈촌 주민들의 찢어질 듯한 가난의 설움을 한눈에 읽을 수 있었던 것이다. 높은 위치의 집에서 손짓해 달려갔더니 빈 소주병이 한무더기였는데 엿과 뻥튀기, 강냉이 수량을 턱없이 많이 요구하기에 한동안 많게나 적게나 한 젊은 아가씨를 원망했으나 사실은 우리도 피장파장인 셈이었으며 빈 공병이 많아서 계단을 내려올 때 리어카가 넘어져 풍비박산 난 공병 유리 조각 치우느라 해 지는 줄도 몰랐다.

둘이서 지칠 대로 지쳐서 푸념하면서 엿장수 체험은 더 이상 하지 말자며 정리한 잔액으로 막걸리 체험을 하면서 우정을 나눌 수 있었던 추억이 진하다.

체험 1막은 그렇게 끝났으며, 2막이 전개되는데…

두 번째 리어카 상은 내가 소주를 한잔 했을 때 리어카꾼의 해삼, 멍게에 소주 한 잔을 했었는데 인상적이었던 기억 때문에 나도 한번 직접 해삼, 멍게 상을 해 보려고 리어카를 끌고 어물시장에 달려가서 생물을 구입해 "소주는! 싱싱한 해삼! 멍게에다 드세요!"를 외치고 다녔더니 쌀쌀한 초겨울 바람 추위에도 난장의 리어카에 붙어 해삼 멍게에 소주를 들이켰었던 대부분의 주객들은 계속 옹알거렸었다.

알고 보니 취중에 큰 목소리에 이끌려서 발걸음이 나에게로 쏠려 버렸던 것 같았다.

그 방법은 취객의 계산법이 너무 힘들었고 떳떳지 못해서 내 길이 아니기에 2일 경험으로 마무리하고, 세 번째는 동대문 평화시장에서 옷가지와 양말부터 스카프 등 여러 품목을 돌아가면서 궁금증이 풀릴 때까지 팔아 보았으나 희망이 보이질 않았으니 내 뜻을 전혀 이해할 수 없었던 주변의 핀잔만 맞았다. (* 인내력 부족으로 꾸준한 노력을 하지 않고 졸갑스럽다며 악평들을 했었으나 나는 개의치 않았다.)

나의 신념을 굽힐 수는 없었다. 김장 사철인 초겨울까지는 리어카 상으로 많은 체험을 해 보겠다는 내 계획은 하늘밖에 몰랐으며, 리어카 상의 소자본으로 할 수 있는 품목의 장사를 거의 가리지 않고 진행하다 보니 박물 장수의 애환까지도 느낄 수 있을 듯 심경의 파도가 일렁거렸다.

단순 먹거리부터 일상 소모품과 간편 옷가지 및 양말과 스타킹까지 걸레값으로 구입해서 미련 없이 몽땅 판매해 볼 수 있었던 것은 평화시장에서 좋은 분들의 인연으로 내 뜻을 이해하고 짜투리를 헐값으로 지원해 주셨으며, 함께 일해 보자는 업자들도 몇 분이 될 정도였었다.

그토록 숨 가쁘게 많은 분들을 만나 보았으며 여러 형태의 삶의 모습을 직접 보고 듣다 보니 세상 보는 눈이 좀 밝아졌으며, 재래시장에서 보게 된 튀김과 찹쌀 도너츠 좌판 상이 눈에 들어와 관심이 생겼다.

우선 소자본으로 가능했으며 포장 판매가 매력적이며 극소 매장에서 혼자서도 할 수 있는 특수였다.

그때 나는 우리 딸이 초등학교 가기 전, 무슨 짓을 하든지 경제 기반을 잡아서 우리 아이들을 초라하게 키우지 않겠다는 결심으로 밤잠을 이루지 못했으나, 내 자신의 모든 조건과 처지가 암담할 때였으며, 그 당시 무작정 상경한 시골 출신들이 포화 상태여서 경쟁자들이 우글거릴 때, 번데기 장수가 좀 되니까 너도 나도 혼자 할 수 있었던 뻔!~ 장수가 많을 때였는데, 사람 많은 곳에 자리만 잡고 사과 괴짝에 번데기와 포장지만 준비해 큰소리로 "번!" "번!" 하면 젊은 사람들이 값싼 영양 간식이라며 즐겼었다.

그것도 내가 체험 품목으로 선정해 왕십리 중앙시장 번데기 공장을 찾아 구입해 팔아 보니 겨우 일당에 겨웠으므로 번데기 리어카 상은 3일에 마감했었다.

어떤 내용도 바라볼 때와 직접 실행할 때 차이는 컸으나 체험을 함으로 나의 길을 확실하게 선택할 수 있었던 것이며, 비록 1년 미만의 체험 경험으로 인한 세상사 지혜에 날개를 단 듯한 자신감으로써, 체험을 해 보니 내가 익숙한 김 행상이 그나마 단순 소득에 보탬이 된 편이나 계절 장사여서 빈약할 뿐, 어느덧 햅김 철이므로 행당동 티파니 다과점 건너 금방 앞에서 "햅김 사세요!"를 외치게 되었던 것이다.

사실 그때 여화점은 갈수록 부진해서 내가 소득을 올리지 않으면 살 길이 없었기에 당장 김 행상에 매달려 뛰어다닐 때, 티파니 용O 형 내외께서 내가 너무 아깝다며 김 행상을 접고 다과점을 하연 좋겠다면서 적극적으로 권유했으나 돈 한 푼 없을 때여서, 그날부터 나는 깊은 고민에 빠져들어서 잠을 이룰 수가 없었는데, 아무리 둘러봐도 친척은 처가댁 식솔들뿐이며 기댈 언덕이 전무했었던 외톨이로서 곱고 착할 뿐, 세상 물정에 어두운 새색시 아내뿐이었으니 모든 책임은 내가 질 수밖에 없었던 것이다.

무엇보다 눈에 넣어도 아프지 않을 사랑한 내 딸의 티 없이 맑고 초롱초롱했던 눈동자를 바라보면서 두 주먹을 불끈 쥐면 정신력이 충만해짐을 느꼈다.

천사처럼 아름다운 아내와 딸의 잠든 모습을 보고 또 보면서 하늘에 기원하길, 그저 욕심을 부리지 않을 테니 우리 가족이 서울 시민들의 보통 생활 수준까지만 살아갈 수 있도록 도와주소서. 교회에도 다니지 않을 때였으나 수도 없이 기원하면서 '욕심을 크게 부리지 않으니 우리 딸 입학 전에 도와주소서…'를 반복하다 보면 동이 틀 때가 많았다.

나는 오직 우리 가족이 건강하고 안전하게만 살아갈 수 있다면 더 바랄 것이 없었기에 우리 삼 남매에게 한 번도 무엇이 되길 바라지 않았고, 다만 고등학교까지만 부모가 의무적으로 책임질 것이며, 대학은 본인이 절실하면 스스로 본인이 해결함이 순리였으므로 그 교육을 위해 초등 때부터 훈련이 필요했었다. 자식들의 삶이 행복하면 그만이지 부모의 요구 사항이나 한풀이 사항이 된다면 비극인데, 그 당시 내가 본 한국 부모들 자녀 교육을 지적하지 않을 수 없었다. 나는 내 딸 갓난이 때부터 20년 후를 바라볼 수 있었음이 스스로 자랑스럽다.

그러나 방향 제시한 가치는 부모로서 매우 뚜렷하고 독하게 심어 주었으니, 그것은 다름 아닌 중고교 때 단 한 번이라도 반에서 3위 이하로 밀리면 대학보다는 유능한 기업체 공장 등 사회생활에 조기 진출을 하라!였다. 이상의 내용을 지키는 것은 정말 쉽지가 않았으나 우리 삼 남매는 단 한 번도 밀리지 않았으므로 하늘 우러러 자신하는 바이다. 南風.

72. 내 삶은 智慧뿐

1970년대의 최하위 禮件인 빈틸터리 가장이 살아가는 방법은 오직 지혜뿐이었다.

아무것도 가진 게 없고 배운 게 없다며 아무렇게나 산다면 한없이 비참한 삶이 되고 말 것은 당연한 일이다.

그지없이 사랑한 내 가족을 위한다면 밤잠을 이룰 수가 있었겠는가? 거의 뜬눈으로 새벽을 맞이해 뛰어다닐 때만이 내 자신에게 위안이 될 수 있었다.

언제까지 길 위에 서서 "김 사세요!"를 외칠 수 없는 법. 무슨 결단이든 내려야만 했으나 내 주변이 너무 허술해서 의논 대상이 전혀 될 수 없었으므로 내 형님과 큰누님께 손을 벌려서 각자 최저 단위를 차용해 볼 계획을 세워 도무지 용기가 나지 않았으나 우리 부부는 각자 10만 원씩을 빌려 보려고 나는 여수 큰누님댁으로, 색시는 고흥 형님댁으로 하향할 때의 초라했던 몰골의 모습은 갓난애를 들쳐 업은 어린 제수를 보신 형님은 목이 메었으며, 여수 누님은 내가 병든 장닭 같다고 울먹이시며 어디서 빌려 온 10만 원을 내 손에 꼭 쥐어 주셨는데 눈물겨웠으며, 난생 처음 꾸어 본 20만 원은 눈물의 종잣돈으로 무슨 수를 쓰든지 간에 일어서야지 주저앉을 순 없었으므로 밤잠을 이룰 수 없었던 그 시절은 암담할 뿐이었다. (* 70년대 10만 원은 요즘 250만 원)

그러나 희망은 티파니 용O 형의 적극적인 지원이었으나 사람 좋은 천재 형이었던 그의 성격이 너무 우유부단해서 천재의 장점이 상쇄될 지경이었다. 항상 앞장서 추진해 주는데 결과는 밑 빠진 독에 물 붓기였으므로 항상 내 자신이 용의주도할 수밖에 없었는데, 짜장면 식사 후에는 반드시 내가 점검해 드려서 입가를 처리해 주지 않으면 새까만 입술의 외모일 때가 빈번했으나 내가 형에게서 배운 내용을 간추려서 응용을 해야만 한 것만으로 감사했다.

그때 용O 형이 고맙게도 2가지의 지원을 약속해 주셨는데 내가 다과점을 개업하면 자신의 창고에 중고 탁자와 의자를 제공하고 제빵 기술자를 1개월간 개업 때부터 오후 3시에 지원해 주겠다 해서 기술자와 3자 대면 약속까지 하게 되었던 것이다.

제빵 기술자 조현O와도 티파니에 들르면 반갑게 맞이해 주었으며 친해졌기에 우린 또래의 친밀감을 느낄 수 있었던 사이였으므로 개업하면 적극 도와주겠다는 약속에 용기가 백 배 했었던 것이다.

용O 형 내외 분의 권고로 해서(* 특히 형수께서 길거리 김 장사는 너무 아깝다며 강권하셨음) 계획을 세우게 된 다과점 자리를 요즘 돈 500만 원의 규모로 찾아보려니 도저히 가망이 없었으나 그래도 찾아야 했기에 그날부터 김을 어깨에 멜빵으로 메고 다니면서 점포 자리를 찾아 헤매기 시작했는데 몇십 리, 몇백 리를 헤매고 다녔는지를 모르며 오직 김도 팔고 자리도 잡아야 했었기에 정신을 집중할 수밖에 없었는데, 부동산 복덕방들에서 너무 적은 돈으로 다과점 자리를 보러 다닌다며 핀잔 주기 일쑤였다.

그래도 포기할 수는 없으니 매일 첫새벽을 박차고 일어나 중부 건어물 시장으로 뛰어들어서 하루를 마감할 때까지는 발바닥에서 불난 듯한 사연들을 비벼 댈 수밖에 없었던 젊은 날의 노트를 채워 본다.

첫새벽에 출동하면 거의 밤 열한 시 후에 귀가해도 사랑하는 아내와 내

딸을 보면 모든 피로가 해소되었었으며 힘든 줄 알 수 없던 시절이었다.

사실 그때의 내 소자본과 무경력으로 장사를 한다는 것 자체가 무리였으나 그래도 해야만 했었기에 형편이 어려운 시골 형님과 여수 누님에게 부담을 주면서 빌린 자금이며 내 색시는 한번도 세상에서 직접 장사를 경험 못 해 본 순진무구형의 갓난애의 엄마였으니 내가 모든 지혜를 동원해 본들 가능성 제로지만 그러나 달려가 봐야만 했기에. 천신만고 끝에 왕십리 금복 시장 방향으로 향하는 위치에 가건물 형식의 소형 점포가 즐비한데 주점과 소금집 사이에 빈 상가를 내 돈으로 겨우 얻을 수 있었기에 일단 계약을 하게 되었으며, 불철주야를 막론하고 이제부터는 다과점 형식을 갖추기 위한 필사의 노력을 할 수밖에 없었으므로 톱과 망치와 각목 및 합판을 구해서 직접 티파니서 본 제빵 다이를 제작해 보는데 난생 첫 목공이 엉성품으로 제작되었으며 협소한 낮은 공간 천정에 비좁은 다락도 일단 형태를 갖추어 겨우 누워 보니 숨은 쉴 수 있구나 싶었으며, 좁은 점포지만 하얀 페인트 칠을 해서 깨끗하게 밝아지니까 규모가 커진 듯해 좋았었다.

새파란 대학생 같은 청년이 직접 홀로 점포를 꾸미고 있었으니 지나가는 행인들의 관심이 많을 수밖에 없었는지 벌써부터 빵집이란 소문이 뉴스화되어 버릴 정도였으며 그때 그곳을 왕십리 똥파리 길이란 명칭을 나는 뒤늦게야 알 수 있었던 것이다.

며칠 동안을 밤낮으로 뚝딱거려서 개업 준비를 완성했으며, 티파니 제빵 기술자 조현O가 오후에 지원을 왔으며 내 색시도 마포서 왕십리까지 만두 속 재료를 가득 챙겨서 도착했으므로 간판도 없는 다과점도 아닌 만두 찐빵집이 개업을 하게 되었는데 우리 신접 장사 부부와 며칠 전 고흥 풍남 선창 끝에서 갓 올라온 열세 살 조카 김승O가 꾸려 나갈 파란만장호의 항해가 드디어 시작되었던 것이다.

내 색시는 젖먹이 갓난이를 장모님께 맡겨 두고 밤늦도록 손질한 재료를 가득 챙겨서 일반 버스로 마포에서 왕십리 똥파리로까지 새벽부터 달려왔고, 우리 승O는 풍남 선창 머리 끝집에서 토종 사투리밖에 모르는 따끈한 촌놈에, 한 달 동안의 제빵 기술을 자원 봉사자 청한 기술자 조현O는 싱글남에 경남 함안 출신으로 큰소리 잘 치는 경상도 사투리 맨으로 노총각에 독특한 인상적 인물이었다.

개업 첫날 겨우 몇 시간도 안 돼서 우리 부부가 대학생들이란 소문이 퍼지면서 귀찮은 질문이기에 입을 봉해 버렸으며, 승O는 아줌마가 "애! 오차 좀 다오!" 하면 "뭐라고라?" 하고 또 "오차 좀 다오!" 하면 "뭐라고라?" 해서 상호 간에 의사소통이 안 될 지경이었다. 그런가 하면 기술자 조현O는 알아듣지도 못할 경상도 사투리로 열변을 토해 개그스럽게 재미를 느낀 손님들이 지속적으로 말을 시켜서 시끄러웠었는데 빵 만드는 법은 전수하지 않고 계속 지껄여서 속상했었으나 어떻게 할 수가 없었던 것이다.

그야말로 실속 없는 개업식이 어수선한 난장판이며 개그판일 때, 똥파리 떼들이 몇 명이 거들먹거리며 개업 축하한다고 난동을 부리기 시작하는데 내 눈에 가관이므로 지켜보면서 인내의 한계점을 느끼는 순간 팔목을 잡아 꺾어 버리니 비명을 지르면서 쿵! 하고 넘어지는데 남어지 두 놈도 잽싸게 잡아 꺾어 버렸더니 나뒹굴면서 연탄 난로 위의 물 주전자가 박살나 찌그러져 버렸으며, 세 놈은 줄행랑을 쳐 버리고 말았는데 그중 한 놈이 바로 옆 주점 할매네의 막난이로 밝혀졌으며 애꿎은 할머니 사과부터 받게 되어 매우 서글펐던 기억이 생생하다.

아무튼 어수선했던 개업날도 저물어서 모두들 제자리로 돌아갔으며 우리 부부와 어린 승O만 남아서 정리를 했으나 앞길이 막막할 따름일 뿐이었다.

그러나 정신을 차려야 했으므로 아내와 승O를 마포 집으로 보내고 나는 밤새도록 밀가루 반죽과 씨름을 해서 무언가를 터득해야만 했던 것이었다.

밤새도록 밀가루 반죽과 싸워도 반죽이 내 손에서 떨어질 줄 모르고 엉겨붙어서 진전이 없었다 보니 동이 틀 무렵 새벽이 와서 눈 좀 붙이려 좁은 다락으로 겨우 기어 올라가서 비몽사몽 간인데 마포에서 아내와 승O가 들이닥쳤으며 벌써 해가 중천에 떴고 하루가 시작되었던 것이다.

명색이 빵집 개업했으니 아침부터 빵을 찾는 손님에게 어제 남은 찐빵과 만두를 팔 수 있었으나 겨우 하루 배운 실력이지만 내가 만든 빵이라도 준비를 하지 않을 수 없었는데, 점심시간 때 일부러 개업집에 팔아 주시려고 시간 맞춰 들른 손님에게 내가 만든 빵을 드렸더니 처음에는 태연히 먹는 듯하더니 결국 손사래를 쳤다.

조용히 나를 보며 자신에게로 오라는 싸인해서 내가 받아서 먹어 보았더니 삼킬 수가 없을 정도였다.

너무나 송구스러워서 내가 얼굴을 들 수 없었으나, 오히려 손님께서 눈물을 글썽이며 내 장사 걱정을 해 주시면서 진하고 따뜻한 격려를 해 주셨던 그분을 몇십 년 만에 떠올려보는 순간 내 가슴이 따뜻해짐은 오랜 세월이 흘러 버렸으나 그날의 기억은 살아 있으며 그분의 격려가 내가 그곳을 떠날 때까지 지속되었던 고마운 분이셨다.

개업 둘째 날 철석같이 믿었던 조현O와 용O 형이 나타나질 않아 낭패였으며 내가 만든 빵은 먹다가 쓰다면서 뱉어 버렸으니 기가 막힐 지경이었으나 끝내 두 명은 오지 않았는데 그쪽도 사정이 발생한 것 같으나 내 처지가 너무 난감했으며 앞이 캄캄했다.

하루만이라도 구체적으로 만드는 방법의 시범만 보여 주기만 해도 큰 도움이 되련만 단 하루 만에 마감을 해 버린 조현O를 이해할 수가 없어 원망했었고 쓰라린 가슴을 삭이느라고 어금니를 깨물었다.

그런 나에게 훤칠한 손님이 찾아와 매우 겸손하게 고개 숙여서 정중한 인사를 한 후에 용서를 바란다면서 사과할 내용과 자신의 신분을 밝혔는데, 태권도 관장이며 전병O인데 어제 동생들이 가당치도 않은 개업 방해를 하게 되었으니 용서를 바란다면서 곧바로 3명을 호출하니 옆집 할머니 주점에서 대기한 듯 뛰어오더니 땅바닥에 엎드리는데 당황했으며 특히 옆 주점 할머니 아들이 뚜렷하게 반성함이 인상적이었고 오히려 내가 폭행했으니 무안할 정도여서 첨엔 내 자신도 그 장면을 믿을 수 없는 건달들의 수법으로 알고 탐탁지 않았으나 옆집 할머니까지 오셔서 설명함으로 이해를 할 수 있었다.

그 후부터 태권도 관장 전병O과 친분이 돈독했었으며 예의 밝은 관장으로 거듭났다며 주변에서 모두들 내 덕이라며 감사하다는 찬사였는데, 특히 옆 주점 할머니 아들이 순한 양으로 변한 행동의 공과를 모두 내게로 돌려서 난감했으나 보람은 컸었다.

태권도 문하생 세 명을 닥달하고 이처럼 유명해졌으니 일단 행운인 것 같았으나 우리 부부에 대한 과대평가로 인한 관심의 대상으로 주목됨이 부담될 정도였으나 어쨌든 우리 청춘 부부의 인기만은 대단히 높았었지, 고객은 몰려드는데 먹으면 퉤퉤였으니 내 자신의 심정은 천 갈래 만 갈래였었는데.

그러나 고객들이 하나같이 우리 부부를 응원하며 격려해 주었고 제빵 정보를 연속 전달해 주면서 모두들 도와주시려고 안달을 했는데, 정작 협력해서 장사를 할 수 있도록 도와준다며 큰소리를 쳤던 용O 형님과 조현O 빵쟁이는 오지 않아서 밤중에 나 홀로 덧문 닫은 후에 밀가루 반죽과 전투를 시작할 때 나도 모르는 눈물이 쏟아져 애꿎은 밀가루 반죽만 밤새도록 쳤는데, 칠 때마다 폭포수 같은 눈물이 쏟아졌으나 참지 못한 흐르는 눈물이 끝없이 흘러 내렸었던 나의 첫 장사의 애환을 잊을 수가 없다.

그때 빵 반죽에 소다와 베이킹파우더를 충분한 반죽 기술로 분산을 못 시켜 쓴 빵을 드시게 했었던 분들 배려와 사랑의 힘으로 나는 포기하지 않을 수 있었다.

어쩜 한결같이 씁쓸한 찐빵과 만두를 말없이 먹은 후에도 한 명의 불평 없이 빵값을 지불하며 축 처진 어깨를 토닥여 주며 "젊은 사장님! 자주 오겠어요!" 해 주시던 나이 지긋한 분들의 인자한 모습을 그려 보면서 가슴에 뜨거운 뭉클함의 상념에 젖어 본다.

개업 며칠 후 마포에서 왕십리 금복시장 주변으로 이사하고 장사 메뉴도 핫도그가 어린이들 인기 품목이라기에 가게 앞 공간에 마련했었는데, 우선적으로 기술이 없어도 할 수 있는 게 큰 장점이었으며 핫도그 기계를 설치해서 시도해 보니 제법 좋은 반응으로 초등생들이 모여들어서 오뎅판까지 마련했더니 간식 분위기의 어린이 먹거리 집이 되었었다.

경황 중에서도 고객들의 과분한 배려와 격려에 힘을 버팀목 삼아 그지없이 여린 우리 부부는 용기를 낼 수가 있었던 것이다. 새파란 젊은 부부의 인상이 좋았던지 소문도 화려하게 포장되었으며 고객과 이웃들이 우리에게 그 당시 보여 주었었던 관심이 연예인들 못지않았었음을 군생활 때의 경험으로 알 수 있었으며 그것이 젊음의 향기였던 것 같았다.

덕분에 제빵은 엉터리였으나 오뎅과 핫도그 때문에 간신히 장사 형식으로 꾸려 나갈 수 있었던 것이며, 적극적이던 고객분들의 애절한 요청으로 못난이 빵과 만두를 내 실력대로 만들어 메뉴에 올릴 수 있었으니 팬들의 따뜻한 인정과 격려가 내 가슴 깊이 간직될 수밖에 없었던 애환이라 아니할 수 없겠다. (돌이켜 보면 그분들의 인정은 대단했다.)

그대로 하루하루 여러분들에 의한 도움으로 아장아장 조금씩 익숙해져 가고 있을 무렵이었으며, 주변 이웃들의 응원과 관심으로 희망봉을 향해 전진을 멈추지 않고 나아갈 수 있었다.

어린 아기를 등에 업고 학생 스타일의 앳된 부부가 힘겨운 삶을 서툰 모습으로 바둥거림에 동정표였다.

하루 이틀 한 달 두 달이 엄청 긴 세월로 느껴졌으며 겨울의 끝자락이 보일 무렵에 안전사고가 발생하고 말았었는데, 다름 아닌 승O가 핫도그 기름통에 새 기름을 보충하려고 잠깐 틀에서 내려놓은 사이에 이웃 소금집 막내딸 초등생이 한눈팔다가 밟아 버렸는데, 팔팔 끓었던 뜨거운 기름에 하체에 심한 화상을 입은 사건이 발생하고 말았으니 충격적인 난감함에 정신을 차릴 수가 없었다.

피해 어린이 부모의 심정을 생각하면 도저히 이해 못 할 것 같았으며 용서받을 수가 없을 듯해서 어찌할 바를 모르고 있었는데 일단 병원으로 데리고 달려가는 모습만 바라볼 뿐, 어찌할 바를 몰랐다.

정말 울고만 싶었으며 더 이상 전진할 수 없을 것 같은 자괴감으로 모든 걸 그만두고 싶을 뿐이었다.

남의 귀한 어린이의 온몸에 심한 화상을 입혔으나 아무런 조처도 취할 수 없었고 일말의 책임도 질 수가 없었던 나의 처지가 한숨뿐이었으니 기가 막혔으며, 피해 가족들의 심경은 우리 부부보다 더욱 절망적 충격이 확실하였으니 청천 날벼락인 셈인데, 더욱 우리가 견딜 수 없이 괴로웠던 것은 무반응으로 일관했으니 상호 간에 벙어리 냉가슴을 앓듯 한 침묵이 흘렀다.

하루의 말미에 법 없이도 사실 듯한 소금집 내외분께서 우리들에게 해 주시던 말씀, 지금도 귀에 살아 있는 것은 "흉터가 대수냐! 죽은 것도 아닌데, 모든 것은 피할 수 없었던 운명인 것이니 젊은이들이 너무 미안해하지 말고 어깨를 펴서 움츠림을 멈추고, 지금까지처럼 열심히 노력하는 모습을 보여 주는 게 바람"이라며 위안해 주심에 더욱 고개를 들 수가 없었던 그때가 아련할 뿐이다.

그 사건으로 인한 심적 의욕 상실이 너무 깊었던지, 내 마음에 불안감이 엄습해 견딜 수가 없었으며, 장사에 대한 해이가 쌓이기 시작했던 것이다.

돌이켜 보면 장사 내용의 모든 준비가 불안전했는데, 의욕만으로 아무리 노력해도 허우적거릴 수밖에 없겠다는 한계점이 선명하게 그려졌던 것이다.

무엇보다도 소금집 막내딸을 심한 화상을 입혀서 입원한 상태였으니 한순간도 마음이 편할 수 없었다 보니, 오히려 피해자 편에서 역으로 우리를 위로해 줄 정도였으니 형편이 없어도 기본 양심은 어쩔 수가 없었기에, 견딜 수 없는 괴로운 몸부림은 차라리 악몽이었던 것이며, 사슬이었다.

그래서 우선 그 장소를 떠나 도망쳐야겠다는 계획으로 사글셋방과 점포를 복덕방에 의뢰했으며, 더 이상의 장사는 어차피 할 수가 없으니 포기하고 나 홀로 뛰어야겠다는 각오를 다짐했을 때, 친구 광O(크라운 제과)이 나를 설득했다.

빵 장사를 포기해 버리면 지금까지의 노력 고생이 허사가 되므로 큰 손실이니, 경험을 살려 연계해 보길 강력히 권했다.

그러나 내가 완강히 거부함에 설득 보상으로 삼강 아이스박스를 구입해 주겠다는 약속을 해 준 우정에 뜨거운 눈물을 흘렸던 기억이 떠오름이 새롭다.

궁하면 통한다더니 생각보다 빨리 점포와 월세방이 빠졌으며, 하왕십리 한일유리공장 골목에 작은 방 달린 점포가 있어 바로 계약을 하고 보니 천만다행이었다. 하늘의 도움인 듯 일사천리로 진행되어 생활처를 옮기고 나니 송구스러움에 고개를 들지 못했었던 고역에서 해방된 것만으로도 살 것 같았으며, 피해 가족들도 오히려 잘했다고 격려해 주셨던 선량한 분들에게 한없는 용서와 안위를 빌고 빌었다.

지난겨울 6개월여에 개업 터널의 우여곡절을 통과해서 비록 꼬막방과 꼬막 점포에 입주했으나, 안도의 정착지에서의 생활을 염원할 수 있게 되었다. 南風.

73. 무에서 有를 찾아~ (1973년 4월)

내 자본금의 전액 20만 원 중 1차 개업 실패로 인한 손실금이 반으로 줄어든 10만 원뿐으로 2차 개업을 어떻게 하든 그 액수로 꾸려 나가야 하는데, 상가 앞에서 유리 진열장이 박살난 소리가 났으며, 나가 보니 건장한 젊은 분이 술에 취해 자전거를 타고 내려오다가 조정 못 한 실수로 하필이면 내 금쪽같은 진열장을 파손해 버렸는데, 나를 보더니 만만해 보였던지 무시한 듯한 어투로 공갈 협박조였었다.

그 당시의 난, 센 놈 아니면 상대하지 않을 때, 덩치는 커서 안성맞춤인데, 취기가 좀 보여서 바로 꺾지를 않고 내 특유의 우렁찬 저음으로 정중하게 대해 주니까, 어설프게 비웃으며 무시할 때의 거들먹거림의 언행을 보이고 있을 때, 어디서 급하게 뛰어온 나이 지긋해 보인 신사가 젊은 나에게 공손한 자세로 인사를 하며 사과를 했었는데, 알고 보니 성동구 주먹세계 최고의 오야봉으로 정평 난 분이며 전병O 관장도 그분의 휘하였는데, 나에 대한 설명을 잘 들었다면서 매우 겸손해 하던 표정이 인상적이었으며, 말썽을 핀 동생이 취중임에도 보스 앞에선 바른 자세는 조직원다운 강한 위계가 대단했었다.

박살 난 유리 진열장 배상금 봉투가 넉넉했으며, 예비군 훈련을 받을 때면 전병국 관장과 두 명이 나에게 찾아와서 어울렸으며, 예비군들이 우리 세 명을 호감의 눈으로 바라보면서 친밀감으로 대해 주면 기분 좋았었으며, 특히나 나와 친해지길 바라는 친구도 두어 명 발생해서 그곳에서의 예비군 훈련이 즐거웠다. 우리 색시에게도 키가 아담한 인상 좋은 또래 갓난애 엄마가 매일같이 찾아와 어울렸다.

마치 암흑의 터널을 지나 밝은 신세계로 입성한 듯, 몸과 마음이 깃털처럼 가벼웠으며, 두 살 된 딸도 천진난만의 웃음꽃으로 방긋거리며 잘 놀았는데, 그때부터의 애 돌보미는 내가 맡아야만 했으며, 추위가 풀려서 콩국수가 의외로 많이 팔렸으며, 빵류는 줄어서 아침에 일찍 만들어 놓고 딸을 유모차에 태우고 학교 운동장으로 달려가 보면 유모차 동무들 집합소였다. 첫 개업식을 호되게 겪어서 두 번째부터는 모든 게 조금은 익숙했기에 진전되었던지 더듬거리지 않고 여유로웠으며, 사실 나는 육아 담당이 좋았었다.

아무리 심한 울보도 내가 돌보면 미소 천사가 되는데, 우리 딸은 타고난 미소 천사로 갓난일 때부터 우리 집 복둥이 효녀였음을 나는 일찍 看破했었으며, 유모차 속의 우리 애기를 보며 젊은이들은 예쁘다고 했으며, 연세 지긋한 어른들은 복스럽다는 표현이 대부분일 정도여서 나는 후자가 흐뭇했다.

비록 비좁은 작은 방과 점포였으나 마음만은 포근했으며, 아내와 승O도 편안한 모습의 능동적인 활동에 내 마음이 한결 가벼워졌기에 자신감 보충을 느끼면서 열심히 노력해 일어설 수 있었던 것이다. 첫 개업해서 투자액의 반이 손실되었으나 간신히 남은 10만 원으로 턱걸이 개업한 두 번째 개업점은 유리 공장의 영향 때문에 국수와 라면을 제법 많이 찾는 편이었으며, 그나마 손님이 들락거려서 희망적인 기대로 미래의 지혜를 발휘해 볼 틈이 보였는데, 1호점 개업 때는 똥파리 거리의 똘마니들 3명이 개업식 축하 인사를 요란하게 해 주었는데, 하왕십리 2호점 개업식 축하는 성동 조직원 2인자가 자전거 타고 와서 유리 케이스 박살의 이벤트로 멋진 개업식 축하와 금일봉의 기부까지 후원받았으니, 교회도 안 다닐 때였지만 나의 신변에는 보이지 않는 수호신이 존재함을 느낄 수 있었던 것이다. (*군생활 중에서도 몇 번의 강한 체험을 했었음)

그러나 세상 물정에 아직 어두웠던 初年生 우리 부부에게 축복의 고난이 발생했던 바, 다름 아닌 두 번째 임신이었다. 입덧을 하기 시작했으나 여건상 몸으로 감당할 수밖에 없었던 그 시절은 잔인했다. 뱃속의 태아가 잉태되는데 출생의 대단한 역사인지 산모의 입덧이 민감해지므로 그 고통을 인내하려면 보통의 정신력으론 감당할 수 없었겠지만, 나의 아내는 이를 악물며 참고 견디었으니, 여름 한철의 삼복더위에 제철이던 콩국수 때문에 첫 개업 때의 적자를 거의 복구할 수 있었던 깊은 사연의 와중에서도 콩국수를 주문받아서 조리할 때마다 입덧이 나면 구역질 소리 막아 보려고 방 안 캐비넷을 두들긴 소리로 간신히 모면해 가면서 여름 콩국수를 지겹게 조리했었던 트라우마 때문에 한때는 자신이 그렇게 좋아했었던 콩국수를 먹지 않았다.

그런 모습을 보게 될 때면 본인보다 옆에서 지켜보던 내 가슴이 찢어질 듯했으며 자괴감에 빠졌었다. 모녀가 단 둘이 단란하고 평온한 삶을 누리던 중에 '외향만 그럴듯했던 실속 없는 자와의 인연 때문에 저토록 벅찬 생업의 고난을 언제까지 겪게 할 것인가?'를 되풀이 자문하면서 날을 지새웠었다. 무조건 나를 믿고 동행한 아내의 고충을 최단기간에 보통 수준의 서울 시민의 생활을 보장하겠다는 소박한 나의 꿈을 이루기 전까지 단 하루도 긴장을 풀지 못했었던 그 시절의 나날이 왜 그토록 더디 흘러갔었던지 하루가 如三秋였던 그 시절, 그때가 아련할 뿐이며, 아쉬운 상처까지도 그리움일 뿐이다.

그러나 처음보다 두 번째부터는 조금씩 익숙해져 가면서 티끌 모으듯 천 원짜리와 동전이 모아졌으며, 하루 장사의 결산에 우리 부부는 희망의 길이 보였으므로 하루의 피로를 풀 수가 있었고, 아내의 입덧도 점진적으로 내성이 강해져서 견딜 만했었다. 무엇보다도 동네 분들의 따뜻한 인정에 포근히 묻힌 듯한 분위기가 내 고향 같은 아늑함을 느끼면서, 이웃들

격려의 보답에 부합하기 위해서 노력했다. 한설의 냉기가 봄눈 녹듯이 풀리면서 온누리에는 활짝 핀 꽃들의 향연으로 만물이 생동감을 전개하면서 쪼그라들었던 우리들 가슴도 어깨를 펼 수가 있었던 그해의 봄날은 희망찬 새싹이 돋아났었다. 매일 오백 원 동전과 천 원짜리 지폐를 봄부터 모으기에 여념이 없었고, 여름이 되어 티파니에서 배운 대로 얼음을 갈아서 팥빙수를 했더니 좋은 반응에 더불어 콩국수도 많이 팔리다 보니 만 원짜리 지폐도 한 장씩 늘어나기 시작했으며, 틈만 나면 티파니로 달려가 조현O가 빵 만드는 걸 소리없이 견학했더니 큰 도움이 된 것 같았다. (* 내심으론 오래지 않아서 내가 너를 크게 능가한다는 자신감이 충만했었음)

남들이 보기엔 아주 작은 수입이었지만 내 마음에 큰 의욕을 살려 준 뜨거운 불씨가 되었던 것이다. 두 번째 개업일도 여섯 달이 지났고, 뱃속 태아의 성장이 하루가 다르게 잘 자라서 내 마음이 안절부절 중에 나도 모르게 좀 더 큰 집을 찾아 뛰어다니고 있었으나, 적은 액수로 세 가지의 조건을 맞추려다 보니 엄두가 안 났으나 포기할 수는 없었으므로 하나라도 더 보려면 발바닥이 안 보이게 뛰어 다닐 수밖에 없었는데, 얼마나 뛰어 다녔었던지 내 헌 구두 뒷굽 발꿈치에서 피가 길바닥에 무늬를 찍는다며 신발을 한번 벗어 보라기에 무심결에 벗어 보았더니 웬 피가 고여서 페인트처럼 길바닥에 찍히고 있었던 것이다. 얼마나 많이 걸어다녔었던지 구두 뒷굽이 닳아지고 바닥창이 닳아질 때까지 모르고 뛰어 다녔으나, 하늘은 스스로 돕는 자를 돕는다더니 동대문 제기동 뒷골목에 미곡상을 폐업한 까탈스러운 건물주 노 할머니가 권리금 한 푼 없이 내놓았다기에 가서 보았더니 그런 대로 흡족한 면의 장점이었다. 방은 적으나 다락이 있었으며, 점포는 큰 편으로 내가 그토록 바라던 여자 고등학교(정화여상)가 인접해 있었기에 두근거리는 가슴을 진정시키고 바로 3층에 날카롭다는 이북 출신 노 할머님을 찾아뵙고 내 실정을 형편대로 소상히 설득해 드렸더니 뜻밖의 호감을 보여 주시며 옆에 작은 야채집도 포함해서 하나로 사용하라면서 내 처지에 맞춰 월세를 조금만 추가시켜 주셨다. 남들은 마귀 할멈이라고 수군거렸으나, 날카로운 눈이 좀 예민했을 뿐 나에게는 끝까지 은인으로 새겨진 고마우셨던 할머니였다. 다음 날부터 즉시 건물주의 협조를 받아 내가 직접 왕십리 고물시장으로 달려가 설비용 목제와 의자, 탁자 및 모든 도구와 그릇들을 완전히 중고품으로 구입했더니 신품의 5분의 1 정도여서 깜짝 놀랄 지경이었으며, 깨끗하게 세척했더니 신품 못지않게 말끔했었다. 궁하면 통한다더니 최저 소액 자본금으로 앞만 보고 절박한 심정으로 살길을 찾아 뒷굽이 닳아지고 뒷창이 닳아져서 발뒤꿈치에 상처가 나도록 우리 가족의 생활 터전을 찾아 뛰고 또 뛰었었더니 나의 수호 神께서 소망의 빛으로 인도해 주셨던 것이다. 내가 그토록 심사숙고의 절박함으로 피땀 나게 뛰며 노동 심사했지만 가족이나 인척은 전혀 알지 못했으며, 바깥 세상 물정이 어두웠던 여자들은 보이지 않았던 것과 단 한 장면도 알 수 없었던 안타까운 시절이었다. 그러다 보니 뻥쟁이들의 허풍이 판을 쳤었던 진실을 왜곡한 암울 시기였는데, 그때나 현재나 진실은 쓰고 거짓은 달콤했기에 지금 이렇게라도 내가 살아온 뒤안길을 직접 기록할 수 있음에 크나큰 위안이 됨으로 큰 기쁨이 된다. 보이지 않고 소리 없었던 천신만고 끝에 나홀로 준비했던 동대문 제기동에 3번째의 터전을 마련하면서 비로소 삶에 지혜의 감각을 느낄 수 있게 되었으며, 그때가 내 인생에서 가장 심도 깊은 지혜가 발휘될 수 있었고, 힘의 원천은 가족 사랑이었다. 새벽부터 하루 종일 라면 하나 먹고 뛰어다니며 버틸 때가 부지기수였으나 단 한 번도 쓰러져 본 적이 없었던 힘은 오직 천사 아내와 어린 딸과 뱃속의 태아를 바라보면서 모든 피로와 시름을 이겨 낼 수 있었던 것이다. 나 홀로 생각해 봐도 대단한 힘과 지혜와 건강이었으며 오직 스스로 놀랄 뿐이었다. 그해 73년 10월 가을에 탈 많고 감동의 사연이 소복했던 성동구 왕십리 삶을 뒤로하고 동대문 제기동에 우리의 티파니 분식점이 제법 규모를 갖춘 개업식으로 동네가 밝아졌다고 주민들이 환호했으며, 특히 건물주 할머님께서는 뛸 듯이 기뻐하셨다. 주인 할머님과 이웃들의 협조에 힘입어 성대한 행사였으며 정화여고생들이 하굣길에 많이 들러서 벅적거리며 무척 좋아하는 모습에 희망을 본듯 했으며, 짧은 기간에 기술도 자금도 없이 세 번의 개업을 해서 이 정도 성숙할 수 있었구나 생각하니 모든 게 말 없는 내 아내의 협력 내조 덕이었었다. 신혼 때부터 고생만 시킨 내 아내에게 나는 죄인이며, 항상 마음에 보통 사람들 수준의 안정된 삶이라도 누릴 수 있도록 해야겠다는 결심으로 충만한데, 동대문 제기동 티파니 분식점의 일정의 삶은 겨우 순조롭게 전개되어 가고 있었던 것이다.

74. 장남의 출생(1974년 3월 18일)

왕십리 금북 시장 초입에서 1차 개업한 5개월은 캄캄한 터널을 5년 동안 헤맨 듯했으며, 하왕십리 한일 유리공장 주변 동에 2차 개업해서 5개월간은 길 찾아 떠돌던 나그네의 깊은 산골짝에 오두막집 같은 것이었는데, 동대문 제기동 정화여상고 주변에 3차 개업한 티파니 분식점은 갓을 쓰지 못한 방랑시인 김삿갓(김병연) 같았던 것이다.

  내가 바라던 다과점을 하기엔 제빵 기술이나 실내 인테리어가 너무 미달이므로 분식점으로 결정했으니 삿갓 벗은 꼴이 되고 말았기에 벙어리 냉가슴 앓듯한 내 심정을 하나님만이 알고 계셨으리라…

  그러나 전망은 매우 밝았었는데, 정화여상 학생들이 티파니 자체를 좋아들 했으며 몰려들기 시작해서 분식점 메뉴에 불과했었지만 한동안은 시름을 놓을 수가 있었음은 만두와 찐빵을 승O에게 가르쳤더니 곧장 잘 만들어 나와 둘이서 일찍 만들어 놓고 나는 딸 돌봄 일을 마음 놓고 할 수가 있었다.

  유모차를 내가 밀고 다녔었는데, 여고생들을 만나면 "삼촌! 안녕하세요!" 하면서 우리 유모차로 몰려들어 재잘거리며 예뻐들 해 주니 애기도 방긋거리며 예쁜 짓을 할 때마다 귀엽다면서 환호했다. 내 머리가 스포츠형이라 어리게 보여 삼촌으로 호칭했으나 그 점도 기분 나쁘진 않았었는데. 아무튼 짧은 기간에 세 번째 개업한 제기동 정화여상 인근에 티파니 분식점은 스타트가 좋았으며 우중충했던 주변을 훤하게 밝히었으므로 건물주 할머니와 동네 유지와 주민들 모두가 진심으로 환영해 주셨으니 모처럼만에 미래 전망이 희망적이었다. 비록 투자액이 아무리 적어도 최선을 다하면 도움의 손길이 느껴졌으며 그럴 때마다 자신감 충만으로 용기를 낼 수가 있었던 것이다.

  73년 10월에 개업한 티파니부터 비로소 활발하게 경제성을 조금씩 키워 나갈 수 있게 되면서부터 소망의 싹이 보였었으며 그때부터 본격적으로 적금 통장에 꿈을 담아 갈 수 있었던 것이니, 심정적으로는 서울 생활이 수십 년 이상 된 것 같았으나 실제로는 개업 1차, 2차, 3차까지 단 1년도 아닌 9개월이었으니 실상은 빠른 발전인 셈이며 변화였으나 고난의 가시밭길이었기에 기나긴 세월로 느껴졌던 것. 비록 짧은 기간이었으나 적잖은 분들의 뜨거운 사랑과 성원이 줄기차게 있었으며 좋은 인연도 많았었는데, 지난 3년간 군생활 중에 좋은 인연들이 파노라마처럼 떠올랐었던 기억은 왜?였을까? 아니? 어렸을 적부터 그토록 수많은 분들의 좋은 인연과 은혜와 사랑을 받았음에 확실한 인정을 자인할 수가 있으니.

그러나 더욱 정신을 차려야 한다. 세상 최고의 순백 미녀 아내와 눈에 넣어도 아프지 않을 복둥이 딸과 곧 태어날 雅歌를 위해 소박한 보통의 삶이라도 누리게 해야 된다는 강박관념이 내 정신을 지배했으니, 화려한 큰 꿈보다는 가능한 안정된 계획으로 오직 하루라도 빨리 내 자식을 비참한 생활에서 종식시켜야겠다는 일념이 뇌리에 꽉 차 있어 잠을 편하게 잘 수가 없었기에 하얀 밤을 보낼 때가 많았다.

나의 아내는 나와는 다르게 도시에서 모녀가 단촐하게 고생을 전혀 모른 삶을 살았던 티 없이 고왔던 연약한 여자이므로 고생에 취약했으나 생각보다 훨씬 용감했으며, 그토록 비좁은 환경 속에서도 아이들을 너무나 깔끔하고 알뜰하게 잘 키웠으므로 나는 세상에서 보기 드문 행운아였음을 확신했었다. (* 그토록 아름다운 내 아내는 지상의 천사리라…)

제기동 정화여상 티파니 분식점 개업한 일자도 훌쩍 몇 달이 지나 버렸는지 출산의 달이 점점 차 가면서 일할 사람이 필요하므로 고향에서 여자애가 왔으니, 비좁은 대로 다섯 식구가 어렵게 살 수밖에 없었으나 그런대로 살아지는 것이 인생이었던 것 같다.

옛날 선인들 말씀에 "이가 없으면 잇몸으로 살 수 있다" 했는데, 승O와 애O를 서빙과 조리 교육을 시켰으며 두 소년을 집중해 반복시켜 보았더니 능숙해져서 아쉬운 대로 티파니 운영을 할 수 있었음에 안심할 수가 있었는데, 교육의 힘이 그토록 중요했다.

첫 개업할 때 얼마나 황당한 고난의 터널이었던지 살기 위한 몸부림으로 그곳을 헤쳐 나오다 보니 강해졌으며, 무엇이든지 할 수 있다는 지혜와 잠재 능력이 발휘되었으며 티파니 유리 벽과 창문에 난생처음으로 직접 썬팅을 했으나 제법 말끔하게 잘 되었기에 보는 자들마다 내가 썬팅 기술자인 줄 알았을 정도였으니, 무엇이든지 궁하면 통하게 마련인 것이며 하늘은 스스로 돕는 자를 도우신다 하셨다.

주방을 주도한 주부 없는 주방 운영이 간단치 않음에 출산일 전에 정신 교육과 실습으로 준비를 철저히 했으며, 특히 분식 메뉴를 내가 조리를 할 수밖에 없기에 만두, 찐빵과 튀김류를 속결 처리할 숙달을 해서 시간을 벌어 분식 조리에 차질이 없도록 반복을 철저히 했음은 고객 거의가 정서에 민감한 여고생들이기에 더듬거리면 티파니 운영에 오점이 되고 말 것이므로 정신력을 집중할 수밖에 없었으며.

얼마 후에는 태어난 아기가 나의 품에 안길 것이므로 용기가 솟아올라 전혀 피곤한 줄 모르고 뛸 수가 있었던 젊은 그 시절이 바로 엊그제처럼 선명한데, 그 무렵부터 삶의 성실성의 절실함에 주력했다.

모처럼만에 안정된 수익을 올릴 수 있었던 티파니 선이 출산의 파고를 무난하게 항해를 하기 위한 지혜를 하늘이 주셨으며, 만삭인 아내가 마포 장모님 댁으로 떠난 후 그런 대로 어린 승O와 애O를 데리고 밀려들어오는 학생들과 손님 맞이에 용의주도할 수 있게 되었음은 우리의 어려운 처지를 알게 되었던 여학생들이 자발적으로 서빙을 해 준 도움 덕분에 오히려 시간적 여유가 발생하게 된 것이다.

　그땐 참으로 고마움을 잊을 수 없었던 정화여상의 학생들이었으며, 정서와 인정이 아름다웠던 모습들이 생동감 있게 영화처럼 떠오르며 한 장면씩 각인되어 있는 듯한 그 시절의 추억이 그리워진다.

　70년대만 해도 산부인과는 볼 수가 없었고, 가끔 조산원이란 간판이 보일 정도였으니 거의 다 자택에서 출산해 산모에 몸을 풀었었는데, 마포 처가 집 서순산의 득남이라는 희소식 통보에 뛸 듯이 기뻤다.

　집 떠난 삼일 만의 쾌거였으며, 첫딸을 본 지 2년여 만에 장남을 보게 되었으니 난 마음이 들떴던 것이다.

　한밤중의 통보에 첫새벽 기상해서 오전 동안에 모든 장사 준비를 해 놓고 유경험자인 친구 조카를 대비시킨 후 헐레벌떡 달음질해서 간신히 버스를 탔는데, 동대문구 제기동에서 마포구 공덕동이 만리 길처럼 멀었었는데, 웬 놈의 정차가 그토록 많았던지 숨이 막힐 지경으로 공덕동 버스 정류장에서부터 처가댁까지 군생활 3년의 선착순 달인의 실력으로 뛰어갔더니 장모님 친구분들이 축하의 박수로 맞아 주시며 "아빠 닮은 미남 아기라면서 저렇게 잘난 갓난아이는 처음이라고" 이구동성으로 축복해 주셨던 그 모습들이 또렷하고 선명하게 떠오른다.

　정갈하신 우리 장모님께서 갓난아기를 얼마나 깔끔히 돌보셨던지 잘생긴 놈이 유난히 돋보였다.

　우리 첫딸은 더할 나위 없이 곱고 예뻤으나, 그때는 힘겨워서 마음에 여유들이 메말라 버려 각박했다.

　그러나 세 번째 개업 티파니부터 조금이라도 소망 가능성이 보였으므로, 아빠로서 그날의 벅찬 감동과 감격을 강하게 느낄 수 있는 여유였던 것이었다.

그러나 지금은 고인이신 나의 장모님은 우리 부부에게 가장 넘기기가 어려웠던 세상사의 시련기였을 때, 무엇보다도 소중했던 첫딸과 장남을 정갈하게 받아 주셨으며 보살펴 주셨던 분이셨는데, 그 크신 은혜에 전혀 보답을 못 해 드린 나의 후회가 평생 송구스런 회개 제목이 될 수밖에 없을 것이다.

다행인 것은 산모와 아기가 건강했기에 참으로 감사했으며, 며칠 후에는 아기를 장모님께 당분간 맡겨 두고 제기동 티파니 집으로 무난히 복귀할 수가 있었으니, 정녕 모든 게 꿈만 같았으며 첫딸도 미소 천사였는데, 둘째도 역시 건강 미소 둥이였다. (* 우리 딸과 장남은 출생 후 한 번도 힘들게 한 적 없음)

티파니 점이 세 번째 중에 제법 큰 규모로 알았었는데, 졸지에 식구 일곱이며 기저귀 널 곳이 방뿐이므로 숨 쉴 틈이 없을 정도지만 내 집사람은 대단한 인내력으로 그토록 열악한 환경 속에서도 초인적 모성애를 발휘해서 얼마나 아기들 위생을 청결하게 완벽히 처리했던지, 애들이 한번도 짜증 부림을 볼 수가 없었던 것이다. 그 모습을 지켜보면서 감탄했던 기억이 생생하게 떠오름은 나를 믿음이리라.

오직 그때의 내 머리에는 내가 직접 뛰어서 지금의 환경에서 하루라도 속히 사랑하는 아내와 눈에 넣어도 아플 것 같지 않을 내 아이들을 해방시켜야겠다는 일념으로, 밤에 뜬 눈으로 새벽이 되면 고려대학 뒤에 개운산으로 미친 듯 뛰었는데, 어려서부터 나는 새벽의 사나이였으니 역시 지금 80세까지도 새벽길은 나의 가장 좋은 익숙한 친구였던 것이다.

일단 지극히 소박한 우리 가족의 보통의 삶을 소망했으므로, 단 하루라도 가벼운 목적 달성에 안착해야겠다는 마음뿐이었으며, 마포 장모댁의 딸이 보고 싶어서 하루가 여삼추였었으며, 무엇보다도 귀공자처럼 잘난 내 장남을 비좁은 다락 밑의 점포 허드렛방에서 키울 수 없다는 자괴감으로 수심이 가득 찬 내 모습에 나날들을 사람들은 알 수 없었겠지만 하늘에 계신 분은 아셨으리라?

그야말로 심사숙고 중에 잠겨서 가라앉아 버릴 듯한 인고에 세월은 왜 그다지 길게만 느껴졌었는지, 지금 돌이켜 보니 아득했던 꿈결 속의 지평선 같았으나, 그래도 참! 아름다웠던 시절이었기에 잊을 수가 없다. 70년대의 지방의 촌놈들은 막연하게 서울을 동경했으며, 그러므로 무작정 상경이 대세였다.

나처럼 대부분 맨땅에 헤딩맨들로서 틈만 보면 비벼 대서라도 길을 찾아야만 할 수밖에 없던 시절이니 어리버리하면 국물도 없는 각박한 시국이라 정신 바짝 차리지 못하면 코 베어 가는 난세였으므로, 가족을 보살피려면 매사에 용의주도해야 했었다.

천만다행인 것은 어린 딸과 갓난 아들이 건강하게 잘 놀아 준 미소의 효녀 효자였었다. 두 살배기 딸은 진즉 그런 줄 잘 알았으나, 갓난 아기가 마치 부모의 고달픔을 알고 있는 듯, 똥오줌만 제때에 갈아 주면 거의 짜증 없는 미소 천사여서, 보는 자들마다 예뻐서 어쩔 줄을 몰라했으니, 우리들 일에 지장이 없을 정도였으니 우리 아이들은 어려서부터 효녀, 효자였으니, 그 점이 바로 우리 부부의 홍복이었는데, 아무리 힘겨워도 아이들만 보면 힘이 솟았다.

시간이 헛되지 않았던지, 만드는 것도 서빙하는 것도 몰라보게 능숙해졌으며, 나는 끊임없이 견문하고 분석해서 좀 더 간편한 능률적인 조리와 발효 제빵을 위한 노력에 여념이 없었는데, 군사 정권의 사회가 좀 어수선할 때였으므로, 영세 업체가 난무할 때 틈만 나면 먹거리 집이 줄을 이어서 생길 때인데, 바로 우리 티파니 건너편에 튀김 집이 들어오면서부터 고정 단골들이 그곳으로 출입하는 걸 보면 아내의 신경이 예민해졌으며, 경쟁심의 발생으로 편할 수 없는 일상이 되고 말았었는데, 사실 큰 지장은 없었으나 마음에 의식이 매우 불편했던 것이다. (* 그래서 옛 어른들 말씀에 장삿셈이 큰 것이라 했음.)

그때부터 나의 발걸음은 또다시 군대 선착순 발걸음의 달인으로 뛰어다니기가 시작되었던 것이다.

어떻게 하든 직접 내가 뛰어야 목적 달성을 이룰 수 있을 것이라는 확신으로 나 홀로 할 수 있는 자리를 물색하게 되었는데, 제기동 티파니에서 가까운 곳이 아니면 운영이 어려운 한계점 때문에 쉽지가 않았으나 결코 포기할 수 없었는데, 그보다 훨씬 큰 어려움은 아내의 동의였으며, 너무 완고해서 이빨이 안 들어갈 정도의 이유는 남자 홀로 빵집을 운영함이 불가능하므로 나섰다가 안 되면 이제 겨우 만든 자금을 날려 버릴 수밖에 없겠다는 것이었으니, 타당성이 농후해서 반론의 틈이 없어 보였지만 내 결단의 확신도 대단했으며, 아기들을 보면서 더욱 굳은 결심으로 다짐하면서 청량리에서 동대문 사이에 큰 길 복덕방 거의 모두를 도보로 방문해 버스 정류장의 점포를 무조건 통보해 주시면 달려온다는 약속과 투자액의 한도를 귀띔했는데, 액수가 너무 소액인지 대부분 주춤했으나 일단 접수를 받았다.

마침 그때 1호선 전철 개통식을 했던 직후여서 전철역 주변의 버스 정류장 푯말을 변경 조절이 불가피할 때여서 나에겐 절호의 기회였던 것인데, 그런 좋은 정보를 복덕방에서 흘려 버리지 않았었기에 내 것이 될 수 있었던 것이니 역시 하늘은 스스로 돕는 자를 도와주심이 확실한 것 같았다.

하루 종일 수많은 복덕방을 방문하다 보면 밤늦게 귀가할 때가 다반사였으나, 적은 자금으로 확실한 장소를 구하기 위한 노력이 절실할 수밖에 없었다.

완고한 아내의 동의를 얻기 위한 수단이기도 했기에 최선을 다했었던 기억이 생생하게 떠올라서 소름이 돋음을 강하게 느꼈었던 그 당시, 지칠 대로 지친 몸으로 밤늦게 집에 들어가서 잠든 아이를 보면 모든 시름이 사라졌으니 내 힘의 원천이었다.

소액 자본의 명당을 찾아 주야를 불문해 뛰다 보니 발뒤꿈치에 빵꾸가 나서 땅바닥에 혈도장이 찍혔었는데, 처음이 아닌 두 번째였으며(* 혈도장은 구두 뒤굽과 창이 닳아져 발바닥에 빵꾸 난 출혈 자국) 드디어 지성이면 감천인 듯 신설동에 동대문 등기소 건너편 신규 버스 정류장 인근 지점에 구멍 가게 자리가 권리금을 포기한 금액으로 나왔으니, 계약금만 준비해 달려 오라는 그곳 복덕방의 반가운 연락이었다.

이제 아내를 설득하면 되겠기에 짬을 내어서 현장 답사를 한 후에 그간의 출산 공백을 거의 무난히 진행시킨 점을 들었더니 생각보다 유연한 화답으로 성원해 주는데, 사실 큰 액수는 아니었으나 아내의 피와 땀으로 힘겹게 모은 매우 소중한 자본금이어서 나의 양심에 부담이 클 수밖에 없었던 것이었으며, 어설펐으나 그런데 결국 나를 믿고 따라 주었던 결과는 대박의 시작이었으니, 역시 우리 부부는 부창부수였다. 역시 하늘은 스스로 돕는 자를 도와주심이라…

75. 제2호점 아톰빵家

　버스 정류장 표말 세워진 곳 주변 위치에 자리를 찾아 몇 개월 동안 숨 가쁜 피땀의 결과로서 대로변의 단층 집단상가 건물에 입점했는데, 건물주는 깐깐한 영남 출신의 노인으로 제기동 티파니 건물주 할머니와 같은 스타일로 보이셨는데, 그러므로 세입자 거의 고개를 저었으나, 난 조금도 염려하지 않고 내 책임에 대한 의무와 성실을 다할 뿐으로 건물주 어른을 존중해 드릴 마음가짐이 확고히 서 있었다.
　동대문구 신설동 등기소 건너편에 아톰빵家 간판은 돋보였으나 실상의 내용은 미비함에 개업이 망설여질 정도여서 도너츠 개발에 역점을 두고 며칠간 몰두하던 중에 순전히 내 스타일의 세 종류를 개발하게 되었는데, 찹쌀 도너츠, 생 도너츠, 팥 도너츠였으며 고기 만두, 앙꼬 찐빵을 앞세우고 아톰빵家의 희망찬 항해는 시작되었던 것이다.
　우선 만두소와 찐빵 팥 앙꼬를 규격화해야 했으므로 나의 짧은 지식으로 저울의 그램 공부에 집중해서 양과 무게의 적정량을 낮밤 며칠 만에 찾았을 때 나도 모르게 만세를 부를 정도였는데, 70년대만 해도 먹거리 영세업자들 대부분은 주먹구구식의 감각적 숙달에 의존해서 대충 빵을 만들고 음식을 조리했으나, 그 점을 눈여겨보았었던 본인은 모든 걸 규격화해서 선도하지 않으면 뒤처질 수밖에 없다는 확신으로 머리를 쥐어짜듯하여 나만의 수량 데이터를 정립할 수 있었던 것이니, 교회도 모르고 살았지만 하느님께서 내게 지혜를 주셨던 것 같다.
　모든 재료의 수량을 규격화했더니 맛과 양이 정확했으며, 수량이 맞아 떨어졌으며 작업량도 현저히 줄일 수 있게 되어 신기하고 즐거웠었다. 그 때부터 자신감으로 넘쳤었으며 지혜의 돛을 활짝 펼 수 있었기에 종사원을 어른보다는 진학 못 하고 갈 곳 없는 고향 애들을 불러모아서 교육을 시키면 좋은 인재가 될 것이라고 확신했기에 곧바로 추진한 제2, 3, 4의 김승O를 물색하게 되었는데, 고향의 나의 형님께서 동생을 위한 노력을 아끼지 않았다.

신설동 아톰 개업을 할 때 두 명의 지원군, 군대 친구 명광O과 내 형수 동생 공길O가 도우미로 나섰는데, 친구 광O은 군 입대 전 사촌형 병원서 사무장으로 일하며 손재주가 탁월해 의술에도 능했으나 형과의 불화로 병원 생활을 접고 자립해 보려고 아톰 주변에서 라이타 이동점을 하게 되었으며, 사돈 길O는 제대한 후 공무원 시험 준비 중인데, 시간만 나면 달려와서 나를 도와준 고마운 사돈 총각으로 결국에는 우리 큰누님 큰딸인 내 조카에게 눈독을 들이다가 어느새 조카 사위가 되고 말았던 것이다.

나 홀로 개업할 뻔했으나 군대 친구 명광O과 사돈 총각에 옆집 건자재 무료 가게서 보내던 목공 조길O이가 모여 협력해 준 아톰빵家 점 개업식은 제법 벅적거렸으며, 이웃 상점주들과 행인들의 반응이 호의적이어서 예감이 좋았던 기억이 지금도 생생하게 떠오르면서 그 옛날 그 시절의 향수에 젖어 한동안 몽상하듯 가만히 눈을 감아 보았었다.

그때 반가운 제빵 기술자였던 안 씨가 내가 신설동에 2호점을 개업한다는 소식 듣고 달려와 협력해 주는데 천군만마를 얻은 기분이 되었으며, 몇 부분만 요점을 지적해 논리적으로 바로잡아 주었는데, 하나를 가르쳐 주면 10을 알 수가 있었기에 큰 힘이 될 수밖에 없었던 그날의 풍운아 같았던 기인. 안 씨가 평소에 남달리 내게 관심이 많았었던지 바람결에 내 소식 듣고 바람처럼 나타났었던 것이다.

그는 용O 형 티파니 제과점에서 며칠간 일하며 머물었을 때 나와 인연을 맺었으나 훌쩍 떠나 버려서 잊어버렸었던 인물이었으나 안 씨 자신은 나를 잊을 수가 없었다면서 김 형은 반드시 성공할 사람이라며 확언했었던 바람 같은 사나이로서 훗날 내가 만나고 싶었으나 끝까지 만날 수 없었기에 내 뜻을 나누지 못한 안타까움으로 오랫동안의 아쉬움으로 묻히고 말았던 사연이 깊은 바람 같은 사나이. 그 당시 제빵 기술의 달인으로 모두 탐을 냈었으나 아무도 잡지 못했던 기인이었으며, 우린 상통했다. 아톰빵家에 2 신입생으로 고흥 상림의 신윤O가 사돈 길O의 추천으로 새 식구가 되었는데, 인상이 좋아 보는 사람마다 내 동생인 줄 알아서 좋았으며 신설동 아톰빵家 개업 직후 며칠은 어설펐으나 안 씨 방문 후부터는 모든 게 순조로웠으며 신입생 윤O도 전에 하던 건축 미장일보다는 제빵 쪽을 선호한 듯 표정이 밝아져 천만 다행이었던 것이다.

무엇보다도 내가 제빵 기술은 부족한 반면, 이론만큼은 숙련자들보다 월등했었던 내가 전수시키면 최단 시일에 터득했기에 손발이 척척 잘 맞아 희망적인 분위기를 조화롭게 컨트롤을 해 볼 작정으로 오픈했던 첫 달은 겨우 집을 얻기 3일 전에 건물주를 찾아뵙고 납부했더니 점심상을 거나하게 차려 놓고 겸상 식사를 권할 정도였는데 10여 개 이상의 점포에서 기한 일 전에 집을 받은 것은 처음이라 하셨다.

아톰빵家 점의 규모는 4평 남짓으로, 팥 앙꼬와 만두 소는 제기동 티파니에서 새벽부터 마련해 내가 출근 때 들고 가면 아톰에선 제빵만 하면 간편해서 작은 평수에서도 장사를 할 수가 있었던 것인데 버스 정류장 푯말만 섰지 아직은 사람들이 별로 없었기에 장사는 신통치가 않았으나 위낙 경제적 운영을 했던지 적자는 없었고, 단골들이 늘어나는 듯해서 더욱 맛과 질을 올리려고 노력한 결과 생 돼지비계를 마장동 도살장으로 달려가 직접 구해다 연탄 불통에 기름을 진하게 내서 만두 소를 조리한 후부터 아톰 만두가 맛있다며 대박이었고, 생 도너츠 비법을 安氏가 레시피 전수를 해 준 대로 만들다 보니 며칠 만에야 나도 처음 본 생 도너츠 명품에 행복을 느낄 수가 있었으니 역시 난 인덕이 많은 행운아였다.

그 당시 신설동 주변은 동아 제약, 일동 제약 등의 제약 회사들이 많았으며, 동대문구청, 동대문 등기소, 동대문 우체국, 국제 전신 전화국, 산업은행, 간호학원 등 수를 헤아릴 수 없을 정도였으며 거의 아가씨들이었는데 아톰빵家의 총각 사장에 대한 관심이 대단했음을 확인할 수 있었던 에피소드가 수없이 많으나 그중에서 매우 인상적인 한두 건만 기술해 보자면 동대문 구석관동 국립예술고 여고생 삼총사 김성O, 이보O, 박애O은 언젠가부터 아톰빵家 고정 단골인데 하교하면 신이문 전철역에서 전철을 타고 오면 신설역에서 우리 아톰빵家 앞 버스를 타면 각자의 집에 갈 수 있으면 거의 매일을 보게 되다 보니 친해질 수밖에 없었으며, 허물없이 서빙까지 해 주게 되면 큰 도움이 되며 예쁜 여고생들 홍보야말로 금상첨화였으나 내 입장에선 당연히 빵이라도 서비스를 할라 치면 절대 금물로 용납 안 하고 오히려 자신들이 스스로 정량을 챙겨서 먹고 계산하고 귀가하기를 졸업 때까지 반복했었던 국립 예술고 예쁜 여고생 삼총사야말로 나의 진정한 여동생 이상이었으며, 동생이 없던 막내둥이인 나에게 세 여고생은 과분했기에 보은의 답례 의미로 세 여고생의 간곡한 요청이던 여고 3년 말의 팔당댐 야유회를 주선함에 이르렀으나 민감한 여고생 특유의 쟁탈전 심리를 극복 못 한 채 터져 버렸으니 전혀 깊은 내용에 캄캄했었던 나는 매우 당황스럽고 안타까웠던 사건으로(* 파월 복무 중에도 강릉 여고생 3명과 펜팔을 했는데 그때도 비슷한 상황이 있었다.) 그 후부터 세 명 모두 보지 못했으나 한 명은 방송에서만 볼 수가 있었으나 만나기를 자주 하기로 했다.

그때 나의 늦둥이 막내 심리는 여인보다는 동생을 갈망했었던 것이며, 지금까지도 아우급들에겐 여린 편이며, 여성으로 볼 땐 매의 눈으로 꿰뚫어 봄으로 매우 까탈해서 내가 반할 정도면 애인이거나 아내일 수밖에 없으며, 내 평생에 이성 문제는 단출했고 깔끔한 편이었음을 확신할 수 있겠다.

문제는 보는 쪽에서 미혼 학생의 착각의 오해로 발생한 해프닝이 대부분으로 본인의 젊은 시절은 좀 유별나게 여성들의 많은 관심사가 풍성한 편인데, 그 점도 복이라면 복일 것이니 감사할 뿐이다. (* 이상의 예가 너무 많으므로 한 건만으로 얘기하고)

자나 깨나 오직 내 가슴속엔 가족들의 복음 자리를 마련해서 우리 아이들을 제기동 티파니의 비좁은 방에서 해방시켜야겠다는 일념에 밤잠을 이루지 못해서 첫새벽부터 활동해 버렸으며, 고향에서 나를 믿고 찾아온 애들도 잠자리가 무엇보다도 중요했으므로 모든 책임을 짊어진 내 어깨는 대단한 중압감에서 헤어날 수가 없어서 짓눌린 무게였다.

70년대는 6.25 동란을 겪은 후였으며, 대한민국의 초대 대통령 이승O 박사가 권력욕을 부려 4.19 학생 의거로 인한 하야 발표 후 하와이 망명 길을 택했으며, 이기O과 자유당은 선거에서 민주당과 장O 박사에게 대패한 후 아들 이강O에게 총살을 당하므로 모처럼 만에 민주당 정권이 들어섰으니 모든 국무위원들과 장O 박사의 면면을 보면 그때가 우리 국가에 인물들이 가장 훌륭했던 모처럼의 하늘이 주신 최고의 기회였었다. 크리스천국인 미국과 서구 유럽들에서 피땀으로 서럽고 어렵게 공부하신 유학파였기에 우리 국민의 눈물을 닦아 주실 수 있는 참 좋은 크리스천의 인물들이었다. 대부분 나라 잃은 서러움을 직접 체험하신 분들이기에 가슴은 애국으로 뜨거울 수밖에 없었던 참 애국자들이 대부분이었기에 장면 정권의 민주당에서 세운 국가 5개년 개발 계획이야말로 하늘의 뜻이었으리라 확신하며 감사의 제목이 분명할 터였었다.

그런데 권력에 눈이 먼 군인이 하극상까지 일으켜 기회주의자들을 일당백 삼아서 이제 겨우 8개월밖에 안 된 크리스천인들이 주도한 민주당 정권에 말도 안 되는 트집을 잡아 탱크를 앞세워 한강 다리를 건너 쳐들어와서 총칼과 군화 발로 짓밟고 정권을 강탈해 민주당의 5개년 개발 계획 플랜이 자신들의 것인 양 순진 한국 국민들을 속이며 생색을 내면서 나라의 진실과 하늘의 섭리를 깡그리 말아먹은 군사 정권을 찬양하며 누리는 양의 탈을 쓴 거짓 사탄들이 득실거리는 한국은 지금 어디로 가고 있는 것일까? 오직 하나님만 알고 계심을 나도 확실히 믿을 수 있는데 명색이 성직자들이라는 크리스천인들이 군사 정권의 악행에 목숨 걸고 항거한 어린 학생들을 외면하며 방치할 때 오직 신부님들과 몇 분 목사들만 빨갱이로 뒤집어씌운 군사 정권에 목숨 걸고 항거할 때 모두 다 어디 갔나? 모두 다 어디 갔나? 국민들은 모르겠지만 하늘에 계신 주님은 내려다보시며 한없이 어르석은 자들 때문에 울고 계셨다.

그 당시 나는 교회도 모르고 생계에 매달려 분주히 살았으나 세상의 정의와 불공정만은 가를 수 있는 혜안으로 세상을 바라볼 수 있었던 것은 어려서부터 온갖 풍상을 겪으면서 수많이 체험하신 어른들을 만나 멘토 삼아서 산 교육을 받을 수 있었으니, 졸음이 동동했었던 군생활 중에서 나의 언행은 겸손했으므로 개인적 인기가 대단할 수밖에 없었다.

그런 인기는 제대 후 사회 생활 중에서도 연결된 듯한 현상들이 헤아릴 수 없을 정도였음을 확신할 때마다 일견의 불안함도 예지되었던 점은 교만의 그림자였으니 그것이 바로 하나님의 섭리였을까?

지극히 협소한 구둣방 소년 시절의 그 전 벽촌 출생지에서부터 철이 좀 들어서부터 그토록 수많은 분들의 과분하게 받은 사랑을 생각나는 대로 적어 본다 해도 끝이 없을 것 같아, 누군가의 넘침은 부족함만 못하느니라 하셨던 것을 되뇌어 볼 정도였었다.

아무튼 빈손으로 천사 같은 애인과 결혼해 신접살림 차리고, 세상에서 최고 잘난 아들딸의 아빠로서 나의 시간은 첫새벽부터 밤중까지 단독 드리블인데 받아 줄 수 있는 선수가 너무 빈약함에 허전할 지경이었다. 다행으로 천신만고 끝에 개업한 왕십리 1호, 2호 점은 6개월 남짓의 연습실업용으로 쳐 버리고, 제기동 티파니 점부터 더디게나마 안정되면서 신설동 아톰 점부터 희망의 등불이 켜지기 시작한 것이었으니, 연약한 내 일생에 보이지 않은 거룩하신 손길이 끊임없이 날 도와주심이라 믿게 되었다.

그때 제기동 티파니에서 가득 찬 재료 통을 어깨에 매고 신설동 아톰으로 출근할 때면 나도 모르게 콧노래를 흥얼거리는 신바람 희망가였으니 기뻤다.

하루 장사를 마감한 후에 그날의 매출액을 지참해 귀가 후 아내에게 입금했을 때의 부부의 기쁨이야말로 잊을 수 없는 대단한 낙이었으며, 용기백 배의 희망봉이었던 것이다.

76. 저곳에 내 집도 있다!(종로 숭인동 대지 21평) 75년 9월

신설동 로터리의 특징은 종로구, 동대문구, 성북구, 성동구 4개 구가 연결되는 사통팔달인 셈인데, 희망 2호점 아톰은 동대문구며 튄찝 개업 1, 2호점들은 성동구에 속했으며, 희망 1호점 제기동 티파니점도 동대문구이니 내 희망의 빛은 東편으로부터 떠오르기 시작했었던 셈이 된 것이다.

아톰빵家는 하루가 다르게 질서가 잡혀 발전하면서 유명해졌는데, 총각 사장 형제가 친절하고 맛도 최고라면서 몰려드는데 고객들 거의가 젊은 여성들임에 깔끔하지 않으면 안 되겠다는 생각에 몰입해서 찾은 방법으로, 모든 접시와 집기들의 세척 방법을 물을 거의 사용하지 않은 건행주 사용법을 이론적으로 구체화시켰으며, 본인과 우리 종사원 복장부터 간편한 세련미 위주로 점진적으로 조성했더니 내가 보아도 모두가 산뜻한 인상들이 되었다.

비록 소규모 스낵 빵점이었으나 멋지게 보여 관심적인 문의가 줄기차게 이루어졌으며, 구청 건축 課長은 부인이 부업으로 아톰빵家를 모델 삼겠다며 열심히 견학하며 배워 자택이 가까운 화양리 주변에 개업하겠다며 진지하게 열심히 우리에게 배웠었던, 매우 인상적이었던 공무원 부부를 잊을 수가 없다.

그 당시에는 성인 기술자들이 빵집을 운영할 때였으나, 내가 과감히 청소년을 전반적으로 교육시켜 성공했었던 전례가 되었음을 自負할 수 있으며, 아톰빵家의 안정된 모습에 소규모의 깔끔한 빵家점의 운영 희망자들이 발생하게 될 정도였을 무렵, 돌발적으로 고향에서 승O 할머니(본인 숙모)께서 들이닥쳤는데, 옷 보따리까지 챙겨 들고 신복O을 따라오셨다면서 콧구멍 같은 방에 애기 똥 기저귀가 만국기처럼 널려 있는 곳에 자리를 잡아 버렸으니 기가 막힐 지경이었으나, 승O 손자 보러 오셨다니 할 말이 없었다.

 주책없는 늙은 숙모님을 보름 동안 군소리 한마디 없이 따뜻하게 맞이하여, 그분이 즐기시는 약주까지 풍족히 대접하던 내 아내야말로 날개 없는 천사의 모습이었으니, 숙모님께서도 주책을 의식적으로 자중하신 모습으로 보름 만에 스스로 귀향하시겠다며 조카며느리와 정이 들었던지 손을 잡고 눈물까지 흘리셨던 우리 숙모님의 모습이 선할 뿐인데, 그 당시에는 기가 막히고 코가 막힐 지경이었으며 너무나 어린 우리 애들에게 못할 짓을 한 것 같았던 내 심정이 대단한 충격이었던 것.

 우리 부부와 두 살배기와 갓난애가 겨우 누울 수 있던 가게 방에서 보름 동안의 생활을 상상해 보시라!

 그때부터 자나 깨나 우리 아이들을 구석진 점포방에서 더 이상 방치할 수 없었기에, 우선 전세방이라도 구하려고 틈나는 대로 복덕방으로 달려다닐 때, 나이 지긋하신 복덕방 영감님께서 내 형편을 이해하셨다며 적극적으로 협조해 주시겠다 약속하고 매일 물색하더니, 전세방보다는 차라리 작은 집을 매입해 버리자면서 리드를 해 주셨는데, 숭인동에 속한 아주 작은 집이며 방 2개에 부엌과 마당에 웅달샘이 존재한 명당자리라면서 살았던 분들 모두가 부자 된 집이라기에 호기심으로 보게 되었는데, 웅달샘이 강하게 나를 유혹하듯이 끌어당겼던 것이다.

 어떻게 저토록 작은 터의 돌담 밑에서 맑은 생수가 솟아날 수 있을까?

신비로울 정도였으니, 특히 샘물에 애착심이 강했었던 나의 호기심은 고조될 수밖에 없었으며, 매매가가 부족했으나 복덕방 영감님의 응원에 勇氣로 매매 계약을 하게 되었는데, 얼마나 가슴이 벅찼었던지 그날은 온통 感動이었다.

사랑하는 아내와 딸, 아들 微笑가 두둥실 떠오름

이상과 같이 비록 작은 구옥이지만, 서울 상경 4년 만에 내 이름으로 자택을 등기 명부에 기록할 수가 있었으니 날개를 달고 하늘을 나는 기분이었는데, 다음 날 첫새벽에 남산으로 뛰어올라가서 숭인동 쪽을 바라보면서 **"야! 이놈들아! 나도 저 가운데 내 집이 있다!"**를 목청껏 외쳐 가슴의 응어리를 풀었다.

최종 잔금 날을 내 형편 고려한 3개월로 잡아 줘서 모든 일 처리가 넉넉해 안심이었고, 무엇보다도 티파니 건물 주인 할머니께서 내 시설비를 앞장서서 충분히 받아 챙기라며 협력해 주시기로 약속까지 했으니, 그 시절의 통념으론 있을 수 없는 장면이었는데, 건물주와 세입자의 관계가 끈끈하다 보니 내 거래처인 영감님 복덕방에 내 또래 광주 분이 여학교 주변의 자리를 구해 달라는 요청을 한다기에 내가 만나서 안내를 하게 되었으며, 다음 날 어렵지 않게 계약이 성사되었으니 일사천리로 모든 게 해결되어 기쁨이 하늘을 찌르는 듯했었다.

건물주 할머님은 월세를 올렸으며, 내 또래 광주 세입자는 바라던 여상고 주변 희망을 세웠으며, 본인은 그토록 바라던 복음자리의 소망을 이루었으며, 영감님께서는 나와의 약속도 지키면서 수입도 추가되었던 것이니, 좋은 마음은 연합할수록 에너지의 원천이 되어 세상을 밝혀 줌이라 확신했었다.

　비록 2년도 안 되었으나 집세를 평균 5일 전에 납부했으며, 새벽에 주변 청소를 거의 매일 했더니 평양 출신인 건물주 할머님께서 우리 부부를 칭찬 일색의 격려를 아끼시지 않으셨던 것이었으며, 끝맺음 마무리를 아낌없이 후원했으며 따뜻한 덕담을 반복해서 몇 번이고 해 주셔서 헤어짐이 아쉬웠었다.

　75년 9월에 서울특별시 종로구 숭인동 621번지의 아담한 옹달샘집 대문의 흑판에 백색 문자 **金福炫** 문표가 당당하게 걸렸으며, 젊고 인상 좋은 부부 가족의 입주를 연세 지긋하신 주민들이 환영해 가슴 벅찬 감동으로 날 듯이 기뻤으며, 어린 우리 애들이 우리 집인 줄 아는 듯이 활짝 핀 미소로 싱글벙글이었는데 동네 어른들이 예쁘고 복 있게 생겼다면서 야단법석일 정도였으며, 집도 생각보다 좋았었다.

　그 당시만 해도 20~30대의 젊은 사람이 집을 소유한 경우는 거의 불가능에 가까울 정도로 귀한 장면이며, 자택 소유가 매우 어려웠던 시절이어서 아내가 스물여섯, 내가 서른한 살이었으니 기록적이다.

　생각해 보면 꿈결 같았던 풍상의 생활. 서울의 하루는 고난의 가시밭길이었으며 알몸의 투지였으나 수많은 지지자들의 격려와 응원의 동력으로 일어섰으며, 마침내 기적처럼 내 사랑의 복음자리를 당당히 서울특별시 종로구 숭인동 621번지에 마련한 것이니 참으로 떳떳하고 당당할 수밖에 없었다.

　물론 4년 전에 빚진 큰누님과 형님의 10만 원씩을 1년 만에 잊지 않고 갚아 드렸으며, 감사 인사를 드릴 수 있었는데 너무들 기뻐서 눈물 잔치를 벌였다.

그토록 누님과 형님께 받기만 하고 지금껏 아무것도 못 해 드렸는데, 고인이 되셨으니 죄스런 마음을 어찌하리오. 생각할수록 뒤늦은 후회와 회개일 뿐. 그래서 **형만 한 아우 없다** 하셨던 옛말씀이리라.

성동구 왕십리 행당동, 하왕십리동, 동대문구 제기동을 거쳐서 종로구 숭인동까지 머나먼 길을 헤매듯이 힘겹게 걸어온 듯이 아득한 길이었으나, 실상은 매우 단거리인 셈이었다.

제기동 정화여상을 떠날 때, 티파니의 환송은 가슴 뭉클할 정도로 내 가슴속에 진한 온기를 느끼게 했으며, 적잖은 아쉬움을 뒤로한 채 격려의 향수로 묻혔다.

그리하여 복음자리를 종로구 숭인동으로 안정시키고 보니 사랑하는 내 아이들의 눈동자의 시선을 바로 바라볼 수 있었기에 자신감을 세울 수 있게 되었던 것이며, 따라서 신설동 로터리가 내 활동 무대가 될 수 있었기에 그때부터 지정 복덕방 영감님에게 성북구 보문동과 종로구 숭인동의 소형 요지를 집중적으로 물색해 주시길 요청하면서, 장소가 명당일 때는 평수가 한 평이라도 무조건 접수할 의지를 보여 드렸었다.

신설동 로터리는 4개 구가 맞물려 있으며, 우리 집 위치는 4개 구의 접안점에 적합한 위치였으므로 3~4개 이상 점포 관리도 가능하겠다는 자신감으로 확신할 수 있게 된 것이다.

그때도 거의 무자본이었는데, 멘토 영감님이 호출해서 달려갔더니 국제전화국 건너편 육교 입구 주변의 2평짜리 도장 파는 자리였다.

"저토록 작은 곳에서 빵 가게를 할 수 있겠느냐?"

자기가 아무리 봐도 못 할 것 같다며 고개만 갸웃거리셨으나, 권리금은 비싼 편인데 보증금과 월세는 내가 감당할 수 있었기에 무조건 계약을 해 버렸으며, 잔액 전반을 일괄 처리해 버렸더니 모두가 의아해할 뿐이었다.

　도장집도 겨우 했던 곳에서 빵 가게를 한다는 말에 건물주부터 모두가 내심으로 놀랄 수밖에 없었으며, 사실은 내 자신도 부담된 평수였으나 **할 수 있다**는 확신만은 충만감으로 가득했었다.

　우선 건물 구조를 보면 양쪽 3층 건물 사이 틈새 하수구 공간을 이용한 간이 약식의 조립식으로, 양쪽 건물주들의 합으로 마련된 간이 건물이었다.

　장소가 좋아서 월세는 제법 비싼 편이었으나, 내게는 합당했던 나만의 명소였으니 2평 빵家점의 운영은 기교가 필요할 수밖에 없었으리라.

　양쪽 건물의 하수구 통 공간의 빵家를 연출했었던 나의 묘기는 신들만 알고 계실 것이며, 내가 멘토 삼았던 복덕방 영감님뿐이었다. 일반인들은, 내 아내부터 엄두도 낼 수 없었다고 장담할 수 있겠다.

　그나마 2평은 평지가 아닌 하수구 특유의 비스듬한 깎지였기에 계단형으로 수평을 잡아 티 테이블에 맞추어 주니 안성맞춤이 되었고, 도장집 우인도를 살려 반죽 선반을 했더니 규격이 잘 맞아서 생각보다 더 짜임새가 있었다. 우려했던 것보다는 무난했고, 간판은 **빵家**로 둥글게 했더니 간편 명료해 어울리게 아담했었다.

　세팅을 하고 보니 너무 세련된 작고 귀여운 빵家였다. 멤버는 15세 한천O과 13세의 황규O이었는데, 진학 포기하고 상경한 고향의 청소년들로서 깔끔하게 입혀 보니 인상들이 좋았으며, 70년대는 무한정으로 상경해서 떠돌이 청소년들이 부지기수였던 시절이었다.

　숭인동 국제전화국 건너편에 두 평짜리 빵家점을 귀여운 두 청소년이 운영하는데, 고기만두와 도너츠 전문점이 기똥차게 맛이 좋아서 줄을 서지 않으면 맛볼 수 없다는 소문이 신설동 일대에 퍼져 버렸으며, 신설동 빵家와 동일점임이 알려져서 더욱 유명세를 타게 되었다.

그 당시에 **총각 사장**이라면서 나를 보려고 몰려들 정도였으니 가히 신성일이 부럽지 않았으며, 특히 신설동 로터리 동아빌딩 6~7층에 간호학원생들이 아톰빵家에 진을 쳤으며, 국제 전신전화국 교환원 아가씨들은 숭인동 빵家로 몰려들어서 자진 서빙과 홍보 봉사로 판매에 아낌없는 협조와 열성으로 아톰빵家의 팬 그룹 역할을 다했었다.

군 병영 생활 때 국졸 출신이라면 믿질 않았으나, 가장인데도 굳이 **총각 사장**으로 믿었으니 내심으로 더욱 진실한 설명의 부족이 솔직한 양심이었다.

아무튼 2평 빵家와 4평 아톰빵家 덕분에 극한 가난에서 일약 벗어났으며, 눈에 넣어도 아프지 않을 우리 아이들의 궁색한 생활을 단시일에 종식시킬 수 있었음을 신께 감사드리며, 내 평생의 긍지로 삼을 수 있었던 것이니 천만다행으로 생각할 수 있었다.

군 복무 기간, 군수기지사령부 위상과 두 고참(사병계와 기록계)의 선처로 사병 진급(입영 *2개월 25일 만에 일등병 진급한 본인이 그때까지 전국 최고 기록이라며 서동O, 김성O병장이 축하해 줌*)을 세웠으며, 70년대 초에 맨주먹으로 상경해서 4년 만에 長安에 보금자리 집을 마련한 자를 나는 아직껏 보지 못했으니, 내 기록에 확신할 수 있는 나는 행운아다. 南風.

祝婚

행복의 으뜸은 성취감

쪽방

월세방

전세방

전원주택

아들 딸 노니는 장미빛 가정

꿈 한아름

소망타고 출발한 신혼은

하늘이 내리신 축복

줄기찬 사랑

탄탄한 믿음

행복의 탑 건설되는가

청사초롱 백년해로

두손모아 기원하리

2000년 5월 南風 김복현

77. 보문동 五味眞3(성북구 보문동 세무서 건너)

예상밖의 熱愛로 인한 임신과 결혼의 신접살이에 맨발 사나이로 上京

해 微力한 가장 역할은 天地 분간 못 할 어지러웠던 시베리아 같은 서울 생활에서 낙오 직전의 역경을 딛고 일어선 뒤안길이 내 자신에 위로와 격려가 되기에 합당한 세월이었다.

무엇보다도 그토록 갈망했었던 보금자리를 마련해서 내 삶의 전부인 가족들의 안위가 진정되고 나니 어깨에 날개가 돋는 듯한 힘이 솟아났으며 좀 더 좋은 환경으로 만들어 주려는 욕망으로 가득 차오르기 시작했던 것인데, 그 당시 대광高 운동장에서 조기축구 회원 한 분이 나에게 호의를 베풀면서 친해졌던 분으로 금은보석상 사장이 경상도 출신인데 매일 새벽에 만나서 운동하며 허물없는 사이가 되다 보니 자신의 나이가 원만해서 보석상 가게는 접어 버리고 건물 관리하며 집세 받아서 생활을 누리겠노라 귀띔하는데, 평수는 4-5평밖에 안 되지만 내가 노리던 위치였기에 협조적인 계약을 할 수가 있었던 것인데 큰 도로 건널목 위치였으며 동대문세무서 건너편으로 내가 바라던 명당자리였었다.

왕십리 1-2호점까지면 6호점이며 신설 로타리를 기준하면 3호점 五味眞이 성북구 보문동에 자리 잡을 준비에 들어갔던 것이며, 드디어 이곳에는 제과점 형식으로 오픈하기 위해 제빵 기술자를 채용하려고 나와 통했었던 安 씨를 찾았으나 종적을 감춰 버려서 다른 기술자를 구할 수밖에 없어서 아쉬웠지만, 인상 좋은 제빵사가 지원하는 마음으로 잘해 보겠다며 개업 준비에 대한 계획을 철저히 준비해서 예상대로 고객이 몰리며 케이크와 제과 빵이 인기여서 매상은 많이 올랐었다. 그러나 한 달간 결산을 해 보니 고액 인건비와 재료비 때문에 마진이 아톰家와 빵家보다 부진했으며 복잡하고 번거로웠다.

그러나 몇 개월 동안은 그대로 유지했는데, 오미O 만두와 도넛이 최고란 소문으로 평가되어 정리의 명분이 뚜렷해지기 시작했을 때 제빵사 자신이 위치는 명당인데 비좁아서 일이 너무 힘겨워 그만두겠으니 기본 메뉴만 해 보길 권하기까지 했었는데, 내 입장은 매우 홀가분하게 부담 없이 정리할 수가 있었으며 그 덕분에 제과점에 대한 기대감을 지워 버릴 수가 있었던 것이었다. 그때 수입과 마진에 대한 확실한 개념을 배우게 되어서 알찬 경험이었고, 그때부터 實利적 메뉴 일변도로 나가야겠다는 확신이 섰으며 그러므로 모든 게 안정됨으로써 일괄 통제가 用意했었기에 매우 경제적인 發想이었다.

사실 작은 세 빵家들에서 대박이 난 셈인데 내 눈에는 맛과 개수와 양이 뚜렷이 파악됨으로 얼마든지 수정이 가능했으며 속도 조절도 유리해져서 시간적 여유를 누리게 되어 종사원들의 피로감을 덜어 주었으니 매사가 순조로워 빵家를 계속 늘려 나갈 수 있다는 자신감으로 희망찬 세월이 영글었으며 숭인동 어른들이 우리 가족을 얼마나 다정한 눈빛으로 아껴 주셨던지 고향에서 살고 있는 듯했었다.

아침 일찍 집을 나서면 이웃 숭인동서부터 신설동과 보문동을 지나 반갑게 인사들을 나누면서 다정해지다 보니 신설 로타리 주변에서 내 얼굴을 모르는 분이 없을 정도였으며, 특히 아가씨들과 학생들은 수줍어하면서도 무척 반가워하는 표정들이어서 내 마음 흐뭇함에 날개를 펴서 나는 듯했으며 하루 일정을 마감하고 나서도 마장동, 신설동, 숭인동, 보문동店을 점검한 후에 歸家 길에 마주치면 무조건 다정한 인사를 나누었으니 젊고 활발했던 내가 인기맨이 될 수밖에 없었던 것이리라.

그때 세 빵家 운영 멤버는 보문동 五味眞은 김승O, 정기O. 신설동 아톰은 신윤O, 김경O. 숭인동 빵家는 한천O, 황규O 등이 곧잘 했었는데, 내가 교육만 시켜 주면 어른들보다 오히려 가능성이 높았었다.

　보문동 오미O도 제과 부분을 정리한 후부터 오히려 알찬 수익성이 보장되었으며 부작용도 해소되면서 평온한 일상의 계획이 보장되었던 활기찬 시기에 활동의 영역도 넓어졌으며 친지들의 연결도 확대되고 있었는데, 옹달샘 집의 빚을 불과 몇 달 만에 마감하기 바쁘게 복덕방 멘토 영감님께서 급한 정보를 주신 내용은 종로 보석상 사장이며 보문동 정화 위원장인 이화O 씨가 53평 한옥을 강남에 급한 투자를 하려고 급하게 내놓았으니 무조건 매수해야 된다는 것이었는데, 내가 답사를 해 보니 차고도 있었으며 건물 내부를 현대 양식으로 리모델링한 멋진 한옥으로 우리 아이들이 뛰어노는 모습이 그려졌는데 주저할 수 없었기에 매수 계약 체결을 성사시켜 버린 후에 만세를 부르니 멘토 영감님이 "김 사장은 물항대복이요!" 하시면서 대형 차고 안에 석관수의 내역을 상세히 설명해 주셨다.

　유명한 샘으로 바위 틈에서 큰 수맥의 생수가 솟구쳤다는 由來는 日帝 때 경부(경찰부장)가 신축을 할 때 샘을 파려는데 바위층이므로 폭파용 남포를 발포했으며, 뻥 뚫린 구멍에서 석관수가 솟구쳤던 장면을 생생하게 직접 목격하신 분이 바로 이웃집 팔순 노인이라며 소개시켜 주심에 인사를 드리고 석관수샘의 전설을 몇 차례 반복해서 즐겁게 경청할 수가 있었는데, 일제 시대의 어두운 실상을 감상할 수 있었기에 더욱 흥미진진했으며 무엇보다도 일본 경부는 남포 사용으로 한 방에 해결해 버렸으나 한국인 자신은 곡갱이로 몇 달 동안을 피나는 노력으로 판 옹달샘의 수량이 겨우 갈증 해소에 만족했다며 젊은데 크고 좋은 집을 마련한 것을 축하해 주셨던 모습이 엊그제같이 눈에 선하게 떠오르며 그때가 아련하다.

　종로구 숭인동 621번지와 성북구 6가 302번지의 우리 집들은 옹달샘과 석관 생수샘이 존재했었는데, 내 일생과 물은 不可分의 關係며 생수를 즐겼다.

큰집을 마련해 우리 애들에게 內心으로 다짐했었던 넓은 집 마련 후 비로소 애들과 눈동자를 마주칠 수가 있었으며, 기쁨의 여유를 누리게 되었던 것임. (* 1년간은 우리 因緣의 知人인 경O 가족이 거주함.)

숭인동 입택 때 말씀 없으신 우리 어머님의 눈 언저리에 뜨거운 기쁨의 눈물을 나만이 볼 수가 있었고, 이웃들의 진한 환영을 보시며 환하게 미소 지으며 말없이 흐뭇해하시던 어머니! 어머니! 우리 어머님! 자식을 위한 끊임없는 기도하시던 숭고한 그 모습이 떠오를 때마다 나는 무한한 존경심이 가득하다.

그토록 따뜻했었던 이웃들의 숭인동 옹달샘 집에서 보문동 석관수샘 집으로 이사 가는 날, 이웃 사랑은 대단했는데 멀지 않은 곳이니 자주 볼 수가 있다면서 위안의 격려가 끊임없었던 환송 분위기 속에 따뜻한 사랑을 강하게 느끼면서 보문동 주민들의 열렬한 환영을 받을 수 있었으니, 종로구 숭인동과 성북구 보문동은 인접한 동으로 이삿집 구경을 거의 할 정도여서 숭인동 분들이 보문동 분들께 이미 우리 정보를 모두 알리므로 젊고 반듯한 부부가 이사 온다면서 환영해 주었으니 우리는 과분할 뿐.

그때 첫째가 4살, 둘째는 2살인데 이사 도중 잠깐 만에 두 살배기 애기가 보이지 않아서 가슴이 철렁 내려앉은 듯했는데, 워낙 잘생겨서 보는 사람들마다 탐나게 생겼다 하면 마음이 섬뜩해 항상 긴장해 아무리 바빠도 눈을 떼지 않았는데, 이삿날 마무리에 마당에서 잘 놀고 있었던 아이가 눈 깜짝할 사이에 보이지 않았으니 우리 부부는 혼비백산으로 뛰었는데 제정신들이 아니었다.

이사 온 집에서 좀 내려가면 삼거리인데 좌측은 삼선교, 우측은 신설동 로터리이며, 우리 집에서 올라가면 창신동인데 아내는 보문사 쪽으로 보내고 나는 로터리 쪽으로 뛰어 돌아온 시간은 0.2초도 안 된 것 같았다고 그 날의 증언자들이 평가했을 정도였는데, 군에서 선착순을 한 번도 뺏겨 보지 않았던 실력이었으니 짐작이 되는데 다시 창신동 방향으로 줄달음쳤는데, 한참 만에 아스라이 오르막을 기어오르듯 아장걸음의 두 살배기 우리 아들이 뭐가 재밌는지 박수까지 치면서 웃고 있었으니 내 기분은 하늘을 나는 듯한 감동이었으니, 대지 21평 집을 마련한 후 첫새벽에 남산으로 달려 올라가서 숭인동 쪽을 향해 소리칠 때보다 훨씬 더 우렁찬 큰 감동의 환희였으므로 지금도 TV에서 아이를 잃어버린 비극적 장면을 볼 때마다 우리 부부는 그날을 회상하며 우리 장남의 건재함을 하나님께 감사드린다.

그런 체험을 한 후부터 용의주도했던 나는 그 후 단 한 번도 어린 삼 남매에게서 눈을 떼어 본 기억이 없었음을 사람들은 몰라도 하늘은 알고 계실 것이다.

보문동 입택은 어머님 대신 우리 형수님과 고향 4, 5촌 형수들이 상경해서 추억거리를 많이 남겼으며, 어머니는 막내 첫돌 때 오셔서 흐뭇함을 누리시며 작은 며느리가 매우 흡족함에 "네가 복 있다." 하셨다.

그 당시의 한옥에 방이 4개면 제법 큰 집이며, 위치가 중심지여서 셋방의 가치가 높았으며 귀했던지 빈방의 인기가 대단할 때였는데, 아내는 27세, 나는 32세였으니 너무 젊은 집주인으로서 오해가 발생하기도 하였으나 이웃들은 우리 부부가 보문동 6가에 젊은 꽃들이라며 대단한 호의적 포근함으로 감싸 주셨으니 이사 간 곳마다 고향 같았던 따뜻함의 그 시절이 진한 鄕愁처럼 그리워진다. 南風.

78. 육아 교육을 고민하다(76년 보문동)

　1971년도 여수에서 맨주먹으로 상경해 76년도에 두 번째 집에서부터 식솔이 북적거려서 중산층 가정이 된 듯한 분위기였는데, 우리네 식구 외 7~8명은 항상 유지되었으며 손님들도 그칠 날 없이 들락거려서 가정부가 필요할 때, 마침 얌전한 동네 식료품 점의 아줌마(우리 아내 또래)께서 제의가 들어왔었는데, 다름 아닌 자신의 여동생이 중소기업체 경리 사원으로 혼기가 찼으니 우리 집에서 가사 실습을 시켜 보고 싶으니 혼처가 날 때까지 가정부로 채용해 줄 수 있겠는지?를 진지하게 부탁해 왔으나, 가평군 갈현리 그 집 어른들을 만나 보니 양반들이고 보수적이며 인품들이 좋은 분들로서 너무나 융숭한 대접을 받게 되었는데, 순수함이 돋보였었던 기억에 각인된 가정이었다. 만 25세의 이용O는 그렇게 우리와 인연이 되었고, 약속대로 우리 집에서 막내 아들때까지 함께했었던 잊을 수 없는 가족 간의 인연으로 광양 제철 직원과 결혼하므로 헤어졌으나, 용O 큰 언니는 우리가 이문동에서 남풍 갈비집 할 때도 함께했었던 참으로 순수한 뜻깊고 의미 있는 인연이었다.
　보문동 이웃은 더욱 좋았으나 집주들 거의 고령자들이고, 2-30대는 우리 부부뿐이며, 젊은 분들 거의가 셋방살이여서 처신하기가 대단히 어려운 시절이었는데, 우리 부부도 철부지 젊음의 실수가 많았음을 그때는 모를 뿐, 교만을 보였음도 회고해 본다. 그토록 내가 염원했었던 내 가정의 삶의 목표였던 중산층 고지 등정이 가능해졌구나 싶은 안도감을 느꼈을 때부터 육아법이 눈에 보이며 고민하기 시작했으며, 가족과 주변 친지들의 이해가 절실할 때, 나 홀로 심오한 육아 교육을 실행한다는 것이 무리였으나, 포기할 수는 없었던 요점이었던 것.

　동심의 세상이 보일 때부터 애들과 부모의 관계를 읽어 보게 되었던 것인데, 남해안 벽촌인 내 고향의 부모들은 각박한 생활의 고달픔 속에서 매우 시달렸으며, 거의 무학자로서 육아 교육이란 상상 밖인 5-60년대에 10살 소년인 내 눈에 비친 육아 교육은 전무였으며, 오히려 역행으로 보여서 안타까웠었는데, 대부분 부모들과 아이들의 소통이 언밸런스로 인한 부작용이었으나, 정작 본인들은 무지했다. 내가 3-4학년 때 저학년생 등교 동행을 요청해 방문해 보면 애들과 어른의 소통과 이해 부족 때문에 매우 안타까웠고, 그럴 때마다 내가 달려가면 해결되어 함께 등교하면 즐거운 표정의 동심들이 되는데, 그때마다 많은 것을 보고 느끼면서 깨달았었다. 어른들 거의가 애들 마음을 너무 막연한 이해로 인한 해석 때문에 벌어진 현상이 대부분으로 안타까울 뿐, 시대적 고달픈 삶의 현실을 어떻게 하겠는가?

　그때부터 내 마음에 슬픈 동심이 몽우리로 간직되었는데, 어느덧 자신이 어른 된 아빠로 육아 교육을 고민하게 되었으니 심사숙고에 여념이 없었으며, 지혜의 주춧돌 위에 사랑의 기둥으로 세울 설계를 고심하게 되었던 것인데, 서구 유럽은 자립심 바탕의 육아 교육이며, 한국은 경쟁심 위주의 교육이므로 판단 기준의 설정은 어렵지 않았었기에 단순한 논리로 실행 가능한 자립심 교육을 옹호했으며, 첫 딸 4세 때 홍익 미술 학원에 보냈었는데, 위치는 보문 6가 건너편 동대문 세무서에서 100m 위치 건물 2층으로, 우리 집에서 5~600m 정도였으며, 큰 건널목이 취약점으로 난제였으나 내가 보호하면 가능했으므로, 삼일째부터 등원을 내가 직접 맡겠노라고 단언해 버렸으며 실행했었는데, 쥐도 새도 모를 나만의 특수 육아 교육법의 실행이었으며, 사실 내가 직접 나서지 않아도 아내와 용O가 시간이 충분했지만 순전히 나의 교육적 소망 때문이었다.

　홍익 미술 학원 갈 시간이 되면 내가 제일 빨리 대문 앞까지 가만히 손잡고, 저만큼 가서 내가 정색하며 "우리 딸 똑똑하니까 지금부터 어저께 아빠가 안내해 준 대로 갈 수 있겠니?" 하면 대부분 "응!" 하겠다며 긍정적이다. 그때 건널목 요령을 어떻게 할 것이냐? 질문해 보면 전날의 교육대로 "어른들께 손을 잡아 달라면 되지롱!" 하면 일단 합격이니 홀로 출발시키며 "빠빠이! 우리 딸! 잘 다녀와라!" 하면서 온전히 헤어진 척하고, 후전혀 눈치챌 수 없도록 뒤를 밟아 보면, 네 살배기가 참으로 기특하고 귀여우므로 누구든지 예뻐하지 않을 수 없었으며, 어떤 이는 직접 손잡아서 2층 학원까지 데려다주면서 벌써 홀로 다닌 똑똑한 원생이라며 칭찬하다 보니 또래 원생들이 최고라며 우대했었던 사건이 많았다. 그때 내 연기력과 경호는 대단했던 것을 자평할 수 있다. 그런 교육은 용의주도하지 않으면 불가능하며 역효과는 물론 사고도 낼 만한 교육이다. 그런데 특징은 아이들이 걸어가면서 뒤돌아보지는 않는다는 점이 매우 다행스러운 가능성이었다. 이처럼 간단한 교육 일정이지만 아이에게는 평생을 자신감 충만으로 살아갈 수 있을 것이다. 왜냐하면 세 살 기억력은 평생 살아 있을 수 있기 때문이다. 무엇보다도 자존감 같은 고귀한 체험의 잠재다. 단순한 어린이 세계에서 모두가 갓난이처럼 어른의 손에 이끌려서 다닐 때, 우리 딸은 당당하게 홀로 다녔으므로 또래의 어린이들에게는 우월하게 보여서, 어떤 애는 자신의 손수건으로 신발을 닦아 주기까지 했었으니, 어린이도 보면서 평가할 수 있으며 남다른 점을 선호하게 되는 것이리라. 1주일이면 능숙해져서 뒤를 밟지 않아도 되겠지만 2주일 추가로 더욱 안전해지면 비로소 가족들에게 공개해서 현상을 관리해 주었더니 본인은 당당히 홀로 학원을 다닐 수 있게 되었으니 자랑스럽지 아니한가? 우리 장남 두 살 때 나쁜 버릇이 발생했는데, 엄마 눈치를 보며 "애앵!~ 애~" 하며 징징거리면 끝이 없었기에, 생각해 보니 울보 시초로 보였으므로 고심 끝에 개운산에서 비사리를 꺾어 회초리를 만들어 앵앵거릴 때 '우리 애기는 우는 것을 좋아하는구나!' 하며 한동안 기다리면 지쳐 멈출 때 '우는 게 좋으면 더 울어라!' 하며 부드럽게 회초리질만 해도 상대성 원리로 인한 엥~ 버릇이 깔끔하게 사라졌으며, 그 후부터 거의 짜증을 보인 적이 없었던 것이며, 모범 우등생 효심을 보였으니 내가 어릴 때 시골 벽촌의 암담했었던 무교육 현장에서 슬프게 느끼며 배웠던 산 교육 덕이었다. 인간 누구나 태어날 때는 거의 동등하지만 습관의 차이는 천태만상으로, 가장 많은 시간 공유자들로 인한 무지로 0세부터 3세의 황금기를 역행한 자신들 실수 탓을 모르고 간난이들의 천성으로 치부해 버린 우를 저지르고 있음을 나는 볼 수 있었음에 지혜를 주셨던 하늘의 님께 감사할 뿐이었다.

　인생살이에 교육과 습관이 가장 소중한 것이며, 특징은 습관이 갓난이 때부터이며, 교육은 평생이기 때문에 이 점만 확실히 이해할 수 있어도 아이들 육아법이 순조로워질 것인데, 양질의 좋은 성품의 습관 기회는 갓난이에서 세 살까지를 황금기로 볼 수가 있으나, 대부분 한국의 부모들은 정과 사랑에 개념의 이해가 부족함으로 그토록 일생일대의 소중한 기회를 지나쳐 버린 줄도 모르고, 갓난이 때부터 계속 본능적인 정에만 집중하다 보니 초등 때도, 중등 때도, 고등 때도, 심지어 대학생 때도 어린이 취급하면서 그것을 숭고한 사랑으로까지 착각한 잘못을 깨닫지 못함은 매우 안타까운 사회적, 국가적, 시대적인 인격 손실이라 아니할 수 없다.

삶에 대한 가치성의 일대 사건인 것임을 후세는 알아야 할 것이다.

누리리라

우정, 사랑, 행복을 누린다.
아내, 첫딸, 장남, 막내둥이를 바라본다.
아내는 평생 애인,
첫딸은 살림 밑천,
장남은 집안 기둥,
막내둥이는 가족 양념.
지나볼수록 사랑스럽다.
바라볼수록 아름답다.
생각할수록 감사 가득 넘친다.
우정, 사랑, 행복에 눈을 내린 자,
지혜 돛 펴고
눈을 들어 보라.
감으면 무지,
뜨면 감사.
아! 이 모두 헛되고 헛되느니,
지혜의 눈을 뜨면
님이 주신 축복으로,
세세만년 누리리라~

1992년 1월 1일 南風 김복현

　세상만사는 하늘의 뜻이 존재할진데, 지혜스러운 자와 어리석은 자의 삶이 양분됨이, 어리석음은 죄악이며, 지혜는 이성으로 달콤한 사탕을 먹인 자와 쓴 보약을 먹인 자를 비교하면 해답은 명백해질 것이다.

　본능은 마귀 편, 지혜는 주님 편이라는 믿음의 교육을 택함이 현명한 판단이 될 것이라고 나는 감히 주장해 본다. 그렇다고 간난이에게 쓴 보약을 강조한 논리로 비약한다면 금물이며, 보약이 대부분 쓰지만 당분도 경우에 따라선 선약이 될 수 있는 것으로, 성장기에는 철저히 구분해서 대함이 자식에 대한 올바른 대접인 것이며, 참교육이라고 확신했었다.

　내가 어릴 때부터 지금껏 바라본 한국 부모들의 육아 교육에 허점은 바로 성장성에 대한 구분을 무시해 버린 듯한 유아기, 소년기를 뭉뚱그려서 갓난이로 취급해 버린 모습을 보는데, 심한 분들은 중등부 때나 고등부 때도 어린이 취급해 버림은 일종의 무시다. 누구보다도 엄중한 성장을 존중해야 할 부모가 사랑이란 잘못된 집착인 본능적 자기 만족에 취해서 엄숙하고도 소중한 존엄성 절호의 기회를 무산시켜 버림은 참으로 안타까워서 경을 칠 지경이다.

　내가 바라본 한국 부모들의 자식에 대한 관계 개념은 주는 것이며, 그것도 무조건 모두 주기를 숙명적으로 믿고 당연한 듯 스스럼없이 교육과 성장기를 모두 뭉뚱거려서 일방적으로 대학까지 책임지며, 결혼비까지 감당해 주며, 심지어는 집까지 마련해 주다 보니 성인이면서 철없는 어린 애기 마음으로 늙은 부모를 의지할 수밖에 없도록 만들어 버린다.

　이 같은 천편일률적인 것은 본능일 뿐이며, 지혜의 역으로서 자식의 본능 충족에만 여념이 없는 문외한이며, 자칫 패륜의 동반자를 자처할 수도 있는 과오가 되리라. 일생일대에 성격 형성의 기회는 거의 소년기 전으로, 유아기 때를 나는 적령기로 보고 있으나 대부분 다른 분들은 거의 그토록 중요한 요점을 모른 것 같아 안타까울 때가 비일비재했다.

  자식 사랑은 본능이므로 동물 전체의 숙명일진데, 사람이 동물보다 우월하려면 이성적 지혜로 자식의 10년 후와 20년 후를 혜안으로 바라볼 수 있도록 고민할 수 있어야 비로소 자식에 대한 참사랑이라 하겠다. 본능적 사랑은 동물적이지 인간 특권이라 할 수 없음을 간과해서는 안 될 것을 명심 또 명심하지 않으면, 자식에 대한 참사랑도 모른 속물에 불과할 따름이라 아니할 수가 없을 것이다. 나는 운수가 좋아 어릴 때부터 독특한 깨달음의 터득으로 인한 혜안 때문에 모든 게 밝게 보였던 것 같았다.

  그런데 나의 재능을 모두 발휘할 수 없었던 것은 주변의 이해 부족일 때는 엄청난 고역이 되므로, 힘겨워 포기할 때면 대단한 스트레스가 짓눌렀으니 남모를 시달림에 고달폈으며 차라리 멍청한 자가 살이 찐 원인이며, 이치에 밝으면 유리하지만 고달퍼짐이 세상살이니 어찌하겠는가?

  하늘의 복은 넘친듯 해도 부족함이 더 많은 편이므로 열심히 노력해 스스로 찾아 살아감이 순리이니, 그럼으로 무엇보다도 육아법에 철저한 부모의 의무가 절실한데도 본능적 사랑에 눈이 어두워 버림은 매우 안타까운 현대적 현상이다.

  그래서 넘침은 부족함만 못함이라 했으며, 오죽하면 경우에 따라선 자식을 위해 가난해 줄 필요가 있음을 옛 선인들이 시사해 주심을 알아야 할 것인데, 현대 부모들의 가치관들이 속물적인가? 이성적인가? 스스로 판단해 볼 중차대한 문제로 심각하다.

난 여러 면의 행운아이므로, 그럼으로 삼 남매 성정이 무난함에 감사하며 살아온 과정을 만족하는 바다. 무엇보다도 삼 남매 가족 삶의 모습이 아름다워라~

79. 형님과 막둥이(1979년 음력 3월 16일, 양력 4월 12일)

내 형님 내외분은 3남 2녀를 두신 다복한 부부의 表象이신데도 불구하고, 난 만나기만 하면 대책 없이 다섯 명이나 자녀를 낳아 늙은 어머니 고생시킨다 하면서 빈정거리기 일쑤였으나 단 한 번도 대꾸하신 일이 없었으며, 다만 동생도 한 명은 더 낳아야 된다는 설득으로 일관하셨으나 우리 부부는 딸, 아들 남매로 만족하면서 형님네처럼 힘겨운 삶을 달갑지 않겠노라 다짐하고 또 다짐하며 산아 제한에 충실할 때였었다. 그러나 세상은 변할 수 있고, 인생에 삶도 달라지는 법. 가망 없었던 나의 인생에 철옹성 같던 가난의 문틈으로 소망의 빛이 보이기 시작하면서 의지할 곳 없어 축 처졌던 연약한 내 어깨에 날개가 돋는 듯한 자신감의 충만으로 막힌 경제 형편에 서광이 비추기 시작했으니 2평, 4평, 4평 반의 빵家점 3리가 대박이 나면서 내 자신감도 살아났으며, 나의 간절한 소망이던 우리 가정의 서울 시민 보통 수준의 삶을 영위할 수 있겠다는 확신으로 경직되었던 내 정서도 변화되었고, 그때부터는 형님의 설득에 귀를 기울였는데 어머님의 뜻도 형님과 동일했음에 더욱 결심을 바꿀 수 있었다.

그때는 오직 내 가족의 삶이 평범한 안정된 가정을 이룰 수만 있다면 나는 더 이상은 바라지 않겠다고 결심하고 다짐하게 된 동기는 나의 눈으로 볼 때인데, 다복한 삶을 누릴 수 있는 자들 대부분 과욕을 부려 사업을 확장하다가 빚더미에서 헤어나지 못해 길거리에 나앉고, 가족을 도탄에 빠트렸는데 어리석음의 탐욕자들로서 그 수를 헤아릴 수가 없을 정도였으며, 그 당시 내 욕망도 둘째가라면 서러워할 정도였으나 오직 내 자존심보다는 가족의 안위가 절대 우선이었으며, 군사 정권 시절에는 특히 욕망의 시대였던지 탐욕에 의한 패가망신한 자들이 주변에 수두룩해서 나의 혜안으로 볼 수 있었기에 천만다행으로 끝없는 탐욕의 유혹에서 벗어날 수 있었으니 나는 가족 사랑꾼 바보였고, 그로 인해 항상 보이지 않은 손길의 도움으로 인한 울타리 안에서 행복한 행운아였음을 감사하며 살게 되었다. (역시 하늘은 스스로 돕는 자를 도와주심을 확신함)

우리 가족은 보문동과 숭인동 이웃 주민의 사랑이 넘치게 충만해서 포근함이 고향살이 같았었는데, 우리 딸, 아들은 예쁘고 복 있게 잘생겼다는 어른들의 덕담과 칭찬을 먹고 자랄 수 있었으니, 그 당시 우리 가족은 보문동 6가의 주민들 속에서 핀 꽃이라고 하셨던 지숙이 할머니를 잊을 수 없으며, 우리 앞집에 지현, 내 가족, 옆집 선영 내 모두 다정한 이웃들로서 한옥 생활인들이어서 더욱 인간미들이 풍부했었던 보문동 시절이 무한 그리워라~

그처럼 좋은 이웃들에 분위기의 봄, 1979년 4월 12일(음력 3월 16일), 신설동 마리아 산부인과 병원에서 우리 막둥이가 출생했다는 희소식에 달려갔더니 아이쿠! 맙소사! 하얀 침대에 엎드려 있는데, 큰애들은 집에서 출산해 목욕시켜서 요 위에 반듯이 누워 있는 모습이 예뻤는데, 병원은 목욕 시켜 침대 시트 위에 엎어 버렸으니 얼굴이 일그러졌으므로 모습이 희한했었기에 그런 모습에 당황했으며 잠깐 고민까지 했었던 해프닝을 잊을 수가 없는데, 바로 누웠을 때 보았더니 너무 잘생겨서 막내둥이에 마음에 사과를 했었던 기억이 생생하다.

  그 당시에는 산부인과 입원 출산만 해도 상당한 여유였으며, 어린이 학원, 유치원 같은 곳은 부자들이 보낼 수 있는 것으로 인식이 되었던 더딘 시절인데, 천만다행으로 그토록 바라던 나의 소망인 서울 시민들의 보통의 삶인 내 꿈이 실현되었던 것이었으니 상경 후 처음 마음에 여유가 생겼던 것이 기억된다. 그러므로 나의 형님 설득에 의한 5년 만의 운명적인 막내 아들의 출생은 참으로 대단한 축복이었으며 행운이었으니, 바라볼수록 복스럽게 느껴졌었다. (* 미국에서도 모두들 두 아들이 잘생겼다며 호의적인데, 내가 보기엔 장남은 미남이고 차남은 잘났으나 미남으로서는 신장이 180cm 미만이므로 아쉬움이라 하겠다.)

님의 감사

나의 님께서
선녀 같은 미녀를
아내로 맺어 주시며
그림 같은 삼 남매로 축복해 주셨네
아내는 바라볼수록 아름다웠으며
삼 남매는 자라 갈수록 현명하고 착해서
우린 단꿈에 취해서 살아가며
삼 남매는 우리의 바람대로 성장했었네

건강하게, 지혜롭게 태어나서
우리의 소망대로 예쁘게 살아 주는
삼 남매가 하늘 우러러
감사, 은혜, 사랑, 충만이오니
오~ 하늘의 축복 사모함이여!

2022년 10월 1일 南風 김복현

보문동 6가의 생활은 안정되었으며, 교통도 편리해서 수도권 어디를 가든지 시간적 부담이 적어 유익했기에 활동력을 마음껏 펼칠 수 있었던 전성기였다.

무엇보다도 우리 삼 남매의 일생일대에 가장 소중한 성장기여서 가장으로선 고난의 시절, 천만다행이라 아니할 수 없었던 끔찍했던 터널을 통과한 무난함으로 인도해 주신 은혜에 무한 감사드리며 삼 남매 육아 교육을 순리적 가부장에 의한 기적 같은 지혜 발상의 순리로 응답해 주심이 크신 축복으로 맏이는 홍익미술원을 自立 등교하면서부터 잠재적 성장이 뚜렷해져서 리더십을 보였다.

그때 나의 업소 1호 신설동 아톰家 4평, 2호 숭인동 빵家 2평, 3호 보문동 오미O 4.5평의 최소 규모의 업소들로서 최고 수익을 올렸으므로 친구 신광O 산문 기자의 줄기찬 취재 설득을 피하느라 많이 침묵했던 겸손의 실행자였었던 내 자신이 자랑스럽기도 하지만 일견 부끄러움도 피할 수 없었으니, 워낙 소자본 금액으로서 해 보려는 버둥댐 때문에 초라했으므로 심경은 감추고 싶었던 진실이었다.

그러나 확실한 점은 내가 아니면 어떤 자도 흉내조차 낼 수 없다는 것을, 모 신문사 기자였던 내 친구의 실吐였음에 내가 긍지를 느낄 수 있었던 것이다. (최소액 자본금으로 최대의 소득을 기록했음이라~)

그럼으로 내 자신과의 약속은 지킨 셈이 되었기에 내 자녀들의 교육에 몰두하게 되었으나, 어렸을 적부터 혜안이었던 나를 이해할 수 있는 자들이 거의 없었기에 답답한 고달픔의 연속이었으며, 힘겨웠으나 자식들 운명의 방향을 좌우할 수 있었기에 포기할 수는 없었으므로 부정의 지혜를 다할 수밖에 없었으나 장애물들이 측근에 겹겹이 쌓여 있기에 최소의 부담으로 넘어 보려고 노력을 했지만, 국졸 출신의 낙인으로 인한 선입견이 바닥이었으므로 평가를 인정받지 못한 것인데, 특히 한국인들은 학벌 색깔에 의존도가 높아 대학 다녔다 하면 "썩어도 고" 하면서 선호할 정도였으니 웃지 못할 희극이다.

그러나 제도적 학교의 교육이 소중하듯이 세파 속에서의 경험적 교육이야말로 더 할 수 없는 산 교육인데도 불구하고 경쟁력 위주에 혈안들이니 비극이라 아니할 수가 있겠는가?를 자문할 때가 많았다. 그럼에도 난 소신을 다해 내 뜻을 펼친 돈키호테라~ 비록 20%만 잠재될지라도 나는 자립심에 바탕한 육아법에 치중했으며, 한국 부모들 대다수가 선호한 과외 위주 교육 정서가 농후한 와중에서 나만의 자립식 교육을 하늘은 내려다보고 계셨으리라…

지금 생각해도 참으로 어려운 감성의 육아법 실행은 매우 중요한 교육법이라 단언할 수 있는데, 간단한 논리로 부모가 자식에게 단것과 쓴 것을 먹여야 할 경우가 불가피할 때, 여러분들은 어느 쪽이 편하겠는가? 본능은 단것, 이성은 쓴것인데, 엄마들 대부분은 본능적인 단것을 선정해 주면 양자가 편해지므로 우선 유대 관계는 무난해진다.

  그러나 쓴 보약은 토해 버리거나 거부감이 심해 양자에 부담감을 초래할 수 있으며, 그러나 쓴 보약은 버겁지만 보험이며 미래의 건강 보장인 반면, 당분은 得보다 失의 경우로서 단순한 편함일 뿐, 우선 편함은 미래의 부담임이 하늘의 섭리며, 그래서 현실은 쓸지라도 보약은 미래의 행복을 보장하게 될 정답일 것이다.

  또한 종교의 선택이야말로 가정 교육에 미치는 영양이 대단함으로 신중해야 될 최대의 요점으로 판단되어 심사숙고에 매진하던 바, 아이들은 성경 말씀으로 키움을 이상적이란 말씀이 내 귀에 꽂혀서 감동으로 맴돌았던 인상적 기억이 뚜렷했었다.

  불교 집안임에도 불구하고 우리 아이들을 교회로 인도할 때까지 많은 고심의 일환으로 각 종단의 교회들을 거의 직접 방문해 견학 분석한 후에 최종 결정으로 아내에게 우리 삼 남매의 미래를 위해 교회를 다니도록 해 주려면 우리 부부가 먼저 앞장서 교회 출석을 해야겠다는 내 의견을 기다렸다는 듯 동의한 것인데, 일생 동안에 종교와 다단계 문제에 깊이 심취해 보긴 그때 이후론 前無後無할 정도였었다.

  내 가정을 지키려면 가정 장이 최소한 용의주도해야 어리석음으로 인한 가족을 도탄에 빠트리지 않는다.

  이 땅에 헤아릴 수 없을 정도로 수많은 종교와 다단계 회사들의 굴레에 엮이지 않으려면 알아야 하며, 그러기 위해 직접 세밀히 참관하다 보면 깊은 내용을 읽을 수 있는 안목을 뜰 수 있게 되므로 모든 문제가 레이더 망에 걸리게 된다.

  그러므로 사이비 종교와 사기성 다단계 회사에만 걸려들지 않아도 천만 다행일 것이며, 그만큼 허당이 수두룩했었다.

　자식의 육아 교육은 정성이 밑거름 되었을 때는 반석 위의 집처럼 튼튼할 것이며, 물질 만능의 과외 교육은 모래 위 누각으로 매우 불합리함에도 불구하고 다투어 경쟁에 사활을 걸고 경쟁한 주부들이여!

　심사숙고와 자숙으로 현재의 항해를 멈추어 방향을 180도 바꾸시라! 현상의 방향은 허상이려니와, 물질 교육 우선을 타파하고 정신 교육 우선을 함양함이 가정을 살리며 국가를 살릴 수 있는 길이다.

　지능은 타고난다 했는데, 억지로 지능에 채워 본들 가능성은 적고, 부담감만 커져 심신의 무게가 상호 간의 마음에 상처로 남게 되면 돈과 시간만 모두 낭비해 버렸으니 남는 것은 망신과 불행뿐일 것이다.

　이상의 넋두리만 메아리칠 것이라고 믿어 의심치 않음이 자명함으로 모두들 마음을 가다듬어서 정신 차리고, 에누리 없는 먼 훗날의 보장된 실리를 찾아 하늘의 축복 파라다이스를 기원함이 순리다.

　(* 혹자는 요즘 세상은 자식도 부모가 모든 걸 해 주지 않으면 잘될 수 없다고 단정해 버린다. 그러나 불행의 씨앗 같은 속물적 발상의 말씨로 본다. 부모는 가정 교육만큼은 철저히 의무를 다해 줘야겠지만, 한계를 명확하게 구분지어서 도와주므로 자립심에 방해가 되지 않도록 역할을 해 줌이 최상의 자식 존중이라고 나는 생각하며, 미래의 행복에 직접 해당됨으로 매우 중요한 부분이며 철학적이라 사료됨은 세상 행복의 으뜸은 성취감이기 때문이다.)

　진리는 태초부터 말세의 직전까지 변치 않음이라.

80. 보향808 情友會(1980년 8월 8일 보문동 향토 예비군 정우회 발기)

　　종로구, 동대문구, 성북구가 마주친 곳에 위치했던 보문동 6가 302번지에 우리 집은 아파트 없던 시절에는 제법 쓸 만한 주택으로서 방문자들이 부러워했으며, 차고가 넓고 자가 펌프샘 석관수 물이 펑펑 쏟아져 무척 편리해 모두 부러워한 보물 샘이었으며, 공간이 워낙 커서 창고로 쓰며 튼튼한 슬라브 지붕은 운동장 같아서 애들의 놀이터가 되었는데, 막내가 기어 다닐 때는 어른들이 잠깐만 눈을 떼어도 차고 옥상 철계단을 타고 기어오르면 섬찟했으나, 한번도 떨어져 본 적이 없는 乳兒장사였다.

　　우리 막둥이 보는 자들마다 "고놈 인물이다!" 할 정도로 멋진 동자승 같았으며, 뼈대가 강해 한번 잡으면 놓치질 않았고, 집중력이 대단해서 내가 놀랄 때가 많았는데, 성격도 대범한 슈퍼 베이비로 인기가 좋았으며 또래들의 리더 노릇하며 수장 모습이었다.

　　난 매일 출근해 세 곳의 빵家를 2회씩 방문 관리하고, 집에 퇴근하면 아내와 삼 남매 모습이 흐뭇한 아름다운 가정이었으며, 막내의 남다른 모습에 눈을 뗄 수가 없었으며, 출근해서도 막내둥이가 아롱거려서 귀가 때까지 시간이 지루할 지경이었으나, 귀가하면 家事 견습생 용O까지도 반겼으므로 꿈을 꾼 듯한 평온함을 누리며 열심히 뛰었던 내 인생의 전성기였다. 3빵店의 수입은 장난이 아닐 정도의 대박이었는데, 2평店이 웬만한 큰 식당 수입보다 실속이 커서 알찬 소득은 豫像 밖의 초월임에, 일단 경제적 여유를 누려 가면서 체력 단련에 관심을 두며 헬스 클럽, 조기축구,

배드민턴 클럽 등으로 새벽부터 열심히 뛰어다니며 운동하기 시작하면서부터 사회성 폭을 넓혀 가는데도 전력 집중할 때 보문동 예비군으로 전입해서 동원 훈련을 받으며 중대장 신기O과의 뜻깊은 인연이 발단되었던 것은 보문동 훈련장에서 80년 첫 동원 훈련을 받은 날에 건달들이 맨 뒤에서 거드럭거리며 중대장 교육을 야유하며 방해를 하는 모습을 보고 처음에는 관망으로 일관했으나 내가 아무리 분석해 봐도 중대장 교육에 하자가 없기에 맨 앞자리의 내가 일어나 맨 뒷줄의 시비꾼 세 명을 설득했는데, 들은 척도 않고 계속 꼬장을 부렸으나 얼굴이 달덩이처럼 둥글며 머리는 스님처럼 빛난 사람이 좋은 대머리 중대장은 화도 내지 못하고 식은 땀 흘리며 쩔쩔매며 당황한 모습이 너무 안쓰럽기에 이때 누군가의 도움이 절실한데 아무도 나서진 않고 오히려 구경하며 즐기는 모습들이 뚜렷했다. 그때 나의 뇌리에 해병대 중사 이희O(* 베트남 파월 중사령관이 취임식 때 만났던 해병대 이희O 중사)이 떠오르면서, "김 병장아! 뭐 하고 있노! 힘내서 담판 지래이! 니 아니면 없다! 날 잡았었던 합기도 실력으로 꺾어 버리거라!" 하는 모습에 벌떡 일어나서 맨 뒷줄에서 거드럭거린 세 놈을 향하여 목청껏 소리쳤다. "앉으세요! 중대장님 교육이 그토록 우습게 보인 당신들은 얼마나 대단한 분들인지 내가 상대해 주겠다!" 하면서 날을 세우고 걸어갔었는데, 소리를 질렀던 내 자신도 놀랄 정도의 우렁찬 기합이었으니 상대의 기가 꺾일 수밖에 없었던지 두 명은 앉아 버렸고, 한 놈만 엉거주춤 선 채로 나를 보고 있기에 더욱 큰소리로 "앉아서 교육 받읍시다!" 하면서 손을 잡아 악수하니 손을 내밀어 응하기에 꺾지는 않고 정중하게 인사로 마무리하며, 너무 선하신 중대장님이시니 서로 협력해서 즐겁게 훈련을 받아 보자며 설득했더니 모두가 박수로 화답한 微

쏫 교육장으로 변화시킨 후 인연 맺은 중대장 신기O은 경기도 김포 대농 집안 장남 출신의 고려대학 정치외교학사 육군 대위로 예편한 서울특별시 의원에 뜻을 두고 성북구 보문동 예비군 중대장으로 첫발을 내디딘 정치 지망생인데 나와는 단 한 가지 공통점인 해방동이 동갑내기일 뿐이었다. 그러나 우리 둘 인연은 뜻깊은 발단이었다.

그때부터 보문동 예비군 자원 중에서 좋은 인사를 선정해 뜻있는 친목단체를 결성하게 되었으며 그 결과 보문동 향토예비군 정우회를 1980년 8월 8일에 결성하게 된 성북구에서는 쟁쟁했던 그 명칭은 보향808 情友會(80년 8월 8일 보문 향토 친목) 신기철의 집안 내력과 인맥은 대단했으며 그 당시의 전라도 고흥 촌놈과는 비교도 안 될 만큼 정치인, 경제인, 학문인 등 명사들이 헤아릴 수가 없을 정도였으나, 그 가문의 종손인 신기O은 현역 교사였던 부인의 월급에 의존한 삶을 지탱하고 있음이 매우 안타까웠는데, 사람 좋은 부잣집 물황태수였다.

그 친구의 김포 본가를 방문했을 때 오래된 듯한 종가집 고택에 황금 들판과 보름달처럼 빛난 둥근 대머리들이 남녀 구분할 필요가 없었고, 김포 막걸리에 취한 우리들은 대머리 총각을 신나게 부른 후에 야비로서 주위가 밝아진 내용에 혼비백산을 했었으니, 우리들의 경솔한 행동은 이만저만이 아니었던 것인데, 정작 신기O은 전혀 무방비 상태로 任했다. 그러나 한마디로 명문대가의 부족함 없는 종갓집 장남과 虛心坦懷했던 신기O과 나와 정우회의 사연만 기록해도 한 권의 책으론 부족할 것이다…

보향808 情友會 회원명단(곽기O 원단, 한재O 법무, 함안O 축구, 신광O 기자, 이상O 하사, 정영O 치과, 박광O 보석, 신기O 중대장, 김복현 빵家, 고진O 파친코, 김천O 설비, 노상O 무역, 윤O 건축, 최옥O 패션, 김일O 강사 등 외 다수인데 기억에 한계 때문에 각설함) 이상의 회원들은 그 당시 성북구에선 수준급이다. 보향808을 결성한 후 가정 친목과 예비군 사회에 모범을 보이며 성북구 전체의 이목이 집중되던 중, 우리 모친상이 하필 성탄절 전야인데도 불구하고 전 회원 거의가 각자의 가족 일정을 접고 전남 고흥군 풍양면 풍남리 서풍 부락까지의 (일부 비포장) 도로 480km를 선착순에 오토바이 도로 순찰 경사가 에스코트하고 모 신문사 지프 차는 깃발을 날리며 앞장선 그 뒤를 세단 3대가 땅끝 마을 고흥 풍남으로 달렸으니, 검문소마다 차렷 자세였다는 후일담을 모임 때마다 신나게 반복했던 미담 거리였었다.

고흥 출신 누구보다도 나의 모친상 때 서울 친구들의 가슴 벅찼던 진한 의리에 뜨거운 우정을 잊을 수가 있을까. 출세한 고흥 유능 인사가 수없이 많으나 성탄절에 부모상 당한 날 보러 서울서 성탄절 가족 행사까지 넘어선 1200리 길을 친목 단체가 달려와 모친 애사에 위로와 조문의 우정을 보여 준 예는 귀한 일인데, 안타깝게도 서울 보문동서 첫새벽부터 기상해서 종열로 달렸으나 땅끝 마을까지 도착할 때는 이미 캄캄한 밤 8시였으니 그처럼 열의에 찬 조문 행렬을 마을 분들 거의 목격 못함의 애석함이 무척 아쉬웠음을 기술해 보면 선두 1번에 도로 순찰 경사의 오토바이, 2번 신문사 차, 3번 4번 5번 차는 레코드 로얄인 세단으로 그 당시에는 제법 고급 차였기에 일렬 종대로 주행하면 감동거리였으며 승용차가 귀했던 그 시절에는 대단한 차량 행렬이었던 것이었으니 밝았더라면 주민 환영이었을 만한 일이었을 것이다.

그 후부터의 보향 808은 굳건한 단합과 우정 어린 협력의 단체로 일보 전진한 성북구에 화젯거리가 되었고, 그러다 보니 부부 동반 모임을 자주

했으며 가족 동반도 겸했으니 모두가 친밀해져 서로 위로가 되었으므로 활기찬 분위기가 지속되기를 염원했었다.

일생 동안의 최대 전성기로 자신만만함에 씀씀이도 대담했던지, 어떤 날은 3빵 가게 매출액 일부를 탕진해 버려 다음 날에는 후회 막급에 가슴 치며 다짐했지만, 친구들 만나 기분 좋은 한잔 술 유혹에는 완고가 없던지 말짱 도루묵으로 그날이 그날이었으나, 보배 같은 삼 남매와 천사 같은 아내에 대한 사랑을 느낄 때마다 양심에 가책을 느끼던 어느 날 밤에 만취 상태의 귀가길에서 나보다 더한 만취객 행위를 목격하면서 내 자신을 읽을 수 있었는데, 끔찍해서 소름이 돋아 오를 정도의 충격이 되었다.

저 사람이 바로 현재 내 모습이구나 하는 자책감에 사로잡혀서 깊은 장고의 침묵을 넘어 결단한 다짐은 우리 집 모든 입출금 관리를 아내에게 일임하기로 작심하기에 이르렀던 것인데, 그때만 해도 가정 질서가 매우 보수적일 때여서 무척 어려운 결정이었는데, 아내도 부담스럽다면서 거부했으나 심각함을 설득해 결국 동의하게 되었으므로 그 후부터 나는 아내에게 용돈을 탔었기에 허실은 없었으나, 가장으로서 위상은 떨어졌으며 훗날에 내 주변에서 삼 남매와 조카들이 나에게 용돈 받아 본 기억이 전무해 버렸으며, 심지어 친척들 모두에 대한 좋은 기억 용돈 준 일이 없어 그 점에서 난 무심한 인상으로 남겨지고 말았으나, 그럼으로 인한 가정 경제 기반은 최단 시일에 바로 세울 수 있었기에 가히 기록적이라 할 수가 있었던 것이다.

그래도 본가와 처가에 인사, 사례 행사 거의 내 아이디어로 이루어졌으나 속물적인 인간 성들이 그 뜻은 모른 채 눈에 나타난 형식에만 각인되어 버리므로… 그것이 세상 인심의 허상인 것을 난들 어찌하리요.

다만 첫째부터 교회 주일 예배에 우리 손잡고 잘 따라다녔으며 얼마 후부턴 장남도 동참시켜 순조로웠으며, 막내둥이는 안정된 한옥 자택에서 천진난만한 놀이의 동심이 만족스러웠기에 맨손 상경 후 모처럼만에 평안을 누렸다.

그때 우리 가족 5명에 이용O, 김승O, 신윤O, 한천O, 황기O, 김경O, 사경O 등은 고정 식솔이며 거의 매일같이 손님들이 꾸준했는데, 신설동 주변이 워낙 교통 중심지여서 고향 사람들은 줄을 이었는데 지나고 보니 내가 잘못해 보냈었구나 하는 아쉬움으로 후회 막급인 경우가 많아서 내 가슴에 정이 아렸던 기억이 생생한데 고향의 앞집 황상현 친구와 우리 순O 누님의 삼 남매 조카들 방문 때 극도로 어려웠을 그들을 따뜻하게 보듬어 주지 못하고 일반적으로 무심히 지나쳐 버리듯 무정했으니 얼마나 야속했겠는가를 먼 훗날에야 비로소 깨달았으나 이제 후회한들 소용이 없고 돌이킬 수도 없는 내 가슴에 깊은 여한이 되었으며 미안함이 가득할 뿐.

한 세상의 삶에 숱한 인연과 사연들이 헤아릴 수 없을 정도인데, 지난 세월을 자책해 본들 소용없는 일. 그러나 7-80년대는 너 나 할 것 없이 각박했으며 불안했던 숨 가쁜 시절이었으므로 선행이 절실할 때였건만 나답지 않게 순간적으로 외면해 버린 셈이 되고 말았었으니 변명의 여지가 있을 수 없는 것은 내 인생의 큰 실수였음을 사무치게 고백하면서, 그러나 다행인 것은 조카들도 친구도 제주와 부산에서 잘 살아가고 있음에 감사할 뿐이다.

81. 김정O 장관과 인연(* 보사부 1982년)

　여수에서 번갯불에 콩 볶듯한 결혼식은 그런 대로 성대했으며, 월세방 신접살림 5개월 만에 임박한 출산을 앞두고 이불과 옷보따리 달랑 2개 들고 통일호에 몸을 담은 우리 신혼부부는 사연 많았던 여수항을 떠나 눈만 감으면 코를 베어 간다는 살벌한 서울을 향하여 상경을 하게 되었는데, 보름 전에 우리의 전재산인 5만 원을 처형과 동서형께 방 구입비로 송금하고 보니 거의 맨손인데 뒤늦게 알고 여수역으로 달려 나온 청우회. 청년회원들이 호주머니 털어서 찔러 준 푼돈이 전부인 채로 상경했던 우리 부부는 10년 되기 전에 내가 그토록 바라던 서울 시민들의 보통 삶을 살 수 있게 되었으니 일단 내 꿈은 이룬 셈이다. 그러나 생각처럼 쉽지 않았으며, 그때까지의 가장 인내 자신은 숨 쉴 틈 없는 긴장과 공포심, 그리고 외로움이 하늘을 찌르듯 했음을 고백할 곳이 없었으며, 군 복무 중의 부산과 베트남 생활할 때와 제대 후에 여수항 생활 때 그토록 받았던 아낌없었던 대찬사가 결혼 후에는 거의 전무였으니 기세가 꺾였음을 홀로 한탄할 뿐이었다. 그 점이 매우 哀惜했으나 교회를 다니기 시작하면서부터 조금은 위로가 되었던 것이다. 경제 생활이 활발해지면서 좋은 친구도 늘었으며, 그때 신설동 로타리 동아빌딩 9층 삼성 헬스 클럽을 운영했던 송기O, 송기O 형제는 내 고향 풍양면 분들로 나를 친동생처럼 아껴 주셨던 분들인데, 덕분에 몇 년 이상을 근육 운동으로 멋진 몸을 만들 수 있었으며, 자신감으로 활기찬 생활이 가능했었으니 고마운 분들로 지금도 추억에 그리움의 향수로 피어오른다.

보문동 시절은 보향 808 정우회 활약이 무르익던 내 삶의 황금기로서, 중대장 신기O과 난 밀접한 관계의 신뢰를 돈독한 우정으로 발달해 가면서 매일 한 번씩은 만나게 되던 중, 어느 날 성북구청 청사 건물 5층 뷔페 식당서 정책 자문 회의와 파티가 있다는 초대장을 받아 동참해서 보니 자문위원들 거의가 교수들이며 명사들로서 나는 새파란 촌뜨기였다. 민정당 후보였던 김정O 씨는 매우 불리했던 성북구에 도전한 초짜 국회의원 후보로서 정책 개발 자료가 급선무였기에 자문위원들이 역량껏 개발해 충분한 공약 확보를 펼쳐야 함에 정책 토론이 많을 수밖에 없었던 것이다. 그런데 나는 자문위원도 기관장도 아닌 중대장 추천자일 뿐으로 한 사람의 옵서버에 불과해 사실은 참석을 망설였으나, 중대장 신기O의 강한 권고 때문에 마음 약한 내가 도저히 묵살할 수 없었기에 마지못해 참석이었다.

  행사진행의 상단석에는 고려대 교수들이었으며, 일반석에는 성북구 유지들과 기관장들과 우리 둘인데, 각자의 논문 발표가 있다며 신기O 자신이 논문 작성지를 내게 건네주며 검토를 요청했는데, 내가 당황할 정도의 수준이었기에 내 눈을 의심했으며, 나도 모르게 직접 작성하기에 이르렀는데 결국은 나의 문장력에 의지해 버리고 말았으며, 그것도 모자란 듯 발표까지 내게 미루어 버렸으니 꼼짝없이 떠밀려서 단상에 서고 말았던 것이다. 그야말로 순식간에 본의 아니게 번데기 앞에서 주름을 잡게 되고 말았는데, 이상스러울 만큼 자신감으로 충만했음은 박사 교수들의 발표와 고려대 정외과 출신의 친구 논문을 볼 수 있었기 때문인 것인데, 그들도 정치 논문은 생소할 수밖에 없던 것일까?

  반면에 나는 단번의 몰입으로 인한 객관적 발상에 의한 솔직 담백한 힘으로 우렁찬 목청의 발표로서 일사천리의 논리가 유창했으므로 단상 단하의 기립 박수를 받고 말았으며, 일약 관심의 초점 인물로서 김정O(* 훗날 국회의원, 12대 보사부 장관) 씨의 애타는 스카웃 인물이 되었으나 내 자신의 학력 때문에 내가 고사할 수밖에 없었는데, 김정O 씨는 자신의 보좌관으로 끝까지 미련을 두었으나 결국에는 성북구 최연소 자문위원으로 임명장을 받으며 마무리했다. 보사부 장관 겸임 때는 내 고향 출신 탤런트였던 유병O 형님의 접견을 도와 드릴 수 있을 정도로 친밀했었다. 접견 후 B급 배우였던 선배 형께선 무정 장군 역으로 유명세를 탔었던 기억이 뚜렷하며, 종로 일억궁과 금잔디 유명 요리집에서 호강받았던 그 시절 그날의 아련한 추억이 가물거린다.

또한 새벽 5-6시에는 뚱뚱이(최경O) 형님을 깨워 단 하루도 빠짐이 없는 운동을 시켜 일 년 만에 뚱뚱이 별명은 무색해졌으며, 그때부터 배드민턴 선수와 클럽 회장의 활약으로 매우 능동적인 생활인으로 지금도 나와는 친밀한 의형제의 관계다.

새벽 개운산 활동의 계절 때 인연 맺었던 두 여자는 잊을 수 없는 60대와 20대의 평양 기생 출신과 이화여대 영문과 2학년 왕은O으로 무척 인상적 인연의 주인공들인데 두 여인의 공통점은 화려함이다.

그날 새벽은 다른 날보다 더욱 빠른 것 같았었기에 어둠을 뚫고 한적한 바위 틈새 공간으로 진입했더니 누군가가 줄넘기를 열심으로 인기척도 못 느끼고 무아지경이었는데 그날따라 동짓달의 강추위였으므로 매우 궁금증을 유발하기에 충분했으며, 내 자신도 추위 때문에 강한 운동의 필요성 때문에 초면인데도 불구하고 줄넘기 도구를 빌려줄 수 있느냐고 했더니 선뜻 내주었는데 깜짝 놀랄 정도로 어린 여학생 같아서 의문이었으며 어둠이 좀 지나고 보니 얼굴도 앳되지만 청정 미녀로 내 마누라를 처음 볼 때처럼 상큼하고 아리따웠으므로 관심은 있었으나 그냥 헤어졌는데 설마 했던 다음 날도 그 자리서 줄넘기에 열중하고 있었고 며칠째부터는 나를 반갑게 맞아 주면서 친밀해져 이야기를 해 보니 개운산에 다닌 지가 한 달째며 제기동 학교 부지의 고급 주택 단지에 거주한 이화여대 영문과 2년생인데 자신은 나를 알고 있다며 나의 구령에 따라 운동을 했다면서 좋은 호감을 가진 듯한 느낌이었으며, 그 후부턴 매일 새벽을 거리낌 없는 오누이같이 다정해졌으며 뚱뚱이 형과 같은 방향의 집이었기에 더욱 왕은O의 신상이 뚜렷해졌는데 내무부 국장의 딸이며 오빠는 고려대 대학원생으로 가정환경 좋은 재원의 여대생으로 무엇 하나 부족함이 없는 여학생인데 그토록 양가댁 여대생이 동짓달 새벽 칼 추위를 넘어 칠흑 같은 어둠의 두려움 속으로 달려왔다는 것은 필경 무슨 사연이 있을 것 같았다.

 겨울방학 중이라지만 해가 뜰 때까지 우리를 기다렸다 포장마차 다방서 차값을 먼저 계산해 버릴 정도였다. 그런 어느 포근한 날 새벽의 대화 중에 나에게 고민을 털어놓았는데 자신은 사회학과로 진로를 변경하려는데 가족들 전체의 결사 반대로 갈등이 심하므로 하루하루가 생지옥이라며 슬픈 표정이므로 내가 난감했었다. 어느 누구도 이대 영문과의 재원이 사회학과로 바꾸겠다면 동의하지 못할 것이며, 내 자신도 그 뜻을 알게 된 순간부터 황당했으며, 그러나 철부지를 어떻게 설득해 그 댁 가정의 평화를 누릴 수 있게 해 줄 수 있을까? 노심초사했었던 것은 그만큼 나를 신뢰하고 따라 준 보답이었고 예민한 여대생이 얼마나 힘겨운 고민이 되었으면 위안의 대상을 찾기 위해 첫새벽의 늦가을 추위와 칠흑 같은 어둠을 헤치고 산으로 달려와 대상을 찾던 중에 우렁찬 구령의 보건 체조를 선도한 젊은 강사의 一擧手一投足의 행동을 지켜보고 관찰하며 나의 등산 코스를 알게 되었으며 만나기 위해 미리 첫새벽의 산책 등산을 했다는 진솔한 설명이 내게는 감동이었으며 진한 喜悅이었다.

그 당시 개운산(* 고려대 뒷산)은 배드민턴 클럽이 전국에서 제일 많았으며 내가 준비 운동을 선도해 주었던 보건 체조 강사로 인기와 평이 좋다 보니 고려대 대학원생 총각 소문으로 딸 가진 주부들 관심이 많았으며 체육 강사와 차 한 잔 마셔 보려는 여성들이 부지기수였으나 일절 응대하지 않다가 이대생 왕은O과 차를 마심으로 인하여 애인 관계로 와전되어 버릴 정도였으니 상황이 그럴 만도 했던 것이다.

그러나 우리는 개의치 않고 떳떳하게 스스럼 없이 뚱이(* 최경O 형님이 날씬해졌어도 뚱뚱이로 부름) 형님과 세 명의 일상은 여전했으며 그런 와중에도 나의 뇌리 속에는 은O이가 영문과를 고수하도록 내 역량을 다해 보려는 결심이 서게 된 동기는 가족 화목이 은O이의 숭고한 뜻보다 우선이라고 판단해 해결단을 했는데 우선 내 머리가 맑아졌으며 혼신의 힘으로 포근하던 어느 새벽에 설득에 성공을 하게 되었던 것이니 어쨌든 나로선 한 가정에 위기를 해결해 준 셈이며 나를 인정하고 믿어 준 이화여대 영문과 2학년생이던 왕은O이와의 사연은 극적이었는데 문제는 거기까지가 끝이 아닌 게 문제였으니 다름 아닌 은O이의 순진무구했던 마음이었다. 이상과 같은 과정을 겪으며 우리 3명은 더욱 친해졌으며 은O이 가족들에겐 내가 고마운 사람으로 각인될 수밖에 없었으며 한 술 더 떠서 개운산 소문대로 내가 고려대 대학원생 총각으로 설명되어 버렸던 것인데 사실 은O이가 나에게 아직까지 남자 친구를 한 번도 사귀어 보지 못했는데 최경O 형과 내가 처음이라 했으나 대수롭잖게 생각했으며 난 내용을 거의 알 수 없었지만 최경O 형이 자기와 함께 귀가할 때마다 나에 대한 심중의 토론이 진한 호감이었단 귀띔에 오해가 발생한 것을 뒤늦게 알게 되었음은 자신의 오빠가 나를 만나기 위해 개운산으로 올 것이라니 시간을 맞춰 달라고 했는데 왠지 애절하고 심각한 듯한 표정을 읽었다. 아무래도 소문처럼 총각 대학원생으로 잘못 알고 좋아한 것임이 분명했으므로 내 마음에 부담이 되었으며 어떻게든지 청순 여대생을 최소한의 충격으로 해결하기 위한 고민 중의 답은 우리 가족과 함께 자연스럽게 어울려서 배드민턴을 즐기게 되면 궁색한 설명을 하지 않아도 현상 판단이 가능하므로 일요일 이른 아침에 가족들과 개운산 단독 코트장으로 갔더니 남매가 먼저 배드민턴을 치고 있었는데 우리 가족은 깊은 사연을 전혀 알지 못했으며 알릴 필요도 없었기에 처음에는 스스럼 없는 인사를 나누며 호의적이었고 내 여동생 가족으로 알고 있다가 엄마! 아빠! 호칭을 듣고 알았던지 두 남매의 행동이 굳어지더니 누가 먼저랄 것도 없이 한 게임 셋아웃을 신호 삼아 마무리 인사를 하고 바쁘게 하산하고 말았었는데 그날 이후 지금껏 볼 수가 없었으나 일 년 후 뚱이 최경O 형과 마주쳤을 때 이화여대 영문과 3년생 청순 미녀 면모로서의 활기찬 미소로 반겨 주면서 나에게 진심으로 고마웠음을 자신의 가족들 모두의 가슴에 간직하고 있음을 전해 주시기 바란다며 꼭 한 번 만나 보고 싶다기에 참으로 흐뭇했으며 큰 보람을 느낄 수 있었던 내 삶에 감동 10걸 중의 一面인 것으로 나의 뇌리에 寶배로 깊이 새겨졌다. (母情, 첫 정이 崇高했으므로 현실적 愛情도 崇高함)

요식업 여왕, 류 회장과의 인연

개운산 배드민턴 70클럽 총 연합회에서 전국 대회 때마다 상위 수상을 휩쓸어 버릴 때 내가 몸풀기 체조 강사로 일조할 때여서 인기맨이 되었던 것인지, 관심들이 많았던 시절인데 내가 활동량이 많아서 자전거를 타고 다녔을 때, 귀가하려고 자전거 세운 곳에 가면 깜짝 놀랄 만한 멋진 품위의 미인이 지극한 미소를 지으며 내 자전거에 관심을 보여서 싫지는 않았기에 정중히 목례하고 헤어지기를 몇 차례였을 때, 그날은 시간도 많고 해서 내가 먼저 말을 건네게 되었는데, 기다렸다는 듯이 자전거와 배드민턴을 좀 가르쳐 줄 수 없겠느냐고 해서 가능하다고 했더니 숲속 단일 코트장을 원하기에 응해 주었으며 줄곧 리드해 주었더니 무척 흐뭇해 하기에 이르렀던 것이다. 그 당시 나는 출전보다는 코치가 훨씬 성향에 맞았으며 보람이 컸었기에 출전을 아무리 유혹해도 거부해 버릴 때였다.

  그러다 보니 어떤 잼뱅이도 나와 쳐 보면 잘 칠 수 있으니 좋아할 수밖에 없었으니 귀부인 류 회장도 대만족이라며 철부지 소녀같이 팔딱거렸던 것이며, 하루도 거르지 않고 첫새벽부터 먼저 와서 나를 기다렸는데 나중에 알았지만 나와 이대생의 랑데뷰를 거의 알고 있었고, 살고 있는 곳은 고대 정문 지나서 200m 위치 중앙 산업 부지의 고급 주택가에서 가장 큰 저택이었는데 영감은 전직 기업가며 여고 2년생 딸 한 명뿐으로 단출한데 집은 너무 커 불편하다고 푸념이었다. 그러나 방문은 차후로 미루었으며, 워낙 화려한 미모였기에 궁금증의 관심으로 어울려 보았는데 덕분에 류 회장 소유의 명동, 소공동, 인사동, 충무로의 업체들에서 대접을 받았으며, 얼마 전에 개장한 롯데호텔 커피숍에서 와 여의도 5.16 광장에서 자전거를 탔으며, 한국방송공사에 들르면 경비들이 굽실거리며 모셨는데, 추석 방영물 서영춘 쇼 촬영 때는 특석에서 관람했는데 기분이 얼떨떨했으나 평소에는 상상도 못할 대접을 받아 볼 수 있었다. 명동 유명

갈빗집(장수갈비)에 들렸을 때는 여왕을 모신 듯 했으며, 그날 먹었던 그 음식 맛에 대한 입맛의 기억은 한동안 지속되었던 것 같다. 그때 내 나이 30 중반인데 류 회장은 60대 초 아니면 50대 중반으로 영화배우 문정O과 여수 출신 장관 이은O 씨 부인과 3총사라며, 언젠가 나와도 만나게 될 것임을 강력하게 기대하는 눈치였다.

그런데 그때나 지금이나 난 배짱이 없었고, 내 가족 외의 대상을 만남은 불편했는데 그만큼 내 가족은 완전하고 흠이 없는 아름다운 가정임을 확신할 자존심으로 충만해 있었을 때였다. 그러나 풍남 촌놈 겁쟁이가 평양 기생 출신 류 회장을 만난 덕으로 롯데호텔, 프라자, 하얏트, 조선호텔에서 아이스크림과 각종 커피 및 디저트 맛을 볼 때마다 내심은 떨려서 정신이 몽롱할 정도였으니 그 모습을 본 류 회장이 업신 여김보다 오히려 더욱 순수한 매력에 마음이 끌렸음을 실토했었던 것인데. 뚱이 경선형은 우리 사이를 야릇하게 오해할 만한 사건에 접했던 것은 3명이 귀가 도중에 류 회장이 나에게 영화 한 편 보러 갈 것을 희망했기 때문이었는데, 대수롭지 않은 단순한 요청을 업시켜 버린 것이다. 그런데 영화 제목이 좀 야한 핑크 팬티였기에 웃으며 농담으로 치부해 버렸으나 자존심이 걸렸었다. 그리고 한참 만에 류 회장과 만났었는데, 진지한 표정으로 어려운 듯이 말한 내용에 몸둘 바를 몰랐던 내용은 이 장관 부인과 문정O은 젊은 애인이 있으나 자신은 싱글이었으므로 나와 확실한 파트너가 되면 돋보여서 좋지만, 그 반대일 때는 배신감으로 신뢰의 골이 커지게 되므로 주의를 요했음이라.

그런데 난 항상 전자에 속했으므로 기대했다 실망감으로 인한 허전함에 주눅이 들어 허해 버렸었다. 그날도 스스럼없는 새벽 만남의 운동을 마치고 동행을 구함에 명동과 충무로를 돌아다녔고, 여느 때처럼 식사와 차를 마시며 한껏 여유로움의 바쁜 중의 한가로움을 즐기던 중에, 오늘 귀가 땐 자신의 자택으로 가서 가족들과 담소하면서 차를 마실 수 있겠는지? 내 의향을 물었을 때 거부를 하지 못했었는데, 나이 많으신 영감께서 좋은 친구가 생기면 초대해 만나 보고 싶다는 뜻을 내게 매우 진지하게 전달했기에 인상적이었다. 나를 만난 후부터는 자신도 충만하다며 삼총사 행사 때 동행을 해 줄 수 있겠는지? 내 의향을 묻기에 선뜻 대답하지 못했으나, 기분 나쁘지 않았음은 누가 봐도 당대의 미녀 거물들이었기에 내 자존심에 양분이 될 것 같았다.

모임 장소는 원당 벽제 늘봄 농원이라 귀띔했는데, 지금까지만으로도 배운 것이 많아 득이 되었으므로 내 정신만 차리면 서로에게 좋은 인연이 될 것이라고 확신이 섰기 때문이었으며, 그동안 류 회장이 나에게 적극적으로 접근하게 된 동기도 이해하게 되었으므로 한결 친해진 기분이었다. 그 후부터 대화 내용이 좀 더 업그레이드 되었으며, 자기 사람을 절실하게 필요하다는 뜻을 몇 차례 이상 듣게 되었으며, 업체 견학과 설명이 자주 있었는데, 내 단순한 생각은 '엄청난 거부구나! 야~ 대단하다!'였었다. 그런데 내가 황당했던 건 군생활 때부터 상대방이 내 학력의 평을 너무 과하게 올려 짐작해 버림이었다. 외향만 보고 상상해 버리면 본인은 감당하기가 난망할 수밖에 없었던 것이므로 그 점이 나에겐 큰 핸디캡이 되었던 것은 사람의 심리는 평가 이하에서 실제 이상인 바 좀 뜻밖이었기에 내가 단번에 거절하지 못했는데, 류 회장은 말문이 막혀 묵인함을 동의 응답으로 판단하게 되었던지 택시를 불렀으며 당연한 듯이 동행했던 것이다.

그 당시 정서와 내가 살아온 문화와는 너무 거리가 멀었으며, 내 아내와 가족밖에 몰랐던 나에겐 언어도단이었으나 자존심이 대단한 류 회장으로선 내 처신의 결과에 따라서 특별한 인연의 결정이 마무리될 수밖에 없었던, 참으로 긴박한 순간이 숨 가쁘게 달려오고 있었다. 솔직한 마음은 일평생에 이런 인연이 또 있을 수는 없을 대단한 분으로 내게 행운이 될 수도 있었던 특별한 인연이 확실했었으나, 신설동 로타리를 돌아 삼거리 대광고 앞 지날 때에 아내의 얼굴이 떠올랐으며, 나도 모르게 "잠깐 세워요!" 소리쳤더니 택시가 섰으며, 집에 급한 일을 깜빡 잊었다며 내려 버렸으니, 류 회장은 영문도 모른 채 어리둥절했던 눈 깜짝할 순간이었다. 운명적이었으며, 그 후부터는 내가 피해 버렸으므로 백제 농원 일정 등 모두를 포기해 버렸던 것이다. 그러나 나는 지금도 그때 그 순간이 매우 현명한 결단이었음을 당당하게 자부할 수가 있었던 것인데, 그러나 류 회장에 대한 내 마음은 한동안 송구스러움을 떨쳐 버릴 수 없었으며, 그 후부터는 개운산 어느 곳에서도 류 회장을 만나 볼 수 없었으므로 한동안은 허전했음이 피할 수 없던 심정이었으며, 문정O, 귀부인, 류 회장들과 만나서 어울렸더라면 내가 워낙 젊었으니까 여섯 명 중에서 막내로서의 귀여움은 받았을 것이며 독특한 인생도 경험할 수 있었겠으나, 무엇보다도 내게 소중함은 가정이므로 모든 것을 극복할 수 있었으니 감사할 뿐이며, 지금도 그날의 운명적 결단을 했었던 내 자신이 한량없이 자랑스러울 뿐이다.

당선

민의를 헤아려
민심을 모아

민정에 싹피우려

울타리 되셨으니

민중의 갈채 밑거름 삼아

민생풍요 구가에 우뚝 서시어

향토에 빛 되시옵소서.

82. 어릴 적 꿈. 닭섬을 소유하다(서초동 삼익상가 분양 건)

열두 살 때 나의 꿈

무인도 영토 삼아

순한 짐승 거느리고

미소 천사 나의 여인과

산나물 해초 따며

조개 잡고 생선 낚아

진수성찬 잉꼬부부

동화처럼 세세 누리어

열두 살 때 나의 꿈

닭섬에 닭공원은

닭들의 낙원

갯동백 십자가로

하늘문 활짝 열어

우리 주님 영광을

온누리에 전파하며

열두 살 때 나의 꿈

넓은 광야 푸른 초원에

소떼 양떼 거느리며

미소 천사 나의 여인과

말 타고 양떼 거느리며

개구쟁이들 천진난만

하하 호호 후후 헤헤~

활짝 핀 웃음꽃으로 온 세상 밝히겠네

南風

    노부부의 뜬금없이 출생한 내가 이상의 시처럼 두 가지의 꿈에 젖어 있었던 열두 살 소년의 머릿속에서 잊힐 듯했던 80년 어느 봄날의 조부님 제삿날 고향으로 달려갔었는데 여느 때처럼 다음 날에는 동네 분들께 술 대접 행사를 하며 하루 종일 손님들이 오셨는데 오후 늦은 시각에 앞집 황상O 형이 바닷일을 끝내고 왔다며 나와 반갑게 만났는데 내 친구 황상O의 세 살 터울 형인데 나와 무척 친했었다.

    내가 객지에서 귀향할 때면 가장 많은 시간을 공유했던 다정한 이웃 사촌 형이었으며 허심탄회의 대화를 아낌없이 나눌 수 있었는데 그날도 내 곁을 떠나지 않고 이야기꽃을 피우게 되던 중에 닭섬 이야기를 하게 되었다.

그 당시 닭섬 소유주는 황상광 형네 작은아버지 황희O 씨이며, 풍남 부자로 별명은 욕심쟁이 황 놀부로 유명했으나 내가 보기엔 인물이 훤칠했고 매우 똑똑한 분이셨는데 인심을 얻지 못하셨던 것으로, 특히 황씨 문중 가문에서부터 외면당한 것이었다. 시골 인심이란 여론이 만발해서 피해자도 발생할 때였다. 그분은 6남 2녀의 다복한 물질과 건강도 양호했으나 일평생 여론의 화살은 피할 수 없었음이 불행이었는데 팔순을 넘고 보니 우선 부인을 잃었으며 자신에 건강의 적신호가 발생해서 재산을 정리하기 시작했는데, 도시 생활한 자식들 거의 모두 닭섬만 요구했으니 골치를 앓았으나 막상 임자가 나오면 값을 올리기를 반복하다 보니 점점 주춤해 버린 상태이므로 이번만은 찬스 같다는 말이 내게는 진실하게 들리는 특급 정보로 내 귀가 번쩍 열렸었다.

최후에 값은 650만 원인데 미친 놀부라며 모두들 악담 일색으로 함구해 버린 후 논의가 전무해 버리고 지금까지는 조용한 상태인데 매도를 갈망 중임이 확실하다며 단정지으니 동석 중이던 김광평 형께서 비아냥거리며 매수자가 나오면 또 올린다고 시비를 걸다 보니 언쟁이 벌어지고 말았던 논쟁거리였을 때 내가 알게 되었다니 찬스였던 것이며.

그때 내 형들은 쓸모도 없는 바닷가운데 무인도 섬을 구입하는 것은 순전히 돈 자랑이라면서 못마땅하게 생각했으므로 설득하느라 내가 애를 태웠다.

나는 어떻든 닭섬 소유의 꿈을 이루고 말겠다는 일념으로 소유주와 친한 풍남약국 약사 김정O 형을 만나서 매매 전반을 일임시켜 버렸더니 책임지고 실력을 발휘하게 되었으므로 몇 차례의 뒤집기 시도가 있었음에도 불구하고 결국에는 계도 권리 등기를 취득하는 데 성공하게 되었으니 감개무량했었다. 그날이 바로 1981년 6월 15일, 꿈은 이루어진다.

그 시절에는 무인도가 생소했던 어두운 시절 때였지만 똑똑한 분들 일부는 이미 섬에 대한 가치를 알고 자신의 친척들에게 매입 요청을 일임해 둔 상태였던지 매매 소문에 안달들이었고 등기하기가 바쁘게 프리미엄이 날개 돋친 듯 오르기 시작했었다. 우선 천만 원 채워 주겠다는 유혹부터 줄기차게 관심 대상인 닭섬이야말로 명물이었던 것이다.

사실 그 당시의 화폐 가치로 본다면 백만 원은 큰 액수였다. 650 + 350 = 1000이면 대단할 때였는데.

잠잠했던 부동산 시장일 때 갑자기 우리 닭섬이 소문 만복래였던 것인지 드디어 그해 12월 초에는 고향의 마을 이장님께서 나를 만나려고 상경해서 북창동의 해남 갈빗집에 자리를 잡았으니 틈을 내어 달려오라는 전갈이므로 거부 못 하고 상면했는데 갑자기 수표 1억 원짜리를 내밀며 닭섬 매매를 권유하시며 1억 원으로 사업 자금을 삼아 번창하길 바란다고 하시니 어안이 벙벙했다.

알고 보니 경남 울산의 기업가와 서울의 모 은행장 친구가 낚시광으로 틈만 나면 닭섬서 낚시를 즐기게 되면서 친해진 이장 형님께 닭섬 구입을 부탁한 것이었는데, 사실 그 당시 현찰 1억은 거금이었다. 그러나 어릴 적 꿈을 팔아 버릴 수는 없었으며 당장에 돈의 궁색함이 있는 것도 아니므로 사양할 수밖에 없었으나, 고향 어른인 이장은 거액을 챙겨 상경할 때는 자신만만으로 젊은 아우인 내게도 환영받으실 줄 기대했는데 황망하기가 그지없었던 낭패였으니, 피차 간에 없었던 일보다 못한 실정이었다. 더구나 날 설득하시려고 영향력 있는 향우들까지 대동했던 치밀성까지 보였으므로 대단히 송구스러웠었던 그때의 심경을 지금도 잊을 수가 없으며, 그 후부터 닭섬 유혹은 헤아릴 수가 없을 정도였는데 일본인 토목 설계 제2의 실력자와의 인연을 묵살하고 말았음이 닭섬 연관의 인연 중에서 가장 큰 어리석음이었던 것이며 또한 내 고향 후배(국회의원 보좌관) 고영O 동생의 애절할 정도의 닭섬 매도 권고 3회를 야멸차게 뿌리쳤던 애석함의 깊은 그림자 때문에 지금까지도 닭섬을 움켜쥐고 있음은 분명 하나님의 뜻이라고 생각하지 않을 수가 없게 되었다.

한국 부동산 전격 바람은 86년 아시안 게임 때만 해도 미동도 않던 잠재적 침체였으나, 88년 서울 올림픽이 끝나면서부터 예측 불허의 땅값이 치솟기 시작했던 것인데, 내가 보기엔 한국 부자들 대부분은 부동산 부자들이라 해도 과언은 아닐 것으로 본다.

본인에게도 하나님 도우심으로 만천 평의 땅덩어리 닭섬(81년 6월)을 소유한 지 3년 되었을 듯할 때, 고영대 후배의 전화를 받았는데 평소에 습관처럼 퉁명스럽게 "형님! 닭섬 안 팔라우!"였으나 멍했더니, 잠시 후 "2억 주면 팔라우!"였다. 그러나 내가 "무슨 헛소린가? 나는 닭섬을 한 번도 사용 못 해 봤는데" 했더니, 그날은 물러섰었던 고향 후배는 고향 아우며 내 친구인 고남O 조카며 국회의원의 유능한 보좌관으로 고흥의 젊은 미래였으며, 남일O과 이상O과 우리들은 향우회를 이끌어 가는 다정한 향우들이며 활발한 고향 형제들이었기에 허물이 없었다.

그런데 여당 보좌관들과 국무위원(장관) 보좌진들은 당연직 여당 중앙위원 겸임이 되므로 함께 어울리는 친한 선배 분이 서울 분으로 낚시광인데, 그분의 제수씨가 고흥 녹동이 친정으로 그곳에 참돔이 많다는 설명과 추천으로 닭섬에 갔으며, 아름다운 남도에 무인도 섬의 정취에 꽂힌 그분은 얼마 전에 특급 정보로 인한 벼락 거부이므로 닭섬 매도 권고를 고영O 동생은 나에게 했으나 내가 사양했더니, 두 번째는 2억 5천, 세 번째는 3억을 제시했으나 어리석게도 본인은 끝내 거부를 하고 말았던 것이다. 고영O 동생은 속상하고 안타까운 마음에 언젠가 크게 후회할 것이라며 악담까지 했으나 내 입장은 어릴 적 꿈을 팔아 버릴 수는 없었던 것이니 운명인 것이었다. 그때 억대면 부자였으며 3억대면 대단한 거액이었으니, 젊어서 세상 물정을 모르는 교만이었던 것 같다. 그 후부터는 2억 5천에도 팔 수가 없었으며, 세월 따라 화폐 가치는 떨어지기에 섬 매도에 적극성을 보였으나, 이미 무인도 호기심 절정 시기는 흘러가 버린 세월이 되고 말았던 것이다.

일본 토목 설계사 가O 씨

가O 씨는 일본인으로 60세이며 토목 설계사로서 일본 제2의 실력자로 그 당시 한국에 난해한 토목 공사를 초청 방문해 처리해 준 토목 전문가였다. 일만 하다 보니 허무감, 우울증에 시달리다, 자신의 한국인 남비서 모친과 사랑에 빠져 단 둘만의 은신처를 남쪽 바다의 무인도로 작정했으며, 자신의 한국 친구인 광주 건축업자에게 일임을 했는데 그분 고교 동창 김상O 씨가 내 옛 중대장이며 정년 후에 돈암동에서 서울 부동산을 할 때였기에 순조롭게 연결되었던 것이다.

일단 닭섬을 답사했으며 첫째가 식수라며 이장해 간 곳의 흙을 치밀하게 검토 분석하더니, 만면에 희색이 감돌았으며, 대량 수맥이 존재한다며 만족감을 표했다. 그리고 10년간을 사용 허락해 준다면 자신이 선착장과 전기와 식수를 알아서 개발함과 멋진 별장을 조성해 자유롭게 사용하고 만기 때는 모든 현상을 그대로 반납하는 조건을 제시했으나, 내 입장은 완전히 매매하기를 바랐으나 외국인이라 부동산 취득이 불가능할 때였다.

나는 젊은 마음에 거금을 바로 입수 못 할 바에 빌려줄 수가 없다는 쪽으로 고집해 버리고 말았던 점이 지금까지도 멍이 들 정도의 한으로 남아 버렸으니…

가토 씨는 그 후 두 차례나 닭섬에 미련을 포기 못 하고 연락이 왔었으나 내가 깨닫지 못해 결국 일생일대의 하늘이 주신 호재를 던져 버린 셈이 되고 말았으나, 이박 삼일 동안의 가O 씨와 대전 아줌마의 중후했던 연정의 모습과 나의 예비군 중대장님, 김상O 씨와 광주 건설업 박 사장님, 우리 형님, 김영O 친구의 모습들이 생생하게 떠오르면서 추억 속의 그리움에 안개로 피어오르고 있을 뿐이다.

그때 임대 계약 조건은 10억 원 투자해 선착장 및 모든 전기 시설과 식수 설비를 해서 멋진 별장을 조성해 10년 사용한다는 조건이었으니 대박이었으나, 젊었던 내 마음은 10년이 너무 긴 세월로 느껴졌던 사실에 단호하게 뭉개 버렸던 일생일대의 큰 실수였으니 지금까지도 철부지 젊은 시절 수많은 호재들이 하늘을 모른 채 경솔하게 외면해 버린 철부지의 교만함에 후회할 뿐이다.

1차적으로 절박했던 당면 과제였던 보통의 삶을 확신하게 된 후부터 모든 세상사가 느슨해졌으며, 자신도 모르게 자만감으로 팽배해져 가고 있었다.

그때만 해도 우리 애들의 미래를 위해 교회에 앞장만 서 주었을 뿐 신앙심도 믿음도 전무였던 독불장군처럼 광야에 외톨이나 다름없었던 것이므로, 고삐가 풀린 망아지들도 주인이 고삐를 잡아 주면 비로소 안정이 되어 바른 길을 가게 되듯이 인생 길에서 진즉 주님을 만날 수 있었다면 지금처럼 부끄럽게 망아지처럼 헤매지도 망설이지도 않았을 것이며, 현실적으로 훨씬 큰 축복을 누렸을 것이라면 후회는 없었을 것이다.

인생의 삶에는 반드시 하늘의 뜻에 따라 살아감이 순리일진데, 인간 대다수가 속물적인 삶을 영위함으로 하늘의 뜻을 외면한 죄악의 길로 줄달음친 모습을 보면서 안타까움에 벅찬 가슴을 쓰러안을 때가 부지기수로 내 자신도 다름 아니었음을 변명할 수 없는 경우가 비일비재했으리라 짐작이 된다.

그로 인해 예수님은 우리의 죄값을 피 흘려 죽으심으로 속죄하셨으니 만민의 왕이시요 주님이련만, 우리들의 어리석음은 끝이 없으니 답답하기가 그지없음이요 언제나 주님을 향한 순전한 믿음으로 충만해질 그날을 두 손 모아 기원하며 오늘도 내일도 성령불을 기대하면서 간절히 찬양하리라.

(追伸: 닭섬과 서초동 지하 상가 분양 받았던 건은 나만이 알고 있었던 대령 부인과의 계약에 관한 기적 같은 사연으로 지금 생각해 보아도 신비로웠던 운명적인 사실이었는데, 눈에 보이지 않는 도움의 손길은 확실히 존재함을 나는 지금도 믿고 있는 바이다) 南風.

(* 노을 찬양 친교회를 구상해 보면서 22년 12월 1일)
《노을 찬양 친교회》
우리는 무엇 때문에 함께 모여 찬양하고 기도하며 정담을 나누는가? 영광의 하나님 축복의 말씀과 우리 주 예수 그리스도의 사랑과 은혜를 누리기 위하여.

3대 목적 = A 찬양 B 기도 C 성경 말씀 40 완독
(엉터리 찬양 대결성과 성령 춤) 이규O 집사
[의미 부여: 외로움 안아 주며 시든 영 살리기]
* 각자의 삶에 대한 이야기 사랑방(하루 1명씩)
회비 = 1만 원으로 규정한다(식비 포함)
일시 = 매월 10일이며 주일 겸은 다음 날로 한다
장소 = 덕계동 보리밥집 연락처 010-2127-xxxx

닭섬

달랑달랑 벌거벗고
먹 감고 황소 타고
조각배 엉겨 타고
앞바다 동동섬에
육해공 병정 놀이
요새 삼던 동무들아
날개 찾아 떠난 세월
돌아갈 길 언제련가

아! 가리라
내 섬으로 가리라

덜렁덜렁 짊어지고

두 주먹 불끈 쥐고
욕망의 덫에 달려
헤매이던 그림자를
너에게 안기어
모다 지워 버리려
숱한 사연 다묻어
만년방주 삼은 닭섬

순한 짐승 신하 맺어
꽃 피우고 새 울리어
천진난만 왕국 건설
축복의 삶이여

가리라 가리라
닭섬으로 가리라

1998년 7월 30일 南風 김복현

83. 교회와 다단계 (보문동 침례교회)

80년대는 보문동에서 비교적 안정된 생활을 누릴 수가 있었기에 내가 아이들 교육을 가장 우선했음은 내가 소년 때 사무치게 느꼈었던 시골 벽촌 부모와 자식 간에 발생한 안타까웠던 소통 부재였는데, 상경해 본 수도 서울은 오히려 더욱 심각한 상태였었다. 다름 아닌 과잉보호와 물질만능의 선심 공여가 非一非再로 난무한 와중의 소통 미달이었다.

내가 보기엔 차라리 무지한 시골 벽촌의 부모들이 서울의 잘난 부모들보다 자식 교육을 덜 망가뜨린 것으로 확신할 수가 있을 정도였으니 심각했는데, 확실한 점은 학력 점수 위주의 도시 교육이 인성 교육을 철저하게 외면해 버린 결과였음이 내 눈엔 끔찍한 현실로 보였다. 그때 내 머리엔 '어떻게 하면 우리 애들을 당당하게 키워 낼 수가 있을까? 저런 속물판에서 나만의 혜안으로서는 도저히 감당할 수가 없겠구나.' 했으니 외롭기가 광야의 모세라고나 할까?

바로 그 시절, 한국에 투기 바람, 부동산 바람, 다단계 바람, 치맛바람, 춤바람, 학원 바람, 도자기 바람, 수석 바람, 미술작품 바람 등 난무의 바람이 몰아치기 시작할 때였다. 바야흐로 군사 정권 시대였으니 어지러운 세상으로 안 되는 것도 없었고, 되는 것도 없었던 희대의 시절이었으니 사기꾼들이 들끓을 때다.

그 무렵에 고민 두 가지 중 첫째는 아이들 종교 선택 과정이었으며, 둘째는 사회적 암이었던 다단계와 사기꾼들을 선별하려면 慧眼을 가져야 했으므로 본인이 직접 몸소 터득해 당하지 않음이 최선인데 다행스럽게도 내 주변에서 나에 대한 여론이 좋은 편이다 보니 유혹의 손길도 많았다. 역시 교회 전도와 다단계 유치가 대단히 많았었다.

그때부터 작심하고 어떤 유혹도 거부하지 않고 참여했더니 확실한 산 교육이 되었던 것으로 기억되는데, 한국이 그토록 수많은 종파와 사이비

교회가 많은 걸 알 수 있었고 그러다 보니 교회들의 특성까지도 파악이 될 정도였으며, 그때 또렷하게 뇌리에 각인되었던 것은 이 땅에 기독교를 掌握해 선도한 5종파는 거의가 부흥 강사 출신 목사가 담임한 5대 교회였는데, 그중 보문동 침례교회는 우리 부부가 첫 등록했던 오관O 목사 담임 교회였었다.

그 당시 내가 매일 첫새벽 산행(고대 뒷산)을 할 때였는데, 집을 나서면 맨 먼저 어김없이 만났던 분이 바로 오관O 목사님이신데 걸걸한 웅변조의 목소리로 "할렐루야! 오늘도 축복의 날 되시길 바라겠습니다."를 반복했으나 교회 전도의 말씀은 전무해서 편했기에 마주쳐도 불편하진 않았을 정도였다.

그러나 1년간 종교 집단을 파악하기에 최선을 다함이 절실했음은 우리 애들의 교육 미래와 가족 행복을 좌우할 수 있었던 중차대한 결정이었기 때문에 올바른 판단이 필수였으며, 가장으로서 소홀히 할 문제가 아니었다.

그런데 1년 후 우리가 교회 등록한 후의 어느 주일, 설교를 마친 목사님 광고 발표 시간 때 갑자기 뒤에서 소리를 질러 놀라움에 뒤돌아보았더니, 단상을 향한 삿대질과 고함 소리로 매우 흥분하신 분을 볼 수 있었는데, 장로님이라며 옆 좌석의 교인분이 설명해 주셨으나 도저히 납득이 되질 않아서 의아심으로 바라볼 수밖에 없었다.

그 후 알고 보니 연말 결산 발표였다고 해서 알게 되었으며, 참 어처구니가 없었던 사건이었던 것이다.

그로 인하여 순수할 것으로 예상했었던 나의 인식에 자국이 났고, '다른 교회는 어떤 모습일까?' 의문을 억제할 수는 없게 되고 말았으나 다행인 것은 우리 애들은 보지 않았으므로 그나마 安堵할 수 있었다.

  그러나 그로 인한 경각심으로 이사 때마다 어느 한 교회에 머무를 필요를 느낄 수가 없었으며, 지금까지의 내가 바라본 한국 교회의 패단은 고스톱판의 용어인 "썩어도 고!"가 문제인 것으로 보일 뿐이었다.

  목사도 사람이므로 잘못하면 충고와 지적도 해 주면서 바른 지도자의 역할을 할 수 있도록 일반인들보다 배려와 이해가 능동적일 것임이 당연지사일 줄 믿고 있었던 본인으로선 큰 놀라움과 실망이었다. 예수의 전당 밖의 市中이나 다름없지 않은가? 의문이 내 머리를 복잡하게 흔들어 놓았을 때, 나의 파월 전우 홍달O을 통해 알게 되었던 대성리 한얼산 기도원(이천O 목사)이 생각났으며, 달려가고 싶었기에 다음 날 간편복으로 갈아입고 기도원에 입원했는데 엉뚱하고 얼떨떨했으며, 이상야릇한 광경을 보면서 징, 꽹과리 소리, 북장구 소리, 피아노 소리, 악기 소리가 한데 어울렸으며, 수많은 사람들이 기도하는 소리와 울부짖는 소리가 여간 이타적으로 들렸다.

  약간의 거부 반응을 넘기다 보니 분위기에 융화되어 스스럼없는 참여의 집단 속으로 말려들었으며, 거대한 원형 돔 안의 공간 세계가 놀라울 정도였고, 상이용사 출신(이천O) 목사님의 설교가 대단했다. 설교 중에서 "한얼산 기도원에 들어오면 강아지도 은혜와 성령을 받는다."라고 했는데, 나는 5일 동안 안수 기도를 끝까지 받았으나 최후 5명 때까지 남아버려서 얼굴을 들 수가 없을 정도로 창피했기에 조용히 귀가해 버렸다.

  그러나 다음 날 새벽 개운산 등산할 때부터 모든 산의 나무들과 아카시아 꽃들이 찬란하고 아름다웠으며, 은혜스러워서 감사와 축복이 넘침을 느낄 수 있었던 기억이 생생하다. 기도원 첫날 침구도 없었던 나에게 팔순 노인 두 아들 내외 가족이 보여 주었던 사랑의 성령춤이 지금까지도 잊히지 않으며, 노인께서 내게 강조하셨던 성령춤이야말로 자신의 80 평생에 酒黨으로 취객춤을 즐길 때와는 비교도 안 될 만큼 환상의 춤이라면서, 불과 1년도 안 된 예수님 믿음 생활이 하늘을 나는 듯한 천상의 기쁨을 누리게 해 준 작은 며느리가 고마울 뿐이라며, 마치 술에 취하신듯 덩실덩실 성령춤을 추시는 모습이 그토록 신나게 보여서 첫날의 귀가를 포기하고 그분 가족들과 함께 기도원의 5일간을 머무를 수가 있었던 것이며, 나도 훗날 성령춤으로 노후를 은혜롭게 보내리라 다짐했었다.

그런데 어느덧 내가 그때의 노인처럼 주님 사랑에 힘입어 밤마다 찬양이 그리워지면서 모바일로 틀어 놓고 홀로 성령춤을 추는데, 과연 천상의 춤으로 거듭날 수 있을 듯 자신감이 豫想된다. 비록 몸은 석양 노을을 바라보고 서 있지만 믿음의 형제들과 함께 찬양하며 성령춤을 즐길 수 있다면 그 이상의 축복이 있을까? 40여 년 전 한얼산 기도원에서 만났던 팔순 노인 가족의 성령춤사위 모습이 눈에 선명히 떠오르며 재현해 보고 싶을 때가 있기에 노을 찬양 친교회로서 실현해 볼 소망이 충만하다.

또한 課題였던 다단계와 기획 부동산 집단을 파고들어 갔는데, 기획 부동산이 먼저 연결된 상황이 발생했음은 모 기업체의 부장 윤충O에게서 전화가 왔는데, 시간이 되면 유망지 물색을 해 달라는 부탁이었다. 그때 마침 마당쇠 특허 칫솔 개발 사무실에서 시간적 공간이 났으므로 강남의 기획 부동산 풍림 개발의 초대를 받았었는데, 윤 부장이 함께 참석해 보자며 뛰어왔기에 동행했는데 사무실은 크고 으리번쩍했으며, 직원들 숫자도 넘쳐흘렀다.

대표는 육군 대위 공병 장교 출신으로 젊고 활발했으며, 아이템이 대단한 업자로 보여 호감이 갔는데, 그쪽도 나를 보더니 특별한 관심을 갖는 듯이 날 지켜보았다. 그런 인연으로 얼마 후에는 그 회사의 관리 이사를 수락하게 되었는데, 회사 고객이 유명 연예인들이었으며, 내가 주로 상담할 고객들이었고, 그로 인한 연예인 일부의 부동산 현상을 파악할 수 있었으며, 기획 부동산의 생리를 조금 알 수 있었다.

그러나 투기 단속 1호의 검찰 대상이 되면서 회사는 쑥대밭이 되었고, 나는 영문도 모른 채 검찰청에 엮여 가서 조사받고 이틀 만에 풀려났으나, 검찰은 내가 거물급인 줄 알고 큰 기대를 품고 뒤지고 뒤져도 너무 깨끗하다 보니 닭 쫓던 개처럼 헛웃음을 쳤다. 불과 몇 개월간의 기획 부동산 경험이었지만 배우고 느낀 소중한 6개월이었음을 자부할 수가 있겠다.

그때 연예인들도 부동산에 관심이 많아 청담동으로 회사 옮기기 전, 이미 장위동 변두리 대형 야산땅을 확보한 김명O 사장의 기발한 아이템은 여성 연예인들을 상대로 기획 부동산 시스템을 활용하는 것이었는데, 그때만 해도 부동산 바람이 잠잠할 때여서 변두리 야산은 헐값일 때였으니 분양 사기가 발생할 수 없었던 어둡고 어설픈 시절이었다.

그러다 보니 기획 회사도 대박이 났으며, 땅을 구입한 연예인들도 이용을 당했으나 결과적으로는 효자가 된 꼴이었으니, 기회의 타이밍이 맞아떨어졌던 것이며, 그것이 바로 거기까지였던 것이니 행운이라 할 수밖에 없었던 시대적 보너스였다고나 할까…

워낙 오랜 세월 잠자듯 하던 시장이 기지개를 펴기 전의 고요함에서 이상과 같은 현상이 빈번했던 것이며, 혜택을 누린 연예인들은 김명O 사장과 끈끈한 인연이 되었으므로 부동산 브레인 삼아 드나들었으며, 풍림 개발 부동산 기획사에는 큰 홍보 효과가 있었고, 활기찬 분위기의 신바람이었다.

그 중심에서 인력 관리 이사 직분으로 반년을 사측에서 제공한 완전 자가용으로 출퇴근하며 기획사의 본질을 배울 수가 있었으나, 뜻밖의 정부 투기 단속 1호에 걸려 버려 제동이 걸리고 말았으며, 연예인들과 많은 인사들을 만날 수 있었던 좋은 기회가 무산돼 버렸으나 내 인생의 극적인 한 페이지는 장식된 산 교육으로 自慰할 만했었다.

그러나 얼마 후부터 기획 부동산은 변칙이 난무했으며, 부동산 거래를 악용한 것이 바로 기획 부동산인데, 후배 사무실에 초대받아 들렀더니 전형적인 기획 부동산 회사였다. 내용을 알고 보니, 어떤 지역의 개발 계획 발표 정보를 이용하는 수법의 실체는 개발권 외의 주변 헐값의 땅을 대량으로 매입해서 소규모로 분할하면 우선 손 가벼운 부동산이며, 그럴듯한 홍보로 팔아 재끼면 폭리가 되는 것이었다.

그것도 초기에는 시대적 급변으로 통한 결실의 대박이었기에 부작용이 거의 발생하지 않았는데, 사기당한 땅이 오히려 덩달아 개발권의 바람을 타 버렸기 때문이었다. 숭어가 뛰면 망둥어도 같이 뛰는 격이다 보니 기획 부동산이 포화 상태였는데, 그전 같은 호황은 사라졌으므로 여기저기서 부동산 사기 건이 빈발하게 되었던 것이니, 내가 그 무렵 끝자락에 스카우트된 셈이었으나 충격보다는 삶의 좋은 교육이 된 것도 엄연한 사실이었다.

풍림기획개발에서의 여배우들과 대표 비서였던 김종O(유도 5단)는 나와 짧은 기간이었지만 매우 인상적인 인연이었기에 지금까지도 그 모습들이 눈에 선명하며, 그 시절 그 추억은 아름다웠던 시절이었고 내 삶 한 편의 소중한 초상이라.~

〈네트워크 방식의 회사〉 多 段 階

한국식 다단계 회사의 생리를 제대로 알아야 세상도 바로 볼 수 있을 것으로 본인은 단언한다.

우후죽순처럼 우리 주변에서 수없이 많이 돋아난 듯한 (네트워크) 다단계 회사들인데, 첫 대면의 첫마디가 "우리 회사는 무자본의 맨손으로 성공할 수 있는 사업"임을 스스럼없이 강조하므로 대부분 귀가 솔깃해지기 마련이다.

크게는 보험회사들부터 시작해서 별의별 방식의 네트워크형 회사들이 많기로, 과연 한국이 세계적일 것 같은데 내 생각이 틀릴까?

각설하고, 내가 1971년에 상경한 후 파월 전우 김성O(서라벌예대 사진과 졸)를 만났을 때, 그는 신아일보 사진기자를 거쳐 국내 유수의 대형 보험회사에 스카우트된 유망 직원으로 활약 중이었으므로 서울 생활 초짜였던 나는 자연스럽게 천거되었다.

보험 신입 모집원의 기본 교육을 열심히 받은 후 뛰어 보면서 한 달간 교육을 받으며 보험 모집원 실습에 박차를 가해 보았으나, 슬픈 마음을 금할 길이 없었다. 본인처럼 당장 먹고살아야 할 서민이 대다수였건만, 그들의 수입은 며칠 후가 될지, 몇 달 후가 될지도 모른 채 기약 없는 날짜만 보내며 버스비와 식비, 소소한 잡비만 소모하고 시간과 세월만 까먹고 있었다.

교육은 매일같이 "지인을 데려오라"고 하니 살길이 열릴 줄 알고 친척과 지인을 찾아다니며 보험 가입 실적을 올렸으나, 한 달 하다 보니 바닥이 드러나 더 이상 모집할 수 없었기에 포기할 수밖에 없었다.

재미있는 것은, 밥값도 버스비도 텅 빈 내 호주머니를 털어 가며 가입시키고 모집하다가 결국 못 버틴 채 그만두었으나, 보험회사는 본인 같은 피눈물 흘렸던 수많은 희생의 대가물로서 빌딩의 높이를 무한정 올리고 있었다. 가난한 서민 생활에 보탬이 될 수 있는 기업체는 볼 수 없었으며, 우리가 서럽게 끌어다 주었던 고객 중에는 부자도, 연예인도, 정치인도 존재했으므로 계속 보험 사용이 가능했기에 회사 수입만 천정부지로 올라갔다.

그 증거로 보험 회사 빌딩들의 높이들이 응답하고 있으며, 그 이면에는 수를 헤아릴 수도 없는 서민들의 소리 없는 눈물의 대가는 한숨소리일 것이다.

다단계 네트워크 사업은 연결의 사업인데, 막상 먹고살 길이 안 보여서 떠나 버렸지만 연결시켜 준 대가를 회사만 독식해야 되겠는가? 먼 훗날이라도 대가를 돌려줌이 마땅할 것인데 그런 사례는 없다.

일단 다단계 회사를 만들어 회원 수가 많아지면 주모자들은 빠르게 대박이 나지만, 문제는 "맨손 사업을 할 수 있다"는 설명에 취해 시작한 서민들은 거의가 시간 뺏기고 세월만 보내는 경우가 다반사이므로 신중하고 깊이 있는 판단으로 결정해야 한다.

문제는 그런 류의 네트워크 업체가 넘침에 심각성이 매우 크며, 불법적인 면이 비일비재함에도 왠지 관리·단속은 거의 전무한 듯해서 무한정으로 늘어난 추세로 보였었다. (1970~80년대)

南風.

(* 보험사 탐방부터 1년간 각종 교회와 다단계 회사들을 거의 탐방했는데, 현재의 내 기억력으로는 다단계 회사 모두를 기억할 수 없음.)

84. 숭인동 건물주의 횡포(세입자의 눈물)

　79년 10월 26일 弑害 사건으로 제3공화국은 사라지고, 정승화 참모총장을 밀어낸 전두O·노태O·정호O 등 신군부의 장악으로 인해 한국의 군사정권은 두 번째의 손바꿈으로 다시 연장되어 무르익어가고 있을 때, 바야흐로 전두O 장군이 국보위 상임위원장으로 정권을 잡으려 민심을 얻기 위한 시중의 질서 유지에 혈안이 되어 있을 때, 국보위 중심 활약이 막강할 때였었다.
　그 시절의 나는 시중 신문을 거의 읽었기에 세상사에 도움이 될 수 있었던 미담의 한 토막을 기술해 보자면, 숭인동 빵家가 속한 건물을 신축한다며 건물주의 일방적 퇴거 통보를 받게 되었으나 본인으로선 크게 반발할 의사가 없었던 문제였으나, 다른 세입자 11명 모두는 사활이 걸린 문제였었던 불공정의 게임이었던 점을 내가 직감했기에 관심을 집중하고 보니 역시 강자 독식의 비리가 확실한 문제였었다.
　5층 건물의 세입자 중에 본인 빵家만 2평 소형 가건물일 뿐, 열한 분의 세입자 모두 10평 이상으로 사진관과 한정식 요리점은 대형 평수로 시설비와 권리금이 엄연히 존재할 때였는데, 건물주가 워낙 巨富여서 권세가 당당한 변호사를 거느린 광화문 중앙빌딩도 소유한 임대업계의 거물이었다. 일말의 양심은 남았던지 세입자 한 명씩을 광화문 중앙빌딩 사무실로 불러서 곰탕 한 그릇에 커피 한 잔을 격려랍시고, 그동안 자기 건물에서 오랜 동안 기반을 잘 잡았음을 강조하며 치하도 아니고 격려도 아닌데 주눅이 들어서 권리금과 시설비는 말도 못 해 버리고 울며 겨자 먹기 식으로 물러날 수밖에 없었던 것이 바로 서민의 숙명인 것인데, 빵家를 정리하려고 들렀더니 세입자 모두 나를 기다리고 있었는데 사정 형편들이 억울하고 서글펐으며 자신들은 말 한마디 못 해 버리고 나서 후회가 막심한 것을 나에게 吐露한 것은 語不成說로서, 두 평의 가건물 세입자는 사실 해당 사항 없음도 모른 분들임에도 불구하고 내 마음은 왠지 모르게 울컥한 義俠心으로 그들을 위해 전면에 설 수밖에 없었다.

그때 나의 아이템은 국보위 상임위원회에 호소문을 제출하면 억울함을 해결할 수 있겠다는 가능성을 探知했으므로 피해 세입자들께 가벼운 언질로 건물주를 만나 보겠으니 연락망을 살려 두기만 당부하고 헤어진 후에 심혈을 기울여서 문장을 다듬었더니 내심 만족할 수 있었기에 직접 챙겨 들고 광화문 세종로 국보위원회 사무실로 달려가 접수시켰더니, 이틀 만에 콧대 높던 건물주 사장 부부께서 신설동의 모 다방에서 만나기를 간청하기에 응했는데, 얼마나 다급했던지 당황한 모습의 첫마디가 "젊은 선생님! 한 번만 살려 주세요!"였으니 나도 놀랄 정도였으며, 국보위의 막강한 힘을 나는 확실하게 실감할 수가 있었던 것이며, 2차 상면을 광화문 중앙빌딩 사무실로 희망하기에 요구한 대로 상면했더니 기발한 선심으로 본인을 懷柔한 내용이 可觀이었는데, 이미 세입자 열한 분 동의로 일단락 해결된 문제이므로 "젊은 김 선생만 조용히 눈감아 주면 잘될 것이니 차라리 본인에게 한몫을 챙겨 주겠다."며 진지하고 끈질긴 회유 작전을 폈었지만, 그러나 도저히 내 양심으론 용납할 수가 없었기에 단호하게 뿌리쳐 버리고 호통을 치며 "인생을 그렇게 살지 말고 당당하게 살길" 충고했었더니 다급한 긴박감으로 내 앞에 무릎을 꿇어 버렸다.

참으로 순간적이었는데 나중에 알았지만 국보위의 강력 세무 사찰 직전이어서 세입자들 화해 진정서 첨부만이 사찰을 피할 수가 있었던 것이며, 모든 해결책은 내가 쥐고 있으므로 방법은 피해 보상금을 정당히 異議 없게 챙겨 주고 화해할 수밖에 없었던 것이었는데, 내가 양심적으로 내 보상은 0으로 하므로 건물주와 세입자들이 감동으로 대응할 수밖에 없었으며, 단독으로 진실한 설득 작전이 성사되므로 세입자 11명은 이미 포기해 버렸었던 보상을 보너스로 받게 해 주었는데, 사실 건물주는 전남 영암 분으로 고흥 출신인 본인으로선 마음이 무거웠으나 약자들 편에 설 수밖에 없었던 것인데, 그토록 환호하며 은혜를 운운하던 세입자들은 며칠 후 연락해서 식사라도 대접한다며 요란하더니 그 후 연락도 없었다.

이것이 세상인심이구나! 했었던 기억만이……

그러나 짧은 일생 동안에 내 이득에만 혈안이 되어 발버둥 치는 현상을 극복할 때마다 보람은 큰 것이었으므로, 세입자 11명 몫을 가로챈 유혹을 뿌리치면서 그들을 위해 앞장섰더니 하나님께서 지혜를 주심에 이룰 수 있었던 쾌거였으니, 큰 보람이며 은혜였었던 것이었다.

남들은 인류와 국가와 사회를 위해서도 앞장서서 일들을 하시는데, 나를 소시민을 위한 보잘것없는 작은 일이라도 할 수 있도록 인도해 주신 하나님께 무한 감사를 드려야 했으며, 은혜의 바다도 볼 수 있었으니 우리 하나님은 언제나 함께해 주셨음을 아련하게 깨달으면서 그때를 떠올려 볼 뿐이다.

善하셨다는 우리 양가의 조부님 내외분과 자랑스러운 우리 부모님, 그리고 사랑 충만한 나의 형님 내외분을 전설로 듣고 직접 보면서 성장할 수가 있었으므로 軍생활부터 꾸밈없는 善한 행동으로서 소박한 가정을 내 젊음의 꿈으로 목표 삼아서 무난히 돌파하게 되었고, 오늘도 나는 영하 17도의 양주 도락산 덕계저수지 한파의 새벽 축복에 산길을 단독으로 고질 무릎 관절 따위를 극복하면서 하늘을 향해 달려갈 것이며,

어제도, 오늘도, 내일도 나는 하늘을 향하여 새벽을 달려갈 것이다! 나의 하나님이 도우시므로…

2023년 癸卯年 元旦 새벽 6시 영하 17도 南風.

85. 황인O 형님(사촌 동서)

참으로 선하신 나의 사촌 동서 형이며, 정인이시고 농민 지도자이며, 4H 클로버회 초대 회장님으로서 많은 업적을 남기셨으나, 전남 광주에 도의원 출마의 실패로 인한 가정 경제력 파탄에 의한 상실감으로 무기력한 가장이 되어 6남 1녀의 대가족은 빈털터리의 신세가 되어 무작정 상경했는데, 목적 없이 정착된 곳은 미아리 눈물 고개 넘어서 정릉 골짜기 마을의 셋방살이부터 서울살이의 고난이 시작되었으며, 그나마 수많은 식률 거처를 정착 못 해서 5-6번의 이사를 거치다가 결국엔 미아리 기름 시장 안의 빈 헛간이나 다름없었던 미아리 기름 시장 안의 공간 점포에 정착했다.

그때부터 겪게 된 가족들의 고난을 어떤 말로 다 할 수 있었겠는가? 각설하고, 천신만고를 겪으면서 처형님께서 한복을 지어 팔면서부터 겨우 목구멍에 풀칠을 할 수 있었던 것이나, 한창 성장기였던 아이들의 배고팠던 설움이 짐작되며, 그토록 모진 고난 속에서 가장의 위상은 꺾였다. 그

때부터 첫째 승O(현, 출판사 대표)는 사회의 세파를 유감없이 체험하게 되었던 것이므로 훗날 국가적인 인물로 연마되었으며, 여섯째 농O(현, 이공계 박사)은 세계적 석학으로 인류에의 공헌자로서의 빛나는 명예가 예견됨이다.

나는 그들의 이숙으로서 시작은 대학 때, 문은고 1학년 때 좀 만났을 뿐이지만 우리들은 무척 대화의 심도가 깊었던 정서의 사연이 떠오를 정도다. 정적으로 더 만나고 싶었으나, 벌써 그때도 시간을 뺏을 수 없겠다는 엄숙함이 감지되었기에 자숙할 수 있었던 것 같다. 떡잎부터 확실히 달랐기에…

그러나 동서 형께서는 틈만 나면 내게로 달려오셔서 정담을 나누며 우리는 참으로 다정했던 형제 간으로 처가댁네서 내가 존경했던 유일한 분이며, 누구보다도 본인을 사랑해 주셨던 일화가 많으나 본인은 받기만 했을 뿐 아무것도 해 드리지 못했다. 그러나 인호 형님은 문인으로서의 농경 4H 운동의 선구자로서 활약하시며 농민을 위한 집필에도 노력을 아끼지 않으셨던 분이셨음을 확신한다.

어느덧 타계하신 지도 많은 세월이 흘러갔지만 지금까지도 다정다감하셨던 선한 미소의 그 모습이 떠오르면서 그리움으로 회상해 보니 지금도 내 곁에 계신 듯해서 숙연해질 뿐이다. 객관적으로 돌이켜 보니 처형님의 인고에 노력의 자식 사랑과 동서 형님의 끊임없었던 인간애와 선하심으로 인한 결정체인 2세들에게 신의 가호가 내려진 듯함을 강하게 느낀다.

한 집안에서 두 형제가 서울대학의 입지전적 인물로 기록됨은 서울대 전례에서 흔치 않을 것이므로 가문의 대단한 경사라고 아니할 수 없겠다. 이미 고인들이시지만 황인O 형님 내외분의 추모에 깊이 고개 숙여 존경심과 사모함으로 지난 세월을 상념해 볼 뿐이리라. 청렴결백의 상징이셨던 인O 형님을 그려 본다.

지금도 넷째 조카 황농O과 만날 수 있음에 안도하며, 자신의 지난 양친 부모들 이야기를 나눔이 무척 인상적이며 정겨워서 마음이 흐뭇한 고마움에 정서가 풍성해지면서 마음도 따뜻해진다. 젊은 농성이 조카의 한량없는 효심이 기특하고 사랑스러울 정도며, 거친 세파를 당당하게 극복해 나가는 모습에 위로의 박수로 아낌없이 격려해 주고 싶은 심정이다.

〈혜O, 화O 형님을 그리며〉

정혜O 형님

소년 시절에 여수에서 만난 정혜O 형과 신혼생활 때 상경하여 천신만고 끝에 겨우 식생활 해결이 된 듯할 무렵에 만난 유화O 형을 난 잊을 수 없는데, 두 분 형님과 본인의 인연이야말로 여간 인상적인 인연이면서 인간적으로 매우 독특했다.

두 분은 대졸에 고등학교 교사이며 국회의원의 보좌관으로 공통점이 많아 본인을 아껴 주는 마음도 비슷해서 생각해 볼수록 신비로울 정도였었다. 정혜O 형은 내가 구둣방 소년일 때부터 본인을 눈여겨보셨다는데, 자신의 친구에게 올 때마다 어렸던 본인을 찾아 따뜻한 정담을 나누었으며, 그러다 보니 언젠가부터 형제 호칭이 타당했으나 출생도 여수며 상고 교사의 직분으로 본인과는 어떤 연분도 없었던 생소한 사이였었다.

그러나 본인을 지나쳐 버리지 않고 눈여겨보면서 관심적으로 지켜보았고, 때로는 나와 만나면 위로와 격려를 아끼지 않았으므로 나에게 큰 용기가 되었으며, 그때부터 형제의 호칭이 통용되었으니, 자신의 친구 만나러 다니다 동생을 얻었다면서 흐뭇해하셨던 그때가 어제 같을 뿐으로 지난 그 시절이 안개처럼 허무하게 사라졌으며, 여수에서 소리도 없이 떠나 버렸으나 정혜O 형께서 보좌관 생활 정년하신 후 상경해 한국 과학 진흥원에서 봉직하실 때부터 다시 만나 다정한 형으로 본인의 멘토 역할을 해 주셨으니 한량 없이 고마운 분으로 기억되며 인자하셨던 그 모습이 눈에 선할 뿐이다.

혜O 형과는 내가 여수에서 잠깐의 활약 기간 동안의 청년 활동(중앙동 청년회, 예비군, 청우회 등)을 응원해 주셨고, 결혼할 때도 힘이 되었으며, 매사를 지켜보며 격려를 아끼지 않으셨기에 공화당 후보의 死地나 다름없었던 호남 여수서 김상O 씨가 기적같이 당선되었으며, 그분을 주례로 모신 우리 결혼식이 대성황의 빛난 혼례식이 가능했으니, 어쨌든 빈털터리 혼인 잔치는 조금도 초라하지 않았었음을 모두가 이구동성으로 증언해 준 셈이 될 수 있었던 숨은 공로자인데, 그러나 지금은 그리운 형님을 만날 수 없다.

유화O 형님

萬人의 好人 고흥 풍남 상촌 출생자이시니 본인과는 같은 마을의 이웃 동네 兄으로서 내가 어릴 때는 한번도 볼 수 없었음은 兄께서 일찍 도시로 유학을 떠나 버렸기 때문일 것이며 본인도 어릴 때 여수 큰누나 댁으로 가 버렸었기에 한번도 마주칠 기회가 없었으나 세월이 많이 흐르고 난 후 내가 서울에서 향우회 활동을 할 때 비로소 만나게 되었으니 서로가 소문만 많이 듣고 알고 있었으나 상호 간의 호감적 요소가 많았기에 서로에게 관심이 많을 수밖에 없었던 것이며 더구나 兄은 柳씨 종가댁 외아들로서 본인과 첫 만남부터 강한 好義를 보이셨으며 그때부터 우리는 변함 없는 따뜻한 友愛를 나눌 수가 있었던 것이다.

그러나 형만 한 아우 없다는 말처럼 나는 받기만 했을 뿐 단 한 번도 형님께 아우로서의 도리를 못 해 버렸음이 죄스러우면서도 받기에만 익숙했음을 자탄할 뿐인데 그럼에도 우린 유감이 없던 형님과 본인의 사연은 특별하며, 보좌관 재임 때 이대O 의원이 장관 겸이므로 비서진 일부가 장관실로 이동함에 여의도 의원 사무실 비서를 1명 발탁하게 되었을 때 보좌관인 형께서 본인을 극구 강권하셨으나 그때 빵家 사업이 번창했었기에 사양할 수밖에 없었는데 그만큼 본인을 자신의 곁에 두고 싶어 하셨던 것을 나는 잘 알고 있었다. 시골 지역민을 내가 상대하면 용의주도했기 때문이었는데 비서 자리는 사양한 대신 틈틈이 시간을 내서 도와 드리기로 다짐함에 그쳤다.

그러다 보니 장관님과도 가끔 식사의 기회도 있었으며 兄과는 이종 간이었으며 두 분은 외아들의 공통점 때문인지 유별난 형제의 정을 나눔이 확연했었는데 선하심과 다정다감하심도 일치했던 그 형제들을 존경하지 않을 수가 없었기에 고향 주민들 방문만 있으면 내가 의원 회관으로 달려갔는데 그 당시 '의원 장관님을 만나려면 복현을 만나라!'고 할 정도였으니 내 활약이 좀 있었던 것 같다. 돌이켜 보니 그것도 한때였었는데

어쨌거나 난 인덕이 좋아 비교적 많은 인물들과 인연을 맺었으므로 도움도 받았고 순수한 사연도 기록할 만해서 지난 세월이 허무하지만은 않은 것 같으나 아무리 생각해 봐도 베풀기보다는 받는 쪽에 능숙했던 것 같아서 마음이 무겁지만 누구보다도 우리 어머님께서는 평생을 자손들을 위한 선행과 기도를 멈추지 않았으니 우리 형님 생전에 들먹이셨던 우리

선조님과 어머님 德으로 우리 자손은 代代로 잘 될 것이네 하신 모습이 鮮明하게 떠오르며 내 마음만은 堂堂해진다.

한 해도 몇 시간밖에 남지 않는데 본인을 그토록 사랑해 주셨던 수많은 인연들이 파노라마처럼 떠오르며 지나가는데 누구보다도 선하고 건강하게 출생시켜 주신 나의 하나님과 우리 부모님께 무한 감사를 드릴 뿐이다. 그믐末尾. 南風.

(황승O는 수학, 과학 전문 승산 출판사 대표며 황농O은 서울대 이공계 최고의 유망 교수로 활약 중임)

86. 南風會 발족 在京 남풍회, 소망 남풍회 (우리는 무엇 때문에 함께 모여서 의논하며 일하며 정을 나누나요? 훈훈한 바람을 일으키고파)

내 고향 풍남 마을은 해변가 어촌의 우체국, 지서, 농협, 수협, 국민학교가 존재한 제법 큰 규모의 300여 호 이상의 가구가 형성된 동서풍 부락의 동리이며 고흥군 내서도 남쪽 맨 끝자락 바닷가 포구다.

주민들의 생업은 대부분이 어민들로서 농사는 소규모일 수밖에 없는 지형이므로 논밭과 바다로 뛰어다녀 본들 골병만 들었지, 그 시절에는 수산물이 헐값이어서 보리쌀 한 댓 박이면 생선은 한 광주리였으니 어촌민들의 생활상은 피폐했었는데, 그런 환경의 땅에서 본인과 신복O, 김승O는 어린 시절의 빈곤함을 공유한 셈이다.

척박한 남도의 끝자락 선창가 어부들은 거친 파도와 생활고에 시달린 탓에 거의가 酒黨들로서 하루도 조용할 날이 없었던 포구 마을 현상으로 살기 위해선 주부들이 들통에 생선을 담아 머리에 올려놓고 걸어 다니며 "생선 사세요!"를 외치며 하루 종일 곡식과 교환해 식구들이 겨우 연명했었던 그 시절 해변은 거친 깡 마을이었는데, 조카뻘들인 복O과 승O는 본인처럼 어려서부터 풍상을 겪게 된 집안의 소년 일꾼인데도 장남인 승O를 본인의 6촌 형께서 동행 상경해 만나 대뜸 사람이 되도록 잘 보살펴 주길 당부하심에 당황했으나, 사연을 듣고 형님 심정을 이해할 수 있었는데, 동네의 문제아들이었던 황흥O(훗날 대도)을 따라 다녀서 도저히 묵과할 수 없어 무조건 서울 동생(본인)에게 맡길 수밖에 없음을 하소연하심에 그 당시 내 형편으론 엄두가 안났으나 거둘 수밖에 없었으며, 그 결단으로 승O는 본인에게 도움이 된 셈이었다. 생각보다는 무던했으며 인내력이 강해서 무슨 일이든 소화해 냈으며 이해력도 있는 편이어서 잘 키우면 본인의 계획에 동반자로 가능할 것 같아 기대가 되었던 것도 사실이다. 빵家 초창기 본인과 승O의 연대적 사연은 무척 의미가 깊으며 부자지간보다 더한 신뢰가 형성될 수 있겠다고 기대했으나, 본인의 희망 사항일 뿐이었다는 것을 뒤늦게 알 수 있게 되었을 때 매우 황당한 낭패의 배신감을 감내했었다.

  인간 마음속은 하나님밖에 모르신다는 이치를 거의가 모른 채 살아가는 게 인생들이 아니겠는가?

  신복O은 세 번째 빵家(* 제기동 티파니)점으로 승O 할머니(본인 숙모님)를 고향 다녀올 때 모시고 왔다면서, 승O 부모가 막무가내로 강권해서 어쩔 수 없이 동행했다면서 난감해하던 그 표정이 지금도 눈에 선명히 떠오름이 어제 같다. 사실 내가 일찍 고향을 떠나 버려서 복O이는 처음 보았고, 신호O 씨 차남이며 신복O(현재 동경 신광교회 목사) 동생임을 비로소 알게 되었던 것인데, 그래서 무슨 일 때문에 명절도 아닌데 머나먼 고향에 다녀오느냐고 물어보았더니, 17세 나이답지 않게 부모님의 수협 빚을 갚아 드리려고 다녀왔다기에 내가 깜짝 놀랐으며 한숨이 나올 수밖에 없었다. 중학도 안 보낸 아버지가 매일 고주망태에다 차남인 복O을 심하게 혹사시키며 밥도 부엌에서 먹도록 내몰았다는 서러운 하소연을 들으면서 복받쳐서 함께 울었었는데, 친아빠가 그토록 매몰찬 만행을 저질렀는데도 그때 적잖은 빚을 갚아 드렸다는 사실에 내가 흥분하고 분개했었던 것은 초등 시절에 매일 술에 젖어 인사불성의 가장들이 대다수였기에 어린 내 가슴 아리가 매우 멍들었었던 기억이 생생히 떠오름에 머리가 복잡해질 수밖에 없었던 것이다.

포구 어선 마을이다 보니 본인이 가장 싫어했었던 육두문자의 고함소리와 지겹도록 다투는 소리들 때문에 나는 고향 사람들이 싫어졌으며, 고향을 떠난 후에도 객지에서 동네 친구들을 만나 보면 포구의 나쁜 습관들을 버리지 못하고, 더러운 것인지 죄악인지도 모른 친구들을 피하고 싶을 정도였을 때 번뜩 떠오른 내 마음속에 뜨거운 느낌은 저들의 引導者가 되어 준다면 의미가 있는 보람이 되겠구나 하는 희망으로 밤잠을 설치게 되었으며, 그때부터 지혜를 얻기 위한 서투른 기도가 시작되었던 것인데도 나의 주님은 지혜를 주셨으며 어설프기 짝이 없던 나와 함께하셨다.

우선 고향의 어린 후배들에게만이라도 본인의 작은 영향이나마 끼칠 수 있다면 더 바랄 게 없겠다는 일념으로 머리를 짜 보았더니, "남쪽의 훈훈한 바람을 일으켜 보아라!" 하는 음성이 들린 듯했으며 바로 南風會의 발족을 위한 구상에 몰입할 수 있었던 것이니 나는 역시 재능둥이인 셈인데.

 일단 고향 후배들을 먼저 계도함을 우선 목표로 의지할 곳 없고 방향도 모른 채 광야 같던 서울에 무작정 상경해 헤맨 듯한 시골 철부지들이 모여들 수 있는 울타리의 명칭을 재경 남풍회로 설정한 것이다.

 얼굴도 몰랐던 처음 만난 어린 신복O이는 내 고향의 보석처럼 보였었으며, 따라서 희망에 싹을 보인 셈이 되었으므로 그날은 어린 복O이와 처음으로 많은 대화를 마음 놓고 나눌 수 있었던 것이다.

 그때까지만 해도 고향의 모든 친구와 후배들 중에 어떤 자들보다 띠 동갑내기 어린 복O에게서 많은 감명을 받았었으며, 희망을 바라볼 수 있었기에 남풍회를 구상할 수 있었음은 내심 중에 반듯한 사람이 단 한 명만 있어도 무슨 일이든 할 수 있겠다는 확신이 충만할 때였으니 금상첨화였다.

 그리하여 신복O과의 만남으로 향토인 보는 인식이 달라졌으며, 그때부터 본인 중심의 연하들을 남풍 회원으로 결성하기로 다짐했음은 연장자로서 통솔이 용이했기 때문이다. 고향 사회의 특성상 장유유서가 뚜렷하기에 연장자 우대함이 존재하므로 학력이 약한 본인으로선 옳은 뜻을 세워 보려면 지혜를 발휘함이 상책이었다.

 정암 조광조 선생이 남루한 가파치노인 기인을 만나 심도 있는 학문을 했듯이, 비록 어리지만 내 눈을 번쩍 뜰 수 있게 해 주었던 신복O은 무작정 상경한 후 서울 복장이란 옷 만든 공장에서 심부름꾼부터 시작했는데, 쥐꼬리만 한 월급은 호구지책도 안 되었으나 라면 한 개로 하루를 보내며 작업대 위에서 헝겊 파지를 이불 삼아 잠을 청하며 굶으며 2년 모은 돈을 아낌없이 시골 부모님 어업조합 빚을 갚아 드렸으니, 그 당시에도 거의 상상할 수 없었던 대단한 효심이었던 것이며, 4남매 중의 둘째 아들이 가장 만만했던지 하찮은 취급을 했으나 오히려 효도는 진했던 것이니, 옛말 씀이 바로 진리에 가까운 법.

　어린 신복O과의 인상적 만남은 거기까지였으며, 그 후 서로가 바쁘다 보니 한동안은 잊어버렸으나 남풍회의 불꽃은 내 가슴속에서 사라질 수가 없었다. 내 고향 마을 후진들이 여러 모습으로 상경하여 서울에서 생활한 인원이 의외로 많아 사명감이 절실했었기에, 在京 남풍회를 결성했는데 첫 반응이 넘 성공적이어서 예감이 좋았으며, 초대 총무는 신복O(신복O 형)가 맡아 주었기에 일사천리로 나가게 되었으며, 일부 역반응보다는 대격려의 긍정적 후원을 해 주셨던 대선배 형들이 대다수였었던 것을 잊을 수 없다. 이미 유명을 달리하신 분들도 계시지만, 후배들을 사랑해 주셨던 고귀한 정에 깊이 고개 숙여 염원하면서 남풍회 발족과 해지 때까지 물심양면의 변함없는 후원을 아끼지 않았던 유남O 형의 깊은 배려와 수많은 사연은 한 권의 책으론 부족함이며, 내 고향 고흥의 보석 같은 존재였음을 확신할 수 있는 훌륭한 분으로, 탁월한 경제력과 카리스마는 타에 추종을 불허할 정도였지만, 애석하게도 가정 운세가 약하다 보니 쭉지 부러진 독수리 같은 모습을 지켜봐야만 했던 안타까움이 지금도 한량 없을 뿐인데, 세월은 여지없이 흘러 버려 아까운 인물도 맥없는 노인으로 둔갑해 버린 세월이 원망스럽기만 하지만, 그러나 고향에 족적은 남겼다.

재議政府 고흥향우회 기본이념

우리는 남단 고흥향우인들로서
　내일의 훈훈한 삶을 위해

신의와 열성으로 우정을 나누며
가정에는 보람을
이웃에는 인정을
고향에는 애향의 발자취를
남겨 두기 위하여
뜻있는 향우들의 중지를 모아
고흥인의 기상을 빛내기 위함이다.

南風 김복현

故鄕

우리의 고향은 고흥입니다
꿈에도 못 잊을 고향산천.
정겨운 풍경 그리운 님들
다 두고 뒤돌아보고 또 보며
그 무엇 위해 막막한 객지로
무거운 발거름에 몸을 싣고
서러운 사연 태산 이룰지라도
그러나 이제 우리는 모였습니다
외로움, 설움, 억울함도
함께 나누며 우정과 인정을 가꾸며
가장 다정한 애향에 노래를

힘차게 힘차게 부르오리다~~

南風 김복현

* 在京남풍회=서울의 마을 후배들 계도용

* 所望남풍회=빵家점 비즈니스용

* 제議政府남풍회=의정부 향우들 사기 진작용.

南風會 식순

1) 개회사

2) 고향을 향한 묵념(시 낭송 사회자)

3) 기본 이념 낭독

4) 고향의 노래(다 같이, 나의 살던..)

5) 회장 인사말씀

6) 신입 회원 환영 및 추천자 격려

7) 전월 재무 경과 보고(재정총무)

8) 향우 실태 파악 및 홍보 전략(홍보이사)

9) 본회의 발전 토론 발의 5분간(시간 엄수)

10) 폐회사(사회자)(*식사 전 음주 엄금)

(* 재경 남풍회와 의정부 향우회는 본인 회장 각 10년씩 봉사했으며 장학금 전달도 했음)

제(재)의 고흥 향우회 우수 학생 장학 격려금 선정

(1) 대학생 1명 = 일금 100만 원정

(2) 고등생 2명 = 일금 각 50만 원정
(3) 중등생 5명 = 일금 각 20만 원정으로 한다.

(최대 전성기는 재경 향우회)

유남O 형 회장, 이상O 재무, 고영O 홍보, 김복현 기획 및 진행의 재경 고흥 풍 양면 향우회 때가 일생일대의 6년간이었다. 그 당시에 유남O이란 이름 석자는 고흥 현지와 재경 향우 사회에서는 최대였음을 학신할 수 있었다. 포용력과 추진력이 대단해서 재경 고흥 향우인들 중에서는 단연 으뜸이었으므로 모범의 대상으로 우뚝 솟았음이 돋보였으며 내 소견에는 고흥의 관심 인물로 손색이 없었기에 유망주로 확실하였으나 뜻하지 않게 가정 문제가 발생하고 말았으니 안타까움을 표현할 길이 없었던 운명이었는데, 그러나 세월은 어김없이 무심히 지나가 버렸으며 다시는 되돌아오지 않았다. 南風.

〈在京南風會 일화 모음〉

- 70년대 고향 사회는 각박할 때여서 도움이 전무할 때인데, 풍남리 선창가 오두막집 장애인 이동O 형 부부가 장마철에 지붕이 새어 물벼락을 맞는다기에 중지를 모아 거출했더니, 소액이나마 현지 유지분들께 애절한 사유문과 송금했더니 감동해서 마을 공동 작업으로 지붕을 말끔히 단장해 드렸다는 희소식에 큰 보람을 느꼈음.

- 골목 초가집서 강 할머님 홀로 고초를 겪고 계신다는 소문을 듣고, 남풍회에서 마을 이장단에게 장문의 사유와 십시일반의 소정액을 송금했더니 역시 공동 사업으로 해결될 수가 있었던 것임.

(* 南風 長추대)

  그 당시 고향 마을의 옛 유지분들은 나이 들고 늙음도 서러운데 후진들에게 대부분 따돌림받고 폄하가 심해, 외로움과 서러움으로 한탄의 세월을 보내고 있었는데 사실은 지역 발전을 위한 고심과 노력도 적잖았음을 알게 되어, 남풍회는 그분들의 숨은 공로와 노고에 위로를 해 드려서 뒤늦게나마 처진 어깨를 세워 드리기로 작심한 1년에 한 분씩 南風 長님을 심사숙고 후 선정해 추대한 뜻의 안내문과 南風 長패와 감사문 액자와 위로금을 보내 드렸더니, 군수, 서장, 각 면의 면장, 기관장들 거의 南風 長님께 축하 격려를 보내 드렸으니 처음엔 어리둥절하셨다가 이해가 되신 후에는 거의가 뜨거운 눈물을 흘리셨다는 소식에 본인의 가슴도 울컥했던 기억이 생생하다.

  그런 후부터 어린 남풍 회원들이 명절 귀향 때면 남풍 장님들 댁으로 초대받아서 융숭한 대접을 받게 되었던 것이며, 여덟 분 선정해 드린 후에는 가을 운동회 때 남풍 장님들께서 남풍기를 들고 운동장을 돌면서 "남풍회!"를 외쳤다고 할 정도로 참으로 감동적인 일화가 많으며, 귀향 버스를 대절하여 버스 옆면의 플래카드에 "전남 고흥군 풍양면 풍남리행 在京 南風회원 歸鄕祝"을 부착해 일천삼백 리를 달려가서 고향 유지분들과 동민들의 대환영을 받을 수가 있었으니 대단했다.

  그러나 본인은 동대문 운동장에서 모든 진행을 마무리해 주고 귀향 버스를 보냈을 뿐 동행하지는 않았던 점은 무척 아쉬움으로 남았으나 보람은 충분했었다. 그 이전에는 고향에 가도 냉기를 느낄 뿐이었다는 푸념을 듣고 서글픔이 앞섰던 남풍회 위상이 많이 상승될 수가 있었던 것인데, 그때 남풍 회원 대부분은 自手成家형의 삶일 수밖에 없었으므로 생활적 여유는 전무할 때여서 홀로 고향에 가 본들 무시당할 선입견의 冷待일 수밖에 없었으나, 남풍회의 깃발 때문에 환대를 받을 수가 있었으니 여러모로 고향에 좋은 선례를 남길 수 있었다는 자부심이 충만했다. 南風.

南風 長

우리는 님을 尊敬하며 따르옵니다.
저희들을 永久히 이끌어 주옵시고
鄕土에 빛이 되시옵소서. 在京南風會 일동
유박O 님(도의원), 박종O 님(서장), 한수O 님(군위원), 황희O 님(이장),
황장O 님(개발위원), 이장O 님(이장), 김정O 님(약국 경영, 개발위원)
(* 님들은 모두 故人이므로 삼가 哀悼를 표합니다)

87. 애O이의 결혼식

세상을 살아가다 보면 뜻하지 않은 난감함에 처할 때가 있기 마련인데, 내 첫사랑의 여동생 애O이의 결혼식 행사에 초청을 받게 되었던 것인데, 참으로 난감할 수밖에 없던 어려운 문제였던 것은 결혼식 진행의 사회를 맡아 달라는 청인데, 사실은 신랑 친구들 중에서 물색 선정함이 관례였으나, 무슨 일인지 한사코 본인에게 간곡히 요청함에 피할 길이 없었으니 매우 난처한 입장으로. 무엇보다도 신부 큰언니 순O이는 내 친구의 부인으로 우리 만남은 숙덕 공론의 대상일 수밖에 없었으므로 도저히 내키지 않았었지만, 신랑 신부의 끈질긴 요청에 수락했으나 지난 세월에서 누구보다도 다정했었던 여동생의 결혼 행사였건만, 망설일 수밖에 없었던 것은 실타래처럼 얽혀 있었던 피치 못할 깊은 사연 때문이었다. 진심은 참으로 한없이 축하를 해 주고 품이 충만했으나, 본인의 못난 처신 때문에 마지못한 어색한 출연의 사회를 엉거주춤하게 진행하고 말았던 것인데, 그토록 능숙했던 본인의 진행 솜씨가 그때는 도무지 제정신이 아니었던 기억으로 각인되고 말았으며, 축연에서 어울리지도 못하고 도망 나오듯 도피해 버렸던 형태는 바로 도둑이 제발 저린 듯한 양심의 가책 때문이었음이라 생각된다.

해방된 해의 음력 9월 5일에 60대 부친과 50대 모친께 출생한 뜬금 수였던 나는 모유가 고갈되어, 영양 부족으로 피골이 상접한 빼차구(갈비씨)였기에 초라하기가 극치였으며, 너덜거린 옷도 구차해서 그야말로 볼품없었던 초등학교 3년 때 이웃집으로 이사 온 선한 부자댁의 셋째 딸이 바로 애O이며, 본인은 두 분 어른들과 식솔들의 과분할 정도의 사랑을 받았다. 큰딸 순O이가 나보다 한 살 아래였으니 올망졸망한 8남매가 오롯이 내 동생들이 된 셈인데, 그만큼 천사표 가족들이었음은 체험으로 확신할 수가 있었기 때문이다.

그중에서도 순O이 모친은 인근에 칭송이 자자했던 현모양처형의 덕망스런 분이셨는데, 특히 본인에게는 어머니처럼 조금도 거리감을 느껴 본 기억이 전무했으니 동생들도 혈연 같았다.

아무리 되돌아 생각해 보아도 그토록 초라했던 본인에게 아낌없이 애정을 베푸신 내외분 두 분께 나는 도저히 얼굴을 들 수 없는 실정이다.

동생 종O아! 애O아! 종O야! 애O아! 종O아!

정O아! 복O아! 무슨 염치로 내가 동생들이라고 부를 수가 있었겠는가? 두 분 내외분의 뜻을 저버렸으며, 그토록 알량했던 공부마저 팽개쳐 버렸으니 유구무언일 뿐.

석양 노을에 기대선 채로 덧없었던 지난 세월만 향하여 푸념으로 그리움을 헤쳐 달래 본들 무슨 소용이 있으리요만, 절실한 회계는 근본이라.

장남 종O(장로)은 지금도 변함없는 상록수로서 누구보다도 내 편이었음을 확신할 수 있었다.

나에겐 참으로 그리운 존재이지만 애써 피했으니, 세상사가 참 알다가도 모를 요지경에 빠지듯, 나는 내 갈 길이 전혀 내 뜻과 달리 우주인 같은 진공 상태로 무한 공간을 흘러간 듯한 삶 속에서의 이끌려 가는 인생이었음을 느낄 수가 있었는데, 그것이 바로 피할 길 없는 운명이었으며, 그토록 온화했던 천사 가족들과의 아름다운 추억만으로도 감사 충만하며, 엄숙한 회고에 마음으로 깊이 懺悔를 해 본다.

열차에서 만난 중위의 위험한 신혼

여수 청우회 참석하려고 귀향하던 중, 옆 좌석에 젊은 육군 중위가 수심이 가득해 매우 딱하게 보였었는데, 자초지종을 들어 보니 심각한 상태였었다.

외아들로서 결혼 10개월 차인데 파탄 직전이라면서, 노 부모님과 어린 신부의 중간에서 이러지도 저러지도 못해 결국 아내의 뜻에 따를 수밖에 없으니 이혼 도장을 찍어 줄 수밖에 없게 되었다면서, 덩치답지 않게 울먹여서 너무 짠했으므로 해결책을 찾아보았던 실화로 어이 상실의 표본이. 대부분은 철부지 신랑의 역할 미숙으로 발생하며 확대되는 것인데,

더구나 외아들이야말로 노 부모에게는 절대적 존재로서 밀착도가 최고도이므로 심리적 조절 방법이 우선되어야 하는데, 그 방법은 상대성 원리에서 찾을 수밖에 없었다.

경청한 내용을 정리해 보니, 노 부부에게 젊은 신혼 부부는 연애인 셈인데 배려가 전무였으므로, 의외로 정답이 나올 수 있었던 것인데, 해답은 바로 장교 신랑인 셈이었으니 고부 간에 갈등에서는 무조건 노 부모 손을 들어 주고 날렵하게 신방에서는 신부의 고충을 진실로 감싸 주면서 위로하고 확실한 편임을 인정받은 후에 진한 사랑으로 위로해 주면 안도하지 않을 수가 없음은 쟁탈전 불안이 해소되어야 했기 때문인 것이다.

인간 본능은 평생을 품 안에 키운 자식이 어느 날 신부에게만 빠져 있으면 질투가 발동할 것이며, 그렇다고 신랑만 바라보고 살 줄 알았다가 시부모 품에서 헤어나지 못한 모습은 따돌림에 의한 외로움과 실망감으로 반발이 발동될 수밖에 없음이 본능이므로 해결 처방은 지혜 발휘뿐이다.

사실 인간사의 행복이란 스스로에게 달려 있기에 백지장 한 장 차이밖에 안 됨을 모르고 날뛰기를 한 꼴들이니, 하늘에서 보고 계실 하나님께서 얼마나 안타까워하시며 마음을 졸이실까?

신랑 육군 중위의 가정은 그토록 간단한 상대성 원리를 깨달아서 새로운 삶에 눈을 뜨게 되었으며, 그로 인한 서로의 입장을 재조명하게 되었으므로 상대방 입장을 이해한 사랑에 가족이 되었던 것이니 본인에겐 큰 보람이며 잊지 못할 여행의 매우 인상적인 추억이라고 아니 할 수 없겠다.

빵家 첫 개업 때 날 울린 조현O 장가 보내기

난생 처음 생소했던 빵집 개업을 한 달 동안 도와주겠다는 약속을 믿고 오픈했었던 겨우 이틀 만에 사유 통보도 없이 오질 않았으나 인근이지만 말도 못하고 벙어리 냉가슴 앓듯 참다가 그날 오밤중에 실습용 밀가루 반죽을 널빤지 판에 치면서 대성 통곡을 했으나 오히려 그 정신의 불씨를 살려서 당당하게 일어설 수 있었으므로 통곡의 不過 4-5년 만에 보문동 전통 한옥의 안정된 생활을 누리게 되었으므로 흉이 복이 된 셈이며 따라서 미움이 愛憎으로 승화된 미담을 기록하게 해 주신 하나님께 감사를 드리며 내 삶의 한 토막 기록한다면 조현O는 행당동 티파니 다과점의 제빵 종업원으로 일할 때였는데 주인 용O 형과 내가 친하다 보니 알게 된 사이로 고향은 경남 함양이며 어려운 시절의 또래였기에 친밀감을 느꼈을 뿐 개업 때의 서운함으로 인해 두 번 다시 만나기 싫은 사람이었으나 보문동 생활이 여유로워지면서 지난 날들이 떠올랐으며 조 씨 생각을 하게 되었기에 용O 형님께 알아보았더니 이문동 골목에 빵집을 열어 홀로 운영 중이라 하기에 그래도 제빵 기술이 있어 다행이구나 했을 뿐 미움은 이미 사라져 버린 후였으며 오히려 궁금해졌으므로 찾아가 보니 홀로 힘겹게 장사하는 모습에 愛憎의 同情心으로 가득 차고 말았는데 그때나 지금도 정확한 나이는 알지 못하고 막연하게 본인과 비슷한 또래로 짐작했을 뿐이나 그날은 흠이 없는 대화를 나눌 수 있었던 것이다. 구체적 대화를 나누고 보니 본인과는 정서적으로는 거리가 있지만 일단 제빵 기술이라도 있으니 먹고 사는 것은 무난할 것 같았고 무지하지만 사기성은 없을 것 같으며 가정을 꾸릴 수 있겠다는 성실한 면도 一面 보였기에 도와주면 좋은 일이 될 것 같았으므로 그때부터 심사숙고에 몰입하게 된 것이었다. 그때만 해도 시골 노처녀들이 많았음은 도시 생활이 로망이었기 때문이었다. 지난 첫 개업했을 때 감정을 상쇄시킬 수 있었던 점은 사나이로서 홀로 바둥댐이 서럽고 외롭게 보였으며 무엇보다도 自力으로는 성공 가능성이 全無해 보였던 구제 불능의 대상임의 확신이 나를 움직이게 했던 것으로 기억될 정도다. 어쨌든 나는 기도하는 마음으로 열정의 지혜에 몰입할 수 있었으며 어설픈 조건의 노총각 장가 보내기 시나리오에 부족한 지혜 에너지를 짜 보게 되었음은 눈에 보이지 않은 어떠한 힘에 의해서 이끌렸었던 기억이 지금도 아리송하다. 살다 보면 미운 오리 새끼라도 곤경에서 허우적거리면 인정을 배품이 당연지사인 것으로 동정심이 앞섰던 心理였으리라. 그 당시 농어촌 마을에는 빈곤한 아가씨들이 한두 명씩은 더러 있었기에 그들을 구제해 주고픈 사명감 같은 것도 없잖았었던 현상이었으니 21세기에는 상상도 할 수 없는 어두웠었던 단면이 비일비재했던 시대였으나 한편 인정은 많을 때였던 것 같은데 남해안 벽촌 생활의 피폐함이란 지금은 상상하기도 어려울 지경으로 농어촌 아가씨들이 식모살이를 하려고 도회지로 진출할 때였으니 도시 총각은 시골 처녀들의 로망이었던 그 시절에 조현O는 비록 노총각이지만 빵 기술자로 먹고사는 데 유리한 조건인 셈이었으나 인격 면에선 탐탁지 않기에 망설였으나 인생이 처량했기에 알았다는 안면 하나만으로 동정심을 앞세워 본인은 진심으로 최선을 다해 주기로 다짐하고 그토록 어렵다는 인연 맺어 주기 작업에 몰두하게 되었으니 눈에 보이지 않은 누군가의 손길이 계셨음을 나는 지금도 기억된다. 1970년대는 웬만하면 결혼을 위한 청혼을 주선한다는 것은 엄두도 내볼 수 없을 최악의 조건임에도 나는 서슴없이 어려운 사람 구제에 앞장설 수 있었던 것이니 스스로 대견했으며 우선 형님께 전화로 마을에 가장 절박한 노처녀의 물색을 부탁드리기에 이르렀던 것이었다. 그런데 서울에서 아무개 씨가 노총각 친구를 동반해서 선을 보이려고 방문한다는 소문으로 대촌에 화젯거리가 되어 버렸으며 따라서 상상을 초월할 정도로 인근의 노처녀들이 줄을 서 버렸으니 본인으로선 매우 난감한 처지가 될 수밖에 없었음은 사실 정상적인 처녀들과는 전혀 해당 사항이 안 되었으므로 그런 낭패가 아닐 수 없었다. 단구의 노총각이 말씨는 자발스럽고 뺑쟁이였는데 도착해 보니 마을 회관에 줄을 선 아가씨들이 실물을 보더니 줄행랑을 쳐 버렸으며 몇 명은 예의상 대면을 해 주면 자발을 떨어 버리니 그나마 면담이 빨리 종료되어서 그런 다행이 없었던 식은 땀 줄줄 흘리던 묘한 행사를 뒤로하고 우리는 서둘러 상경을 해 버렸었는데 다음 날 형님께서 곤혹스럽다며 전화를 해 주셨는데 내용인즉슨 친척인 형수님 한 분께서 뒤늦게 선보고 갔단 소식을 듣고 자기집 막내 딸도 연만한데 남도 아닌 아재들이 자기들을 외면해 버렸다며 크게 오해를 하셨으니 어떻게 해야 되겠느냐고 난감해하시며 일단 형수님 오해를 풀어 드리려면 조현O와 옥O 조카의 선을 볼 수 있도록 주선하라기에 그 내용들을 조현O에게 알렸더니 대뜸 자신만이라도 달려가겠다며 나섰으므로 나로서는 묵인할 수밖에 없었으나 老형수님의 오해를 풀어 드리기엔 무방할 것 같았으므로 단독 방문을 권장하면서 우리 형님께 일임해서 차질 없도록 진행했는데 노처녀 집안 분위기 좋은 대가족(* 12자녀 중 막내 딸)들이 모두 모여 환영해 맞이해 주니 외로운 떠돌이 삶의 조현O는 더 바랄 것이 없었던지 대뜸 장인! 장모님! 호칭으로 큰절을 올리며 쇠뿔은 단숨에 빼듯이 댁의 따님을 허락해 주시면 당장 同伴으로 상경해서 잘 살겠다며 큰소리를 쳤는데 상호 간에 바람이 맞아 떨어진 셈이 되었던지 일사천리로 진전되고 말았던 것인데 나로선 황당할 수밖에 없었다. 오갈 데 없는 불쌍한 처지에는 도움이 되겠으나 양가 집 딸인 내 친척 옥희는 번지수가 다름으로 형수의 오해 풀어 드리기 위한 방편이었기에 난감할 수밖에 없었던 것이었다. 그런데 단 이틀 만에 조현O에게 온 전화를 받았더니 아무리 생각해도 곡조가 슬프다며 한숨을 길게 쉬면서 푸념하기에 무엇 때문에인가? 물었더니 거구 신부가 문지방을 못 넘을 정도라면서 고향으로 보내 버려야겠다는 말을 서슴없이 함으로 그때는 내가 벼락 같은 화를 내면서 조현O의 빵家로 달려가 보니 어릴 때 보았던 옥희 조카가 울고 있었는데 물론 날씬한 미녀는 아니지만 순진무구한 덕성스런 주부 모습으로 누가 봐도 조현O보다는 뒤질 게 없는 양갓집 귀한 딸을 기분 내키는 대로 데리고 왔으면 책임을 져야 했으며 의무였는데 동네 아낙들의 입방아 찧는 소리만 듣고 輕擧妄動(경거망동)을 한 조현O를 용납할 수 없었기에 화풀이를 했더니 다행스럽게 잘못을 인정했으므로 겨우 일단락을 지을 수 있었기에 운명적인 연이 지속될 수 있었는데 말이니까 쉽지 그때는 기가 막힐 노릇이었다. 내가 할 말이 태산이지만 각설하고 어쨌거나 아들딸 잘 낳아서 잘 가르쳤으며 내외가 노후 준비도 잘 했다고 하니 본인으로선 고마운 생각이며 一見 보람도 적지 않았던 것이다. 2월 27일 南風.

88. 지난날의 哀愁(10년 만의 만남)

내 평생에 삶 중에서 그토록 순수했었던 인정에 요람의 포근한 인생, 파라다이스의 첫사랑인데 생각할수록 '나는 냉혈인이 되고 말았었던 것인가?'를 회고해 보니 어설픈 날들이 떠오르는 듯함에 한없이 숙연해짐을 털어 버릴 수가 없으며 지울 수 없는 내 삶에 흔적이 냉자국으로 각인된 듯한 지난날들의 초상이 주마등처럼 떠오른다.

벽촌 국민학교 3학년 때 만난 2학년의 순O이와는 10년간을 동화처럼 사랑했으나 군생활을 기점으로 상호 간 합의에 의한 결혼을 비켜 가기로 작심했었던 두 사람은 각자의 삶을 향해 오늘에 이르렀으나 모든 흠의 책임은 일방적으로 내게 있었음이 진실이며, 단 둘만의 단순한 애정 문제가 아닌 양쪽 가문의 깊은 신례와 존중의 꽃망울 같은 아름다움이었음을 내가 너무 뒤늦게 깨달았으니 그 점이 바로 맺지 못할 운명이었던 핵심인 것이다.

우리 집들은 이웃에 불과했으며, 윗댁은 젊고 활기가 넘쳤으며 아랫댁은 늙고 병들어 시들했으니 환경적 차이가 극적이었으나 양가에 어른들의 가슴에는 이웃의 情 이상인 존중과 신뢰의 믿음으로 충만했음을 어렸어도 알 수가 있었는데, 양가 어머님들 德이 특별하셨음을 난 확신했다.

두 분 공통점은 만인들의 어머니상으로 그지없이 덕성스러운 분들이셨음을 인정하며 헤아릴 수 없을 만큼 일화가 많으나 각설하고, 덕분에 본인은 과분한 애정의 청년기를 맞이하여 군 입대로 인한 1단계 삶을 간직할 수 있었다.

그러나 두 분 어머님들께 나는 너무나 냉혈인이었음을 깨달았을 때는 아득한 세월이 지나 버린 후였으니 이만저만한 철부지가 아니었음을 탄식해 본들 무슨 소용이 있겠는가~

어떤 사람도 이해할 수 없을 두 어머님의 깊고 그윽한 사랑을 받았던 진한 추억의 향연이여! ~

얼마나 그리웠던가? 얼마나 아쉬웠던가? 얼마나 달려가서 안기고 싶었던가?를 오직 한 분이신 하나님만은 잘 알고 계셨음을 확신할 뿐이며, 모든 것은 다 지나간 것, 그리고 그리울 뿐이다.

사랑이 무엇인지도 알지 못할 때부터 우리는 오누이 이상의 다정함과 배려로 서로 매우 존중했으며, 아름다운 이성의 발전을 자연스럽게 공유하게 되었으며, 주변에 모든 人情과 환경이 감싸는 듯한 분위기였으니 자연스럽기가 그지없었고, 참으로 축복받았던 한 쌍의 원앙 같았었으나, 神은 우리 두 사람의 운명을 가름하고 말았는데,

그 후의 놀라움은 철저하게 돌이킬 수 없도록 과거의 형상이 청운의 꿈처럼 사라져 버린 것이다.

그리고 오직 신세계를 위한 나의 필사적 지혜의 투쟁만이 각박했던 내 삶을 지배하게 되었고, 의지할 곳은 전무한 외톨이 단독 드리블이 전계될 뿐이었으며, 세 아이의 가장으로서 단시일 내의 보금자리 삶을 마련하려고 뜬눈 밤새기를 반복하기가 몇 차례였던가?

천신만고 끝에 드디어 작은 소망을 이룰 수 있었음은 눈에 보이지 않는 주님의 손길의 끊임없는 보살핌 덕분이었다고 믿어 의심치 않는다.

그러나 응당한 도리를 외면해 버린 듯한 지난 세월의 흔적을 지울 수 없음에 앙금으로 시리며, 고향에 가면 행동거지가 무척 제한적일 수밖에 없었음은 피치 못할 사연으로 인한 순O의 남편이 마을 친구가 되고 말았으니, 한 마을에서 여론의 폭은 협소한 편으로 자칫 무한의 오해 발생이 가능했기에 서로를 위한 배려의 수단이기도 했었던 그 시절의 냉철함을 고수할 수밖에 없었으나, 종O네댁을 지날 때마다 그리움으로 내 심정은 가슴이 미어지면서도 양심의 가책 때문에 그냥 삼켜야 했던 내 마음과 혹시나 하고 기다리시던 母心의 情을 나는 알 수 있었으므로 진심으로 괴로웠

었고 서글픈 심정이었던 것이다.

  언젠가는 애O(순O 동생)의 간절한 요청에 의해서 본인과 순O이 원효로 다방에서 만나게 되었으나, 10여 년 만의 解逅가 어색하고 쑥스러워서 식은땀을 흘릴 정도였으니, 지난 날들이 나의 미숙함으로 인한 서투른 초상이었음을 고백한다.

  천사들 같은 사랑의 가족들을 본인의 어설픈 처신 때문에 구비구비 어색한 흔적을 남기고 말았으니, 무슨 염치로 그들을 만날 수 있으랴.

  천 갈래 만 갈래 아득함에 무심한 세월만 흘렀다.

  그리운 동생 박종O 장로와의 첩첩이 쌓였던 사연은 이 세상 어떤 보석보다도 빛날 것임을 본인은 확신하며, 평생 변함없는 그의 겸양은 내가 그토록 인정했었던 신뢰의 아이콘이었던 동생(교회 장로)을 기술해 보려니 세삼 지난 세월의 감회가 새롭다.

  순O이와는 1년 차 남동생이며 유복한 집안 장남이므로 그 시절에는 고향 인근에 부러움의 대상이 되고도 남았던 것이다.

  1년 차의 순O과는 같은 학년인 2학년 때 본인과 이웃이 되었으며, 그때부터 우리는 중학 진학 때까지 단 하루도 떨어져 본 기억이 없을 정도로 눈만 뜨면 함께했었다.

  머슴들이 많으므로 종O이는 틈만 나면 우리 집으로 달려와서 내가 우리 아버지께 받았던 유일한 선물 내 지게를 챙겨서 짊어지고 앞장서기가 일쑤였기에, 우리 둘은 동네 산에서 같이 땔감 나무하는 게 즐거운 놀이의 하나였으니 함께 있으면 즐거울 수밖에 없었던 것이며, 그때부터 종O이는 나를 부르는 호칭이 꼬박꼬박 兄이었는데, 지금까지도 변함없는 진정의 겸손한 모습에 고개가 숙여질 정도였다.

종안과 본인의 다정했던 모습은 여느 친형제들보다도 능가했으며, 우리 어머님들의 존중심에 의한 신뢰의 格이 특별하셨음을 우린 느꼈다.

언제나 연만하신 나의 어머니를 종O이의 젊은 어머니는 깍듯한 존경심으로 매사에 우대하셨으므로 어린이였지만 충분히 보고 알 수 있었다.

두 분의 자태는 그 시절에도 흔치 않은 천사표였으므로 우리는 구김 없는 행복을 누릴 수가 있었던 것이다.

그 시절이 무척 그리워지며, 동생들이 보고 싶어서 가만히 눈을 감고 상념에 젖어 보면 영화처럼 어느 때 봄날처럼 아스라히 떠오른다.

나의 살던 고향은

1) 나의 살던 고향은 웃음 꽃핀 바닷가 인정 넘친
두 어머니의 사랑받으며 폭풍우가 지나가도 포근하던 곳 남쪽 해안
내 고향이 그립습니다

2) 내가 자란 고향은 인정의 꽃 피던 곳 정성 넘친
母情으로 풍성하여라 세상 풍상 몰려와도 평화로운 곳 유자 꽃향
내 고향이 그립습니다.

南風 김복현

89. 두 번의 충격

　상경한 후에 오직 내 가족 안정된 삶을 영위해 보려고 엄동설한의 첫새벽부터 매일같이 라면 박스에 햇김 20속을 챙겨 담고 "햇김 사세요!"를 외치며 뛰어다니다 보면 하루 해가 짧았었는데, 통금 직전의 귀가 일수가 다반사였으며 새벽 출타가 일상이었으니 의지할 곳 없는 외로운 가장의 시련이 혹독했었던 시절을 극복했으며 외톨이 투쟁 기간을 천신만고 끝에 터득하고 보니 어느덧 우린 아늑한 주택의 안정된 가정 생활을 누리고 있었으므로 순전히 하늘의 은혜였는데, 그 무렵에 경찰관이시던 작은 매형께서 정년퇴직을 하셨다면서 우리 집 방문을 해 오셨기에 진심으로 반가웠으며, 왠지 모를 힘이 불끈 솟는 듯했음은 반가움 크기 때문이었던 것이었다.
　그만큼 나는 작은 매형에 대한 깊은 존경심이 있었으니 다름 아닌 작은 누나의 특성으로 인한 고초를 많이 겪었던 점을 누구보다 잘 알 수 있기 때문인데, 사실 피를 나눈 우리 형제도 이해를 못 해 감당할 수가 없었던 작은 누나를 배우자로 선택하셨고 평생을 감싼 가장으로서 노력하심을 지켜보았기 때문이었다. 그 시절의 대학 출신은 신비스러운 존재였을 때 작은 매형은 순천 고졸에 서울 중앙대 법학과 출신으로 시골에선 여간 귀하신 고급 학력의 소유자였는데, 자유당 정권의 주미 대사 분이 친척으로서 조카의 법학 전공을 강권하셨으나, 자유당 정권의 몰락으로 갈 길을 잃어버린 후부터 자존심만 강한 고등 백수 생활에 젖어 있던 중에 노총각 신세를 청산하려고 수많은 선을 보게 되는데, 작은 누나도 비록 국민학교 문턱도 밟지 못했으나 인물은 고왔으므로 중매쟁이들 선정 대상자들이 대학 출신들이었는데, 그중에서 도양읍 대봉 마을의 노총각 박주O을 추천했으니 그것이 바로 피할 수 없는 운명이었던 것이다.

우리 집안은 늙은 부모님이 가난했지만 남다른 어머니 가정 교육 때문에 행실이 얌전했으므로 큰누나 때부터 마을 분들의 호평을 받았던 4남매였기에 비교적 중매쟁이들이 큰누나 때부터 문전성시를 이루고 있었고, 빈곤한데도 손님들 방문은 많은 편으로 정평이 났으나 작은 누나에 대한 성정 호감도는 그다지 높지 않았었음을 인정했다. 그에 반해서 작은 매형은 매사가 신중했었으나 술은 좀 과한 편이었는데, 그러나 실수는 없는 편으로 위태로운 누나를 나름 잘 이해하며 굳건한 가정을 이루셨으므로 내가 존경하지 않을 수 없는 고마운 매형이셨다.

작은 매형은 평생을 경찰 직분으로 성실한 삶을 살았는데, 정년 퇴임 후 나머지 노후 삶은 작은 처남과 함께 하시다 하셨던 분인데, 본가 형제들보다 막내 처남인 본인을 더욱 신뢰하셨던 심지 깊으신 분으로서 미래를 논한 후 하향하고 난 며칠 후 어느 날 매형이 쓰러졌다는 비통한 소식에 달려갔더니 병원 응급실에 의식 불명으로 누워 계심에 나는 혼비백산하고 말았으며, 너무 큰 충격으로 친구들이 당황했었던 그때 충격을 잊을 수가 없으며, 그 후부터 기억력이 몽롱해지기 시작했으며, 그로 인한 고통이 말할 수 없을 정도였다.

항상 본인은 작은 매형이 고맙고 미안했으며, 존경심으로 가득했기에 모처럼 협력해서 남은 여생을 우접 삼아 살아갈 수 있었던 우리 집안에서 내가 기댈 수 있었던 유일한 분이셨으며, 함께 협력하면 힘을 모을 수 있었던 확신이 충만했기에 작은 누나가 원망스러웠으며 한없이 불쌍했다.

본인의 멘토 삼으려 했던 대상을 잃어버리고 난 충격의 후유증은 오직 하나님만 알고 계실 뿐으로 아무도 알 수 없었던 나만의 슬픈 심정이었다.

작은 매형은 순천 고교 출신으로 서울 중앙대 법학도였으며 경찰 공직 중에도 여러 번의 승진 기회가 주어졌으나, 연만한 선배에게 기꺼이 양보해 주셨던 선행의 일화로 여수 완도에서 알려졌음을 내 친구들이 칭송할 때마다 자랑스러웠던 작은 매형과 설계했었던 인생 계획이 완전히 수포로 돌아가 버린 후 충격과 허망함에 허탈할 때, 한O와 성O 두 친구들의 진심 어린 위로와 격려가 큰 힘이 되었으나 충격으로 인한 약화된 기억력 때문에 한동안 갈피를 잡을 수가 없었으므로 심란하게 허둥대며 몸부림 쳤던 기억이 새롭다.

〈마당쇠 칫솔 개발〉 실용 신안. 상표 등록

빵家 3의 활항으로 비교적 짧은 시일에 집도 마련했고, 그토록 노심초사했던 안정된 가정 생활을 누리게 되면서부터 내 마음속에 또 다른 공허함을 느끼게 되어 자신도 모른 긴장감으로 몰두 중이던 어느 날 귀가한 후 양치질 중에 칫솔이 부러지면서 입넘을 심하게 다쳐 피를 흘린 사건이 발생. 칫솔대를 내동댕이쳐 버린 화풀이를 했을 때 번쩍 뇌리에 떠오름이 있었기에, 피 묻은 칫솔대를 챙겨 들고 한동안을 몰입해 검토해 보니 엉터리 설계 구조였음을 한눈에 볼 수 있게 되었다. 인체 중에서 입안 구조가 매우 중요함에도 불구하고 그 시절에 칫솔 치약을 대부분은 소홀하게 여김으로 하찮은 도구로 여길 뿐일 때였다.

그러다 보니 백화점 진열대에서 색깔만 눈에 띄어도 구입하던 것이 칫솔이었고, 구조 설계에는 거의 관심 밖이었던지 대부분 칫솔의 변화가 정지 상태일 수밖에 없었으며, 몇 년 전 상품이나 현재 상품이 동일 모형의 일변도여서 칫솔 모의 끝이 사각으로 좁은 구석진 입안을 개운하게 닦을 수가 없는 구조였으나, 소비자들의 불평 없는 사용이 지속되던 어두운 시절이었다. 또한 칫솔대 재질이 약해서 본인처럼 양치질 도중에 부러진 것이 부지기수였으나, 사용 부주의에 의한 자책으로 단념해 버렸던 한량없이 순박했던 소비자들 중 일원의 본인은 입안에 상처 난 그날부터 칫솔 검토에 몰입하게 되었으며, 외고생이던 딸과 아들에게 친구들이 버릴 칫솔을 수집해 줄 것을 일임해서 며칠 모아 보니 상류층에서 사용한 고급 칫솔을 충분히 구입할 수가 있었기에 좋은 분석 자료가 되었으며, 외국제도 많아 한결 유리했다.

그런데 거의 한결같았으며 외국 칫솔도 비슷하므로 본인 뇌리에 강한 아이템이 떠오르게 되고, 그때부터 입안 구석구석을 개운하게 닦을 수 있는 설계를 위해 집중해서 수많은 기존 칫솔 핸들을 수북하게 쌓아 두고 세밀하게 만져 보고 검토하기를 며칠 동안 해 보니 섬세하기가 세계적인 일본 제품이 궁금해졌기에 결국 동경으로 날아가서 황영O(목사)을 방문했으며, 백화점 몇 곳에서 수집해 보았으나 역시 칫솔 구조가 비슷한 설계이므로 눈에 덧보였던 라크 제품의 팥색 칫솔 하나만 챙겨 귀국하게 된 셈이었으나 실상은 그것을 위해 3개월이나 동경 생활을 한 것이었고, 덕분에 아르바이트를 해 보았으며 동경 유학생들 광복절 기념 후지산 정상 등정 행사에 초청 인사 자격으로 당당하게 연설을 했었는데, 대단한 호응이었으며 열렬한 기립 박수를 받았었다.

3개월간의 동경 생활은 1년 반 동안의 참전 월남 생활과 나의 젊음의 삶에 아름다운 추억이어라.

그토록 열정적 몰입에 의해 발표되었던 마당쇠 칫솔은 대단한 호응이었으며, 잡화업계 대표들마다 그때 메이커 최고급 칫솔 값을 제시한 사제임인데도 불구하고 군소리 없이 진열했으며, 이구동성으로 넘 고급품이라 부담된다고 하면서도 현찰 결제해 줄 정도였으니 대단했던 것이다.

롯데 백화점, 청량리 성진사, 영등포 중앙상회, 농협마트 등에서 독점 공급을 원할 정도인 어느 날, 방송에서 세계 최고 화장품 브러시 1인자였던 백남 무역 대표 백 사장 프로필 인터뷰를 보게 되었고, 상담을 하려고 삼성동 무역 센터에 위치한 사무실로 달려갔더니 벌써 수많은 인파가 줄을 섰기에 마당쇠 칫솔 샘플과 메모를 신청 접수했더니 곧바로 여직원이 마당쇠 칫솔 사장님을 찾기에 손을 들어 응답했더니 반갑게 앞장서 안내하므로 수많은 사람들을 제치고 먼저 들어가서 상담을 했는데, 백발의 대표님이 벌떡 일어나 정중하게 맞이하며 지금까지의 칫솔 중에서 최고품이라면서 깍듯이 대함으로 어안이 벙벙했었다. 그분은 팔순 고령인데도 화장품 솔 하나로서 세계 최고의 화장품 붓 제작 명인으로서 주로 왕궁에만 납품할 정도로 유명해졌는데, 마당쇠 칫솔을 으뜸으로 평가하시며 격려해 주셨는데, 그전의 고평가해 주신 어떤 분들보다도 확신적 상징의 인물이었으므로 매우 鼓舞적이었는데, 그만큼 그 당시에는 획기적으로 섬세한 설계와 세련된 색상의 제품이었던 마당쇠 칫솔의 평가를 전문가들이 인정함으로 자부심 충만이었다.

그러나 사업 경험이 전무했으며 오직 먹고살기 위한 수단의 영세 업종인 빵 집에만 취중했으니, 전 인류가 사용한 일용 잡화의 대단한 소비성으로 인한 대사업성을 막연한 짐작만으로 눈 감아 버렸던 본인의 돌이킬 수 없는 실수였으니 운명이리라. 마당쇠 칫솔 사용자들이 대부분 선함이 뚜렷했음에도 불구하고 태평양 화학의 꾀에 본 계약이 노동 쟁의에 단순한 결렬을 견디지 못하고 포기해 버렸던 나 홀로 방랑은 너무 아쉽다.

그러나 실장(남풍 실업) 이정O와는 지금도 만나면 전설 같은 마당쇠 칫솔 무용담의 신바람이 줄기차게 피어오르며 아득한 향수에 젖어 본다.

〈태평양 화학 3개 개발 부장〉

김영O 씨는 본인과 동갑내기(해방둥이)로 화장품, 제약 향수, 액체성 화학 제품이 주종인 회사에 입사 후 칫솔 하나로 부서장까지 승진한 3개 개발부(칫솔 부서)장이며, 사내 입지가 독점적인듯 했는데 그만큼 수익성이 높은 품목이 일용 소모품이었던 것이다.

칫솔 전문가로서 첫 대면 때 마당쇠 칫솔 세트 박스를 제시했더니, 검토해 본 후 놀란 기색이 역력하더니 우선 완제품임에 놀라며 회사 규모에 관심을 보였었는데, 네 평 사무실과 세 명의 직원이 남풍 실업의 전부라고 했더니 믿지 못했던 모습이 눈에 각인되었고, 제품 담당 책임자로서 외부인의 개발 아이템을 올린다는 게 부담스럽다며 처음에는 망설였으나 솔직히 감동했다며 부서를 거느린 자신들보다 월등하다는 칭찬과 친밀감으로 마음을 열어 재끼면서 접수를 받아 주면서 1차 계약까지 진행할 수 있게 되었던 것이다. 머리에 털 나고 사업이 무엇인지 구경도 못한 문외한인 본인을 한 달 후 본 계약(태평양 회장 대)이 잡혔다며 축하해 주던 김영O 부장은 해방둥이로 본인과는 동갑내기 갑장 또래여서 정이 있었다.

사실 태평양 화학에 본 계약이 순조로웠다면 판로의 범위가 대단했을 것이며, 김영창 부장이 예측했던 기존 태평양 칫솔 모델 14개 품목 전체보다 월등한 상상 밖의 매출이 가능할 것이라는 확신을 자신했으므로 부장의 명예를 걸고 윗전에 보고했던 것이며, 만일 거부할 때는 부장 사표 내 버리고 나와서 우리 두 사람이 함께 마당쇠 칫솔에 몰두할 수도 있음의 진실을 본인에게 보여 주었던 매우 인상적 인물이었다. 남풍. 4월 7일.
 * 그럼에도 불구하고 본 계약 당일 노동 쟁의로 인해 결렬되고 만 것은 본인의 참을성과 경험 부족으로 포기하고 말았음은 돌이킬 수 없는 실수였었다. (* 그토록 바라던 본인의 머리에서 짜낸 마당쇠 칫솔의 특징은 첫째, 4-5도 혼합 색상 핸들, 둘째, 입안 구석용 각도의 설계, 셋째, 듀퐁 칫솔 모, 넷째, 손안에 꽉 찬 마루형 핸들의 편하고 개운한 구강 청소기) 이상의 모든 사항은 오직 하늘의 뜻이라.

90. 후회(83년 보문동에서 이문동으로)

세상살이에 영원한 것은 없는 것인지, 신설동 로타리 시절의 마감을 알리는 듯한 조짐이 일어나기 시작했는데, 그 원심이 바로 김승O 조카였다.
신설동 로타리 원형을 끼고 성북구 편은 오미진 빵家, 동대문구 편은 아톰빵家, 종로구 편은 아담빵家, 성동구 편은 오미진 분식점으로 제법 전성기를 무난한 항해 중이어서 비교적 짧은 기간인 10년 내에 생활 기반을 이룩할 수 있었던 것은, 뭐라고 해도 승O 功勞가 있었는데, 머리가 커 감에 따라서 독립심도 강해진 법인데 급발진 감당이 무방비 상태였던 나로선 속수무책이었다.
남풍 정신을 기획했었던 본인으로선 허탈할 뿐.

계획적으로 1호가 흔들어 버림에는 2, 3, 4호도 어쩔 수가 없었던 것인데, 다행스럽게 용답동 분식점은 규모가 크고 방 2개에 살림할 수 있도록 준비했으므로 여수 친구의 가족들 상경 용으로 해결하고 1호 승O는 후사 때문에 고향 후배들을 불러서 증인 세우고 깔끔하게 정산해서 독립을 시켜 주기 위해 보문동 오미진은 승O가, 신설동 아톰은 신윤O에게 넘겨주었고, 숭인동 빵家는 신축으로 마무리 되었으니, 그토록 활기가 넘쳤던 신설동 로타리 나의 전성기 1차는 막을 내리게 되었는데, 사실 5년이 단축돼 버려 계획에 차질로 인한 손실이 대단히 컸으므로 사전에 상의 한 번 없었던 승O 배신감이 너무나 클 수밖에 없었으나, 울며 겨자 먹듯 소리 없이 조용히 처리할 수밖에 없었던 것은 말 많은 고향 여론을 잘 알 수 있었기 때문이었고, 사용자는 할 말이 없으므로.

그리고 2차 이문동 시대가 전개되는데, 모든 시작은 순조로웠으며 무척 희망적이었으나, 막내 아들만 바라보면 심정이 먹먹해져 괴로웠음은 주거 환경 때문인데, 보문동 6가 302번지 집은 막둥이가 거리낌 없이 활보하면서 생긴 대로 씩씩하게 휘젓고 다녔었는데, 이문2동 621번지는 상가여서 큰 길가였으며 평수가 작다 보니 비좁아 네 살배기 막내둥이가 헤치고 뛰어 다니기엔 너무 불가했으므로 아이에게 제재 사항이 부지기수였다.

더구나 막둥이는 누구보다도 자유분방하게 키울 생각이었는데, 장사 욕심에 치우치다 보니 장소만 보고 일방적인 선택을 해 버렸으니, 돌이킬 수 없이 실수한 내 가슴은 멍이 들고 말았었는데, 단 한 분이신 하나님만은 알고 계셨던 진실인 것이니, 아무에게도 털어놓을 수 없는 나만의 가슴앓이는 오랜 기간을 지속할 수밖에 없었던 것이다.

자본이 궁한 빈손으로 소규모에 점포들을 물색해 운영하다 보니, 위치 좋은 곳의 명당자리에 자택 상가를 소유하고 싶던 어느 날, 이문동 외대 부근의 부동산 중개사에 들렸더니, 큰 길 코너에 30평 미만의 단층 상가를 안내받아 보니 작고 허름해도 요지였는데, 우리 보문동 집을 정리하면 무리가 없었기에 위치만 보고 망설임 없이 진행해 버렸는데, 직진으로 마무리하고 보니 경제적 형편으로는 무난한 것 같았으나, 아이들 주거 문제는 보문동 집과 비교를 할 수 없을 정도였으며, 특히 4세의 막내가 전에 집으로 돌아가자고 했었던 날 밤에는 잠을 이룰 수가 없었으며, 그때야 비로소 앗차! 싶었으며 내가 얼마나 어리석었는가도 그때야 알게 되었던 것이니, 생각할수록 한숨이요, 어리석음에 눈에 넣어도 아플 것 같지 않던 막둥이를 볼 때마다 마음이 찢어지듯 했었다.

그런 어느 날, 옆집 성O과 놀던 막내가 불장난 치던 중에 들켰으므로 천만다행이었으나 불이 번졌으면 대형 화재가 될 뻔했으니, 섬뜩한 사고였기에 교육 명분으로 철부지 두 아이를 회초리질 한 후에, 매우 아팠던 내 심경은 깊은 시름이었다.

애비의 짧은 소견 머리가 사랑하는 삼 남매를 마음 놓고 뛰어놀 수 없게 만들어 버렸구나. 깨달았을 때는 이미 모든 게 운명이 되고 알았던 것이며, 네 살배기의 막둥이는 천지분간을 못할 때인데, 큰 길 주변의 주거 생활은 최악이었으니, 모든 걸 파악한 나는 심사가 매우 불편할 수밖에 없었던 것인데, 설상가상으로 신이문동 편 방향에서 내려온 도로 내리막길이 속도를 줄이기 어설픈 곳으로 하필 우리 상가 앞에서 건너는 지점과 접선한 위험천만의 핵심점이라, 교통 사고가 빈번했으니, 한창 부잡할 막내 아들을 그 집에서 키울 수는 없었기에, 안집을 따로 마련하려고 물색했으나 마땅치가 않았었다.

외대 사무원 집을 급한 대로 계약하려 했으나 무슨 사정으로 시간만 흘렀는데, 하루 걸러 고바이길의 교통 사고가 발생해 머리끝이 곤두설 지경이었는데, 교통 사고가 날 때마다 찌~익! 하고 급제동 소리가 우리 집까지 들렸으니, 하루가 살얼음판이었으며 그때마다 막둥이를 챙겨야 했으니 본인 심장은 쪼그라들어서, 장사는 명당자리다웠지만 하루가 여삼추였었던 그 시절이 아련히 떠올라 회상의 몸서리를 치면서 지난 상념에 발자취를 더듬어 보려 한다.

그때는 5.18 후의 전두O 정권 시절이었으니, 살벌한 정권기였으며 대학가는 거의 데모로 조용할 날이 없었는데, 어수선했던 사회에서 주민들의 삶은 외면당할 수밖에 없었으나, 그럼에도 불구하고 나는 내 가족과 이웃을 보호하기 위해 가만히 있을 수 없었기에, 경사진 고바이 길의 속선점이 뚜렷한 사고 지점에 필수적인 교통 신호 설치가 전무한가?를 파출소와 동사무소부터 문의했더니, 교통법에 규정 거리가 정해져 있는데, 외대 정문 근처에 건널목과 신호등이 너무 가까워 빈번한 사고에도 불구하고 반복되었던 민원 처리가 반려돼 버린 웃지 못할 사고 다발 지점으로 이미 소문난 마을에 골치 덩어리 악법 요소였음을 확인할 수 있게 되었으므로, 그때부터는 머리를 싸매고 본인의 짧은 문장력 발휘를 했는데, 사랑하는 내 막내 아들에게 위험한 교통 오징어 게임을 방치한다는 것은 천부당만부당이었기에, 정신을 집중해 몰입했더니 두뇌가 활짝 열림을 느낄 수 있었다.

"교통 설치물 논리가 사람을 위험으로부터 보호함이 우선이어야 하는데, 단순한 거리 논리의 법 때문에 귀하고 소중한 인명 피해가 속출하고 있음이 비일비재한데도 속수무책인 우리 이문동 291번지 주변 죽음의 도로를 청와대가 해결해 주실 것을 우리 동대문구 이문2동 주민 일동이 호소하나이다." (이문2동 통장 김정O 외 주민 일동의 진정서)

이상의 호소문을 들고 내가 직접 청와대로 달려가서 접수시켰더니, 이틀 만에 서울특별시경 교통도로과장 경감 아무개 씨가 직접 김정O 통장 댁으로 방문함으로 작성자 본인 대면을 희망해, 결국 확인 결재했으므로 그토록 장기간의 이문동 주민들에 숙원사업이 확실하게 해결되었으며, 그 문제 해결을 성사시킨 후 노통장께서 본인을 깍듯이 우대하시므로 몸 둘 바를 모를 때가 한두 번이 아니었으며, 그때 건널목과 신호등 설치 후 그곳의 교통사고는 현저히 줄었으며, 소름 끼치게 듣기 거북했던 급정거 타이아 소리는 거의 없었으므로 비로소 안심을 하게 되었으나, 그럼에도 왠지 마음이 무거웠는데, 우리 삼 남매 거주 환경이 보문동보다 많이 부족해 안집을 구입하려 했으나 마땅치 않다 보니 시일이 걸렸는데, 불미스런 일이 발생하므로 내 마음이 급했기에 우선 전세를 구해 입주하고 말았으니, 그 일이 큰 실수로 후회가 되고 말았던 것인데, 외대 뒤편에 안가를 마련할 수 있었던 기회를 놓쳐 버린 셈이었다.

그래서 옛말에 바쁠수록 돌아가라 했지 않은가? 봉황산 자락을 끼고 경희대학, 외국어대학, 안기부가 인접한 주택가여서 보문동보다도 좋았던 것을 본인의 어리석음으로 인하여 내가 그토록 바라던 삼 남매의 주거 환경을 엉터리로 만들어 버린 후, 남모르게 나만의 가슴앓이를 두고두고 했었던 그 시절에 애꿎은 술로 달랠 수밖에 없었던 고난기 때 큰놈들은 학교 가 버리고 막둥이가 한창 천지분간 못 하고 뛰어놀아야 할 때, 환경적 제약을 받을 때마다 내 마음은 미어지는 듯했었던 기억을 지워 버릴 수가 없었으니, 애비로서 나의 소중한 삼 남매에게 말할 수 없는 큰 빚을 진 셈이 되고 말았다. 초심 때처럼 정신만 똑바로 차렸더라면 우리 애들의 주거 환경을 얼마든지 안정되게 해 줄 수 있었건만, 하나님의 도우심으로 잠깐의 형편에 여유가 좀 생긴 덕에 교만이 들었으며 어리석음도 들었던지, 잘난 척 요지경에 빠져 버렸으니 본분을 상실하게 되고 말았음을 자각할 수가 있었던 기억이 생생하게 떠올랐으므로 막둥이를 바로 볼 수가 없었다.

우리 삼 남매는 재능이 출중했으며, 특히 막둥이는 갓난일 때부터 본인을 깜짝깜짝 놀라게 할 정도로 특징적 재능을 타고났었기에, 특별 관리가 절실하겠다는 판단이 설 정도였으니 누구보다도 내가 집중해서 정성을 쏟아부어 주었다면 하는 아쉬운 마음이 팔십 평생의 지금까지도 뇌리에 깊숙이 박혀 있는 듯 해 머리를 가로로 흔들어 버리면서 '그래도 너가 맨주먹에 완전한 단독 드리블의 승자다!'라고 스스로 외쳐 보면서 자위해 본다.

91. 황병O 외대 총장과 담판

이문동으로 이사한 후에 눈코 뜰 새가 없을 정도인데 신설동 연관의 모든 사업은 완전히 정리해 버렸으나 신복O(꼴인, 오케 양복점 사장)과 우여곡절 끝에 만두 전문점 개발 사업을 추진할 결의를 하고 신복O이는 맞춤 의상점 2개를 정리해 본인과 운명을 함께하기로 다짐했었던 대단한 추진력의 보기 드문 보석 같은 고향 후배인데, 나와는 띠동갑내기로 신복 O 때문에 남풍회를 결성했으며 사업 아이템으로 소망 남풍회를 결성해서 봉사 활동도 한동안 활발히 진행했었고, 이문동점은 소망 만두점과 치킨 센터 점을 열어 통닭점은 처남이 했으며, 청량리 오스카 극장 뒤편에 만두 속 공장 조성해서 소망 남풍회 만두점 5곳부터 공급하기 시작했었는데, 회원들 반응이 긍정적이므로 우리는 열심히 뛰어다니면서 회원점을 헌팅했는데 자원은 무한했음에 반응이 좋아 단계적으로 도약할 수 있는 전망이 보여, 시간만 나면 서울 곳곳을 탐방해 보면 명당 장소에 업종 선택을 잘못해 죽을 쑨 업점들이 부지기수여서 救濟한다는 사명감의 보람도 있었기에 일단 열심을 다할 수가 있었던 것이다.

  이문동에 정착한 지도 얼마 되지 않아 난해했던 건널목 신호등 설치를 해결한 후부터 본인도 모르게 유명해진 듯, 마을의 오랜 숙원 사업인 장마철 때면 물이 넘쳐 버린 막힌 하수구 교체 요망이 주민들 절실한 민원이었으나, 몇 차례의 하수구 통관 교체 사업을 시도했으나 관이 협소해 물난리 반복, 지정 하수구로 낙점돼 버려서 복구가 방치된 지역의 골칫덩어리였는데, 지역 유지들께 우리 통장께서 해결할 수 있는 분이라며 본인을 지목해서 상세히 설명하게 되었으니 꼼짝없이 사로잡혀 앞장을 서게 되었으며, 결국 지혜를 총동원해서 대형 규격으로 바꿀 수밖에 없다는 논리를 들이대서 결국에는 대형 하수관 교체 공사로 결정할 수밖에 없었으며, 완공 후의 갈채와 긍지는 이루 말할 수 없을 정도의 큰 보람이었음은 하수관 통을 초대형으로 본인의 고집대로 결정한 대단한 공사였기에 성공적으로 물난리를 마감할 수 있게 되었던 것이었다.

  지난 일이라지만 하수관 직경의 크기에 따라 공사의 규모가 엄청난 차이였으므로 몇 차례나 형식적 공사로 얼버무렸음을 내가 파악하고 대형으로 교체 낙찰했었기에 그 후부터는 장마철에 한번도 물난리를 겪지 않았으므로 흐뭇했던 것이다. 그러다 보니 무슨 일만 생기면 노 통장님께서 본인을 찾았으나, 그때 개발품 마당쇠 칫솔 사업(남풍 실업)으로 일찍 출근해 버리면 만나기가 어려울 때여서 통장님만 애태우기가 비일비재했다.

그런 어느 날 외대생들의 대모 때문에 우리 집 주변과 이문동 주민들이 참다 못해 궐기대로 뭉쳐 외대로 쳐들어간 사건이 발생하고 말았는데, 학생들 데모 때문에 장사를 망쳐 버려 생계가 위태로워서 앞뒤 보인 게 없으니 순진한 서민 분노가 폭발하고 말았으며, 대학 총장을 내놓으라며 다짜고짜로 외쳐 대다가 수틀린 듯하면 입에 담지 못할 육두문자로 악에 받쳐서 고함을 질렀으니, 학생 데모와 주민 궐기로 인한 소음이 가관인 데다 악에 받친 주민들에게 몇 날 동안을 시달렸었던 외대 사무 국장까지 육두문자로 고래고래 기차 화통 같은 소리를 질렀으니 난장판이 따로 없었음에, 보다 못한 노 통장님의 머리에 번듯 떠오른 인물은 남풍 회장인 본인이었다. 이토록 험악한 난장판의 해결사에는 그분뿐이란 확신으로 본인을 또 세 번째나 앞세웠었다. 물론 처음부터 강력하게 못한다고 반대를 했더니 주민들이 우리 집으로 진을 쳐 버렸으며, 앞장서 달라고 한결같이 권하니 인정 많은 내가 거부할 수 없었고, 통풍 관절이 심했던 본인은 절뚝거리면서도 외면할 수 없었기에 고민 끝에 주민들에게 먼저 나의 요구를 들어주면 앞장서 줄 수 있다는 언질을 주었더니, 이구동성으로 무조건 따르겠다고 하며 간절하고 애절한 모습의 측은지심에 협력하지 않을 수 없었던 것은, 주민들 삶이 피폐했고 바야흐로 전두O 군정 반대 데모가 절정기였으며, 박정희 때부터 몸서리쳤던 군사 정권에 반발한 청년 학생들이 진실한 충정을 목격했고, 불의에 목숨 걸고 투쟁한 젊은 애국자들이었으며, 국민을 지켜야 할 군사력을 악용해 권력을 찬탈한 행위를 하고 있는 군부 권력을 젊은 학생들과 신부님들이 먹숨 걸고 항거했으나, 기회주의자들은 묵인했으며, 오히려 악행에 동조했었는데, 고래싸움에 새우 등 터지듯 못된 정치 권력에 눈이 먼 군부 정권 놀이에 힘없고 선량한 서민들 기댈 곳은 없었으니, 군부 권력 때문에 수많은 국민이 피눈물을 흘려야 했는데, 외국어대도 군부에 항거한 데모 때문에 경찰의 최루탄과 학생들의 돌맹이와 화염병 때문에 대학가 주변서 열심히 성실하게 그날 그날을 살아가는 서민들 삶에 데모는 치명적이었다. 한 번도 아닌 두 번째의 비슷한 군사 정권이 요동치고 있을 때였으니 기가 막힐 지경이었고, 권력을 이용한 악행이 발악을 할 때였으며, 이조 때처럼 따르지 않으면 충신들을 역적으로 뒤집어씌우듯 현대판은 얼토당토않은 빨갱이로 뒤집어씌우는 그런 천인공로할 더러운 권력 놀이에도 아부성의 동조자들은 줄을 섰음을 똑똑히 볼 수 있었기에, 나만이라도 약자들 편에 서고 싶을 때였던 어두운 시절이었다.

'어떻게 하면 나의 지혜로 데모 피해의 보상금을 한 푼이라도 더 받아 줄 수 있겠는가?'에 골몰하며 없는 문장력 몰입에 집중하여 작성하게 되었는데 제법 문맥의 자신감으로 충만했음에, 다음 날 주민을 동원하게 해 대표 5명을 선정했으며 외대 측도 5명을 선정하게 되니 5 대 5의 공정한 균형이 되었으므로 회담 장소는 외대 사무처 건물에서 직사각형의 동편은 총장 황병O 씨가, 서편은 남풍 김복현 회장이 앉았으며, 남편은 학교 대표들이 북편은 동 대표들이 자리를 잡으니 회담 분위기가 제법 그럴싸 했었던 기억이 새롭다.

사십 대였던 본인의 음성이 얼마나 우렁찼던지. 논리적 웅변에 모두들 압도되고도 남을 때였다. 주민들이 막무가내로 쳐들어가서 두서없이 총장 대면 요구하면 외부 출타 중이라던 황병O 총장 본인이 나서므로 질서 정연하게 이성적으로 주도를 해서 학교 측과 주민이 합리적인 회담을 함으로 반목 대치에서 친목 이웃으로 인정에 꽃을 피울 수가 있었던 것이며, 그럼으로 법적으로는 단 한 푼의 데모 보상도 있을 수 없었는데도 유일하게 외국어 대학만 뜻깊은 주민 피해 보상금을 지급받을 수 있었던 것이니 전국 대학가에서 매우 드문 선처였던 것이며, 그것도 회담 당일의 담판으로 몇 억 대의 현금 수표로 결재받아 총장과 본인의 굳은 우정적 악수로 마무리해 기립 박수를 받았으며, 보무도 당당히 한국외국어대학 총장 및 사무국장과 임직원들의 배웅을 뒤로 캠퍼스 숲을 걸어 나올 때 승전 개선 장군의 벅찬 그 큰 기쁨을 여러분은 알랑가 몰라? 그런 개선 장군이 성벽 같은 담장을 지나 정문을 나가니 주민 환영의 박수와 환성은 일순간일 뿐. 주민 대표단과 유지들이 보상 투쟁에 협력하여 성공적으로 매듭지을 수 있도록 성원해 주신 여러분께 뜨거운 감사의 인사를 고개 숙여 드리며, 여기서 본인은 물러난다며 귀가하려는데 갑자기 웅성거리더니 누군가 큰 소리로 "보상금 분배도 남풍 회장께서 맡아 주셔야 되겠습니다!" 했으나 일거에 거절하게 되었는데, 통풍 관절통으로 인한 고통을 견디며 최고 지식인 집단 대학 운영진 상대로 무방비 상태의 주민들 앞장에서서 피해 보상금 투쟁을 위해 머리를 짜낸다는 것은 뇌리의 한계를 넘어서 찐을 빼어 버리는 셈이었기에, 통풍의 고통은 의료진들이 잘 알고 있을 정도였는데, 통증을 참고 며칠간 매달려 초긴장으로 몰두한 후에 성사가 되니 안도의 초긴장이 풀리며 온몸이 침체될 지경에 무조건 뿌리치고 귀가했으며, 그 후 며칠간 두문분출하고 몸살까지 앓고 말았는데, 아무리 각박해도 그렇지 세상에 인심이 그렇게 야속할 수는 없었다. 본인이 앞장서 법전에도 없었던 학생 데모 피해 보상금을 단판에 받아서 주민들 손아귀에 넣어 드렸건만, 분배 때 본인이 동참 못 했음을 빌미 삼아서 나에게는 배당하지 않았으니, 만사를 제껴 두고 며칠간 매달려서 문장을 다듬고 회담 작전을 세우며 심혈을 기울여서 가망 없었던 피해 보상을 적잖이 수령해 주었던 본인 보상 분배를 양심도 없이 최고는 아니래도 평균치라도 정산을 했어야 옳을 것인데 기가 막힐 노릇으로, 그럴 때면 나의 푸념은 "사람들이 왜? 이럴까?"일 뿐, 별수가 없었고, 그러나 주민들이 곤경에 처하면 도저히 외면을 할 수 없었다.

 그러나 돌이켜 보면 야속한 것만 같은 주민들 앞장을 서 주었던 덕으로 많은 인물들을 만날 수가 있었으며, 좋은 인연이 되었으며, 풍부한 경험으로 지혜를 얻을 수 있었으며, 무엇보다도 약자들을 위할 수 있었으므로 기립 박수와 진한 갈채의 성원에 위안을 받을 때마다 깊은 보람과 긍지를 느껴 힘을 얻을 수 있었음을 주님께 감사드리며, 덕분에 3공화국과 5공화국의 군사 정권들의 야욕적 권력 비리의 진실을 제법 깊숙이 알 수 있었던 것이며, 모처럼만의 장면만 주당 정권이야말로 크리스천 정객들로서 기독교 정신이 충출했던 서구 유학파 정치인들이 기틀을 다져 갈 수 있었을 것이며, 하나님 축복으로 인한 5개년 개발 정책대로 주님 뜻에 따라 순리에 따라 발전했으련만 정권 야욕에 눈이 멀었던 정치 군인 때문에 진리와 진실은 왜곡돼 버렸고, 국가 발전도 순리보다는 군대식으로 급하게 임기 응변식으로 모래 위의 성이 되고 말았으니, 이 땅의 후손들은 어쩌란 말이냐?~ 어쩌란 말이냐?~ 어쩌란 말이냐?~ 어쩌란 말이냐?~ 어찌하란 말이냐?~

 그 후 세월이 흐르고 진보 선두에서 오랜 동안 지휘하던 거산 김영O 씨가 격에 맞지도 않은 보수 진영에서 깃발을 휘두르며 유난하더니 대통령이 되고 외대 총장 황병O 씨는 중국 대사님으로 발탁되어 부임하실 제, 오호라!~ 그런 것이구나! 그럴 테지!~ 그렇고 말고!~ 아무렴 그렇지!~ 그렇고 말고!~~ 오~ 오~ 오! 호~ 호~였었던 거디다!!!

서기 2023년 4월 24일 밤 8시 15분에 南風 김복현 記.

장사와 사업과 그리고 장사꾼과 사업가

이상의 두 가지 말과 뜻은 거의 같으며 공통점은 벽지장 한 장 차이면서도 무한 방대한 거리 차이가 발생한 듯한데, 세상살이 초반에 호구지책의 장사를 하다 사업을 하는가 하면, 사업을 하다가도 장사를 하는 경우가 허다한데, 진실은 꾼의 차이뿐일 것이다.

세상에서 장사꾼이란 말은 있어도 사업꾼이란 말은 없는 법. 장사꾼은 하나를 팔아도 많이 남길 목적이며, 사업가는 같은 값이면 여러 명에게 분배되길 목적으로 한다.

장사꾼은 하나를 팔아 10을 남기려 하고, 사업가는 10을 팔아서 하나 남기면 그만이겠는가?

사업가는 돈보다는 사람을 남기려 하고, 장사꾼은 사람보다는 돈을 남기려 하므로 결국에는 사람이 오지 않으니 돈도 떨어지고 해도 어둠으로 사라져 버리는데, 사업가는 날이 갈수록 사람들이 몰려와서 10을 팔면 하나뿐인데도 그것이 수북하게 쌓여서 태산을 이루게 된다.

급한 마음에 빨리 챙기려다 신용을 잃어버리면 하나님 사랑도 사라질 것이며, 느긋한 마음으로 근검절약하며 시간을 헛되게 쓰지 않으며 자신의 재능으로 여러분이 함께 살아가는 세상을 꿈꿀 수가 있다면, 그것이 바로 사업 정신의 웰빙 자본이므로 탄탄대로를 하나님이 열어 주실 것이니 사랑을 나눌 수 있는 장사로 전향해서 간절한 기도로 간구하면 막내 아들팀이 세상에서 가장 멋진 크리스천 사업 가족이 되리라 믿어 의심치 않는다.

진실로 진실로 하나님께 간구하면 사업 같이 재미있는 놀이가 없을 것이다.

애비는 주님이 퍼부어 주셨는데도 어리석음으로 담지를 못해 버렸으나 하늘의 진리와 크신 사랑은 알 것 같으며, 지금도 계속 새벽 기도를 진행 중이다.

우리 막내 손자를 위해 세속적인 것보다는 주님 사랑의 향기를 느끼게 될 행복의 그날까지 기원하마.

양주 남원 추탕

맛도 최고, 밑반찬도 최고며, 양도 많은데 코로나로 인한 물가 상승이 높아도 1인분 6,000원을 고수했음에 워낙 싸고 맛이 좋으니 포장이 늘어나 사업이 되고 말았는데, 들어와 먹고 싸가는 숫자가 많이 져서 포장품에서 마진이 재료 단가만 제하면 반 이상 수익이 되었으니 좋은 사업이 될 수밖에 있었던 것이니 사업이란 그렇게 자동 발생되는 게 순리다.

애터미 네트워크 마케팅 박한O 회장 사업 철학

철저한 크리스천 정신으로 미국 암웨이처럼 최고의 상품을 발굴, 독점 생산하고 확보한 후 소비자들에게 박리다매 하므로 생산자에겐 혁신적 판매 보장을, 소비자에겐 최고의 상품을 파격적인 가격에 제공하므로 세계 최고인 판매 신용 인증사인 암웨이를 능가할 확실한 세계적 유망 네트워크 회사다. 박한O 애터미 회장은 광주 살레시오 고졸 출신의 크리스천 사업가로서 한국의 오점인 다단계 회사들의 사기성 만행 치부에 정면으로 혁명적인 바람을 일으켜 일거에 세계적 유통 업계로 당당하게 진출한 현대적 풍운아다. 본인도 젊었을 때 운 좋게 비교적 빠른 기반을 잡았기에 80-90년대 한국은 온통 似而非 다단계 사업이 최고조의 극성기였을 때 우리 가족을 지키려면 사기를 당해선 안 되겠다는 굳은 일념으로 작심하고 유혹한 대로 따라가서 교육도 받아 보고 실태 파악에 심혈을 기울였으므로 덕분에 서울 강남 쪽에 몰려 있던 다단계사와 기획 부동산들을 통달할 수가 있었는데, 터득하고 보니 본인의 뇌리에 다단계사의 고객 유치용 언어로 가장 많이 사용했던 '무자본으로 돈 벌 수 있는 큰 사업이다!'가 유혹적 떡밥이었는데 구름처럼 몰려들었다. 그때마다 진실이면 얼마나 좋을까? 언젠가는 누군가의 양심 있는 자의 지혜로 기필코 저토록 수많은 선량하고 어려운 서민을 네트워크(다단계) 사업으로 속이지 말고 기발한 아이템으로 대한민국의 일지매 같은 사업가로 등장해 주길 소망했는데(* 사실 본인도 그런 주인공이 스스로 되고 싶은 꿈을 꾼 적도 있었음). 드디어 40-50여 년 만에 기라성 같은 영광에 크리스천인 박한O 회장이 시나이 광야의 모세처럼 당당하게 대한민국 다단계 광야에 나타나서 에터미 깃발을 앞세워 흔들고 세계를 향하여 힘차게 전진하고 있으니, 아무리 봐도 자랑스러운 한국인이며 향기로운 크리스천의 표상임을 확신하는 바이다.

내가 그토록 다단계 사업에 불신의 석고상이면서도 기대했던 보석 같은 네트워크 마케팅 사업인 에터미는 현대판 최첨단 마케팅사로 예수 그리스도의 사랑을 전 세계에 전파하기 위함이 사업 목적의 본분이라는 설명을 듣고 엄숙하게 겸손해졌다.

한국도 서구 유럽처럼 크리스천 정신의 사업가들이 폭넓게 많이 진출할 수 있길 두 손 모아 기원해야 할 것으로 믿어 의심치 않는다. 부디 제2, 제3의 박한O이 줄을 이을 수 있도록 기도해야 하며, 특히 이 땅에 유통 업계가 에터미 마케팅사를 모델 삼아 완전히 거듭나야 할 것이다.

92. 스승의 회초리

이문동에 정착한 지도 1년이 훌쩍 지나갔으며, 애들 환경은 보문동보다 부족했지만 경제적인 문제는 활발했으며 자가용 차도 소유해 여유가 있었으나 삼 남매에게 최우선 조건인 주택 주거 문제가 왠지 꼬였었는데, 그럴 수밖에 없었음은 시국이 생뚱맞은 군사 정권의 연장선상으로 몸서리치게 지겨운 군사 정권이 재차 전개될 조짐이었으니, 양심적인 크리스찬들과 종교인, 그리고 애국적인 대학교수들과 예술인, 연예인들과 애국 청년 학생들이 총망라한 데모대가 목숨을 걸고 연일 투쟁을 벌였을 때였으므로, 가족의 복음 자리인 주택 구입이 마땅치가 않았었음은 수입원인 업소 주변이 절실했으나 대학가(외대, 경희대) 주변이었으므로, 군, 경찰과 데모대가 총칼과 화염병 및 몽둥이로 대치하며 살벌했으니 평범한 가정 집 마련이 묘연할 수밖에 없을 때였으니까. 말이 쉽지, 당해 보지 않은 자들은 몰라도 너무 모를 정도의 한국인 특징적 안정 제일 위주의 가정 주택을 선호했으나 정의를 외면해 버렸었던 정치 군인들은 역사적으로 용서 못 할 불한당 같은 일당백 주모자들이며 독재자들이었다.

  권력욕에 역적질을 한 천인공노할 무리들이 권력을 잡아 만고의 충신을 역적으로 뒤집어씌웠으며, 국가와 국민을 목숨 걸고 지켜야 할 장군이 권력욕에 눈이 어두워 순리에 의한 모처럼의 민주 정권을 말살해 버린 후 군법으로 뒤집어씌우고 하늘의 순리를 역행해 온갖 만행을 부린 부당한 독재자에게도 추종 세력은 줄기차게 몰려들어 동조하는 자들이 많으니 죄악의 참상을 뚜렷하게 보면서도 답답하게 느꼈을 뿐이며, 말 한마디 바로 할 수 없을 때였다. 그러나 자녀 교육만큼은 방치할 수가 없었으므로 정신을 차리고 관심을 기울였는데, 우리 첫째와 둘째는 청량 국민교 5학년과 3학년이었고, 2학기 반장들이었는데, 그 당시에는 한국의 치맛바람이 몰아칠 때였기에 고심 중에 내가 교육적 발상으로 신학기 때는 절대로 선생 찾아가 인사하지 못하도록 집사람과 합의해 버렸으며, 그 대신 학년 말에는 마무리이므로 부정적 요소가 없었기에 수고하셨다는 의미의 보답 인사를 기필코 드릴 수 있도록 처신했었던 바, 우리 삼 남매 모두가 후기 반장들이었으니 매우 자랑스런 현상이었음을 확신했었음은.

  봄철 신학기 치맛바람의 돈봉투와 선물을 챙겨서 찾아간 인사는 자식 잘 부탁한다는 뜻이며, 가을철 후기 때 찾아간 인사는 수고에 대한 보답성이 강한 것으로 선물부터가 소탈하면서 신학기보다 찾아뵙는 학부모 숫자도 거의 없는 게 특징적이며, 나는 우리 삼 남매가 당당하게 살아갈 수 있도록 가정 교육에 전념하기 위한 노력 과정을 아끼지 않았으나 주위의 이해 상충으로 무척 힘겨울 때도 있었다.

  그런데 진실의 향기는 결국 시간이 흐르면서 밝혀지기 마련인데, 1학기 반장 때 듬뿍 큰 인사를 해 주신 분의 자녀를 임명해 주다 보니 자질 부족으로 선생님 속이 타다 보니 인사 없었던 우리 애들은 기본 예절이 깍듯하며 실력도 중하므로 2학기 반장감으로 선택함이 당연했음에, 우리 장남이 4학년 2학기 때 아빠가 스승의 날에 1일 교사로 선정되었으니 그날의 등교 동행을 요청함으로 처음엔 당황했으나 잘난 반장 아들이 아비를 추천했으니 대견하고 자랑스런 행사를 거부할 이유가 없어 기왕지사 지혜를 발휘해 좋은 이미지를 보여 주고 싶어 가만히 기도하게 되었고, 나의 주님은 좋은 지혜를 주셨으므로 그날 스승의 날이야말로 선생님들께 진실하고 따뜻한 보상을 해 드릴 수 있는 절호의 기회였던 것이다.

그 당시에는 치맛바람으로 인한 돈봉투 선심이 대세였을 때, 나는 어린 제자들이 스승에게 존경의 문장을 큰 외침의 인사로 드릴 수 있도록 기획했으며, 철저하게 준비를 했었다. 스승의 날다운 글귀가 번쩍 떠올랐음은 바로 "스승의 회초리는 진한 애정의 추억이어라!"였었다. 곧바로 표구점에 대형으로 주문했으며, 스승의 날 찾아 챙겨들고 청량리국교 정문을 들어섰는데, 워낙 학생 수가 많아 교실도 많았으므로 겨우 4학년 1반의 아들 교실을 찾아갔더니 아이들이 환영에 박수로 맞이했는데, 난생 처음 교단에서 반장인 내 아들의 구령에 의한 "선생님께 경례!" 하는 소리의 인사를 받고 기분이 흐뭇했었으며 정신이 맑아졌었다. 비록 1일 교사였지만 사명감으로 충만했으며 미리 마음속에 준비했던 기획한 대로 검정 칠판에 표구를 걸어 보았더니 문구가 선명해 매우 뚜렷했다.

첫 수업 시간 = ① 애국가, ② 스승의 노래, ③ 스승의 회초리 3회 복창을 시켰더니 학생들의 분위기가 무척 고무적임에 큰 보람을 느낄 수 있었고, 경황 중의 인기척에 옆 복도를 보았더니 선생님들이 모여들어 웅성거렸었는데, 그만큼 우리 교실에 관심이 집중되었던 것이었으므로 과분한 호의에 감사했으며, 따라서 더욱 진취적인 스승 섬김의 학생들이 될 수 있길 간절한 심정으로 비록 짧은 시간이었지만 최선을 다할 수 있었음이 너무 감동적이었던 것이다. 그 후부터 청량국교에 한동안 膾炙될 수 있었던 스승의 회초리는 진한 애정의 추억이어라!

　나의 딸아들답게 2학기 반장을 함은 뜻이 깊으며 당당함으로 인한 믿음이 장례성 보장을 예견했으며 팔순 직전의 지금까지도 삼 남매에 대한 믿음은 변함없으며, 특목 외국어 고졸 출신들임에도 자랑스러움은 그 당시에는 한 집에서 두 명 이상의 특목고 출신 자녀를 둔 집이 강북에서는 흔치 않았던 것이다. 그럼으로 나의 맏딸은 서울 강남에, 두 아들은 미국 뉴욕서 남부럽잖은 아름다운 삶을 누리며 하나님 섬기는 향기 그윽한 모습의 가정, 크리스찬 가정을 가꾸어 가는 삼 남매에게 그지없는 찬사를 보낸다. 최남단 고흥하고도 끄트머리에서 최고령에 부모의 뜬금수 늦둥이로 태어나서 두 주먹만 불끈 쥐고 결혼 추진해 하나님의 도우심으로 천사 같은 아내를 인연 맺어 상경해 오늘에 이르렀으며, 맏외손녀는 이화여대를 마치고 외국 광고회사에 입사하여 활약 중이며, 외손자는 육사 생도로서 1학년 때부터 축구선수로 발탁되어 유망주로 대활약 중이며, 뉴욕에 장남은 두 아들인데 내 장손은 프린스턴대 입학 준비 중이며, 차손은 고 2로 건강하고 영리해서 장래가 유망하므로 안심해도 되며, 무엇보다도 모두가 하나님 섬기고 순종하며 성실하므로 염려하지 않으며, 뉴저지에 막내 아들은 삼성 IT사 과장 근속이며, 친손녀 세 살 배기 梨好는 내 눈에 넣어도 아플 것 같지가 않을 듯이 귀엽고 똑똑해 너무 이쁘다. 미래 회초리의 사랑이 진하게 느껴지는 아름다운 인간적 세상이 되었으면 좋으련만, 어떻게 될는지? 부디 좋은 세상 될 수 있도록 하나님께 기원할 뿐이다. 그리고 불현듯 이 대목에서 떠오른 기억, 추억 두 가지를 기술하겠다.

- 첫째 = 내가 파월 군대 때 경남 하동 출신 전우 조유행으로 본인보다는 파월 신참인데, 그 당시의 학력으로선 귀했던 대학 재학 중에 입대했으며 제법 똑똑해 인상적이던 졸자였었다. 그런 조유O이 본인에게 보고까지 하고 신병 교육한다고 빠따를 치는데, 무거운 곡괭이 자루를 한 손에 들고 치는 모습이 시건방지고 흉해 보여서, 보다 못한 내가 시범 쪼로 신병 아닌 조유O을 엎드려 받아 상태로 3대를 힘껏 내려 쳤는데, 군생활 3년 중에 유일한 빠따 친 경험이었으나 하필 신병 고향이 여수 돌산면으로 고향 녀석 봐주기란 오해를 하고 말았다. 세월이 흘러 찾아보니 경남 하동 군수로 청백리 수상자로서의 자랑스런 공직자 표상에 빛나고 있던 대견한 전우 조유O 전 군수가 자랑스러워졌으며, 우린 비록 통화로나마 반세기 전의 회포를 풀 수 있게 되었으니, 역시 내게는 혜안으로 본 그의 미래를 볼 수 있었기에 겸손하라고 지적해 주던 암시였으니, 우린 역시 행운아들이었던 것 같다.

- 둘째 = 우리 맏이는 나에게 있어 바라만 봐도 가슴이 벅찰 정도로 보배로운 예쁘고 똑똑한 고명 딸이다. 내가 맨손의 사나이로 앞뒤 거리낌 없이 휘젓고 뛰어다닐 수 있었던 힘의 원천이 바로 내 딸이었으니, 그야말로 살벌했던 서울 천지에 의지해 볼 자가 거의 보이지 않았을 때, 난 내 첫딸의 초롱초롱한 눈망울을 보며 스스로 에너지를 충전할 수 있었던 것이며, 그 힘으로 깡패들도 물리쳤으며, 고난과

고통도, 배고픔도, 무시와 폄하도 극복했으며, 서울 정착에 겨우 현상 유지 선의 성공이라도 달성할 수 있었던 힘이 되어 주었던 내 딸은 갓난이 때부터 현재까지 요즘 세상에 보기 드문 효녀 중의 효녀이며, 나의 자랑거리라 아니할 수가 없겠다. 그래서 옛 선인들 말씀에 맏딸은 살림 밑천이요, 첫딸이 고와야 자식들이 곱다 하심에, 우리 가정이 본이 됨을 자부해 볼 수 있으므로 하나님께 무한 감사를 드리며 내 딸에게는 무한의 효심을 느끼게 된다.

우리 삼 남매는 약속에 의한 계획을 철저히 지켜 내기 위해 특목고까지는 부모가 책임졌으나 대학은 성인이므로 본인이 해결해야 했으므로, 내 딸은 담임 선생의 이화여대 신방과와 교육학과 권고까지도 눈물로 물리치고 성신여대 일문학과를 택했으며, 성공적이지만 부모로서 참으로 어려운 결단이었음을 주님은 아실 줄 믿으며, 본인처럼 자랑쟁이 촌놈이 명예의 이화여대를 포기하면서까지 첫 등록금 단 한 번에 딸의 요청을 거부할 수 있는 자가 또 있겠는가? 회상해 보면 내 자신의 얼마나 독한 다짐이었는가, 지금 생각해도 나는 대단한 용기의 결단이었는데, 눈에 보이지 않았지만 주님의 은혜였다. 그토록 삼 남매에게 교육적으로 야멸찼었던 본인은 오히려 자식들 덕에 부부 동반으로 세계 여행도 50대부터 할 수 있었으며, 생일 잔치도 10회 이상을 국내 최고의 호텔 레스토랑 팡파르 연주의 생일 축하를 받을 수 있었으니, 내 스스로 생각해 보아도 과분한 효도를 받은 것 같다. 조선 호텔과 워커힐 호텔이 특별히 인상적이었으며, 역시 롯데 호텔이 화려했던 것으로 기억력이 생생하게 떠오르며 엊그제 같은 감동으로 새로워지며 기분이 산뜻해진다. 젊었을 적에 삼 남매에 대한 나의 기원은 오직 순리에 의한 삶으로 인간답게 살아간다면 더 바랄

게 없을 것 같았기에 철저히 자율에 맡겼으므로, 진로에 대한 갈등은 한 번도 있을 수 없었던 것이므로, 지금껏 우리 삼 남매의 삶은 바라볼수록 아름다울 뿐이며, 감사함으로 평안을 누리는 바이다. 5월 10일에.

南風 복현 첨부 = (평생 후회된 단 한 번의 체벌)

참으로 부끄럽고 창피해서 수치스럽지만 노파심을 무릅쓰고 내 딸에게 이제라도 사과하는 심정으로 이 글을 첨부한다.

前述했듯이 내 딸은 우리 집 맏이로 부부에겐 행운아로서 거리낌 없이 산뜻하게 태어났으며, 건강하고 지혜로워서 신접살이의 어려움 중에도 거의 스스로 잘 자라 주었으며, 특히 연약했던 내게는 힘의 원천이 되어 주었던 갓난이 때부터 효녀였었다. 초·중·고교를 다닐 때도 사춘기를 모를 정도로 우리 삼 남매는 평온했는데, 첫딸 잘 둔 덕으로 인하여 장·차남도 거의 순조로웠으니, 그토록 흔한 사춘기 연례 행사를 우리 집은 모른 채 지나쳐 버린 것이며, 철저한 내 뜻과 방침에 의한 가정 교육의 일환이었던 본인이 절실하면 대학은 스스로 해결한 것이 원칙임을 잘 지켜 맏이는 누나로서 동생들에게 본보기로서 자신의 외고 전공 과목에 익숙한 일어일문과를 선택함이 아르바이트에 유리하므로, 일어일문과 없는 이화여대를 포기해야만 했을 때 내 가슴이 많이 쓰리고 아팠으며, 한 번은 이대를 선택하도록 첫 등록금을 한 번만 납부해 달라는 딸의 요청을 나의 알량한 교육 방침 때문에 단호히 거절했었지만 실은 속앓이로 남모른 고충이 컸었다.

사실 그 시절 이화여대의 인기는 대단했으며, 더구나 고흥 촌놈인 내가 얼마나 梨大生 딸을 염원하지 않았겠는가? 본인 역시 그 유혹이 감당하기 어렵지만, 우린 해낼 수 있었으므로 훗날 이토록 당당할 수가 있었음에 복된 삶을 누릴 수 있었던 예견이며, 우여곡절의 갈등과 아쉬움을 극복하며 대학 4년 과정을 스스로 해결한 후 일본 미쯔비시를 성신여대 출신 첫 입사를 이루어 낼 수 있었던 것이니 자랑스럽고 대견스러움에 감탄할 뿐이었는데, 그토록 용의주도했었던 현명한 내 딸에게 큰 과오를 저지르고 말았던 기억하기 싫은 지난 세월에 추억의 치부를 남기려 하니 회한과 수치스러움이 파도처럼 밀려오는 듯하여 지난날 후회의 여정이 떠오르면서 심난함으로 밀려오는 듯하다.

 그러니까 미쯔비시 입사 후 어느 날 밤에 우리 부부는 마음 졸이며 딸내미를 기다리는데 나는 잠자는 척하고 안방에서, 아내는 소리 죽여 밖으로 나가서 초조하게 기다리던 중 시간이 흐를수록 우리 마누라의 속이 타는데 밤 12시 직전에 딸내미 소리가 들리며 모녀의 가벼운 다툼 소리도 잠깐. 아내가 숨 죽여 들어오면 나는 시치미를 떼고 잠을 청해야 했으며, 다음 날은 조용히 지난밤 일은 묻어 버리기를 한 달에 몇 차례씩은 그때로 견딜 수 있었는데, 달이 갈수록 밤늦은 귀가 횟수가 늘어나기 시작했으며, 내 고민도 깊어졌으나 일단 모른 척이 상책 같았으며, 우리 아내도 저러다 말겠지 하면서 보배 같은 귀한 딸의 성숙한 모습이 회복되기만을 기도할 뿐이었던 어느 날 기대가 크게 빗나가 버린 사건이 발생하고 말았었는데, 밤 12시가 넘어 버렸는데도 다 큰 딸이 귀가를 안 했으니 그때는 내가 잠자는 척을 할 수가 없는 비상사태였기에 이불을 걷어차 버리고 일어나 부부가 함께 전화를 활용 추적을 해 보니 회식 후에 귀가했다는 것인데, 의정부 집이 멀어도 밤 열두 시 전에는 귀가했어야 했는데 새벽 1시가 넘도록 볼 수가 없으니 악몽을 꾸고 있는 듯 내 정신이 몽롱해져 버릴 지경이었다.

　평소의 내 딸은 상상도 못 해 보던 돌발 행동에 내 심경은 풍비박산이 되어 버린 것 같아 넋을 잃어버린 상태였음은 무엇보다도 내가 젊을 때 술 절제 못 한 후유증으로 평생에 가장 소중했던 황금 기간인 청춘기를 허비해 버린 뼈아픈 경험의 사연 때문에 민감할 수밖에 없었던 나만의 트라우마로 고심할 때였으니 매우 심각할 수밖에 없을 때였던 것이다.

　딸아이 자신도 너무 늦어 버린 새벽 귀가에 무척 당황한 그날의 문제는 어처구니가 없는 사건이었다.

　회사 동료들 회식 자리에 신참으로서 동참 거부가 어렵다 보니 참석은 불가피한 것이며, 도중에 개인 행동도 불가했으므로 울며 겨자 먹기식 회식 동료들 중에서 의정부 지역은 단 한 명뿐이었으니 늦은 귀가를 할 수밖에 없었는데, 하필 그날은 피곤함에 지쳐 곤드레만드레가 되고 말았으니 의정부역을 지나서 종점인 동두천 소요산역까지 가서 잠이 깨면 다음 전철을 탔으나 또 지나쳐 버리길 두어 차례 했으니 무심한 시간은 흘러 버리므로 새벽 귀가였으니 그동안에 과년한 외동딸을 기다린 우리 부부 심정은 석탄 백탄이 되고 말았던 것이었다.

　그때 아비인 본인의 심정이야말로 대단한 결단을 하지 않을 수 없었던 것은 비록 딸이지만 이십여 년 이상을 단 한 번도 흐트러졌던 언행을 해 본 기억이 없으며, 다만 예쁘고 지혜로우며 예의 바르고 착해서 주변 이웃의 어른들의 칭찬과 학교 선생님들의 찬사가 그치질 않던 특별한 내 딸이 주벽의 습관에 빠질 수도 있겠구나? 상상해 보니 순간적으로 믿음이 무너질 듯한 미래의 불안 공포심으로 정신을 번쩍 가다듬으며 오늘밤만은 우리 딸에게 평생 기억에 남을 수 있도록 강한 체벌을 가해 줄 수밖에 없다는 결단을 내리고 회초리보다는 몽둥이 급인 야구 방망이의 효력으로 각인시켜 줄 요량으로 찾아서 회초리가 아닌 몽둥이를 들었더니 그때까지 취기가 남았던지, "아빠! 한번만! 용서해 줘!" 하며 애교 부리는 딸을 차마 체벌할 용기가 전혀 나질 않았으며, 더욱 몽둥이는 말도 안 되었으나 그때의 내 심정에 그 방법 외엔 달리 최상의 방법을 찾지 못했으니 위기의 계절이었음이 확실했었다.

그 마당에 오직 정성을 쏟아 집중해서 몽둥이질로 가격하되 절대로 다치든지 빗맞거나 반항심이 유발될 수 없게 사랑의 매가 절실한 찰나의 순간적으로 모든 정성을 집중했었던 사랑의 매질이 실행되었으나 결과는 기대 밖이었음에 몸둘 바를 몰랐다.

나를 쏘아보는 딸의 눈초리가 일그러진 원망의 눈초리로 바뀌면서 꼼짝도 않으니 가슴이 철렁했으며, 대학 등록금 한번도 납부해 주지 않았던 매몰찬 아비였으니 모든 지나간 세월 속의 가장에 대한 무책임의 행위를 단죄하는 듯 무거운 침묵 속에 흐느낌의 긴장감이 그토록 무거웠었던 때가 또 있었을까? 그날을 나는 일생일대에 최대한의 실수로, 후부터는 내 딸을 바로 볼 수 없을 정도였으나, 역시 내 딸답게 그 사건 후부터 지금껏 자식으로서, 형제로서, 애미로서, 아내로서, 회사원으로서 국민으로서, 최선을 다해 성실하고 당당한 삶이 크리스찬다움에 아름답기까지 하여 대견스럽고 자랑스럽다.

그러나 난 지금도 내 딸에게만은 한없이 미안할 뿐.

2023년 5월 13일 토요일 17시 15분에 南風.

93. 홍달O과 권구O(파월전우)

달O은 충북 충주 출신.

나의 군복무 생활 36개월(만 3년간)은 부산 군기사에서 10개월 복무 후 파월 출국, 베트남 나트랑 100군수 207 보충대에서 18개월간을 복무 후 귀국해 여수 호남 정유공장 경비대에서 8개월간의 복무를 했었는데, 그 복무 기간 중에서 18개월간을 월남 나트랑에서 복무했으므로 잊지 못할 추억의 우정과 사연이 가장 많은 편이며 무엇보다도 만 3년 동안에 본인이 누렸던 은혜는 결코 여느 유명인에 뒤지지 않았던 것 같으며, 따라서 전우들 중에 친구가 되어 사회에서 만나 제대 후에도 서로를 찾아 우정을 나누고 있음에 모든 것이 주님의 은혜로 생각되며, 그중에서도 충북 충주 출신의 홍달O 군과 강원도 홍천의 권구O 군은 참전 전우로서 깊은 인연의 우정을 나누던 특별한 친구로 세 명 중에서 홍달O은 본인보다 세 살 위인데 권구O보다 5세가 많으나 월남을 늦게 파병했으므로 파월 고참인 본인에게는 깍듯이 했으나 홍달O 군과 권구O 군은 파월 동기여서 다섯 살 차이였으나 친구로 지내 버렸는데, 매우 다정한 특별한 관계로 제대 후에는 홍달O 군의 소개로 구O은 결혼까지 하게 되었으니 보통 인연은 아닌 듯했었다. 80년대에 권구O은 주택공사의 유망주였으며 홍달O은 장위동 염광 여상 앞의 문구점을 정리한 후에 자기 부인의 교사 부임지인 충북 제천으로 귀향해서 삼삼비둘기표 싱크대 공장을 운영했는데, 건축 붐으로 인한 주방 사업에 불이 붙었으므로 강원도, 경북, 대구, 울산, 포항, 울진 등 동부 쪽과 경남 김해, 밀양, 기장에서 대단한 싱크대 수요 붐이 일어났으므로 홍달O 홀로 감당하긴 무리였을 때 나에게 자주 지원 요청을 했으나 막상 내가 사업엔 문외한이며 경제력도 겨우 식생활 안정권으로 외도할 만한 여유가 거의 제로였음에, 만나기만 해도 위로와 응원이 된다고 하면서 틈만 나면 충북 제천으로 달려오라는 전화가 빈번하면 그때마다 서슴없이 달려가다 보니 내 운전면허증도 제천에서 취득할 정도였었던 파월 전우 홍달O은 전역 직후만 해도 사기꾼으로 소문나 있던 대구 모교회 담임 목사가 장인이었고 달O 부인도 권사였으나 자신의 믿음 생활은 전무했으므로 교회 출석은 억지 춘향격의 마누라 체면용 동행이었을 뿐이었으니, 부부 간이지만 물과 기름 같은 관계였었다.

따라서 자신은 아내를 몹시 무시했으나 권사 부인께서는 남편을 위해 정성과 눈물의 기도로 날을 지새울 때가 다반사였던 것인데, 그런 와중에 인철과 제철 두 형제를 갖게 되었으니 교사로서, 권사로서, 주부로서, 엄마로서 벅찬 생활고에 시달렸던 아내는 안중에도 없는 듯이 허랑방탕의 세월을 보냈으며 그래도 일말의 양심은 남았던지 그 당시 중동 건축 붐으로 기능 노동자들 모집에 합류하게 되었던 홍달O은 중동 사우디국 현대 건설 현장으로 파견될 수가 있었으며, 그때부터 건축 철근공으로 나름대로 열심히 일을 하게 되었으나 상하의 열기에 시달리던 어느 날 밤에 소변을 보던 중 강한 통증을 느끼기 시작했으나 참고 견디며 일을 했는데, 진단 결과는 담석증이며 그곳의 처방약으로 버틸 수밖에 없었는데 힘든 노동에 시달리다 보니 소변 볼 때면 통증이 심했으며 나중에는 피고름이 나오기 시작함으로 심각한 상태여서 기도에 매달릴 수밖에 없게 되었던 것임. 그럼에도 해외 건설 공사 진행의 임무 수행에 책임이 막중했으므로 꼼짝할 수 없었으니 참고 견딜 수밖에 없었다. 아침마다 피고름을 처리하면서 찢어질 듯한 담석증 통증으로 혼절할 정도가 되다 보니 치료 차 본국에 귀국할 수밖에 없었던 하루 전날 밤새도록 기도드린 후 소변을 보는데 하얀 변기에 툭! 하면서 검정 기체가 물과 함께 변기 속으로 사라지면서 씻은 듯이 담석 통증이 없어졌으며 기적 같은 사실이 꿈만 같았을 정도였음에 하나님께 감사 기도를 수없이 많이 드렸던 것이며, 그때 기적이 없었더라면 꼼짝없이 귀국했으며 그 당시의 형편으로 보면 오도가도 못할 낭패였을 때 절박했던 간절한 기도가 하나님께 통달되었던지 기적 같은 치유가 되어 첫 번째 고비를 넘겼으나, 그 후 귀국해 술 친구들의 유혹을 뿌리치지 못한 채 어울려서 방탕을 하고 말았던 것이나 오직 권사 부인은 남편을 위한 주야 불문의 기도에 매달렸을 뿐인데 현대건설의 중동 차출은 계속되었으므로 귀국 1년 만에 홍달O에게도 두 번째의 진출 기회가 주어졌음에 서슴없이 지원을 하게 되었으며 이번에는 철봉 파이프 공으로 파견하게 되었던 것인데, 역시 두 번째 중동 생활 중에도 다름이 없는 주당들과의 관계를 청산할 수 없던 술 마시기를 즐기던 어느 날 높은 건물의 8층 파이프 조립 공사장 작업장에서 발을 헛디디므로 낙하했는데 정신이 아찔하며 죽는가? 하던 중에 순간적으로 손을 뻗히게 되었으며 잡힌 파이프는 2층 난간대였으니 간발의 기적이었던 것으로 누구도 손을 쓸 수 없는 사고였으니, 떨어진 순간 누군가에게 잡힌 듯함을 느꼈다. 살아 있음을 실감한 후에 정신을 차려 하나님에게 감사 기도를 드리면서 귀국하면 정신 차려서 믿음 생활을 잘 하겠다는 다짐까지 한 서원이건만, 귀국한 후의 불과 몇 달 만에 친구들 유혹을 뿌리치지 못하고 그토록 눈물로 기도한 아내를 무시해 버린 채 세상 속으로 달려가 버린 홍달O이를 아무도 막지 못했었기에 권사 부인 속은 석탄 백탄일 수밖에 없었던 것이며, 그러다 보니 돈 떨어지면 중동으로 갈 수밖에 없었기에 세 번째 중동 파견 생활을 하게 되었는데, 열대 지방의 건축 노동에 시달렸던지 귀국 직전에 목암이 발병하고 말았으니 청천병력 같은 대재앙인 셈이었으나 홍달O으로선 방법도 염치도 없었던 것이니 귀국보다는 중동서 삶에 최후를 마감할 결심으로 귀국을 포기해 버렸으나 고국의 달O 부인께서는 애걸복걸로 남편 귀국을 간절히 빌고 또 빌었던 것이었으니, 세상사 알다가도 모를 일. 그토록 줄기차게 속을 썩혀도 끝까지 순애보였으니 교회 권사와 교직자로서 엄마로서의 사명감이 출중했던 분으로, 모든 시험과 우환도 흔들림 없는 믿음의 신념으로 오직 기도에 매달릴 뿐이었다. 그러나 홍달O 자신으로선 귀국은 자존심상 싫었던지 막무가내였고, 건강 상태는 하루가 다르게 몰골이 되어 처참했으니 무서운 목암 중세야말로 절망적 모습이었으며, 목 주변은 색깔이 까만 혹이 너덜거리며 침을 뱉으면 검정 먹피가 쏟아질 정도였으니 처참하기가 이루 말할 수 없을 형편이었다.

그러나 부인은 남편의 최후를 타국에서 마감시킬 수는 없었기에 날마다 기도와 눈물로 호소하면서 울부짖으니 결국 더 이상 버티지 못하고 한국으로 돌아왔으며, 마지막으로 기도원에 가서 회개 기도나 하고 죽으라는 권사 부인의 애절한 절규적 소망에 따라서 경기도 가평의 한 월산 기도원으로 들어갔으며 드디어 죽음 직전에 회개가 터졌던 것이다. 몇 날 몇 밤인지도 모른 채 울부짖었으며 통회하다 쓰러졌으며 한참 후에 꿈에서 깨듯이 일어나 정신을 차려서 무의식 중에 세면대에서 세수를 한 후에 거울을 보니 자신의 얼굴이 말끔해져서 만지기를 수차례 반복하면서 꿈결 같은 현실의 성령 체험을 하게 되었다는데, 이 글을 쓰고 있는 본인은 이 순간까지도 내 친구 홍달O만 한 진한 믿음을 보지 못한 것 같다. 그가 어려움에 처했을 때 나의 온당치 못한 실수로 인하여 오해로 헤어진 후 지금껏 만날 수 없는 안타까움에, 천부당만부당의 회개도 부족할 것 같아서 매우 가슴이 답답할 뿐이다.

권구O은 강원도 홍천 출신

내가 파월 생활 6개월 차 때 달O과 구O은 우리 보충대에 함께 자충된 행운아들인데, 유별나게 나를 잘 따랐으므로 추억거리도 남달리 많을 수밖에 없었는데 가끔씩 나트랑 비치 해수욕장에서 수영을 즐겼는데 내가 물 밖에 나와서 모래 찜질하면서 바다에서 수영한 전우들의 물놀이를 구경하게 되었을 때였다. 그곳은 미군 비취와 인접된 곳으로 철조망이 설치된 곳인데, 깊은 바다로 돌아서 미군 비치로 가는 홍미롭고 재미가 있었기에 수영 못 하는 전우들도 철망을 잡고 넘어다니며 스릴을 즐길 수가 있었기에 수영이 능숙한 자들은 깊은 쪽으로 여유 있게 넘어 다녔으며 수영을 전혀 못해도 철조망을 꼭 잡고 천천히 넘어갔다가 올 수 있었는데, 구O이는 호기심 때문에 참지 못하고 도전했던지 구경꾼들이 웅성거리기에 누군가 하며 보았더니 구O이었는데, 물에 잠겼다가 뜨면 하! 하! 하! 웃다가 다시 들어가기를 몇 차례 하는데 뭔가 미심쩍은 것 같아서 찜질 모래를 박차 버리고 물로 쏜살같이 내달았더니, 아니나 다를까 완전 맥주병인 것 같았는데 판단해 보니 철조망을 꼭 잡고 넘다가 파도 때문에 손을 놓아 버린 것 같았고 구경꾼들은 맥주병인 줄 모르고 웃으니까 장난하는 것으로 오해한 것이었다. 키도 장신이며 고대생이므로 당연히 수영은 잘 하리라 단정해 버렸으며 물놀이로 착각해 버린 것이었는데, 내가 접근해 보니 철조망에서 깊은 바다 쪽으로 10m 이상 밀려가 있었는데, 워낙 거구여서 물에 잠기면 두 발로 바닥을 힘껏 차서 떠오르면 또 차기를 반복해서 바다 쪽으로 틈이 벌어지고 있음을 감지했는데, 구해 내기가 옹색한 상태여서 설불리 접근하다 잡혀 버리면 함께 익사해 버릴 수 있는 매우 난감 지경이었기에 지혜가 절실함으로 바닷가 출신답게 침착한 자세로 권구O의 등 뒤쪽으로 접근해 그의 양 어깨를 가만히 잡는데 성공했으며, 모래사장 쪽으로 힘껏 양 발로 물을 차기 시작했으나 거북이보다 더 느렸었던 초조함과 불안이 엄습했던 기억이 생생하게 떠오르며 마치 엊그제 같은 추억이 새롭다. 그때 내가 너무 힘이 들었던지 한동안 일어설 수가 없었고 해지기 직전에 겨우 회복되어 귀대했기에 두고두고 그날의 우정을 논할 수가 있었다.

그런데 구O과는 두 번째의 큰 사건 발생은 다름 아닌 철조망 이탈의 무단 외출했던 위험한 사건이 발생했던 것이다. 그날은 한국서 파병 온 주월사 신병들이 우리 207 보충대로 들어온 날이었으므로 부대가 바글거리며 운집되었는데, 하필이면 그날에 신동O(영광. 요리사)과 권구O이 무단 외출을 제안했는데 본인도 싫지는 않았기에 동의하게 되었으며, 밖으로 나갈 때는 철조망 울타리 개구멍으로 나가기 직전에 초소병에게 기간병 3명이 외출하니까 임무 교대 시에 전달 사항을 철저하게 할 수 있도록 교육을 하고 밖으로 나가서 거래처 사장의 안내로 대접을 융숭하게 받았으며 술자리도 만족한 시간을 보낸 후 귀대하게 되었는데, 비틀거리며 개구멍 부근에 왔을 때였는데 갑자기 M16 총소리에 귀가 고막이 터질 듯 총알이 우릴 살짝 빗나갔음에 혼비백산했으며, 세 명은 개구멍을 피해서 돌바위 밑으로 납작 엎드릴 수밖에 없었다. 그 정도 되니 조명탄이 떴으며 철조망 안쪽에서는 비상이 걸려 버렸으며, 우리 세 명을 배트콩으로 간주해 버린 것인데, 갓 파월한 신병이 밤중에 전쟁터 초소에서 보초 근무 중에 바로 앞 철조망 쪽에서 바스락거린 인기척에 놀라 방아쇠를 당기고 말았으니 조명탄이 터지고 사이렌이 울려 비상사태가 되어 버렸으니 부대에서는 요란했으며 우여곡절의 수습 후 우리는 꼼짝 못 하고 붙잡혀서 엄벌을 받았으나 다행히 무단 이탈죄로 감방까지는 안 갔으나 대략 난감일 뿐이었겠는가? 갓 파월한 신병들이 보초를 서는데 긴장한 탓에 우리의 전달 사항을 잊어버려 교대하기가 바쁘게 숙소로 직행해 버렸으니 전쟁터에서의 첫날 밤 보초 서기에 초긴장할 수밖에 없었으리라…

그 당시에는 아찔했던 개죽음할 뻔했던 어이없었던 황당무계한 사건이었던 것이다. 南風.

94. 내 아들은 넓은 세상으로

60년대의 5·16 군사 쿠데타 이후 80년대 또 신군부의 집권 음모로 5·18 광주 전남 시민 항쟁과 전국 학생 운동으로 나라꼴이 말이 아니었는데, 대한민국이 왜? 이럴 수밖에 없을까? 왜? 왜? ~

박정O 장군 시대가 마감된 듯하기가 바쁘게 전두O 장군이 권력 놀음의 선봉에서 휘두르는데, 처음에는 영문을 몰라 데모 학생을 욕했으나 모든 정보를 외국 방송과 영자 신문을 통해 공유한 학생들의 울분의 데모를 뒤늦게 알고 이해할 수 있었으니, 성인으로서 부끄럽기가 짝이 없었다. 그 무렵 우린 이문동 외국어 대학 바로 옆에 상가에서 생활했는데, 군사 독재를 막기 위한 학생들의 투쟁 데모 때문에 피해가 컸으며, 주변 주민들과 더불어 받은 고통이 말로 더할 수 없을 정도였고, 전국 대학의 거의가 사생 결단으로 항거한 나라꼴이 말이 아니었는데, 그런 부당한 혼란 중에도 지도층들은 거의가 안일 보신주의자들로 보였으며, 오히려 군사 권력에 아부하는 자들과 동조자들이 득실거렸으며, 알량한 종교 지도자들의 진실은 가톨릭계 신부님들과 개신교 목사, 불교계 스님 일부의 양심가들뿐이던 통탄할 현상을 보면서 그때부터 난 한국 종교 지도자들에 대한 존경심이 소진되어 버린 안타까움을 느낀 것이니(민족성을 2군인이 망쳤다는 말이 진실이었다), 그 무렵부터 필자의 자식 장래에 대한 생각의 방향이 달라졌으니, 그것은 넓고 공정한 세상에서 활동할 기회의 분위기를 열어야 한다는 신념이었으며, 간절한 소망으로 점철되기에 부모로서 뒷받침해 줄 준비에 몰두하기 위한 깊은 고민이 시작되었고, 그러던 중에 IMF가 터졌으며, 그나마 학비 조달을 위한 아르바이트 자리가 바닥나 버렸으니, 고학생들은 거의 실의에 빠져 고민과 갈등을 헤쳐 나가던 중에, 궁하면 통하듯 미국 진출의 실마리를 찾게 되어, 당당하게 스스로 일어설 수 있는 절호의 기회였던 것이니, 하늘은 스스로 돕는 자를 도우심이 진리인 것을 확신했다.

  여차하면 닭섬 급매로 해결할 작정이었으나, 일거양득의 운명적 묘수로 인한 필자의 삶 지론인 자식 미래를 단독으로 고심했으나, 처조카의 정보로 인한 기적 같은 실마리가 풀리게 되었던 것은 우리 주님의 도우심이었음을 믿는다.

  그때 필자의 깊은 뜻을 이해할 자는 단 한 명도 있을 수가 없을 때였고, 심지어 친구들은 빈정거리며 비웃기까지 해서 속앓이를 많이 할 정도였으나 이해되었고, 내 자신도 쓸쓸한 인생을 자초한 셈이 되어 말년의 고독을 예측하면서도, 그 길만이 아들을 위한 나의 진실한 지혜였음을 기록해 볼 수 있음에 당당한 행복을 누리는 것이리라.

 그럼으로 우리 삼 남매는 단계적으로 떳떳하게 자립을 할 시발점인 대학부터 스스로 해결한 성인들이 되었으며, 모든 삶을 긍정의 성실함에 바탕한 크리스천인들로 살아감이 자랑스럽고 흐뭇하기가 그지없으므로, 우리 부부는 무한 행복을 누린다. 그러나 대부분의 부모들이 자식의 성장 과정의 단계를 애써 분별치 않으며, 오직 막연한 애정만이 부모 역할로 인식함은 안타깝다.

 삶에 넘침은 부족함만 못하느니, 본능적 사랑보다는 지혜적 사랑이 성경적이며, 부모의 사랑보다는 하나님 사랑 받음이 확실한 축복이라.

 유아기, 유치원생, 초등생, 중등생, 고교생까지는 부모의 영향권이기 때문에 분별적으로 대하여줌이 자식에 대한 가장 驚異的 대접이 된다는 점을 모른다는 것은 불운 초래다.

 요즘 세대는 지식 충만할 뿐, 눈과 귀가 있으되 지혜의 눈과 귀가 없으니, 막막했던 헬렌 켈러보다 나을 것이 없는 셈이라 생각된다.

 어쨌거나 내 두 아들의 자손들은 넓은 세상에서 기죽지 않고, 역량껏 어깨 펴고 살아갈 것이다.

 2024년 6월 1일 아침, 남풍

95. 의정부의 악몽(1990년대 후반)

광주 5·18 때 이문동 생활은 전두O 군사 2기 정권 서막의 통치로 인한 학생 데모대와 경찰 진압대의 전쟁터 같은 최루탄과 돌맹이들이 난무했던 1기 박 정권에 이어서 두 번째 암흑기였으니 몸서리칠 정도였으며, 국민들의 정서에는 암덩이 같았다.

외국어대와 경희대가 인접한 위치의 생활권 주민들의 고통은 천부당만부당이었고, 나라를 지켜야 할 군인들이 권력에 눈이 멀어 일으킨 만행 때문에 선량한 국민들만 도탄에서 헤어나지 못했으며, 불합리한 정권을 세워 보려 하니 뒤집어씌우기와 하극상과 진실 왜곡이 난무했으며, 지역 감정도 두 번째에는 더욱 악랄하게 악용했으니 국민성이 갈피를 잡을 수가 없었던 암흑기였다.

내가 어렵게 이루어 낸 가정 경제를 돈독하게 세워 보려면 대학가에서 탈피하는 것이 옳을 것 같아 밤새 고민하기 시작할 때, 의정부 세무서 공무원이던 고향 후배가 서울 재산을 정리하면 그곳(의정부)에서는 제법 큰 상가 건물이 가능할 것이며, 마련하면 노후가 편할 것이라고 귀띔을 해 주므로 상권이 좋다는 의정부에서 상가를 사서 살아 봄도 안정적이며 여유 있는 삶을 누릴 수 있겠다는 희망으로 건물을 물색하게 되었던 것인데, 모험 같았으므로 일단 계획을 접어 버릴 수밖에 없었다.

집을 팔아서 큰 건물을 구입한다는 것이 간단치 않았으며, 여러 가지로 이사하기가 복잡한 절차 때문에 망설여질 수밖에 없었다.

그러다 보니 유야무야 되어 버린 그 후 2년 세월을 넘겨 버린 어느 날, 이문동 부동산 임 영감님께서 우리 상가 주택을 내 요구대로 팔 수 있으니 더 큰 건물을 이 기회에 구입하라고 설득함에 타당성 있다고 생각이 앞섰으므로 재차 의정부로 달려가서 건물 헌팅에 열성을 띠던 중에 가능시장 사거리 끼고 제법 규모가 큰 상가 건물이 내 눈에 흡족해 보였어서 복덕방에 매매가 확실하다는 말을 믿고 이문동 부동산 임 영감님의 주도로 새마을금고와 일괄형 계약을 함과 동시에 미리 약조했던 일시금으로 매매 처리해 단 이틀 만에 뛰어갔던 것이다.

그러나 의정부 쪽 건물주에게 생각도 못 했던 매매할 수 없는 사유가 발생하고 말았던 것이며, 어쩔 수 없었던 모든 일이 순간적으로 꼬이고 말았으니 운명이라 할 수밖에 없었던 현실이었다.

그렇다 보니 당장 급한 것은 우리 가족이 주거해야 할 주택 구입이었는데, 그 시절은 건물보다는 대지 위주에 중점을 두고 매입함이 상식이었으나 아내와 딸은 신축 건물 주택 아니면 안 된다고 결사 반대였으니, 큰 실수를 저지른 가장으로서는 고집할 처지가 전혀 아니었으므로 집 장사가 신축해 팔아먹은 3층 집을 울며 겨자 먹기 식으로 매수할 수밖에 없었으니, 그때부터 본인의 날개는 접혀 버린 날 수 없는 새처럼 모든 운세가 힘을 잃어버린 운명이 되고 말았으니, 한번 빗나가 버리면 다른 문제도 얽혀 버린 것이 인생살이였다.

첫 단추가 엇갈리다 보니 계획이 엉성해져 버렸고, 마음만 조급해져서 상경 후 지난 모진 세월 속에서도 한 발짝씩 전진만 했던 본인은 그때처럼 황당한 일을 거의 상상도 할 수 없었다.

그때 마련된 자본금이면 의정부에서는 거액이므로 제법 큰 규모 상가 건물도 마련할 수 있을 정도로, 서울에 비해 의정부는 수도권에서 부동산 가격이 가장 낮으며 상권은 최고였으니 절호의 기회며 일생일대의 좋은 기회인 셈으로 서둘렀었던 계획이 잘못되어 버리므로 충격적인 심리에서 벗어나지 못해 서두르게 되고 말았다.

주상복합 주택의 3층 신축 건물이 외관상으로는 깔끔해서 아내와 딸은 선호할 수밖에 없었으나 본인은 거의 내키지 않았으나 순간적으로 결정해 버렸던 의정부 가능동 집은 1층이 점포여서 뒷길이지만 김박사김밥 1호점으로서 녹양동 2호점, 민락동 3호점까지 하게 되면서 90년대 후반기 때까지 안주했으나, IMF가 터지면서부터 의정부에서 사랑받았던 김박사김밥집을 접어 버려야 했음은 곧 외손을 볼 날이 가까워지고 있었기 때문이었다.

우리의 첫 손인데, 그 당시 갓난이를 바르게 돌봐 줄 수 있는 적임자는 내 아내뿐으로, 그 당시의 내 뇌리에는 육아 교육법에 대한 의구심으로 충만할 때여서 노년의 어떤 일보다도 자손을 위한 육아 봉사가 최고로 귀한 일이라고 단정할 수 있는 확신과 신념으로 가득 차 있었을 때여서, 아무리 생각해도 돈 버는 일보다 월등한 투자가 육아였음은 그만큼 내 눈에 육아 문제가 우리 사회에 대두되었던 산업 사회의 만성 증상일 때였던 것이다.

그러나 본인 외에는 어느 누구도 혜안으로 바라볼 수 없었으므로 나를 이해할 수 있는 자는 거의 없었음에, 내 양심의 지혜를 하나님이 증거해 주시므로 나는 고민하며 소경들뿐인 세상의 삶에서 무엇을 더 바랐겠는가?

그래도 사연 많았던 의정부 삶이 내 일생에서의 한 편의 진한 족적을 남길 수 있도록 두 손 잡아 인도해 주신 나의 주님의 은혜에 한없이 감사 드린다.

덕분에 본인의 뜻에 의한 0세에서 3세까지의 혜택을 받은 손을 그나마 바라보면서 큰 보람을 느끼게 되며, 흘러가 버린 지난 세월에 자위의 찬사를 보내며, 미래 자손들 세계는 더욱 크신 하나님 축복으로 영원하시기를 두 손 모아 간절히 기원해 볼 뿐이다.

1997년에 김영O 정권 때 아이엠에프가 터졌으며, 그로 인하여 한국 경제는 풍전등화였을 때 어지럽던 의정부 생활을 김박사김밥 컨셉으로 3호점까지 확장해 나가면서 의정부의 명물 김박사김밥 전문점으로 알려지면서 안정된 기반을 잡아 가고 있던 중요한 시기에 청천벽력 같은 IMF가 터졌으니 넋이 나갈 듯했으며, 큰 건물 계약 실패로 인한 충격에서 이제 겨우 벗어나고 있을 때였으니 재앙을 초래한 김영O 정권이 매우 원망스러울 수밖에 없었으며, 전두O 정권 때는 사업이 번창하던 이문동의 안정된 경제 생활에 재를 뿌렸었던 전쟁 같은 데모대와 진압대 격전 때문에 이문동을 떠나게 하더니, 의정부에서의 경제 활동은 김영O 정권의 IMF가 망쳐 버린 꼴이었으니, 보수 정권이 우리 성실한 서민들에게는 웬수나 다름없을 수밖에 없었다.

 IMF 충격으로 내 강한 의지가 많이 다운되었으나 큰 문제가 아니었던 것은 안정된 3층 집에서 주거 생활(3층)과 경제 생활(1층)이 오붓하게 자가 건물이므로 얼마든지 사업으로 발전시켜 나갈 확신으로 충만했으며, 그 당시 의정부에서 김박사김밥은 아무도 따라올 수가 없을 정도였음은 본인이 김 생산부터 김 맛까지 통달한 전문가였으며, 우리 아내는 맛에 관한 실력이 한창 日就月將할 때였었기 때문이었다. 그러나 문제는 아내의 성품에 악착성이 전무했으며, 장사보다는 육아와 가정의 살림살이에 적합한 인품의 窈窕淑女 형으로서 신혼 때부터 장사를 함께 할 수밖에 없었던 내 마음은 무거운 부담이 될 수밖에 없었던 것이기에 항상 돌파구를 찾고 있었는지도 모를 때여서.

 그 무렵에 우리 부부의 간절한 기원은 장사를 안 해도 살아갈 수 있길 가장 큰 소망으로 기원할 수밖에 없었음은 우리 딸의 해산일이 임박해 오고 있을 때여서, 출산 후에도 마음 놓고 경제 활동을 할 수 있도록 육아를 맡아야 할 적임자는 우리 아내뿐이었다. 물론 부모와 자식 간은 독립적으로 각자의 삶을 영위함이 순리라는 본인의 강한 지론도 현실 앞에선 어쩔 수가 없었음은 우리 부부의 손을 떠나서 손주가 길러진다는 것은 본인의 慧眼으로 볼 때 끔찍할 수밖에 없는 상황으로 판단될 주변으로 보였었다. 어릴 때부터 육아 방법이 보일 정도였으니, 모르면 편한데 많이 알면 인생이 고달파지는 것이지만 자손을 사랑함이 우선일 수밖에 없는 것이 인생이리라. 우리끼리 살면 김박사김밥 본점만으로도 아쉬움 없이 평안하게 살아가는데 아무 걱정이 없는 완전한 소일거리의 불경기를 거의 타지 않는 김박사김밥 전문점은 우리 부부만의 완전한 노하우였으나, 손주 육아법이 매우 소중함을 지혜로 절실하게 깊이 볼 수 있었던 본인은 주님만 알고 계실 사랑 때문에 스스로 티도 안 날 외롭고 고달픈 길을 선택하고 말았으며, 그로부터 거의 20년 세월을 외손주들을 위한 본인 삶은 접었으므로 바르고 곱게 성장한 모습에서 본인 慧眼의 그림을 그리며 하늘을 우러러 당당하지만 본능적 단순성이 강한 인간은 보이는 것만으로 판단할 수밖에 없지만, 전지전능의 능력에 하나님께선 사람의 눈에 보지 못한 것까지 보시며 위로해 주심으로 섭하지도 억울하지도 않다. 세상 소경들아! 나는 나름대로 맨손으로 최선을 다해 할 바를 다 해 본 것 같은데, 度量이 좁은 자를 어쩌랴! 다만 주님만은 현명한 본인을 도와주시며 사랑으로 위로해 주심을 믿을 수밖에.

 1999년 9월 9일은 孫女 외손녀 출생일 南風.

 (* 이문동 명당터 남풍 갈비점을 군사 정권의 혼란에 시달리다 지쳐 마을 금고에 매도해 버리고 그곳을 청산 의정부로 이사했고, 얼마 후 학생 데모도 멈췄다)

행복의 근원

행복합니다. 나는 행복합니다.
진정으로 진정으로 나는 행복합니다.
선하고 착하신 부친의 낳으심과
정성이 지극한 모친의 기르심으로
흠없이 소중하게 성장했습니다.
행복합니다. 나는 행복합니다.
진심으로 진심으로 나는 행복합니다.
천사처럼 아름다운 아내의 사랑과
눈꽃처럼 새하얀 삼 남매의 효성으로
금잔디 평원을 나래 펴서 마십니다.
행복합니다. 나는 행복합니다.
진실로 진실로 나는 행복합니다.
사랑이 넘치는 거룩하신 분께서
항상 함께하시며 풍요로운
곳으로 인도하여 주시고
은혜의 단비로 축복해 주십니다.
그래서 저는 행복합니다.
참으로 참으로 나는 행복합니다.

2023년 6월 21일 수요일 비 오는 낮 11시에 南風 김복현

96. 첫 손주의 출생(닭섬 靜養기)

일천구백구십구년 구월 구일 구시에 나의 첫손주 외손녀가 건강하고 예쁘게 태어났다는 아내와 통화한 후에 고흥 닭섬(본인 소유 무인도)에서 정양 중이던 본인은 가슴 벅찬 감격 때문에 그날 밤은 뜬눈으로 날을 지새울 수밖에 없었던 것이다.

동도 트기 전 육지(풍남)로 달려나가 세워 둔 승용차로 서울을 향해 580km를 줄달음쳤는데, 얼마나 밟았던지 12시 정오 한참 전에 도착. 산부인과로 직행해 보니 방글방글 빛나는 세상에서 제일 예쁜 孫女가 천사 미소로 방긋거리며 나를 반겼는데, 간이 녹는 듯한 지경이었다. 내가 그때까지 보았던 어떤 갓난이보다 월등하게 예쁘고 귀여워 애기 곁을 떠날 수가 없었기에 점심시간을 훌쩍 넘겨 버려도 배고픔을 모르고 애기만 넋을 잃고 바라보고 또 바라봐도 천사가 확실했다. 내 평생에 이처럼 예쁘고 귀여운 천사는 처음 보았는데, 난 소년 때부터 어린 애들을 유난히 좋아했으므로 동네 아이들도 나만 보면 좋아했으며 울보 아이도 나만 보면 울음을 그치고 히죽거릴 정도였으니, 내 핏줄인 손녀야말로 할아버지를 따를 수밖에 없었으며 본인에겐 타고난 특별한 아이들과의 교감이란 게 존재했었던 것 같았다. 어떤 울보도 나만 있으면 싱글벙글이었으니 하늘이 내게 주신 특별한 재능이 확인되었던 사건을 잊을 수가 없다.

60세 때 우리 부부가 미국 아들을 만나려고 비행기를 탔을 때 처음 인천 공항 출발 때부터 나리타 공항까지 울어 대는 아기가 내게는 애처롭게 들려서 견딜 수 없었는데, 동경 공항 연착 몇 시간 동안을 줄기차게 울었으므로 가여워서 그냥 볼 수만 없었기에 관심적으로 접근해서 파악해 보니 인천의 모 보육원에서 갓난이 고아 5명을 보모들 각자가 1명씩 맡아서 미국 입양자 분들께 안겨 주기 위한 인수인계 행사인데, 그중 한명이 비행기에 오르면서부터 처량하고 줄기차게 울어서 어찌할 바를 모르겠다며 하나같이 난감한 표정들이어서 황당해 보였기에 내가 용기를 내 잠깐만 내가 달래 보겠다고 하니까 허락하며 아기를 나의 품으로 넘겨주었는데, 그 아기를 소중하게 정성을 다해 살포시 받아서 꼭 껴안는 순간 본인 두 눈에 눈물이 쏟아지는데 주체할 수가 없어 아기를 안은 채 하염없이 울면서 "하나님! 이 불쌍한 갓난아이를 돌봐 주시옵소서!"의 기도가 멈추어지지가 않았었는데, 한참 만에 정신을 차려 내 품 안에서 세상 모르고 깊은 잠에 취한 천사 아기를 바라볼 수 있었던 감격적인 그 순간을 나는 평생 동안 잊을 수 없으며, 기적 같았던 현장에 그 자리의 목격자들이 박수로 환호하며 웅성거렸다고 했으나 본인은 그 아기 천사의 눈과 체온 이외의 것은 아무것도 느끼지 못했으며 의식이 몽롱할 뿐이었으나 내 품을 떠나서 LA 도착 때까지 쌔근쌔근 잠들었었던 예쁜 아기 천사에 모습이 떠오름에 한없는 하나님께 무한히 크신 사랑을 느끼며 즐거웠다. 그런 귀한 순간을 사진으로라도 한 장 남겼었다면 하는 아쉬움은 크지만 그때 내가 눈물 범벅으로 주님께 드린 기도가 짧지 않으므로 LA에서 내렸었던 가엾은 아기를 우리 주님이 잘 돌보아 주셨으리라 난 확신할 수가 있었던 것이다. 20여 년 전 미국행 기내에서 잠깐 만났던 인연이었지만 오랫 동안 그 갓난아기의 서러운 울음 소리가 내 귀에서 울린 듯할 때마다 나도 모르게 두 손 모아졌었던 기억이 생생한데, 부디 우리 주님 도우심으로 좋은 양부모 만나 행복한 삶 누리기만을 간절히 기도드렸었으며 기원했던 기억이 생생하다.

　미국에 다녀온 얼마 후에 나와 친했던 고향 후배(국장급)가 성북구청에 일자리 마련을 해 주겠다며 출근해 볼 의향을 물어 보았으나 그때까지의 내 삶이야말로 스스로 개척해서 거리낌없이 살아왔었던 자유분방형으로서 지시를 받으며 눈치를 보며 얽매인 생활을 한다는 것은 끔찍했었기에 선뜻 받아들일 수가 없어 망설이다가 출근 내용이 성북구 도시 관리 공단(* 지자체 직영 회사)이며 거주자 주차 확인 단속 관리여서 자율적이며 내 적성에 맞아 수락했으며 출근해 보니 본인과 같은 조 업무 파트너는 전직 종암 경찰서 수사 계장 출신 박우O 씨로 죽이 잘 맞아 매일 출퇴근의 발걸음이 가벼웠었다. 본인으로선 군생활 후 난생 처음 해 본 조직 생활이었으나 동료분을 잘 만나서 큰 도움이 되었으니 역시 나는 인덕이 좋은 편이었다. 성북구 거주자 지정 주차장 단속 관리 업무가 두 사람의 적성에 잘 맞다 보니 주차장 단속 업무의 능률도 일취월장이었으니 모든 게 능동적이어서 할 만했으며, 조직 생활의 문외한이던 본인을 잘 이끌어 주신 동료분들에게 항상 감사한 마음이었다.

　그러나 홀로 챙겨 먹으며 전혀 익숙치 않았던 출퇴근 시간을 규칙적으로 실천함이란 그렇게 간단치가 않았으나 어려서부터 새벽 인간형인 본인은 첫새벽 산책의 운동을 더욱 철저히 하면서 근무를 했더니 오히려 일상이 거뜬할 수밖에 없었던 것이다.

　그럭저럭 1년이 지난 듯했을 때 업무 개편이 되었으며 이번에는 성북구청 주차 관리원으로 바뀌었는데, 시민들과 요금 정산을 하면서 대인 업무를 담당해 보니 이것이 인생이구나 할 정도로 애로 사항이 부지기였으며 시민들의 주차 관리원에 대한 인식들이 너무 폄하와 무시 일변도였는데, 어떤 경우에는 너무 심해서 서글픔의 비애를 강하게 느낄 때도 있었다. 주차 관리원 1년 반 동안에 받았었던 정신적 고통이 결코 작지 않았던지 두통이 심했으므로 매일 한두 건씩은 사용자들과 실갱이를 벌일 수밖에 없었으니 스트레스가 심해서 버틸 수가 없었으니 출근 길이 두렵고 아득할 수밖에 없었다.

박우락 씨와 두 사람이 자유롭게 거주자 주차장 불법 단속 색출 스티커 부착할 때가 좋았는데, 한번 업무가 변경돼 버리면 어쩔 수가 없었으므로 버틸 수밖에 없었다. 어릴 때부터 자립성이 강한 본인에게는 큰 고역이며 하루가 여삼추였으나, 포기할 수는 없으니 정신력으로 버티면서 새벽 5시에 기상해 안골 마당바위에서 운동하고, 귀가해 갓 지은 밥으로 식사한 후에 출근하면 하루가 시작되었는데, 그땐 솔직히 외손녀를 우리가 돌보아 주자며 앞장섰던 나의 진실한 행동을 몹시 후회했던 기억이 주마등처럼 떠오르는데, 사실 우리 부부의 대단한 희생이었으며 부부 중 본인은 아무런 공적도 없이 그지없이 따분한 시간을 홀로 희생하지만, 그림자도 남지 않으며 어느 누구도 그토록 뼈 깎는 애로를 이해할 수 있는 단 한 명의 가족도 없었다. 오직 눈에 보인 것만으로 이러쿵저러쿵 할 뿐인 속물들 세상 속에서, 慧眼으로 볼 수 있는 나의 豫見 때문에 자손 사랑이 앞서 버리다 보니 스스로 고달픈 길을 자초하고 말았었던 것이다. 자위함은 내가 냉정하게 본연의 철칙대로 "너희들 인생은 너희들이 살아라!" 선언해 버렸다면, 현재 외손녀와 손자는 어떤 모습일까를 되짚어 현상해 보면 의문일 정도며, 그렇다면 본인 스스로 자위하며 단 한 분이신 하나님께서 본인의 깊은 진실의 고뇌에 미소 지어 주심을 影想으로 떠올리면서 밀어 볼 뿐, 豫路부터 지혜 있는 자들의 삶이 凡人들보다 월등하게 고달프다고 했음이리라. 그때 내가 아내에게 입버릇처럼 많이 한 말은 돈벌이보다는 자손 양육에 투자함의 高가치성을 노래하다시피 했었는데, 본래의 철칙은 서구 유럽의 선진 교육처럼 대학부터는 거의 성년이므로 학문이 더 필요하다면 본인 스스로 판단하고 결정하며, 책임도 본인 몫이 되어야 산 교육이며, 부자들이 많은 기부를 아낌없이 가난한 자들을 위하여 투척하면서도 대학생 자식들에겐 성인 되면 스스로 책임지고 해결하라며 철칙의 냉정성을 잘 지켜 주었기에, 오늘날 전 세계의 선진국으로 보람차게 우뚝 설 수 있지 않은가? 그 위대한 내면에 존재함이야말로 전지전능의 영광에 하나님과 인류를 위한 사랑으로 모진 고난의 고통에 피값의 목숨을 바치신 예수 그리스도를 想起해야 한다.

그럼으로 본능 만사의 하늘 아래서 진리가 외면당할지라도 인내하며 억울해하지 말아야 할 것임은 전지전능의 하나님이 공정하시므로 진실충만을 누릴 수 있으며, 누구에게도 공정하실 수 있기 때문이다. 본능적 지식, 체험적 지혜, 영감적 순리 모든 것이 하나님만의 전지전능에 의할 뿐일 것이라는 확신을 본인은 믿어 의심치 않을 수밖에 없었던 것이다.

자손 사랑함이란 오직 교육으로 연결될 수밖에 없으므로, 어른들은 심사숙고에 판단력으로 방향 설정을 잘 시켜 줄 의무가 막중하리라 思料되는 바이며, 세상사 모든 순간은 흘러가 버린 것이며 결과는 뚜렷하게 증표로 나타남이 하늘의 섭리인 셈이다.

눈에 보이는 수고보다는 보이지 않는 희생이 월등함이라.

2023년 7월 5일 日 11시 南風 김복현 記.

97. 핏줄의 기적(2004년 4월 12일)

　우리 부부는 외손남매를 비교적 일찍 보았으며 그것도 갓난 핏덩이 때부터 직접 양육했던 경우였기에 첫 손주의 벅찬 감격의 느낌이 충분했으므로 막상 친손주의 갈망은 없는 편이었던지 세 번째 친손의 출생을 미국 장남에게서 통보받았을 땐 담담했으나 내면의 감정은 형용할 수 없는 벅찬 환희로 양쪽 어깨가 날개를 단듯 날 것 같은 기분이었으나 그때는 첫째 외손녀와 둘째 손자가 다섯 살과 한 살의 한창 예쁠 때여서 우리 부부는 정신이 온통 외손들에게 집중될 수밖에 없었던 것이며 다행으로 미국 친손도 사돈 부부의 양육으로 우리와 동일해 참으로 공평했던 것 같아 마음은 놓였으나 그러나 또한 궁금하고 보고 싶었는데 효심이 강한 딸의 배려로 한 달간의 패키지 여행으로 친손자도 보고 관광도 할 수 있도록 일정을 멋지게 마련해 주었으므로 일거양득의 기쁨을 누리게 되어 정해진 관광 코스대로 하와이서 꿈같은 3박 4일을 보내고 있는 중이었는데 뉴욕 장남의 전화를 받고 난감했음은 경기도 일산 자신의 처외 조부님 喪을 당해 장모님이 갓난 손주와 함께 한국으로 갔으니 불가피한 사정의 이해를 구한 설득하기에 이르렀던 것이었는데 우리처럼 외손자 양육 중이었으니 친정 부친喪 장례에 갓난아기와 동행할 수밖에 없었으므로 우리 부부는 애기 보려고 한국서 뉴욕으로, 사부인과 아기는 미국서 한국 일산으로 엇갈렸었던 난감한 현상이 발생했던 逸話였으니 세상 살다 보면 불가피했던 사유가 종종 발생할 수밖에 없었던 것이었으므로 덕분에 미국 하와이 와이키키와 하나우베미와 본토 중서부 관광을 마음껏 누리게 되었으니 복된 시간이었으나 손자를 바로 못 본 대신에 오히려 알찬 하와이 관광을 하게 되었으므로 우리 부부는 산수갑산을 갈지라도 즐거웠었던 것이었으니 모든 것이 은혜였는데 우리 부부가 여행할 때면 항상 날씨가 청명해서 하나님께서 우리를 축복해 주심에 감사했으며 그때만 해도 외국 관광 때 50대 부부는 부러움의 대상이 될 정도로 젊은 층에 속한 편이었다.

두 아들을 미국에서 만날 때마다 자랑스러웠음은 역시 넓은 대륙에서 당당하고 성실하게 최선을 다해 살아가는 모습이 대견스러웠으며 그들의 활동 무대인 미국 사회가 내 눈에는 충분했고 장래가 보장됨을 읽을 수 있었으므로 여러 면에서 비좁은 한국과는 비교도 할 수가 없음을 내 눈에 뚜렷하게 보였던 것이며 인물과 건강, 정신력과 삶의 가치관, 모든 것들이 미국 사회에 적응할 수 있는 자질들을 두 아들이 보였었기에 안도했었던 기억이 새롭다. 내가 두 주먹만 불끈 쥐고 상경했듯이 나의 두 아들도 맨땅 헤딩으로 미 대륙에 정착할 수 있음을 그때 확신했으며 믿었다.

그러나 홀로 자취 생활을 하고 있었던 막내를 두고 헤어질 때는 만감이 교차했으며 뜨거운 눈물을 쏟아 낼 수밖에 없었으므로 주체를 할 수 없었다. 내 평생에서 그때처럼 많이 울어 본 기억이 없는 것 같은데, 남들도 대부분 막내둥이는 한결 더 안쓰럽다고들 이구동성인 듯하며 그럼으로 선인께서 내리사랑이라 하셨나 본다.

우리 부부도 외손들을 돌보아야 했기에 짧은 일정을 마무리할 수밖에 없었으므로 두 아들의 배웅을 뒤로 하고 뉴욕 케네디 공항 비행기로 귀국길에 올라 인천 공항을 향해 날아가게 되었는데 도착해서 귀국 절차 수속 직전에 일산 사부인께서 전화가 왔으며 간곡하게 공항에서 일산이 가까우니 먼저 손자부터 보고 가시길 간곡히 권하셨는데 송구한 마음이었다.

사돈댁 권사 할머님이 천사 같은 분으로 배려하심이 대단하셔서 영감님 喪으로 인한 불가피한 엇갈림 때문에 미국까지 가서 귀한 손자를 바로 만나지 못했음에 대한 안타까움의 부담감이 크신 것 같아 그 뜻에 응해 드리려고 일산 사돈댁에 들러 가기로 결정하고 밤 8시경에 방문했더니 친척들이 모두 모여서 반겨 주셨는데 무척 포근함을 느꼈으며, 크리스천들이어서 그런지 참으로 사랑이 넘치는 분위기의 인상적인 평온을 간직하게 되어 그때 노 권사님(외할머님)의 지고지순하셨던 그 따뜻한 자태를 바라보면서 내 가슴이 따뜻해졌고 잔잔한 존경심으로 충만했으며, 참으로 다정한 분들의 배려로 나의 장손을 안아 보려는데 깊은 잠에서 선잠을 깨우니 짜증을 내며 우렁차게 울었으므로 모두 긴장된 순간이었으나 내가 품 안에 살포시 받아 안으면서 지긋한 음성으로 "할아버지다!" 하는 순간에 기적 같은 현상을 보였었는데, 짜증스럽게 앙탈을 하던 아기가 갑자기 울음을 뚝! 그치며 한동안 두리번거리더니 내 눈과 마주친 순간 세상에 없는 천상의 미소로 방긋거리며 내 품으로 깊숙이 파고들면서 내가 그 이름을 부를 때마다 고개를 세워 눈을 번뜩이며 터질 듯한 미소로 반가워서 못 견디겠다는 표정을 지은 모습에 모두가 감동의 환호로 감격해 마지않았으며 이구동성으로 모두 탄성의 감탄사인 저것이 바로 진정한 핏줄의 힘이라 했다!

    내 인생에서 그날만큼의 깊은 감동과 환희가 또 있었던가? 이 세상 다한 영혼의 그날까지도 잊을 수 없는 핏줄의 기적의 느낌을 안고 석양 노을에 서 있지만 그 순간은 물론 어쩌면 영원히 그토록 깊은 뿌리에 느낌의 강한 인연은 힘찬 강물처럼 흐를 것이며 영원한 진리의 도도함으로 이어지리라.

이 세상에서 나의 장손과 첫 상봉한 감동과 감격은 뿌리의 기적이며 매우 소중하고 귀한 축복이었으며 크신 은혜였음을 나는 믿는다. 내 자손들마다 축복이며 기적임에도 느끼지 못했으나 그날 장손과 첫 상봉의 감격적 회상은 최후 순간까지도 본인을 환하게 미소 짓게 할 아름다운 영원한 사랑의 혼으로 새겨져 간직될 것이다.

98. 뜬금수 빼차구(갈비씨)의 慧眼

본인은 연로하시며 열 살 차이 나는 늦깎이 부부의 결혼 10여 년 만에 첫딸, 5년 후 장남, 4년 후 차녀, 그리고 5년 후에 4남매 중의 뜬금수 막내둥이로 출생하다 보니 老산모의 유방이 거의 고갈 상태여서 몇 방울의 모유밖에 맛보지 못한 채 동냥젖으로 겨우 연명했으니 피골이 상접해서 바람결의 촛불 같은 가냘픈 생명줄에 매달린 처량한 모습 때문에 집안 어른들의 고심이 깊었던 것이며, 따라서 오래 살 수 없겠다는 불안감으로 바라볼 수밖에 없었다고 한다. 그러나 모친은 학자 집안의 강직한 장녀로 어려운 환경을 극복하시며 틈틈이 지혜롭게 육아를 잘 해 주신 덕에 본인을 생존시켰으니 그 은혜가 河海와 같은 모성애였음이라. 그러나 늙고 병든 부친과 둑을 부린 작은 누나는 없는 셈치고 일손 부족한 가정 형편 때문에 동분서주한 어머니를 그나마 내가 도와 드릴 수밖에 없었음은 형을 도시로 진출시키려 하셨던 모친의 확고한 집념의 소망 때문이며, 그래서 단 둘인 셈인데 일곱 살이던 막둥이는 애처로운 말라깽이로 간들거리는 꼬막손으로 일을 도우는 모습에 가슴속을 그토록 애태우셨던 어머니 모습을 바라보면서 여덟 살이 되었으므로 국민학교 입학을 했으며 그때 아버지의 유일한 선물 지게를 기쁜 마음으로 받을 수 있었던 것인데, 그때부터 난 빼차구임에도 힘을 발휘했으며 보이지 않은 保恩의 손길이 도와주셨으며 지혜도 부어 주셨음을 그땐 몰랐으나 성인이 되어 아이들 미래 때문에 부부가 앞장서서 교회를 다니게 됨으로 비로소 주님 은혜였음을 이해할 수 있었다. 어린이 때부터 군입대할 때까지 수많은 风霜을 겪다 보니 세상이 밝게 보였으며 모든 인생사가 순조로웠으며 군입대(* 7회 지원)가 즐거웠으며 병영 생활은 더욱 신바람이 날 정도였고 베트남 전쟁터 지원(* 2회)도 두 번 만에 스스로 달려갔으니 월남 참전도 신이 날 수밖에 없었으며 그때도 눈에 보이지 않은 사랑의 손길이 항상 본인을 보호해 주심을 강하게 느낄 수가 있었는데 알고 보니 모든 것이 우리 하나님에 크신 은혜였다. 나는 한 번도 우리 삼 남매를 무엇이 되길 바란 적은 없으나 평범해도 아름다운 가정을 이룩하길 기도할 뿐이었으니 내 소망은 달성된 셈이다. 또한 본인은 일생 동안의 오직 내 사랑은 아내뿐이었음을 우리 하나님은 잘 알고 계심이라 확신하며. 우리가 이사해서 살았던 곳마다 지긋하신 어른들께서 진한 곰국물 같은 사람이란 격려를 받았으며 나름대로 군생활 때부터 이 순간까지 약자들을 위한 노력을 조금은 했던 것 같아서 그나마 후손들에게 거리낌이 없는 나의 삶을 기록할 수 있으니 마음에 위안을 느끼지만 하나님만 알고 계실 뿐. 내 자신은 알게 모르게 저지른 수많은 罪相들을 회개할 수 있도록 간절히 소망하며 새벽 기도에 매달려 간구드리는 중인데, 다양했었던 삶의 뒤안길 자락에서도 어머님의 DNA가 내게로 유전되었던지 소년 때부터 내 손은 약손이라 별칭했는데,

친구들이 다치거나 결리고 아픈 곳을 만져 주면 시원해진다 했으며 군생활 때도 다친 전우들을 만져 주면 잘 풀렸으며 갓난 어린이들과 놀아 주면 울던 아이도 방긋거리며 좋아들 해서 본인도 깜짝 놀랄 때가 있었으며 그 덕에 어린 애들과 천진난만의 놀이를 즐길 수 있었기에 나만의 재능에 스스로 감탄했으므로 난 애들을 돌보는 것이 가장 행복했으며, 어떤 아이도 함께 있으면 내가 조용히 보고만 있어도 즐거워했으므로 도대체 아이 돌보는 게 어렵다 말한 어른들을 이해할 수 없을 정도였었다.

 그러나 출생 석 달 된 막내 손주를 3개월 동안 우리 부부가 기획 육아를 할 수밖에 없었으므로 가장 정신을 들였으며 석 달 동안에 성패가 갈릴 수 있었기에 그때만큼은 본인의 지혜와 혼신의 인내력을 몰입해서 총력을 다해야만 했는데, 다행히 원천인 사랑의 힘으로 부부가 이룰 수 있었던 값진 승리였음을 확신할 수 있었다. 그러니까 2019년에 30대 후반에 결혼한 막내 아들 부부의 교회 신자와 양가 어른들의 간절한 기도로 어렵게 임신해 귀하게 출산한 손녀야말로 하나님 은혜로 내려주신 귀한 축복 둥이였으므로 우리 모두는 긴장할 수밖에 없었으며, 출산과 산후의 후유증의 부담에서 그토록 어려웠던 모든 난제를 주님은 거뜬히 해결해 주시며 건강하고 예쁜 눈동자가 빛이 나는 듯한 아가를 안겨 주신 하나님 은혜에 무한 감사를 드리게 되었던 것인데. 그러나 우린 당장 미국에 갈 수 없었으나 사부인께서 출산 때부터 산모와 갓난 兒를 돌보아 주신다 했음에 천만 다행이었으며, 모든 게 하나님 은혜로 감사할 뿐이었으며, 3개월 후에는 사부인께서 귀국하시면 우리 부부가 석 달간을 돌보기로 한 후 매일을 초조하게 기다리며 통화로 점검 중이었는데, 연로하신 연예인 출신의 사부인이 육아하시기엔 너무 벅찰 것은 불을 보듯 뻔했으므로 實

情에 밝은 편인 저자의 마음이 말할 수 없이 초조했음은 다름이 아닌 매우 섬세한 갓난이의 심리 때문이었는데, 대부분의 일반인들은 갓난쟁이로 볼 뿐이며 그들이 얼마나 인격적 요구를 하는지를 이해 못 해서 영아의 욕구가 빗나가므로 올바르게 충족시켜 주지 못해 영兒와 육아자의 관계가 계속 엇갈린 언밸런스를 일으키므로 영아의 욕구인 잠 자기와 포만감과 편안함의 충족 상실로 인한 요구들을 육아자가 간파를 못하다 보면 계속 헛다리를 긁어 준 셈이 되다 보니 영아는 짜증을 부리게 되며 시간이 지속됨으로써 히스테리를 넘어서 약골의 과정을 지나 병약한 짜증쟁이의 시점이 굳어 버리면 거의 성격 이상아가 되고 만다. 그토록 중요한 영아의 성격 형성에 가장 절실한 갓 태어난 영아 기간이야말로 성격 형성의 황금 시기이지만 불행하게도 그 부분을 잘 이해할 수 있는 육아자들이 매우 귀한 편인데. 영아기, 유아기, 아동기를 부모들이 너무 이해 못한 채 육아를 하다 보면 그토록 소중한 사랑하는 자녀의 성격과 건강에 악영향을 미치므로 끔찍한 고통을 겪지 않으려면 부모들은 겸손한 마음가짐으로 멘토를 찾아서 조언을 듣고 가르침을 받으며 육아법을 배워도 모자랄 판에 세상 경험이 풍족한 지혜의 어른들의 念慮를 무시한 채 학력의 지식만 믿고 경거망동을 하여 그토록 소중한 자식의 육아 시기를 놓쳐 버린 요즘 세대들이 딱하다 못해 어리석기가 그지없어 매우 심각한 첫단계 영아기 6개월간은 아이 성격 형성의 최상의 황금기인데도 대부분의 요즘 부모들은 아무것도 모른 단순한 갓난아이로만 치부해 버림이 대부분인데 그 점이 가장 큰 문제인 것이다. 갓난이도 본능적 욕구가 강함으로 육아자가 모를 뿐이지 끊임없는 요구를 하고 있음을 센스 있게 간파해서 들어줄 요점은 대략적으로 배고플 때, 불편할 때, 졸음 올 때를 충분히 구분하고 해결해 줄 수 있을 때만이 자격 있는 육아자라고 할 수 있겠으나, 현실적으로 그토록 소중한 육아법서를 몇 권 구독해 보지도 않고 멘토의 귀띔도 흘려 버리다가 자신의 분신이라고 본능적 사랑에만 오지게 취중해 영아기를 훌쩍 넘겨 버리면 그 애는 이미 온 집안의 짜증쟁이 울보가 되어 가족들의 잠도 설치게 해 버리고 말 애물단지로 유아기를 맞이할 것이며, 두고두고 어두운 가정이 되어 버린 경우가 헤아릴 수 없을 정도며 우스운 것은 자신들이 육아법을 모르므로 발생한 아이의 괴팍한 성격을 천성이라고 몰아세우는 부모들이 대부분이어서 참으로 안타까울 따름이지만 두 번 없는 황금기는 이미 지나가 버리기 마련인 것이며 성격은 천성보다는 인위적 인간성이라 확신할 수밖에 없겠다.

난 어릴 때부터 최남단 벽촌의 각박한 삶을 살아야 했던 어른들이 논밭이나 들과 산과 바다의 삶 터전으로 나가기 위해 어린 애들을 내동댕이치듯 집안에 던져 두고 나간 돌볼 손이 없어서 혼자 울며 자다가 깨어나 배고파 울다 지친 채로 홀로 있는 애들과 어울리면서 같은 환경의 한두 살 차의 어린 애들, 형, 오빠로서 많은 생각을 하게 되었으며 자립적으로 클 수밖에 없었던 홀로둥이들과 어울렸기에 동지적 동심, 愛의 동질성으로 인한 애환들이 풍부한 편이었으며 갓난쟁이부터 꼬맹이들의 꼬마 형으로 그들과 과거의 같은 눈높이였으므로 모든 사정에 밝아서 이해할 수 있는 지혜가 발생했던지, 어떤 아이도 나와 함께하면 친하게 되어 편하므로 어울렸음은 이해 상통이 잘 되었기 때문으로 기억되며, 영아들도 갓난이지만 본능적 욕구가 있으므로 어른들은 그들의 요구를 지혜 눈으로 간파해 응함이 당연하지만 갓난쟁이 취급이 문제며 안타까움이다.

그러나 자녀의 성격 형성의 時機는 매우 중차대한 적령기여서 절호의 기회를 지나쳐 버린 후의 부정적 부담을 감당하려면 큰 희생이 추가될 수밖에 없을 것이니, 사랑하는 자식을 위해 육아만큼은 겸양적인 격으로 심사숙고해서 판단하고 결정해야 될 부분이라 확신한다.

어쨌든 그때 나는 막내 손녀가 무척 보고파 못 견딜 지경이었기에 방미 날짜를 받아 놓고 매일 화상 통화로 손녀를 볼 수가 있었는데, 예쁘고 건강해 보여 처음에는 안심할 수가 있었는데 한 달쯤 지나면서부터 아기의 표정에 짜증기가 엿보이므로 염려가 되기 시작했으며, 노파심에 의한 멘토를 자처한 著촘와 아들과의 대화가 논쟁으로 변하고 말았으니, 아기를 생각하면 일각이 여삼추인데 통화 멘토 역할은 가망이 없고 신구세대의 논쟁이 되어 버렸으니 당황스럽고 기가 막힐 지경이었다.

그러면서 아기의 짜증은 하루가 다르게 깊어 가고 있음을 유경험자는 읽을 수 있는데, 문외한은 모르므로 답답했었던 그 심정을 또한 경험할 수가 있었다. 그러나 머나먼 한국과 미국에 떨어져 살면서 어찌하랴! 호미로 막을 수 있는 문제를 힘들더라도 대형 삽, 가래로라도 문제를 해결할 수밖에 없겠구나? 체념할 수밖에 없었으나 내 상식으로 볼 때는 '과연 내 짧은 지혜로 눈에 넣어도 아플 것 같지가 않은 사랑하는 막내 손녀를 방긋거리며 건강한 모습의 원상 회복을 시켜 줄 수 있을 것인가?'라는 질문을 수도 없이 자문자답했던 '사랑하고 사랑한 내 막내 손녀야! 조금만 더 버텨 보아라! 할아버지가 달려가서 기필코 너를 짜증 없이 방긋거리는 누구보다도 건강하고 똑똑한 미소, 천사 모습으로 주님 사랑의 아이콘이 될 수 있도록 나의 지혜와 정성을 다해 기도할 것이니 그때까지만 파이팅! 하여라! 아멘! 아멘!~입니다.' 했으나 그때 내 마음은 아기의 상태를 읽을 수 있었으므로 그야말로 일각이 여삼추였음을 주님만은 알고 계셨으리라.

드디어 그날, 항공 예약일. 인천공항의 버스를 타고 우리 부부는 꿈에도 그리던 손주를 보러 달려갔으며, 날아가서 맨해튼이 내려다보일 듯한 위치에 아파트의 막내 아들 집에 도착하여 여장을 풀기도 전에 그토록 보고 싶었던 막내 손주를 안아 볼 수가 있었으며, 비로소 안도의 긴숨을 내쉬며 육아에 전념하게 됨을 주님께 감사하게 되었다. 이제부터 한정된 3개월 동안이 나의 기획 육아 기간이며, 판단력과 경험과 지혜를 집중해서 정성과 사랑을 다해 기도하는 마음으로 분석해 보았더니 내 예상대로 건강은 이상이 없는 것 같았으나 이미 심한 짜증과 피로감으로 지쳐 있으므로, 우선 잠을 푹 재워야 했으나 아기가 너무 민감했으므로 결단의 방법이 절실한 상태였으나 문제는 우리 부부 체력의 한계였으며, 고질 퇴행성 관절과 통풍 관절이 심한 상태의 칠순 초, 중반들로서 사실 육아 자체가 무리인 듯했었다. 그러나 어떻든 나의 경험과 지혜의 에너지를 집약적으로 몰입해야만 했음은 그때 기회가 매우 소중했기 때문이었다. 그래서 오직 기도와 사랑에 힘과 지혜의 확신으로 최상위 1번 문턱인 잠 재우기 작전을 섬세하게 기획한 것인데, 아기를 안고 돌아다니면 일단 잠은 들지만 눕히기만 하면 눈을 번쩍 뜨며 짜증 섞인 울음을 터뜨려 버리면 허사가 되어 버리므로, 수면 부족의 고질 짜증은 무엇보다도 잠을 충분히 재워야 해결되는데, 그것이 무척 육아자가 힘센 장사일지라도 계속 안고 선 채로 흔들어 잠을 재울 수는 없는 것이다. 그 점을 저자는 충분히 터득하고 있었음에, 막내 아들에게 중요한 육아법 몇 가지만이라도 귀띔해 주려고 안달했으나 도무지 자기 논리에 묻어 버려서 어쩔 수가 없었으며, 매우 섭섭하고 안타까웠을 뿐이었는데 그 문제의 감당을 내가 고스란히 안게 되었으나 천만다행이기도 했다. 뒤늦게라도 풀어 줄 수 없는 지혜를 하나님이 내게 주셨기 때문이다. 육아 5일째 되는 날 아기가 깊은 잠에 들 수 있는 방법은 우선 습관대로 안고서 그런 자세를 최대한으로 유지시켜 줄 수밖에 없었음은, 아기의 상태가 깊은 수면을 충분하게 시켜 주지 못하면 건강과 성격 형성에 큰 장애가 될 수 있다는 점을 저자는 감지했음에, 눈에 넣어도 아플 것 같지 않은 사랑하는 막내 손주를 위해 관절 통증 따위는 견뎌 내야 해서 아내와 결심을 굳힐 수 있는 다짐을 하고, 아기의 깊은 수면을 지속시킬 수 있도록 내가 60분을 안고 버티면 20분은 아내가 버티기로 다짐하고 깊은 수면 작전에 몰입하게 되었으나, 막상 시도해 보니 매우 힘겨웠으며 60분 버틴 남자보단 20분 버틴 여자가 벅찰 수밖에 없었으나 고맙게도 아내가 이해하며 20분 고행을 잘 버팀으로 인하여 우리 부부 사랑의 에너지가 갓난 손녀에게 전파된 듯이, 서서 안고 버티는 동안 만큼 수면을 취할 수가 있었으나, 문제는 부부의 버티기에서 한계가 발생했으므로 몇 번의 안타까운 실패는 했으나 회수를 거듭하며 요령도 발전했으며, 무엇보다도 아기의 수면이 조금씩 길어지므로 짜증의 회복이 눈에 보이기 시작하면서 더욱 큰 희망과 자신감으로 버티기 시간도 점점 여유가 생기던 어느 날, 아기가 드디어 깊은 수면에 들어가는 모습을 보고 날아오를 듯한 기분이었다.

  너무 예민해 바늘 떨어진 소리에도 깜짝 놀라서 벌떡 일어나 버리던 아기가 비로소 부부 수면 작전의 성공 조짐이 단 6일 만에 나타나기 시작했으니, 그 기쁨은 말할 수 없는 큰 희망의 성취감이기에 더욱 신중하게 아기의 육아에 전념했었다.

  육아의 첫 단계라 할 수 있는 영아의 수면이야말로 가장 중요한 부분인데도 육아자 거의 경험이 없어 영아의 수면 철칙인 누워 재우기를 고수해야 함에도 불구하고 울기만 하면 달래 주려고 달랑 안아 버리는 데 문제가 있다. 영아일수록 훈련이 필수적이며, 그럼으로 선진 육아법은 영아일수록 냉정하게 길을 들여 줌이 정상적인 것이며, 심신이 건강할 수 있는 방법인데도 경험의 방법을 외면하고 본능에만 치중하므로 건강과 성격 형성에 전혀 도움이 될 수 없음을 모르고 자신의 속성대로만 고집함은 어리석음을 넘어 영아의 최상의 성격 형성의 황금기를 날려 버린 우를 범하는 것이다. 본능적인 사랑보다는 이성적 지혜와 영아의 미래 지향적 애정으로 육아를 해야 함에도, 오늘날 필자가 바라본 한국인의 육아 형태는 가관인데, 특히 영아·유아기의 성격 형성기의 중요성을 거의 외면한 채 본능적 애정에만 치중해 버린 오늘날 한국적 육아법이야말로 인성과 건강까지도 파탄 내 버린 매우 위험한 상태로 보이며, 그 파탄의 조짐이 우리 사회에 만연한 사건들이 비일비재함은 안타까운 증거다.

　서구 유럽식으로 영아 때부터 홀로 잠들 수 있도록 영아 침대에 뉘어 두고 배고플 때만 먹여 주며 수면은 어떤 경우에도 홀로 두며 울어 대도 외면할 것은 안아 주라고 우는 것이니 절대로 영아의 유혹에 넘어가면 더 이상은 안 된다. 참고로 영아의 울음은 요구의 표현인데, 잠이 올 때, 배고플 때, 몸이 불편할 때이지만 그중에 잠을 덧부릴 때가 80% 이상이므로 배고픔과 몸이 불편할 때만 해결해 줄 것이며, 잠덧은 스스로 울다 지치면 깊은 수면에 빠져들 수밖에 없음을 확신할 것이며, 영아의 울음은 표현의 수단일 뿐임을 참작하고 그만큼 소중한 과정일 뿐인 수면을 잘못 도와준다면 영아에게 매우 나쁜 습관이 쌓여서 결국 심신 발전에 걸림돌이 될 수 있음을 숙고해야 될 육아자의 사명감이려니. 그러나 영아가 수면 장애일 때는 홀로 울고 울다가 스스로 잠들게 하면 그때부터 배만 부르게 해 준다면 순해질 것이니 영아가 울어도 냉정할 것이며, 옆에서 인기척을 내서도 안 됨을 명심하고, 갓난이지만 홀로 수면할 수 있도록 육아자는 신중하게 용의주도해야 할 것이며. 참고할 부분은 갓난 영아라고 해서 수월하게 생각한다면 어른이 큰코다친다 할 정도로 민감하고 영특함을 미리 알고 대비할 것을 간곡히 권장하는 바이며, 이성적 사랑과 본능적 사랑에 대한 필자의 해석을 요구한다면 전자는 지혜로운 인격적이며, 후자는 본능의 동물적이므로 가벼운 애정보다는 깊숙한 애정으로 은근한 참사랑의 인내로 육아의 심신을 가다듬어 줌이 비로소 바른 인격 형성에 큰 도움이 될 수 있으리라.

그때 우리 부부는 육아 10여 일 만에 손주의 깊은 수면을 시켜 주는 데 성공할 수 있었는데, 참! 기나긴 여정이었던 것 같았다. 객관적으로 보면 그 정도를 허세 부린다고 할 수 있겠으나 그렇게 간단하지가 않았으니 일생일대에 그토록 소중했던 황금기 말 육아 기회를 주님께서 필자에게 지혜로 감당할 수 있도록 인도해 주셨음을 확신하면서 그만큼 보람과 기쁨도 컸으며, 무엇보다도 감사와 은혜가 충만했으므로 우리 부부는 행복한 육아를 하게 되었는데, 그토록 민감하게 짜증만 부리던 갓난 애가 며칠 동안의 깊은 수면을 취한 후부터 편해졌으므로 나의 2단계 육아법, 웃겨 주기에 집중했는데, 그때부터 70 평생 불렀던 트로트를 활용했는데 반응이 그토록 좋았을 줄은 몰랐으며, 마치 알아듣는 듯 깔깔거리며 즐거운 표정으로 내 뽕짝 노래에 연속 재창! 삼창!으로 요구해 주니 내 평생에 그런 호사스런 기쁨은 처음인 것 같았었다. 핏덩이 같은 손주와 그렇게 즐겁게 놀아 볼 줄은 상상도 못해 보았으니, 역시 난 행운아이었던 것이다. 우리 부부는 손녀와 셋이서 시간 가는 줄 모르고 웃음꽃을 피웠으며, 드디어 미소 천사의 활발한 폭소는 하루에도 헤아릴 수가 없을 정도였으니 대박이었다.

그럼으로 3번째 나의 훈련은 하나님 은혜로 출생했으니 누구보다도 주님의 교제를 많이 받을 수 있도록 찬송과 기도를 많이 들려줌으로 잠재적 사랑이 충만한 크리스천적 심신에 성향의 씨앗이 심어지길 간절히 기원하는 마음으로 찬송과 주기도문과 사도신경을 틈 날 때마다 반복해 들려주며 기도해 주던 기억이 생생하게 떠오른다.

(노래는 '만리포 사랑', '나의 살던 고향', '남원 예수'. 찬송은 '예수 사랑하심', '내게 강 같은 평화', '다 찬양하여라'를 불러 주면서 웃겨 주면 깔깔거렸었다.)

- 막내 손주는 하나님 도우심으로 심성이 밝고 강건할 것이며, 명석함으로 하나님 섬김에도 으뜸 발자취를 남기리라 믿으며 기원한다.

2023년 8월 16일 오후에 그리움으로
祖父 南風 김복현 筆 양주 도서실에서.

- 넘침은 부족함만 못하다.
- 본능은 단사탕에, 지혜는 쓴 보약에 비유다.
- 스스로 해결할 때 지혜를 얻으며, 해 줌은 방해이다.

99. 사경O과 종O

1) 사경O - 전북 김제 출생. 보약 과다 복용 저능아

필자는 아주 소규모의 영업장을 선호할 수밖에 없었던 것은 자본금이 워낙 빈약했기 때문이었으며, 따라서 종업원들도 시골에서 중학교 못 간 소년들이 대다수였기에 숙식만 시켜 주면 지원자들이 많을 때였으나, 문제는 심한 전라도 사투리에 거의 무지랭이 상태였기에 하나부터 열 가지를 교육으로 해결할 수밖에 없었으니, 필자의 입이 닳아질 정도였으며 짧은 지혜도 바닥이 날 지경이었는데, 그러다 보니 소규모 점포 운영의 달인이 될 수밖에 없었으며, 아무리 적은 도장집 점포도 위치만 좋으면 확보해 버렸고, 두세 평 규모에도 일반인들은 엄두도 낼 수 없는 음식점(만두, 찐빵, 도너츠)을 개업한다면 모두 비웃는 표정들이었으나, 대박을 치면 오히려 혀를 내두르면서 연구 대상으로 삼을 정도였었다.

오죽했으면 신문 기자 친구 신광O까지 우리 집의 경제가 넉넉해 보이므로 몹시 궁금해했으나, 두세 평 남짓 규모의 빵집 세 곳으로 몰려드는 고객들 모습을 보면서 이해를 하게 되었다고 했으며, 기사화하고 싶다 했으나 필자가 반대했었다.

그 무렵 어느 날 제기동에서 즉석 과자점 운영으로 기반을 잡은 최경O 형께서 전화가 왔는데, 내용인즉슨 일할 소년을 처가 마을에 부탁을 했더니, 형수와 친한 분이 중학을 마친 자신의 아들을 데리고 전북 김제에서 왔기에 말을 시켜 보니 완전한 저능아인 것 같아서 채용할 수도 없고, 그냥 돌려보낼 수도 없으니, 동생은 소년들 잘 아우르고 있으며, 업점도 많으니 보내면 상담을 해 보라는 요구였기에 궁금하므로 만나 보았더니, 생긴 건 멀쩡했으나 비정상적인 행동이 뚜렷했으며, 중졸자가 자신의 이름을 겨우 쓸 정도여서 그의 모친께 사유를 물었더니, 어릴 때 보약을 잘못 먹인 후부터 이런 상태가 지속되었으며, 그러므로 가족들도 점점 윽박지를 수밖에 없었다고 할 정도로 집안에서부터 천덕꾸러기로 외면받고 무시를 당한 상처투성이의 갈 곳 없는 처량한 저능아였으나, 필자의 인정만 으론 불가능하지만 이토록 한심하고 가망 없는 어린 인생을 필자마저 외면해 버릴 수는 없겠다는 묘한 책임감으로 무거워졌으며, 난관은 아내의 설득인데, 소년급들이 십여 명이면 아무리 가정부가 있어도 모든 신경은 안주인 몫이 될 수밖에 없었던 것이니, 필자로서도 아내의 허락이 없으면 결정할 수 없었으나, 결국 어렵게 이해를 해 주었으므로 매우 특별한 인연을 맺을 수가 있었던 것이다.

그러나 막상 받아 놓고 본 사경O이는 연구 대상으로 가르쳐야 할 저능아여서 섣불리 대할 상대가 아닌 매우 민감한 요주의 소년이었으나, 왠지 정상인으로 훈련시켜 주고 싶은 자신감이 충만했기에 우선 식솔 고참들에겐 필자 외에는 당분간은 사경O을 일절 간섭할 수 없도록 엄명을 내렸으며, 직접 내가 김제의 저능아를 분석해 보니, 조금만 스트레스를 받아도 안면이 빨개지면서 극도의 열을 받았으며, 제정신이 아닌 듯 흥분했으나, 부드럽게 칭찬하며 단순한 심부름을 시켜 보니 곧잘 소화해 냈으며, 그럴 때마다 치켜세워 주었더니 필자를 따르며 자신감이 조금씩 회복됨을 읽을 수가 있었던 것이다. 그토록 철저하게 우대해 주면서 "너가 최고다!"를 반복하며 빵 반죽을 놀이로 삼을 수 있도록 유도해 주었더니, 보름 만에 반죽 다루는 솜씨가 고급이므로 칭찬을 아끼지 않을 수가 없었으며, 한 달 후부터는 만두를 만들기 시작했는데, 동작도 빠른 데다 모양도 일품이었으니, 그때부터는 의도적 칭찬이 아닌 진정한 칭찬으로 노래 부르듯 즐겁게 반복해 줄 수가 있었던 것이다. 그리고 한 수 위였던 도너츠까지도 어렵지 않게 놀이로 알고 생산할 수 있었던 것이니, 필자도 깜짝 놀랄 정도였는데, 또한 저능아 사경O은 빵 만드는 것을 놀이 삼았으며, 필자를 정말 좋아했으며 잘 따랐으므로 흐뭇할 따름이었다.

그러나 중졸자가 한글도 제대로 몰랐으니 묵인할 수가 없었기에 필자가 작심하고 지혜를 발휘해서 자신의 이름부터 잘 쓸 수 있는 놀이를 구상해 주었더니, 무척 재미있게 글쓰기 오락에 심취했는데, 그 덕분에 상금 용돈은 좀 쓴 셈이었으나, 효과는 매우 컸던지, 시골 중 3년 동안에도 이름 석 자를 반듯이 못 쓰던 저능아 소년을 편지까지 쓸 수 있도록 만들었으니, 필자는 큰 보람을 느꼈으며, 하나님 은혜에 감사드렸으며, 식솔 고참들도 저능아였던 사경O을 전혀 무시할 수가 없게 되었었다.

그러나 처음엔 식솔장 고참에게 가벼운 야단 맞은 후 표정을 보니 얼굴이 달아오르면서 일그러짐을 필자가 본 후 밤새 고민을 했으나, 하나님께서 지혜를 주신 은혜로 인하여 흉이 복이 되었음의 모든 답은 사랑이었다.

성정이 급한 필자가 그때처럼 인내하면서 여유롭게 저능아 교육을 위해 심혈을 기울인 경험도 처음이며, 생면부지의 사경O과 인연을 맺게 된 것도 천만 뜻밖의 관계였으나, 우린 그렇게 사제 간으로 작은 역사가 이루어졌으며, 필자에게는 보람이었으며, 더욱 책임감 또한 진전된 사명감으로 무장될 정도였던 것이었을 때.

그러나 세상 인심이란 게 이런 것이었는가?

사경O이가 남풍회(* 우리는 무엇 때문에. 함께 일하며. 의논하며. 정을 나누며. 훈훈한 바람을 일으키고파.)에 입문한 저능아에서 정상아로 변하였으며, 한창 새싹이 피어나듯 탈바꿈 중이던 어느 날에 입문 2년도 채 안 되었던 자기 아들을 데리러 왔다면서 다짜고짜로 옷 보따리 짐을 챙기는 사경O 어머니는 바로 2년 전에 저능아였던 아들을 자신의 친척 집에서 퇴짜를 당하고 필자에게 매달려서 비참한 처지를 하소연하며 도움을 청했었던 시골 촌부가 잘 가르키고. 잘 먹이고. 잘 입히고. 미래까지 감당하려는 필자에게 막무가내였는데. 놀랍게도 자기 동생이 부산 변두리 시장 바닥의 리어카에서 튀김을 하는데, 경O이를 보내서 도너츠를 만들면 자신의 친정 동생에게 도움이 되게 하기 위함이라고 해서, 두 말 않고 정산해서 챙겨 보내 버렸으나, 인생이 불쌍하기가 그지없었다.

밑바닥 삶의 현장 속에서 수많은 사람들과의 난감한 경험이 유별났던 필자도 그때만큼은 어이상실을 할 수밖에 없었으나, 상대가 상대인지라 배려의 인상을 남겨 주기 위한 노력의 마무리로 자위했었던 기억에, 내 자신이 자랑스러우며, 필자의 일생 동안에 그런 장면을 조금이라도 반복할 수 있었기에 다행이며 감사할 뿐이다.

그러나 필자의 진정한 바람은 어느 곳에서 살아가든지 부디 정상아로 건강하게 잘 살 수 있기를 진심으로 기원해 주었으나, 그 후 지금까지 무소식인데, 필자의 아쉬움은 사경O이가 큰 변화를 보였으나, 좀 더 확실히 안정될 수 있었던 굳히기가 절실한 기간을 허비해 버린 것 같아서, 그 점이 매우 큰 아쉬움으로 두고두고 여운으로 남을 수밖에 없었던 것인데. 사경O뿐만 아니며, 필자의 빵家에 입문한 모든 식솔도 동일한 미래에 의무적 사명감으로 본인의 짧은 지혜가 바닥이 날 정도였으나, 결과는 족탈부족으로 한계에 부딪치고 말았으니, 역시 일치 단결해서 함께 힘 모아 협동할 때만이 남풍의 훈훈한 바람을 일으킬 수 있었을 것인데. 그 옛날 그 시절은 이제는 두 번 다시 오지 않으리라. 생각에 잠겨 볼 뿐이다.

2) 박종O - 여수 출생. 산모와 토끼 관련의 필자 조카

사경O은 신설동 시절 필자 빵家의 전성기 때였으며 박종O(필자 조카)

은 빵家를 접고 이문동 남풍 만두家와 갈비점을 거쳐서 전두O 정권의 혼란기를 견딜 수 없어 의정부에 住商 3층 신축 건물에 입주했는데 김박사 김밥 전문점을 가볍게 개업했으나 유명해졌으며 3호점까지 대박이었다. 그러나 우리 부부는 돈 벌이에 관한 그다지 집착하지 않은 공통점이 뚜렷했으며 우리 삼 남매는 이미 자립심의 전 단계를 착실하게 익혀 가고 있는 과정이었으며, 家長인 필자로서는 더 이상 바랄 것이 없는 이상적인 순리적 교육으로 확신하고 지켜보게 되었으나 가장으로서는 매우 큰 모험이었다. 그럴 수밖에 없을 정도로 한국 사회의 내 주변 교육 풍토가 필자와는 상반된 형태로, 부모는 무조건 자식들에게 해 주는 것을 경쟁 삼듯 하며 가정 교육은 거의 전무한 채 앞다투어서 입시 경쟁에만 혈안이 되는 모습이 필자의 눈에는 아귀 다툼으로 보였었다. 자식들은 이미 성인들인데도 불구하고 어린애를 돌보듯하며, 어린아이에게 하듯이 무엇이든지 해 주는 것을 능사로만 여김으로써 필자의 눈에는 마치 자신의 자식들을 속물로 만드는 경쟁자들로 보였었는데, 오히려 그들은 필자에게 부모가 모든 걸 해 주지 않으면 후회한다 했으며 필자는 대학을 앞두고 자립심을 키우지 못하면 더 이상의 기회는 없다는 논쟁으로 맞섰던 기억이 생생한데, 세월이 흘러서 해답은 선명하게 밝혀진 것 같다.

그러므로 옛 선인들 말씀에 어려서 고생은 사서라도 해야 된다고 하셨으며, 미운 놈 떡 많이 주고 예쁜 놈 회초리 사용하라 하셨던 것인데, 현대인들은 거의 幕無可奈인 것 같아서 씁쓸할 뿐이었다. 아무튼 그 당시 필자와 인연을 맺게 된 소년들 부모 대부분은 어려운 가정 형편들이었으니, 어차피 고생하더라도 기왕이면 서울로 진출함이 바람이었으며, 필자의 어릴 때와 흡사했으므로 더욱 그들의 미래에 대한 사명감으로 무장을 해야 했었음에도 결국엔 뜻을 펼치지 못해 부끄러울 뿐. 아무것도 똑바르게 이루어진 것이 없다.

    그런 세월이 몇 년간 훌쩍 지나가 버렸는데, 어느 날 필자의 작은 누나 둘째 아들인 종O이가 불쑥 찾아왔으므로 반갑기도 하고 무척 궁금했었는데, 사연을 알아보려고 대화를 해 보니 그동안에 말할 수 없는 고초를 겪으면서 여러 공장들과 식당들을 거쳐 의정부 가능동에 김박사김밥 전문점인 필자의 집에까지 오게 되었다. 직전에는 부직포 생산 공장에서 일하다가 너무 힘겨워서 외삼촌을 찾아왔다고 했는데, 그때 내가 들은 바에 의하면 부직포 공장의 생산 공정에서 발생한 석면 물질은 인체에 매우 나쁜 영향을 끼쳐서 노동자들에게 치명적인 악성 증세가 발생함으로 뉴스 방송에 이슈거리일 때였기에 조카를 그곳으로 되돌려서 보낼 수 없었던 것이다.

    출생 때부터 조금 비정상이었기에 한곳에서 고정 멤버로 사용할 수 없었음에 정착을 못하고 사용자가 아쉬울 때만 잠깐 쓴다는 이른바 땜빵 인력이므로 떠돌이 신세일 수밖에 없었던 점이 파악되고 보니 외삼촌으로서 도저히 모른 채 방치할 수 없었다. 어떻게 하든지 필자는 지난 경험을 살려서 기필코 가엾은 조카를 쓸모 있는 생활인으로 가꿀 기획 훈련을 구상하게 되었는데, 누구보다도 재우고, 입히고, 먹여 주어야 할 아내에게 도저히 말을 해 볼 용기가 나지 않았다. 이는 지능으로 볼 때 함량 미달에 작은 누나가 키우며 잘못 길들여져 버린 나쁜 습관이 너무 깊숙해 난처했음은, 자신의 기본 일상 처리도 매우 서툴러 깊은 지혜와 사랑으로 지속적 반복의 훈련으로 잘못된 습관을 바로잡아 주기 위해선 방해자가 없을 때만이 가능한 훈련성 교육이었던 것이다.

    그러나 상태가 어떻든지 필자는 그의 혈육인 외삼촌이며 작은 누나의 아무에게도 말할 수 없는 깊은 서러움이 있었음을 잘 알 수 있었기에, 더욱 종O이를 정상인으로 길들여 보겠다는 굳은 사명감으로 충만할 수밖에 없었으나 저능아를 생활인으로 교육해 본다는 것은 대단한 결심과 자신감이었는데, 누구보다도 가족들의 협력이 절대적인 요소였으므로 자존심을 접고 아내의 허락을 받아서 결정한 매우 의미가 깊었던 필자의 야심찬 교육 훈련이었던 기회였기에 나의 모든 지혜를 추출하여 기초적인 습관부터 단계적으로 한 가지씩 반복시키며 심혈을 기울인 지 6개월 정도 되었을 때는 세면, 가벼운 정리 정돈까지 제법 잘하는 편이어서 필자가 칭찬을 자주 해 주고 있을 때였다. 가끔씩은 엉뚱한 행동으로 기가 막힐 경우도 있었으나 시간이 흐르면서 조금씩 달라져 가는 모습에 희망이 보였었기에, 이대로만 노력하고 인내하면 머지않아서 착실하고 당당한 청년으로 탈바꿈이 가능하리라 확신했으며, 한없이 대견스러워서 우린 무척 다정한 시간을 누릴 수 있을 정도였었고 외삼촌으로서 정말 나의 지혜와 사랑을 다 쏟아부어 주는 듯했으나 그래도 받는 입장은 부족했으리라.

  타인에게도 내 모든 심혈을 기울여 정성을 다 해 주었는데, 종O이는 필자의 혈육이 아니었던가? 진실하게 사랑으로 지혜를 쏟아 주다 보면 기필코 당당한 청년으로서 선량한 삶을 자력으로 살아갈 수 있으리라. 그럼으로 삼촌과 조카는 나날이 다정할 수밖에 없었으며, 조금이라도 달라져 가는 조카를 대견해하던 중 어느 날 필자가 그토록 염려스럽던 가족 문제가 발생하게 되고 말았던 것이었으니, 다름이 아닌 여수 작은 누나께서 명절에 종O의 귀가를 요청한 것인데, 심혈을 기울여 특수 교육을 종O의 운명에 걸고 숨 가쁘게 조심조심 필자의 정성과 지혜를 발휘하던 때여서 탑이 무너질 것 같은 불길한 예감으로 몸서리를 치며 일생일대에 단 한 번 절호의 기회가 무너질 예상을 바라볼 수밖에 없었던 통탄할 일이었으니, 오직 하나님만 알고 계실 그때 그토록 평범한 상식의 안타까움에 결실 직전의 소중한 열매를 거의 코앞에서 포기할 수밖에 없었음이 매우 애석한 필자의 지난 아팠던 멍의 흔적으로만 남기게 되고 말았던 것이었다. 南風 筆 9, 6일

- 최소한 2년 간만이라도 필자의 기획대로 훈련 교육이 지속되었더라면 어떻게 변할 수 있었을까?
- 교육 훈련의 성공은 반드시 핵심적 고비가 있으며, 특히 교육은 특성이 매우 강한 훈련이므로 피교육자를 중심한 가족의 인내와 협력과 이해와 사랑이 절대적이며 용의 주도적이어야 하므로 보지도 듣지도 못한 헬렌 켈러도 설리번 가정교사 선생의 지혜의 강한 훈련과 교육으로 시청각 장애자였으나 학자로 대성했음은 매의 慧眼인 스승 덕이었다.

추신
사랑하는 자녀, 손들아!
하나님의 진리는 태초부터 종말까지 변할 수 없으니 성경 말씀으로 거듭난 겸허한 삶으로 살아갈 수만 있다면 아름다운 축복의 인생이 될 것이며, 무엇보다도 헤매는 영혼들을 위한 등대가 되리라.

100. 첫닭이 울 때면

　본인은 태어난 후부터 첫닭 울음소리를 많이 들으며 성장했는데, 그것은 남쪽 해변가에서 자라다 보니 김과 미역을 생산해 팔아 생활했기에 어려서 일손이 될 수밖에 없었으므로, 첫새벽을 알리는 첫닭 울음소리가 필자에겐 음악 소리와 같아서 친근했으며, 그때부터는 새벽 기상이 습관이 되었던지 익숙해져서 80 평생을 거의 첫새벽 닭이 울 때면 벌떡 일어나 산행에 오른 산책부터 하게 되었던 것이며, 그러므로 인한 수많은 인연들이 보석처럼 아름답게 수놓여져 있음에 감사와 은혜가 충만히 넘치는 추억에 가슴 벅찰 뿐이며, 석양의 뒤안길을 되돌아보니 모든 것이 하나님 은혜였음을 확신할 수가 있음에 감사드리며, 무엇보다도 새벽을 통해 값진 인연을 헤아릴 수 없을 정도로 많이 맺을 수가 있었으며, 필자의 삶은 말로 다할 수 없는 은인과 멘토들을 만났었는데, 지금은 소중한 추억으로 간직되고 있으며, 지난 삶이 스스로 대견스러울 뿐임을 위안 삼는다.
　소년기 때는 천등산 줄기의 꼬갈바위와 완장바위로 어른 머슴들을 따라다니며 보살핌을 받았으며, 국졸 후에는 여수 종고산 석천사 절과 여수공업고 운동장에 모이신 그곳 유지분들의 사랑을 듬뿍 받았었으며, 청년기 때는 서울 고려대 뒤편의 개운산에서 새벽 운동으로 건강 관리를 하신 분들에게 과분할 정도의 따뜻한 대접을 받았으니 대박인 셈이었으며, 행운아였던 것이니.
　군 입대하여 부산 군수기지 사령부와 파월 100 군수 207 보충대에서 36개월간 군복무 중에 맺었던 인연들이야말로 주옥 같은 사연들이 주마등처럼 연결되는 향기로운 추억들이 다채로우며, 비록 고난의 가시밭길이었으나 구비구비에 도우미들의 손길이 풍성했었으며, 어떤 역경도 견딜 수 있는 지혜를 주신 분이 계셨으므로 견딜 만했으며, 그러므로 어느 곳이던 거리낌이 없었다.

너절한 시장 바닥에서나 거칠던 건달 세계와도 타협이나 비굴하지 않게 직진했음에도 별 탈 없었음의 막강한 힘과 지혜의 원동력은 바로 가족이었던 것인데, 부딪치고 돌파할 때마다 내 자신도 깜짝깜짝 놀랄 때가 많았었던 기억이 생생한 내 삶인데, 그토록 수많은 사연을 담고 주옥 같았던 인연들이여! 모두들 어디로 숨으셨나요?

세월의 무상함만을 탓할 수밖에 없으니, 항상 변함없는 필자는 오늘 첫새벽에도 첫닭의 울음 소리에 귀를 기울인 셈으로 맨발 걸음에 건강을 기대하며, 도락산 줄기의 거친 마사토 길과 돌밭길 지나서 잔디밭과 소나무 뿌리도 밟고 진행한 명상 徒步가 이토록 상쾌할 줄은 뜻밖이므로 10월부터는 부부 동반의 맨발 걷기를 공유해서 건강한 축복 누리면 감사가 넘칠 것인데, 불과 두 달 전 필자의 지병 협심증으로 조형술 시술 직전의 긴박 상태였으나 가까스로 맨발 걷기를 함으로 인한 컨디션 조절이 원활해졌음인지, 혈압이 떨어지면서 가슴 통증이 평온해졌기에 재검진을 받아 볼 수 있도록 일정 변경이 가능해져서 다행이지만, 필자와 가장 친한 여수 친구(성O)가 파킨슨병으로 오래 버티지 못한 채 위급하다니 충격적이며 마음에 구멍이 뚫린 듯함은 얼마 전 만났을 때, 좀 더 넉넉하게 부둥켜 안으며 그토록 설리설리 쌓았었던 진한 우정의 지난 사연을 충분히 나누지 못한 채 상경하고 말았으니 후회 막급으로 한 번 더 만나 보지 못한다면 또 어디 가서 볼 수 있겠는가? 달려가리라!~ 달려가리라!~ 마지막 한 번이라도 더 만나 보리.

양융O, 송주O, 김복현은 10대 때 어두운 난세에 만나 헤아릴 수 없는 첩첩 사연을 대량 양산한 여수 삼총사 우정의 사나이들이다.

비록 어려운 집안들이었으나 우리 세 명은 당당하고 성실하게 살았으며, 주변의 신용을 잃지 않고 오직 미래를 향해 건전한 전진을 했으므로 베트남 전쟁터도 마다하지 않고 지원했으며, 머나먼 상하이의 나라에서 세 친구 삼총사는 기적처럼 만날 수 있었던 것이니, 지난 세월이 꿈결만 같은 사연의 전설 같은 삼총사 친구들이며, 결혼도 제대 후 비슷한 해에 할 수 있었으며, 자녀도 세 친구 모두 2남 1녀로 공평했었다.

그러나 이 순간 한 친구는 파킨슨병으로 위태로운데, 어떻게 해볼 수가 없어 안타깝게 지켜볼 뿐.

인생 무상함이여! 노년의 석양 노을, 한스런 그림자인가? 허전함으로 하늘을 바라다 볼 뿐이라네.

십대에 만나 팔순까지의 진한 우정은 가히 기록적이며, 그만하면 자랑거리로 자부할 만한 것임에도, 여수서 맺은 지난 우정이 두근거림은 우리의 삼총사 흔적을 더듬어 본 필자의 가슴이 왜 이토록 착잡해질까? 송한O 친구는 만성 당뇨로 인한 협심증과 합병증에 고통받고 있으니, 어차피 맨손 홀로 인생이 아니었던가? 미련도 후회도 없을 아련히 머나먼 지평선 넘어 멍때리고 보니

오호라 오늘 대명절 추석 한가위임을 잊었구나.

어제는 정O(강원 양구 출신)가 바쁜 회사 일정을 어렵게 틈내서 현장(전북 무주)에서 그곳 특산품 최신 품종 과일을 구입해 들고 경기도 양주

금광 아파트 우리 집까지 달려와서 점심 식사한 후 2곳 목욕탕 환풍기 교체하고 식탁 조명까지 교체한 후에 바쁜 회사 일정 때문에 명절은 휴무할 수 없어 집무 처리 해 버린 후에 차분한 일정을 잡아서 임동O(충남 부여)과 함께 뵙겠다면서 귀사하는 모습에 한량 없는 뜨거운 정이 흐르고 있음을 느낄 수가 있었는데 이정O와 임동O은 대학 동기로 필자가 개발품 마당쇠 칫솔 사업 남풍 실업에 몰두할 무렵 우연히 만나 적극적으로 도와줌으로 인연 맺었던 보기 드물게 건실한 청년들인데 헤어진 후에 오래도록 잊고 살았으나 뜬금없이 찾아왔기에 오랜만에 만나 보니 이정O는 중소기업체 팀장으로, 임동O은 군원사로 승진하여 결혼해 가정을 이루어 가는 가장들이었다. 지금껏 내가 별로 도움을 준 기억이 없으나 그들은 과분할 정도로 필자를 찾아와서 위로가 되고 있으니 우리 부부에게는 참 좋은 제자 같은 청년들이며 임동O은 제대 후 서울 대학 병원에 채용되어 근무하므로 병원 정보에 적잖은 도움이 되고 있는 실정이니 세상이 각박한 것만은 아님이란 증표이며 그러므로 우리 부부도 어설픈 친척들보다 편해 부담이 없고 자유로워서 한결 같은 공감으로 결속해질 수 있는 정으로 특히 개발품 마당쇠 칫솔 사업체였던 남풍 실업을 필자가 더욱 신념을 갖고 적극적이고 열정적으로 노력을 했으면 이정O 군과 임동O 원사는 모두 내 곁을 떠나지 않고 동지들이 될 수 있었을 텐데, 그러나 우리는 무엇보다도 소중한 정이 지속되었으니 요즘 세상에 참으로 귀한 인연이므로 필자는 그들 두 젊은이를 보호 지팡이 삶으련다. 결혼 후에는 어느 친척도 필자를 이해할 수 있는 자 단 한 명도 만나 볼 수가 없을 정도여서 답답한 심정이었으나 모든 것은 운명이었으며 팔자였으나 사회적으론 인덕이 좋아 외롭진 않았으며 스승님들이 많았었기에 스스로 놀랄 정도의 풍성한 인정들이 넘칠 정도였으니 감사 충만인데 다만 경제적 면에선 너무 현상에 느슨해 버렸음에 마무리 결실을 수확 못 함이 매우 애석했지만 하나님 도우심으로 우리 삼 남매가 그만하면 아름다운 가정을 성공적으로 이루어 가고 있음이 무척 고무적이니 필자 부부는 행복할 수밖에… 삶에 중요한 자립 정신을 키운다는 것 자체가 쉽지 않아서 우여곡절의 과정을 체험해야 하므로 특별한 이론은 없으며 스스로 체험하다 보면 지혜가 발생하게 되어 무슨 일에나 능동적으로 대처함으로 성공의 탑을 세워 나갈 수 있을 것이니 겸손한 자세, 성실한 마음의 삶이면 족한 것… 그러나 필자는 철저하게 회개하면서 회고록을 쓸 수밖에 없는 게으름쟁이로 중반 이후에 어설픈 삶을 살아왔음이 매우 부끄럽고 서글픈 것은 어쩜인 것인가? 그토록 열정적이며 신념이 강했던 내 인생 길에 게으름 마귀가 침투하고 말았던 것을 전혀 모른 채 경거망동의 세월에 젖어 들고 말았으니 모든 게 기도가 부족한 탓이었던 것인데 어머님 살아 생전에는 끊임없었던 기원의 덕인 줄 전혀 몰랐었으나 지나고 보니 어머님 정신 기도가 지속되었음을 확신할 수가 있으므로 덧없는 세월 지나가 버린 이제야 그리울 뿐이다. 평생을 정화수 떠놓고 기도하신 어머님은 고통받으신 환자분들을 위해 평생을 지압 봉사와 기도에 끊임이 없으셨음을 필자는 어릴 때부터 보면서 자랄 수가 있었던 것이므로 숭고하셨던 내 어머님을 우리 후손들은 알아야 할 것이다. 2023년 9월 추석 지난 10월 초 가을 하늘은 유난히 높고 맑아서 자랑스런 내 선조님의 그리움으로 충만하며 아버님의 장사 고을인 고흥 씨름판에서 황소를 시상 받으시고 문중의 대환영 잔치 행사를 벌렸으며 별호를 녹두 장사로 인증받으셨으며 어머님께선 엄동설한에도 병든 시부모님 고아 드리기 위해 추위를 무릅쓰고 바다로 뛰어들어 문어와 조개를 잡아 알뜰히 봉양해 드리면서 또한 신병을 앓으신 아버지의 한을 끝까지 위로하셨으므로 문중의 효부 상을 받았으며 필자에겐 단 한 분이신 형은 도시 생활을 접어 버리시고 귀향해서 늙으신 부모님 모시려고 일생을 고향 지킴이로 희생하시며 효도하심에 군청에서 효행상으로 격려해 주셨으니 과연 우리 집안의 선행은 자랑이며 영광의 가문이라 아니할 수가 없을 것이다. 그러므로 가문은 가난했지만 필자가 어릴 때부터 마을의 어른들이나 여러분들의 따뜻한 사랑을 받으면서 성장할 수가 있었던 것인데 그 모든 이면엔 어머님 초인적 노력이 크셨음을 확신한다.

  2023년 10월 南風.

맺는 글

모든 세상사가 지나간 것은 그리운 것이다!

인생사 돌이킬 수는 없으므로 순리대로 살 것이며, 사랑함으로 얻은 열매가 풍성할 수 있을 것이다. 우리 부부가 코로나 발생 2019년 11월 직전 5월, 미국에 3개월간의 막내 아들 손녀를 돌볼 때 아들의 자서전 권고가 있었는데, 귀국한 후부터 난생 처음으로 써 본 글이어서 시작은 무척 더듬거리며 막연했으나, 횟수를 거듭할수록 내 자신이 놀랄 정도로 기억력이 살아났으며, 문장력도 하루가 다르게 발전하므로 의기소침했던 처음보다는 자신감이 생기고 힘을 얻게 되어, 쓰게 된 내 삶의 뒤안길의 글을 3년 세월에 티끌 모이듯 쌓이게 되어 이제 그 결실을 맺으려는데, 우리 하나님 사랑과 은혜 충만하심에 비록 부족한 내 기도였던 우리 삼 남매 보통 삶에도 믿음 굳건한 크리스천의 아름다운 삶을 영위하는 자들이 되도록 기원드리면서, 우리 삼 남매 가족들 모두 주님을 섬기며 사모하는 믿음이 더욱 충만해지기를 바라며, 비록 어설픈 삶의 흔적이 초라하지만 보탬 없는 투박한 진실이 성실히 전달될 수 있기를 바라면서 보잘것없는 내용인데도 집필 중에 끊임없는 칭찬과 격려로 용기를 복돋아 주셨던 덕계교회 이찬O 담임목사님과 천안시의 유남O 선배, 박승O 형님 내외분, 여수시의 정종O 형님 등 지인분들의 따뜻한 정은 자양분이 되었으며, 교회와 도서관 짝꿍 이규O 집사의 고증도 적잖은 힘이 되었으니, 이 모든 것이 하나님의 은혜였음을 믿으며, 무한 감사를 드리는 바입니다.

- 무엇보다도 우리 삼 남매 가정들의 삶이 내가 그토록 바라던 소박한 정의로움이 엿보인 안정된 가사가 흐뭇하며, 맏딸은 성신여대 출신으로 외국 회사에서 무난하게 인정받았으며, 안정된 마무리 준비가 여유로우며, 그의 딸은 이화여대 출신으로 외국 회사에서 근무 중이며, 아들은 육군사관생도로서 장래가 촉망되며, 나의 장남은 한국외대 출신으로 뉴욕에서 패션 회사 경영 중이며, 나의 장손은 유능한 대학생이며, 차손도 대학 입시 준비 중이다. 나의 막내 아들은 뉴욕대학 수석 출신으로 현재는 미국 삼성전자에 근무 중이며, 그의 외동딸은 초등부 합창단의 귀요미로 활약하고 있으니, 본인의 팔십 평생도 이만하면 70년대에 빈손으로 무작정 상경한 자로서 그토록 갈망했던 보통 삶의 꿈을 이루었음은 모든 것이 오직 하나님의 크신 은혜였음을 믿습니다.

(* 필자의 자서전이 반면교사로 응용되기를 바라며)

2025년 2월 23일 주일 낮 오후 3시 南風 김복현.

울고 넘던 배찌고개(배울령)

ⓒ 김복현, 2025

초판 1쇄 발행 2025년 9월 5일

지은이	김복현
펴낸이	이기봉
편집	좋은땅 편집팀
펴낸곳	도서출판 좋은땅
주소	서울특별시 마포구 양화로12길 26 지월드빌딩 (서교동 395-7)
전화	02)374-8616~7
팩스	02)374-8614
이메일	gworldbook@naver.com
홈페이지	www.g-world.co.kr

ISBN 979-11-388-4599-1 (03810)

- 가격은 뒤표지에 있습니다.
- 이 책은 저작권법에 의하여 보호를 받는 저작물이므로 무단 전재와 복제를 금합니다.
- 파본은 구입하신 서점에서 교환해 드립니다.